本书获国家社会科学基金项目（项目编号：19BMZ113)支持

从深度贫困迈向乡村振兴

——“三区三州”样本

耿 新 著

科 学 出 版 社

北 京

内 容 简 介

本书以中央统筹重点支持的“三区三州”深度贫困地区由摆脱绝对贫困到迈向乡村振兴的这一伟大变革为研究对象，按照“贫困-扶贫-脱贫-防返贫-有效衔接-全面振兴”的路径和思路开展研究。本书系统分析了我国深度贫困地区的贫困特征与成因，归纳“三区三州”摆脱深度贫困的政策演变、减贫举措及成效与经验启示；通过问卷调查和建档立卡贫困数据分析深度贫困人口的特征与影响因素。本书认为“三区三州”巩固拓展脱贫攻坚成果必须有效防止返贫风险，实现巩固拓展脱贫成果与乡村振兴有效衔接，在迈向社会主义现代化新征程的伟大实践中接续推进“三区三州”乡村全面振兴。

本书可供从事脱贫攻坚、乡村振兴、民族地区减贫与发展等领域研究的专家学者作为研究参考，也能作为对民族经济学、区域经济学感兴趣的高等院校学生的学习资料，还能为制定区域发展和乡村振兴规划等具体实务部门提供决策参考。

图书在版编目(CIP)数据

从深度贫困迈向乡村振兴：“三区三州”样本 / 耿新著. —北京：科学出版社，2022. 10

ISBN 978-7-03-073456-3

Ⅰ. ①从… Ⅱ. ①耿… Ⅲ. ①扶贫-研究-中国 Ⅳ. ①F126

中国版本图书馆 CIP 数据核字（2022）第 190387 号

责任编辑：林 剑 / 责任校对：胡小洁

责任印制：吴兆东 / 封面设计：无极书装

科学出版社出版

北京东黄城根北街 16 号

邮政编码：100717

http://www.sciencep.com

北京建宏印刷有限公司 印刷

科学出版社发行 各地新华书店经销

*

2022 年 10 月第 一 版 开本：720×1000 1/16

2023 年 1 月第二次印刷 印张：19

字数：350 000

定价：188. 00 元

（如有印装质量问题，我社负责调换）

作者简介

耿新，男，汉族，1978 年出生，山东省临清人，中国少数民族经济专业博士毕业，法学博士，中南民族大学硕士研究生导师。

主要研究民族经济政策与民族地区发展，近年来主持多项国家社科基金项目、国家社科基金重大项目子课题及马克思主义理论研究和建设工程重大项目子课题等。在《民族研究》《中国农业大学学报》《西南民族大学学报》《中南民族大学学报》等 CSSCI 来源期刊上发表论文 10 余篇，5 篇论文被《新华文摘》《人大复印报刊资料》《高等学校文科学术文摘》全文转载。获国家民委和湖北省社会科学研究成果奖 5 项，多篇调研报告获省部级领导批示。

2019 年入选国家民委民族研究优秀中青年专家。现任第八届湖北省民族学学会副秘书长，西藏自治区民族事务委员会铸牢中华民族共同体意识人才库专家，中国人类学民族学人口较少民族研究专业委员会理事，中国武陵山减贫与发展研究院副主任，中国人文社会科学评价专家委员会“民族学与文化学”学科助理等。

前　言

贫困问题一直是世界各国政府、国际机构及学界普遍关注的核心议题。消除贫困是人类梦寐以求的理想，人类发展史就是与贫困不懈斗争的历史。中国共产党自成立以来，始终以实现各族人民共同富裕为初心和使命，致力于贫困治理，并根据不同历史时期贫困的形势与特点，依据当时经济社会发展水平和减贫任务，因时因地实施阶段性的扶贫政策。

“三区三州”既是2017年因破解深度贫困问题而提出的概念，也是中央确定的国家专项扶贫地区。受区位特征、自然禀赋、发展基础等因素制约，“三区三州”贫困人口多、贫困发生率高、贫困程度深、脱贫成本高，是全面打赢脱贫攻坚战最难啃的“硬骨头”。党的十八大以来，我国把解决绝对贫困问题作为全面建成小康社会的底线任务，打响了脱贫攻坚战。2020年，包括“三区三州”深度贫困地区在内的我国农村地区历史性地解决了绝对贫困问题，现行贫困标准下，贫困人口全部脱贫，贫困县全部摘帽，各族人民生活水平和质量大幅提升，实现了小康路上一个不能少的庄严承诺。“三区三州”摆脱绝对贫困是中华民族发展史上具有里程碑意义的大事，彰显了中国特色社会主义制度的巨大优势，成为国家治理能力现代化的典型实践案例。

民族要复兴，乡村必振兴。“三区三州”实现从脱贫攻坚到全面推进乡村振兴，意味着“三农”工作任务的战略性转变。巩固拓展脱贫攻坚成果同乡村振兴有效衔接是实现农业农村现代化的迫切需求，更是实现共同富裕和中华民族伟大复兴的时代要义。“三区三州”深度贫困地区发展基础差、脱贫时间短、脱贫质量有待提高，其巩固拓展脱贫攻坚成果存在特殊性和特殊困难，需绵绵用力、久久为功，持续加大支持力度，确保在社会主义现代化新征程中促进“三区三州”乡村全面振兴，为最终实现共同富裕的目标奠定坚实基础。

本书为了研究这些问题，在国家社会科学基金项目（项目编号：19BMZ113）的资助和支持下，以中央统筹重点支持的“三区三州”深度贫困地区由摆脱绝对贫困到迈向乡村振兴的这一伟大变革为研究对象，按照“贫困—扶贫—脱贫—防返贫—有效衔接—全面振兴”的路径和思路开展研究。本书重点研究中华人民共和国成立以来“三区三州”减贫的发展与变化，对各类减贫政策、减贫实践的资料和数据进行汇总和归纳。全书分为九章，第一章绪论，交待研究缘起、研究价值、研究综述、研究路径、研究方法和创新之处等。第二章介绍本书的核心概念与理论基础。第三章聚焦“三区三州”这一地理概念和扶贫概念，系统分析我国深度贫困地区的基本特征、贫困特征与成因。第四章用历时性视角，分析了“三区三州”摆脱深度贫困的政策演变和减贫举措，总结了国家和基层政府在“三区三州”因地制宜开展产业脱贫、易地搬迁脱贫、就业脱贫等扶贫举措的成效；以典型案例归纳了“三区三州”摆脱绝对贫困的伟大成就和经验启示，这些经验对于巩固拓展脱贫攻坚成果、持续推进乡村全面振兴同样具有指导价值。第五章以解剖麻雀的方式研究甘肃省临夏回族自治州的减贫实践，通过问卷调查以及建档立卡户数据分析深度贫困人口、返贫人口和“两类户”的特征与影响因素，从而引出建立防返贫长效机制这一命题。第六章从贫困脆弱性理论与可持续生计理论视角，提出“三区三州”存在贫困陷阱的表象，即返贫风险。从学理上将返贫风险划分为能力缺失型返贫风险、环境型返贫风险、发展型返贫风险和政策型返贫风险等四种类型。从当前实践来看，防返贫长效机制存在监测体系有待完善、帮扶政策向监测户倾斜不够、帮扶措施精准性有待加强等问题，应完善防返贫动态监测机制和帮扶机制。第七章从有效衔接的逻辑、目标任务、现实困境与障碍等层面来分析“三区三州”巩固拓展脱贫成果与乡村振兴有效衔接问题。第八章从迈向社会主义现代化新征程的伟大背景中，分析“三区三州”接续推进乡村全面振兴的条件保障及工作着力点。第九章对本书的研究进行了总结，并提出了研究展望。

作为中央划定的深度贫困地区，“三区三州”因深度贫困问题而产生，研究其从深度贫困迈向乡村振兴的伟大实践，具有深化对贫困陷阱问题的学理认识、完善稳定脱贫长效机制构建、分析从深度贫困迈向乡村振兴的路径等理论价值；同时具有增强防止规模性返贫的韧性、提升脱贫成果的可持续性、提炼共同富裕的中国方案等实践价值。本书将“三区三州”作为特殊扶贫地域单元，并在此基础上构建理论框架体系，既拓展了区域经济研究范围，也拓展了国内减贫与发展理论研究。本书对研究民族问题、贫困问题和农村经济都有一定的资料整理价值。

目　　录

第一章　绪　　论

一、研究缘起

党的十八大以来，我国把解决绝对贫困问题作为全面建成小康社会的底线任务，打响了脱贫攻坚战。2020 年，包括“三区三州”深度贫困地区在内的我国农村地区历史性解决绝对贫困问题，现行贫困标准下，贫困人口全部脱贫，各族群众生活水平和质量大幅提升，实现了“全面小康路上一个不能少，脱贫致富一个不能落下”的庄严承诺。对标共同富裕远景目标和 2035 年基本实现现代化的要求，“三区三州”脱贫地区依然需要重新出发、接续奋斗，依然面临着发展不平衡、不充分的特殊困难，甚至依然面临着规模性返贫的风险和压力。当前，“三区三州”的主要任务是要做好巩固拓展脱贫攻坚成果同乡村振兴的有效衔接，让脱贫基础更加稳固、成效更加持续，底线是不发生规模性返贫。当前，要解决的主要问题有：第一，原深度贫困地区脱贫人口的自我发展能力的巩固提升问题。现行标准强调的是“两不愁三保障”，虽然自我发展能力构筑了基础，但仍然存在主观上的“等靠要”问题。第二，现行脱贫标准与现代化目标距离较远，帮扶始终在路上。现行标准下，脱贫人口收入水平的静态达标与生活质量的动态改善之间还存在一定的距离，与 2035 年远景目标的差距也显著存在。第三，全面建成小康社会后“三区三州”深度贫困地区的持续帮扶问题。目前的帮扶措施为“三区三州”后续发展提供了初步基础，但依然需要通过持续帮扶将已有基础转化为内生发展能力，因此后续帮扶以何种标准来识别新的帮扶对象也是“三区三州”实现稳定脱贫的关键所在。

本书的研究对象——“三区三州”是我国深度贫困地区，在脱贫攻坚阶段贫困人口多、贫困发生率高，是脱贫攻坚的最后堡垒和最难啃的硬骨头。通过党和国家的大力帮扶，“三区三州”深度贫困地区如期成功地解决了绝对贫困问题。从脱贫攻坚到全面推进乡村振兴是具有里程碑意义的重大转变，当前，“三农”工作的重点任务已经历史性地转向巩固拓展脱贫攻坚成果同乡村振兴有效衔接。国家对建立防止返贫监测和帮扶机制做出了安排和部署，但“三区三州”经济社会发展整体水平依然较低，仍存在产业发展成果需巩固、就业技能需提升、脱贫人口可持续生计能力脆弱和发展能力不足、个别性和区域性返贫的风险依然突出等现象，贫困问题不可能一劳永逸地解决，防止返贫是应长期关注的重大理论和现实问题。基于贫困脆弱性理论来分析改善原深度贫困地区的脱贫质量，既有助于为“三区三州”巩固拓展脱贫攻坚成果同乡村振兴有效衔接提供研究支持，也能够为同类深度贫困地区促进乡村全面振兴提供政策启示。

二、研究价值

脱贫攻坚和乡村振兴是党的十八大以来，以习近平同志为核心的党中央为有效推进共同富裕取得实质性进展，以农村贫困治理为抓手而先后提出并实施的两大重要战略。当前，我国脱贫攻坚任务已如期完成，乡村振兴接续全面推进，在两大战略历史交汇节点，本书以国家“三区三州”深度贫困地区为样本，深入归纳分析其摆脱绝对贫困的历史进程、政策演变和扶贫举措，分析当前巩固拓展脱贫攻坚成果与乡村振兴有效衔接存在的突出问题及破解路径，对“三区三州”乡村全面振兴具有重要的理论和现实价值。

（一）学术价值

（1）深化了对“贫困陷阱”问题的学理认识

在扶贫实践中，始终存在深度贫困人口徘徊在贫困线上下，在“贫困—脱贫—返贫—贫困”中间不断反复，暂时性贫困与持续性贫困并存（袁航等，2019）。近年来，关于“贫困陷阱”的研究已由理论探讨转向定量分析，从区域宏观层面转向贫困人口的微观层面治理（王艳，2018）。从研究内容看，基于“三区三州”深度贫困地区实证的“贫困陷阱”问题研究还有较大空间。本书系统回顾、总结国家对“三区三州”的扶贫政策与成效，总结跨越“贫困陷阱”的经验，有益于深化对“贫困陷阱”的学理认识。

（2）从防返贫视角为巩固提升脱贫攻坚成果提供理论支撑

“三区三州”深度贫困地区虽已成功解决绝对贫困问题，但由于“三区三州”脱贫时间短、脱贫基础脆弱、脱贫不稳定、区域发展基础薄弱等原因，依然存在规模性返贫的风险。目前，理论上对返贫风险的系统分析与研究还有待深化。本书以“贫困陷阱”的假象为逻辑起点，系统归纳“三区三州”返贫风险的原因、类型与影响因素，对于遏制规模性返贫、丰富巩固拓展脱贫攻坚成果提供理论支撑。

（3）从理论上完善稳定脱贫长效机制的构建

稳定脱贫长效机制的提出，是对减贫形势与任务不断深化认识的结果，是扶贫重点任务的战略转向，体现了从量变到质变的飞跃。稳定脱贫更强调贫困人口的主体性，实现能力脱贫与精神脱贫，提高可持续生计能力，增强应对返贫风险冲击的韧性。建立稳定脱贫长效机制是新时期巩固拓展脱贫攻坚成果的重要内容，不仅能提高脱贫质量和韧性，还能阻断贫困的代际传递。本书通过系统分析返贫风险的影响因素与作用机理，从返贫风险的监测、预警、帮扶、内生动力、多方参与等维度构建稳定脱贫长效机制，为实现稳定脱贫提供理论支撑。

（4）从理论上分析巩固拓展脱贫攻坚成果与乡村振兴的衔接机制

“三区三州”消除绝对贫困后，在巩固拓展脱贫攻坚成果与乡村振兴有效衔接中仍面临诸多理论和认识障碍。本书在前人研究的基础上，重点从贫困治理视角来探析“三区三州”巩固拓展脱贫攻坚成果同乡村振兴有效衔接的条件保障与着力点，从而为“三区三州”从深度贫困迈向乡村振兴衔接提供相应的理论支撑。

（二）应用价值

研究“三区三州”从深度贫困到摆脱绝对贫困再到迈向乡村振兴，事关脱贫攻坚成果的质量和全面小康社会的成色，事关共同富裕的进程，具有较强的实践价值。

（1）通过系统分析返贫风险，进而降低发生规模性返贫的可能

“贫困在人类历史上从未完全消失过，哪怕是发达国家。”（王景卫，2020）消除贫困，改善民生是人类发展的应有之义。脱贫摘帽不是终点，防止返贫同等重要。“三区三州”深度贫困地区受自然禀赋、基础条件、生计可持续能力等因素的综合影响，返贫成为蚕食脱贫攻坚成果的顽疾，严重影响到脱贫人口的福祉。本书基于实地调研数据，剖析返贫现象形成的机制与原因，为减少返贫和降低发生规模性返贫的可能提供案例和资料。

（2）构建稳定脱贫长效机制有助于提升脱贫成果的质量

“三区三州”受区位条件差、自然地理边缘性、发展基础薄弱等因素制约，自然灾害、疫情和市场等系统性风险依然存在，返贫风险有待识别和消除。防止规模性返贫可以节约高昂的成本：从政治成本看，稳定脱贫能巩固党的执政基础，赢得群众信赖和支持。从经济成本看，稳定脱贫可以防止扶贫成为“一锤子买卖”，防止“乍暖还寒”。如果脱贫基础不稳固、脱贫成效不持续，会增加额外投入，增加经济成本（董光华，2020）。从时间成本看，脱贫不稳定就会延缓实现共同富裕的时间进度。“十四五”是巩固拓展脱贫成果的过渡期，研究巩固脱贫成果长效机制将有助于返贫风险的识别、预防与消除，从源头上防范返贫问题的发生，筑牢脱贫攻坚成果的保障，进而对脱贫成果的巩固和脱贫成果质量的提升有一定借鉴作用。

（3）提出讲好共同富裕的中国方案

脱贫攻坚、乡村振兴都是迈向共同富裕目标的重要阶段，站在摆脱绝对贫困的历史新起点上，我们依然面临着两大问题：一是贫困标准是否过低，二是脱贫攻坚的工作模式能否持续。因此，持续巩固拓展脱贫攻坚成果关乎党和政府的庄严承诺，关乎持续讲好以人民为中心发展理念的“中国故事”。以“三区三州”为代表的原深度贫困地区是国家脱贫攻坚和乡村振兴重点帮扶地区，集民族宗教的复杂性、政治敏感性、经济地理边缘性和自然生态脆弱性于一体，是扶贫理论界和实务界关注的重点区域。研究该区域脱贫后的成果巩固拓展同乡村振兴的衔接具有一定的特殊性、代表性和样本价值，既有助于为全球减贫实践贡献中国智慧，也有可为其他脱贫地区巩固拓展脱贫攻坚成果提供政策指引。

三、研究综述

深度贫困地区脱贫和返贫问题具有多学科交叉的特点，各领域学者从贫困陷阱的形成机理、深度贫困的形成机理、返贫原因与应对策略、巩固拓展脱贫攻坚成果等方面开展了大量研究。

（一）国外相关研究

（1）代表性理论

“贫困陷阱”理论源于18世纪的马尔萨斯人口陷阱论，随后形成的代表性理论分别为：贫困恶性循环论（Nurkse，1953）、低水平均衡陷阱（Nelson，1956）、循环累积因果论（Mydral，1957）等。此后学者们又从临界最小努力理论（Leeibenstein，1957）、门槛效应（Bowles et al.，2006）、邻里效应（Wilson，1987；Brooks-Gunn et al.，1997）等视角分析贫困陷阱的形成机理。

（2）返贫原因与应对策略

国外研究返贫问题主要从贫困动态性和贫困的进出角度展开（Bowley and

Hogg，1925；Schotte et al.，2018）。Schotte 等（2018）界定了贫困分类，对贫困人口流入和退出的风险进行了分级，并依据动态贫困理论对中产阶级的返贫问题进行研究。

（二）国内相关研究

国内学者最早从环境、教育、健康等维度研究“贫困陷阱”的类型，尔后逐渐拓展至文化贫困和心理贫困等方面。2020 年后我国扶贫工作重点由绝对贫困转向相对贫困，防止发生规模性返贫问题这一扶贫领域的顽疾逐渐成为研究的重要内容。

（1）“贫困陷阱”的形成机理

主要有环境导致的“贫困陷阱”（关付新，2005）、群体效应导致的“贫困陷阱”（邹薇和方迎风，2012）、健康导致的“贫困陷阱”（方迎风，2012）、“分形贫困陷阱”（郑长德，2020）等。赵德余（2020）认为贫困陷阱是贫困人口的资源要素、可发展能力、遭受的外部冲击以及环境约束等各类冲击造成的可发展能力退化。

（2）深度贫困的原因

覃志敏（2017）将深度贫困归纳为主观性因素（发展意识差、公共服务滞后、人力水平低、发展意识弱）和客观性因素（自然条件差、位置偏远、基础建设成本高）。牛胜强（2017）认为生态资源恶化、产业发展缓慢、劳动力非农产业转移、思维方式和观念层次较低、市场秩序难建立、生产生活方式落后等是深度贫困的主要原因。郑长德（2017）认为深度贫困的特殊性是区域经济发展不足、区域内总体性贫困、致贫因素复杂，多维贫困和代际传递现象明显；贫困成因包括社会发育程度低、经济空间分割、基础设施薄弱。李俊杰和耿新（2018）认为“三区三州”贫困原因是西部边陲、基础设施差、生态问题突出、产业化水平低、文化观念封闭、发展规划限制，恶劣的外部环境和脆弱的主观因素叠加造成深度贫困人口收入低、发展能力弱，造成“三区三州”贫困十分顽固，易产生贫困陷阱。

（3）深度贫困治理策略

深度贫困的治理政策要全面和协调。丁建军等（2019）认为摆脱贫困陷阱要用超常之力干预和综合性治理手段。我国精准扶贫战略具有“大推进”（big-push）的特征，克服贫困陷阱的关键是需要“大推进”的基本投资（郑长德，2020）。

（4）返贫的原因与类型

贫困问题具有长期性和复杂性特点（左停等，2019），返贫是世界性的普遍现象。国内返贫研究集中在贫困人口的流入和退出上，收入在贫困线以上变化为退出贫困，以下为流入贫困，结合时间线进行动态考量，即为返贫问题。郭志杰等（1990）最早对贫困现象考察并分析了返贫因素的影响，认为守土观、清高观、消费观、生育观等贫困文化构成了贫困冥顽的原因。凌国顺和夏静（1999）指出长期对扶贫成效的短视导致了返贫。在不同扶贫阶段，返贫呈现差异性特点：返贫率高、返贫的频发性、返贫的区域性、返贫的个体性（洪江，1999）。刘永富（2016）认为返贫实质是未根本脱贫，脱贫必须是观念有变化，能力有提升，有稳定收入与渠道。何华征和盛德荣（2017）将返贫的模式分为断血式返贫、狩猎式返贫、失敏性返贫、转移性返贫和传递性返贫。唐文浩和张震（2022）从经济、结构与周期、主客观、公共物品等维度对返贫原因分类，涵盖了市场因素、突发因素、政策因素、产业结构因素、群体因素和公共服务因素等。

（5）稳定脱贫长效机制

返贫预警机制可分为政策环境预警（如政策扶持断奶、政策执行缺陷、政策保障不足、政策保护限制）、自然环境预警（如生存环境恶劣、自然环境匮乏、自然灾害频发）、主体自身预警（如健康水平下降、思想观念落后、知识技能低下、环境制约发展）（范和生，2018）。

万厚利和于姝婷（2020）基于阿马蒂亚·森的可行能力理论分析框架，归纳了深度贫困地区构建稳定脱贫长效机制面临着资源禀赋条件差、后续发展乏力，基础设施建设不足、公共服务缺失，精神贫困问题突出、人力资本薄弱等现实困境。齐义山（2020）分析了“物质资本—人力资本—社会资本—心理资本”四维资本对稳定脱贫的影响：物质资本是稳定脱贫的基础要素，物质资本匮乏导致稳定脱贫失去基础资源保障；人力资本是稳定脱贫的重要能力因素，人力资本匮乏导致稳定脱贫缺乏可持续的能力支撑；社会资本是稳定脱贫的社会支持要素，社会资本匮乏导致稳定脱贫失去重要的社会资源支持；心理资本是稳定脱贫的关键内在驱动力，心理资本匮乏导致稳定脱贫失去持续发展的内在驱动力。

（6）巩固拓展脱贫攻坚成果与乡村振兴有效衔接研究

学术界对于脱贫攻坚与乡村振兴两者关系的研究，主要围绕脱贫攻坚与乡村振兴的有效衔接来开展研究。张琦（2019）从总体上分析了2020年后巩固脱贫成果战略选择及设置过渡期的政策指向和多重意蕴。黄承伟（2021a）分析了巩固脱贫成果的形式和任务，认为“三农”工作重心从脱贫攻坚转向全面乡村振兴，是我党深刻把握我国新发展阶段农村发展特征新要求做出的决策部署。杜鹰（2021）认为巩固和衔接要处理好两者关系并形成长效机制，需要归纳脱贫攻坚成果和经验，在此基础上促进巩固脱贫成果的工作。巩固脱贫成果是“十四五”时期农村发展的重大问题之一（魏后凯，2020），要从基本公共服务、产业就业、绿色发展、国家扶持与社会参与等方面巩固脱贫成果（孙久文等，2021）。白永秀和宁启（2021）提出“退出、延续、升级、新增、创新”的思路来部署战略间有效衔接。周国华等（2021）提出巩固拓展脱贫攻坚成果对接乡村振兴战略需要优化完善保障类、支持类、发展类等三类政策举措，完善分区引导、分类管理、分段评估等区域政策体系。张明皓和叶敬忠（2022）提出要建构基础性和差异性相统一的衔接政策体系，分类梳理和调整原有脱贫攻坚的政策，处理好政策延续与退出、政策转化和政策新设之间的关系，有效衔接政策创新逻辑是贫困质态转轨（从绝对贫困到相对贫困）—价值理念转化（从底线保障到共同富裕）—工作重心转移（从任务型治理到发展型治理）。李博和苏武峥（2021）提出有效衔接实在治理模式（由探索性的运动式治理转向制度性的常态化治理）、治理主体（由政府主导转向政府、市场、社会共同参与的多元主体）、治理对象（由贫困治理转向综合治理）上的转变。杜志雄和崔超（2022）提出要加强扶贫资产管理，其中社会保障、发展基础、产业升级等是巩固脱贫成果的关键环节（左停和赵梦媛，2021），化解风险是巩固脱贫成果的措施和方法（汪三贵等，2021），驻村帮扶和东西部协作的坚持与完善对巩固脱贫成果起到重要的支撑作用（王晓毅和罗静，2022）。

（三）研究述评

综上可知，学术界对深度贫困地区从脱贫攻坚到乡村振兴进行了大量研究，尤其是对“贫困陷阱”的形成机理、防止返贫、构建稳定脱贫长效机制等提供了很好的建议和有效对策，形成了诸多理论成果并为本书奠定了扎实的基础。

第一，从研究对象看，“三区三州”脱贫攻坚和乡村振兴的政策研究价值大。2017 年6 月23 日，习近平总书记在深度贫困地区脱贫攻坚座谈会首次提出“三区三州”的概念，随后国家和各地密集出台一系列支持“三区三州”脱贫攻坚的政策文件，由此引发了学者对“三区三州”问题的大量关注。同时，“三区三州”作为民族地区有其自身特点和特殊性（如直过民族、跨界民族、人口较少民族等）这决定了其减贫与发展的特殊性应从学理上加强重点研究。“三区三州”因深度贫困问题而提出，但不会因成功摆脱绝对贫困而失去其进一步研究的价值，在迈向乡村振兴的过程中仍有诸多特殊性和优势。本书重在分析、提炼“三区三州”深度贫困地区扶贫政策需求的特殊性，以及特殊性与政策普遍性间的缺口来开展研究。

第二，从研究内容看，返贫监测预警机制和帮扶机制十分重要。从治理返贫来看，现有研究多关注扶持对策和举措，较少从机制的要素构成、要素间的逻辑关系等分析稳定脱贫问题。监测和预防是治理返贫的源头，具有基础性地位，目前研究多强调返贫后的帮扶，忽视了返贫前的预防和干预。2020 年，国家层面部署制定了返贫监测与帮扶机制，这些政策措施在基层落实效果如何，需要开展评估和监测。“巩固拓展脱贫成果与乡村振兴有效衔接”的政策语境主要与防止返贫、与乡村振兴有效衔接等混杂在一起，不利于厘清重大理论和现实问题。随着拓展脱贫攻坚成果逐渐增多，成果仍较为分散和不系统（张琦和万君，2022）。本书从返贫风险的影响因素出发，从返贫监测、预警和帮扶机制等角度提出构建稳定脱贫长效机制，并对临夏州东乡县①防返贫实践中的一些典型做法进行归纳和总结，弥补了相关研究的不足。

第三，从研究方法看，“贫困陷阱”的研究多从经济学、社会学角度来切入研究返贫问题，定性分析偏多，定量研究较少。本书采用田野调查方法，运用大规模调查问卷数据、全国防返贫监测信息系统数据来对“三区三州”深度贫困地区稳定脱贫问题开展研究和分析，从方法和数据上尝试创新。

第四，从研究趋势看，需要加强对巩固脱贫攻坚成果与乡村振兴有效衔接的研究。巩固拓展脱贫攻坚成果同乡村振兴有效衔接、全面推进乡村振兴是一项复杂的系统工程，也是一个历史过程，涉及众多学科和领域，需要运用系统论的思维方式进行分析和研究。目前的研究成果还存在以下不足需要弥补：①有效衔接的研究多从实践视角出发，着眼于在工作层面的衔接，对于从脱贫攻坚到乡村振兴历史性转移的客观必然性、规律性研究略显不足。②对有效衔接和乡村振兴战略的研究视角更多关注具体的微观领域，如以有效衔接、乡村振兴为背景，更多研究基层党建、产业融合模式、乡村旅游、养老、新型合作社经济实现现代化路径等“五大振兴”问题，而从宏观视角来思考“巩固—拓展—衔接—振兴”这一整体，研究这一历史性系统工程的逻辑体系、现实困境、战略目标、路径与机制等的成果也略显不足。③整体性、系统性研究偏弱。有效衔接涉及“三农”领域的诸多层面，巩固拓展脱贫攻坚成果和全面实现乡村振兴是不可分割的整

① 临夏州东乡县为临夏回族自治州东乡族自治县的简称。

体，只有从宏观上整体把握，相关研究才可能更科学、更全面地指导实践。④实证研究略显滞后。针对诸如乡村治理机制不完善、防返贫政策碎片化、乡村缺乏内生增长动力等农业农村现代化的短板问题，基于深入调研、分析而提出对策的研究偏少。多学科融合的不足在一定程度上削弱了相关研究成果的严谨性和权威性。

四、研究路径

本书以中央统筹重点支持的“三区三州”深度贫困地区由摆脱绝对贫困到迈向乡村振兴的这一伟大变革为研究对象，沿着“三区三州”地区“贫困—扶贫—脱贫—防返贫—有效衔接—全面振兴”的路径开展研究，研究思路如图 1.1 所示。

五、研究方法

本研究综合运用定性与定量相结合的研究方法，其中文本分析法、对比分析法、深度访谈法、回归分析法是主要的研究方法。

（一）文本分析法

系统梳理国家扶持“三区三州”深度贫困地区扶贫的政策文件，结合甘肃临夏州和甘南州①、云南怒江州②、四川阿坝县等实地调研获取的地方扶贫文件、扶贫工作总结与汇报材料、统计年鉴、研究报告等，对其进行文本分析和数据处理，以丰富研究基础。

（二）对比分析法

（1）横向对比分析

本书选取“三区三州”的临夏州东乡县与怒江州泸水市，对比分析两个县（市）所代表的不同区域（西北内陆地区与西南边境地区）、不同生态环境（干旱山区与高山峡谷）、不同生计方式（丘陵地区种植业为主与山地种植业为主）

① 甘南州为甘南藏族自治州的简称。

② 怒江州为怒江傈僳族自治州的简称。

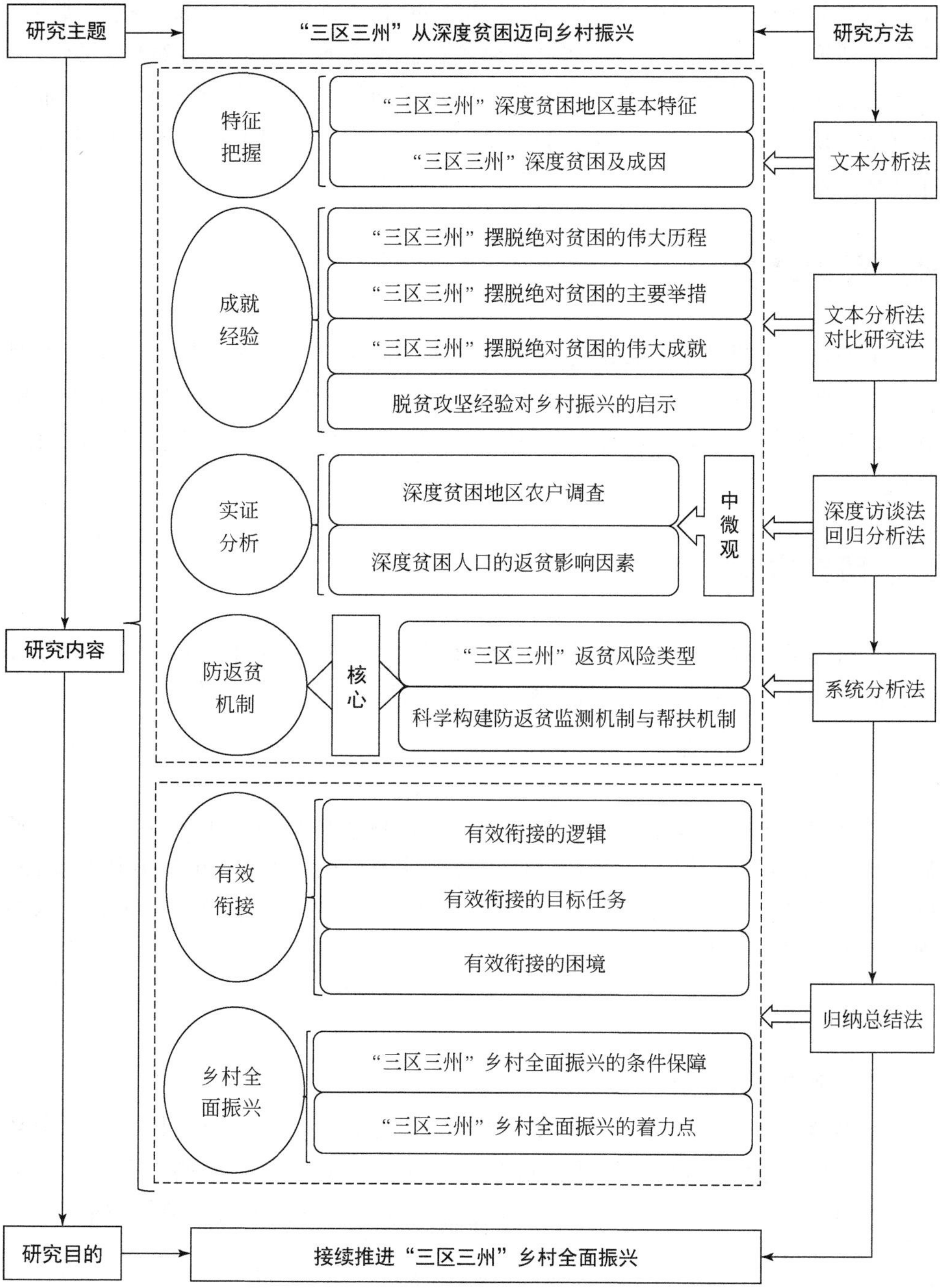
研究主题
“三区三州”从深度贫困迈向乡村振兴
研究方法
特征把握
“三区三州”深度贫困地区基本特征
“三区三州”深度贫困及成因
文本分析法
成就经验
“三区三州”摆脱绝对贫困的伟大历程
“三区三州”摆脱绝对贫困的主要举措
“三区三州”摆脱绝对贫困的伟大成就
脱贫攻坚经验对乡村振兴的启示
文本分析法
对比研究法
实证分析
深度贫困地区农户调查
深度贫困人口的返贫影响因素
中微观
深度访谈法
回归分析法
研究内容
防返贫机制
核心
“三区三州”返贫风险类型
科学构建防返贫监测机制与帮扶机制
系统分析法
有效衔接
有效衔接的逻辑
有效衔接的目标任务
有效衔接的困境
归纳总结法
乡村全面振兴
“三区三州”乡村全面振兴的条件保障
“三区三州”乡村全面振兴的着力点
研究目的
接续推进“三区三州”乡村全面振兴

图 1.1　研究思路

的脱贫与返贫情况，同时对比分析其建档立卡贫困数据和问卷数据。

（2）纵向对比分析

一是采用历时性视角考察“三区三州”扶贫政策的演变，分析解决绝对贫困取得的伟大成就。二是笔者在 2019 年 7 月和 2021 年 7 月，即脱贫攻坚前和脱贫攻坚后对临夏州东乡县达板镇、积石山县石塬乡沈家坪村进行追踪比较，分析脱贫攻坚成果与存在的问题。

（三）深度访谈法

基于数据可得的考虑，以临夏州东乡县作为典型样本。东乡县曾是国家“三区三州”脱贫攻坚的主战场，是甘肃省 58 个集中连片特困片区县和 23 个深度贫困县之一。本书选取临夏州东乡县沿岭乡新星村东乡族贫困群众、积石山县石塬乡沈家坪村撒拉族贫困群众、大河家镇大墩村保安族贫困群众、石塬乡三二家村土族贫困群众作为个案研究对象，通过与扶贫办（乡村振兴局）干部访谈与交谈，重点分析人口较少民族的贫困特点与影响因素，通过深度访谈来了解贫困户的贫困现状与发展诉求。

（四）回归分析法

运用全国防返贫监测信息系统（原全国扶贫开发信息系统）数据，运用 logit 回归分析法研究甘肃省临夏州东乡县 2015 ~ 2020 年返贫人口特征及影响因素，以期对防返贫监测工作提供借鉴和参考。

六、创新之处

（一）选题视角的前瞻性与长期性

“三区三州”是为解决深度贫困问题而提出的政策性概念，其深度贫困问题的产生有地理区位因素和减贫逻辑的内在必然性和科学价值。目前学界对“三区三州”的研究总体较少，并且会随着“三区三州”取得脱贫攻坚战的全面胜利而不再是研究的热点领域。“三区三州”不会因绝对贫困问题得以解决而失去深入研究的价值和意义，本书依托的课题立项时盯住的确保“三区三州”深度贫困地区如何如期和高质量消除绝对贫困的任务，盯住的绝对贫困标准下的政策盲区和深度贫困人口。随着脱贫攻坚进程的推进，2020 年“三区三州”已经与全国一道打赢脱贫攻坚战。本书及时关注过渡期脱贫成果如何巩固提高及如何促进乡村全面振兴等问题。因此，本书的持续展开不仅回应了前期政策盲区和返贫风险的防范问题，也为“十四五”时期巩固拓展脱贫攻坚成果提供了决策参考。

（二）提出全周期视角破解深度贫困的新思路

以临夏州东乡县作为典型个案，通过“解剖麻雀”的方式来分析深度其贫困特征、扶贫举措和成效，采用建档立卡贫困数据分析贫困人口和返贫人口的特征与影响因素，明晰了返贫问题反复出现的微观机理，为县域相对贫困治理提供新思路和新素材。从机制构建上来研究“三区三州”跨越贫困陷阱和防返贫问题，聚焦脱贫人口稳定脱贫这一减贫实践中的重点和难点问题，从减贫的周期型规律视角研究“三区三州”如何走出“扶贫—脱贫—返贫”的贫困陷阱。

（三）系统梳理“三区三州”摆脱绝对贫困的成就与经验

“三区三州”因深度贫困而产生并被划为国家专项扶贫地区，本书从减贫政策演变视角将“三区三州”摆脱绝对贫困的历程划分为7个阶段，系统梳理国家层面的“三区三州”深度贫困地区从脱贫攻坚迈向乡村振兴的历史、政策举措与伟大成就。站在历史交汇期进入新发展阶段，“三区三州”脱贫攻坚同乡村振兴有效衔接的现实环境变得更加复杂，提炼总结“三区三州”脱贫攻坚的经验，在迈向乡村振兴时汲取这些经验具有重要价值和意义。

（四）构建防返贫长效机制

根据贫困脆弱性的冲击来源，将“三区三州”返贫风险分为能力缺失型返贫风险、环境型返贫风险、发展型返贫风险和政策型返贫风险。本书提出当前“三区三州”贫困陷阱的表现是个别性的返贫风险，我国已建立健全了有效的相对贫困治理机制，不会发生规模性返贫问题。应从动态监测和帮扶等方面来构建“三区三州”防返贫长效机制。

第二章　概念界定与理论基础

第一节　概念界定

一、贫困

（一）贫困的内涵

随着社会发展及研究者的视角差异，对贫困内涵的界定各有不同。代表性的理论为亚当·斯密的“交换价值贫乏论”、大卫·李嘉图的“使用价值贫乏论”、彼得·汤森的“生活和社交资源贫乏论”、凯里·奥本海默等的“收入贫困论”。阿玛蒂亚·森的“可行能力缺失论”指出贫困意味着贫困人口缺少获取和享有正常生活的能力（郑瑞强和曹国庆，2016）。国内，童星（2018）从经济学和社会学视角分析了贫困内涵，刘隆亨等（2007）从法学视角认为“贫困的实质是权利缺失和发展能力受限”。贫困内涵的共识是：特定的时空环境下，取得社会公认的维持家庭或个人生活所需的最低福利需求。贫困是包括个人微观因素及超越自然、经济、社会、体制、文化等宏观因素在内的多种因素共同作用的结果。贫困体现在具体的贫困人口，但贫困者个体的贫困表征并非都是个体因素所决定的（左停，2018）。

（二）贫困的衡量

贫困本身有程度区分，贫困的衡量主要有三个维度：①贫困广度，指贫困人口的数量规模；贫困人口越多，贫困范围越广。②贫困差异度，指贫困人口的收入分布不均衡程度，收入差距越大，脱贫难度越大；③贫困深度，指贫困人口陷入贫困的程度，贫困人口收入与贫困线的缺口越大表明贫困程度越深（左停，2018）。贫困线、贫困标准和贫困发生率是实践中常用的贫困衡量标准。

（1）贫困线

国际上通常以一定收入水平测定贫困，这个收入水平即贫困线。我国农村收入贫困线由国家统计局根据农村住户调查资料测定，包括维持基本生活的食物消费支出和非食物（衣着、住房、交通、燃料、医疗、教育和娱乐等）消费支出两部分（叶兴庆和殷浩栋，2019）。第一，确定食物贫困线。根据当年中国农村住户抽样调查分户资料计算低收入组的食品消费清单，食物消费支出依据每人每日 2100 卡路里①热量的最低营养需求，由一篮子基本食物消费量和价格计算加总而成。第二，确定非食物贫困线。非食物消费支出有两种测算方法：一是基于马丁法②测算的低贫困线，代表了最低非食物需求，如基本衣着和取暖等必不可少的消费支出。低贫困线仅能维持基本温饱，其食物消费支出比例高达 70%。二是基于恩格尔系数测算的高贫困线，包括必要的吃穿住，以及必要的教育、健康等支出。在确定贫困户恩格尔系数基础上，根据食物消费支出反推非食物消费支出和总消费支出。相比低贫困线，高贫困线更重视非食物消费，其非食物消费支出的比例为 40%，代表稳定温饱水平（鲜祖德等，2016）。2008 年前，我国在马丁法和恩格尔系数法的基础上分别确定贫困线，称为“贫困线”和“低收入线”。2008 年后，我国则采用以恩格尔系数法为基础的高贫困线作为农村贫困标准。第三，食物贫困线和非食物贫困线之和就是贫困线。当然，这个贫困线不是固定不变的，它随着社会发展而调整。

（2）贫困标准

随着贫困内涵的丰富与拓展，贫困表现出动态性特征，贫困标准一直在变化。贫困标准是贫困研究的逻辑起点，也为确定扶贫目标、识别贫困人口和实施减贫政策提供基础性技术支撑（刘晓霞和周凯，2013）。典型的贫困标准有收入标准、人类发展指数和多维贫困指数等。

国际上较为通用的贫困收入标准有 3 个，即 1.9 美元/天、3.2 美元/天、5.5 美元/天。我国依据经济形势及时调整贫困标准，改革开放以来共设定 1978 年标准、2008 年标准、2010 年标准共 3 个标准（鲜祖德等，2016）。“1978 年标准”是以 1978 年的价格作为基期价格计算，以每人每年 100 元作为贫困收入标准。

---

① 1 卡路里 =4.186 焦耳。

② 马丁法由经济学家于 1993 年提出，该方法将非食物贫困线界定为“愿意放弃食品消费而获得的商品或服务”，即假定某个农户的全部收入恰好等于满足基本热量支出的食物贫困线，此时农户在食物支出外还有一部分非食物支出需要通过减少食物消费来换取，那么这部分宁可挨饿也要换取的非食物支出就是最低的非食物贫困线。

该标准能保证每天人均 2100 卡路里的热量食物支出，而不保证任何营养食物的支出。按照该标准的测算，食物支出所占比例高达 85%，由恩格尔系数可知该贫困线是一条低水平的标准线（马秋华等，2018）。“2008 年标准”将扶贫标准调整为 1067 元/人·年，是当年农民人均纯收入 4761 元的 22.4%。“2010 年标准”为 2010 年不变价的 2300 元/人·年（为当年农民人均纯收入 5919 元的 38.9%）（杜鹰，2021）。2010 年以后每年以 2300 元为基础（2010 年不变价）并根据农村物价水平等因素进行测算（表 2.1）。

表 2.1　我国农村贫困标准　　（元/人·年）

年份	1978 年标准	2008 年标准	2010 年标准
1978	100		
1980	130		
1985	206		
1990	300		
1995	530		
2000	625	865	
2005	683	944	
2008		1 196	
2010		1 274	2 300
2011			2 536
2012			2 625
2013			2 736
2014			2 800
2015			2 855
2016			2 952
2017			2 955
2018			3 218
2019			4 000

数据来源：国家统计局历年《中国农村贫困监测报告》

脱贫攻坚以来，我国绝对贫困人口识别和退出都是以户为单位，衡量标准是“一超过两不愁三保障”。“一超过”指年人均纯收入稳定超过现行国家扶贫标准。“两不愁三保障”是稳定实现不愁吃、不愁穿和义务教育有保障、基本医疗有保障、住房安全有保障，实施过程中还包括饮水安全有保障。我国贫困标准是一个综合性的多维标准，包括收入及贫困人口生存权和发展权的实现。2020 年底，我国建档立卡贫困人口人均年纯收入达到了 10 740 元。总体来看，我国的贫困标准是高于世界银行的极端贫困标准的，也高于 2015 年联合国大会第七十届会议上通过的《2030 年可持续发展议程》所确定的绝对贫困线，结合了我国经济社会发展的实际和全面建成小康社会的基本要求。

（3）贫困发生率

贫困发生率又称“贫困人口比重指数”，动态反映一个国家或地区的贫困状况。计算公式为：贫困发生率＝贫困人数（户）÷统计全人数（户）×100%。根据历年贫困标准，我国贫困人口和贫困发生率如表 2.2 所示。

表 2.2 历年全国农村贫困状况

年份	1978 年标准		2008 年标准		2010 年标准	
	贫困人口（万人）	贫困发生率（%）	贫困人口（万人）	贫困发生率（%）	贫困人口（万人）	贫困发生率（%）
1978	25 000	30. 7			77 039	97. 5
1980	22 000	26. 8			76 542	96. 2
1981	15 200	18. 5				
1982	14 500	17. 5				
1983	13 500	16. 2				
1984	12 800	15. 1				
1985	12 500	14. 8			66 101	78. 3
1986	13 100	15. 5				
1987	12 200	14. 3				
1988	9 600	11. 1				
1989	10 200	11. 6				
1990	8 500	9. 4			65 849	73. 5
1991	9 400	10. 4				
1992	8 000	8. 8				
1994	7 000	7. 7				
1995	6 540	7. 1			55 463	60. 5
1997	4 962	5. 4				
1998	4 210	4. 6				
1999	3 412	3. 7				
2000	3 209	3. 5	9 422	10. 2	46 224	49. 8
2001	2 927	3. 2	9 029	9. 8		
2002	2 820	3. 0	8 645	9. 2		
2003	2 900	3. 1	8 517	9. 1		
2004	2 610	2. 8	7 587	8. 1		
2005	2 365	2. 5	6 432	6. 8	28 662	30. 2
2006	2 148	2. 3	5 698	6. 0		

续表

年份	1978 年标准		2008 年标准		2010 年标准	
	贫困人口（万人）	贫困发生率（%）	贫困人口（万人）	贫困发生率（%）	贫困人口（万人）	贫困发生率（%）
2007	1 479	1.6	4 320	4.6		
2008			4 007	4.2		
2009			3 597	3.8		
2010			2 688	2.8	16 567	17.2
2011					12 238	12.7
2012					9 899	10.2
2013					8 249	8.5
2014					7 017	7.2
2015					5 575	5.7
2016					4 335	4.5
2017					3 046	3.1
2018					1 660	1.7
2019					551	0.6
2020					全部脱贫	全部脱贫

注：1978 年标准在 1978 ~ 1999 年称为农村贫困标准，2000 ~ 2007 年称为农村绝对贫困标准。2008 年标准在 2000 ~ 2008 年称为农村低收入标准，2008 ~ 2010 年称为农村贫困标准。2010 年标准，即 2010 年确定的每人每年生活水平 2300 元（2010 年不变价）

数据来源：《中国统计年鉴 2021》

（三）贫困的分类

学界从贫困的主客体、致因原因、贫困表现、贫困周期等不同视角对贫困进行分类，如主观贫困和客观贫困、绝对贫困与相对贫困、慢性贫困与暂时性贫困、收入型贫困和支出型贫困、区域性贫困和个体性贫困等，还有能力贫困、权利贫困、制度性贫困、阶层性贫困、极端贫困、代际贫困等分类。绝对贫困与相对贫困研究是我国减贫实践常用的分类方法，主要用于贫困人口的确定。

（1）绝对贫困

西伯姆·朗特里对贫困测算是用绝对贫困线来判断家庭或个人收入是否能支付基本生活需求（左停等，2019）。绝对贫困是物质或经济上的最低生理需求的生存临界点。在《国家八七扶贫攻坚计划》和《中国农村扶贫开发纲要（2001—2010 年）》中，“食不果腹、衣不蔽体、住不避风雨”等群众最基本的生存需要即是绝对贫困。本书中绝对贫困是指“两不愁三保障”标准，该标准实现了由单一收入贫困向多维贫困识别标准的转变。

(2) 相对贫困

20 世纪 70 年代，彼得·汤森系统阐述了相对贫困。贫困不仅要考虑基本生活需求，更要重视人类多样化的社会需求（衣、食、住、教、娱等）。我国相对贫困是指收入处于绝对贫困线以上，但低于社会公认标准（钟仁耀，2020）。相对贫困的特点为：一是相对贫困是相对的，不是基于最低生理需求，是包含了更高层次的社会心理需要，是一种与参照对象比较后收入下降的状态。二是相对贫困具有长期性、复杂性和多维性特点，随着社会发展而不断动态调整，所包含内容、范围和指标比绝对贫困更广泛、更丰富。三是计算依据不同。绝对贫困一般按照基本需求不足来确定；相对贫困没有客观标准，是按收入的中位数的百分比确定（左停等，2019）。四是时间上有先后，即先解决绝对贫困再解决相对贫困。2020 年，“三区三州”已成功摆脱绝对贫困问题，步入相对贫困治理阶段，主要应解决巩固拓展脱贫攻坚成果同乡村全面振兴问题。

二、深度贫困

（一）深度贫困的特征

贫困本身有程度的区分。深度贫困的理论基础是空间贫困陷阱理论。从空间经济格局看，贫困呈现边缘化（Qin et al.，2016；Husmann，2016），最孤立边缘的区域经常是贫困地区（龚维进等，2019）。空间贫困陷阱是源于地理区位、自然因素、基础设施和公共品提供等。空间贫困陷阱理论认为在相同特征的家庭，如在空间环境差的社区，即使面临相同的经济增长，仍不可避免陷入“贫困陷阱”（罗翔等，2020）。狭义上，深度贫困最直观的衡量标准是 Sen 指数、FGT 指数等。

深度贫困的特征为：一是贫困的区域性特征，既有大范围区域性贫困，也有小范围的整村贫困。二是贫困的持续时间长，国际上一般认为贫困超过 5 年为深度贫困（李小云和左停，2018）。长期贫困人口和短期贫困人口均下降时，长期贫困比例下降较快，短期贫困比例会提高。例如，2001～2004 年，1.5% 的人口连续贫困 4 年，其中 2.6% 的人口贫困 3 年，4.9% 为贫困 2 年，11.1% 为贫困 1 年。以 1 年贫困作为短期贫困统计口径，超过 1 年作为长期贫困，则有 45% 的贫困人口为长期贫困。2005～2008 年，0.5% 的人口连续贫困 4 年，0.9% 的人口为贫困 3 年，1.9% 的人口为贫困 2 年，5.2% 的人口为贫困 1 年；同理，长期贫困人口占比为38%（王萍萍和闫芳，2010）。三是致贫原因极其复杂且相互交织。因病、因灾、因市场风险、因老致贫是主要成因。四是脱贫难度大，且存在贫困代际传递现象。五是不同规模群体性、整体性的福利缺失，贫困人口的人力资本、社会资本的水平低（李俊杰和耿新，2018）。

（二）深度贫困地区

我国深度贫困地区主要包括三个层面（表2.3）：第一，由中央统筹、国家重点支持“三区三州”深度贫困地区，其中“三区”是指西藏、新疆南疆四地州（喀什地区、和田地区、克孜勒苏柯尔克孜自治州、阿克苏地区）和四省涉藏州县（除西藏自治区之外的青海、四川、云南、甘肃省藏族与其他民族共同居住的民族自治州）；“三州”是指甘肃省的临夏州、四川省的凉山州①和云南省的怒江州。第二，各省根据实际情况，确定的334个深度贫困县（2017年底贫困发生率为11%，而全国的贫困发生率仅为3.1%），由各省统筹整合资源，集中力量解决本区域深度贫困问题。第三，深度贫困村，各省共确定了3万个深度贫困村（刘晨曦，2018）。

表2.3　我国深度贫困地区的类型与特点

类型	分布区域	贫困表现
国家层面	“三区三州”	生存环境恶劣、致贫原因复杂、基础设施和公共服务缺口大
省级层面	深度贫困县（334个）	县均贫困人口3万人
	深度贫困村（3万个）	基础设施和公共服务严重滞后，村两委班子能力普遍不强，村集体经济弱，无人管事、无人干事、无钱办事现象突出

随着我国脱贫攻坚进度的逐步推进，未脱贫的贫困连片地区越来越集中，集石山区、高寒区、民族地区、边境地区、革命老区、连片特困地区特征为一体的“三区三州”，清晰地展现在如期全面建成小康目标的道路中。我国经过4年艰苦的脱贫攻坚，贫困人口由从2012年的9899万人锐减到2016年底4335万人。国际经验也表明：当贫困人口数量占到总人口的3%左右时，减贫就进入到最艰苦的阶段，2017年我国贫困人口的占比已接近这个数值。同时，2016年底，全国贫困县的贫困发生率高于20%的县，“三区三州”占了一半以上，贫困发生率高于30%的县“三区三州”占了近80%。将2000多个县根据贫困程度进行了排

① 凉山州为凉山彝族自治州的简称。

序，贫困发生率最高的基本上是集中在“三区三州”地区。如同打仗一样，此时必须集中兵力和火力去攻克这些战斗堡垒，否则采用常规措施在2020年将无法达到脱贫目标。在这个关键时刻，2017年2月21日，习近平总书记主持中央政治局第39次集体学习时，根据脱贫攻坚取得决定性进展的新形势，明确提出要把深度贫困地区作为区域脱贫攻坚的重点。2017年6月23日，习近平总书记亲自在山西省太原市主持召开跨省区深度贫困地区脱贫攻坚座谈会，对深度贫困地区脱贫攻坚作出了全面部署，这标志着我国脱贫攻坚从面上推进向聚焦深度攻坚转变。国家首次将以“三区三州”为代表的深度贫困地区，锚定为脱贫攻坚战后半程的主攻对象。“三区三州”概念的提出，标志着“三区三州”成为国家扶贫领域关注的重点区域，从单纯的区域地理概念演变为内涵丰富的政治经济学概念，成了一个具有鲜明时代特色和重要象征意义的全新和特有名词，并浓墨重彩地载入中国扶贫开发史册。“三区三州”如同设置贫困县、连片特困地区一样，是发展经济学扶贫工作的重要措施。2016年底，“三区三州”共有建档立卡贫困人口275.64万人，占全国贫困人口数量的6.36%，贫困发生率为18.36%，相当于全国平均水平的4.1倍。“三区三州”深度贫困地区的具体范围如表2.4所示。

表2.4 “三区三州”深度贫困地区范围

<table>
<tr><th>片区</th><th colspan="3">地区</th><th>面积（万平方千米）</th><th>人口（万人）</th><th>县（市、区）数（个）</th></tr>
<tr><td rowspan="6">“三区”</td><td colspan="2">西藏</td><td>拉萨市、昌都市、山南市、日喀则市、那曲市、林芝市、阿里地区</td><td>122.84</td><td>331</td><td>74</td></tr>
<tr><td rowspan="4">四省涉藏州县</td><td>四川</td><td>阿坝藏族羌族自治州（阿坝州）、甘孜藏族自治州（甘孜州）、木里藏族自治县（木里县）</td><td>25.04</td><td>214.55</td><td>32</td></tr>
<tr><td>云南</td><td>迪庆藏族自治州（迪庆州）</td><td>2.39</td><td>37.2</td><td>3</td></tr>
<tr><td>甘肃</td><td>甘南藏族自治州（甘南州）、武威市天祝藏族自治县（天祝县）</td><td>4.68</td><td>94.92</td><td>9</td></tr>
<tr><td>青海</td><td>海北藏族自治州（海北州）、黄南藏族自治州（黄南州）、海南藏族自治州（海南州）、果洛藏族自治州（果洛州）、玉树藏族自治州（玉树州）、海西蒙古族藏族自治州（海西州）</td><td>77.96</td><td>215.59</td><td>33</td></tr>
<tr><td colspan="2">新疆南疆四地州</td><td>喀什地区、和田地区、克孜勒苏柯尔克孜自治州（克州）、阿克苏地区</td><td>61.44</td><td>1013.42</td><td>33</td></tr>
</table>

续表

片区	地区		面积（万平方千米）	人口（万人）	县（市、区）数（个）
“三州”	四川	凉山彝族自治州（凉山州）（不包括木里藏族自治县）	0.82	190	16
	云南	怒江傈僳族自治州（怒江州）	4.91	499.5	4
	甘肃	临夏回族自治州（临夏州）	1.47	54.5	8
合计			301.55	2650.22	212

注：凉山州的木里藏族自治县纳入四省涉藏州县统计范围，为避免重复统计，本处未纳入“三州”统计口径；括号内为各自治州、自治县简称

资料来源：蓝红星和庄天慧，2019

从贫困县的数量来看，“三区三州”共有212个县（市、区），分布在6个省（自治区）的25个市（州、地区）①。其中，“三区”分布184个县，占总数的86.79%；“三州”分布28个县，占13.21%。从六省（自治区）分布来看，主要集中在西藏、四川、新疆和青海，分别为74个、48个、33个和33个，分别占总数的34.91%、22.64%、15.57%和15.57%；其次是甘肃和云南，分别为17个和7个，占总数的8.02%和3.30%。

（三）国家支持深度贫困地区的政策

2017年，习近平总书记在太原召开的深度贫困地区脱贫攻坚座谈会上要求集中力量攻克“三区三州”等深度贫困堡垒。2017年9月，中共中央办公厅、国务院办公厅印发《关于支持深度贫困地区脱贫攻坚的实施意见》提出，3年内集中攻坚、重点支持“三区三州”发展，新增脱贫攻坚资金、新增项目、新增举措主要用于“三区三州”。这一年，攻克深度贫困地区堡垒的攻坚战全面打响，人、财、物迅速向中国最穷的深度贫困地区聚集，仅深度贫困地区脱贫攻坚实施方案累计投入各类资金就超过3400亿元。2017~2019年，各相关部门认真落实，密集出台了多项支持深度贫困地区的政策（表2.5），构建起适应深度贫困地区脱贫攻坚需要的支撑保障体系。“三区三州”站在了新的历史起点，迎来

① 2018年2月22日，经民政部批准，撤销青海省海西州茫崖行政委员会和冷湖行政委员会，设立县级茫崖市，以原茫崖行政委员会和冷湖行政委员会所辖区域为茫崖市的行政区域，故2018年后“三区三州”包含的县（市、区）为211个。

了新的重大机遇，开启了同心共筑中国梦的新篇章。

表 2.5　2017 年以来国家出台支持深度贫困地区脱贫攻坚的政策文件

序号	发文单位	文件名
1	中共中央办公厅、国务院办公厅	《关于支持深度贫困地区脱贫攻坚的实施意见》（厅字〔2017〕41 号）
2	国务院扶贫开发领导小组	《东西部扶贫协作考核办法（试行）》（国开发〔2017〕6 号） 《中央单位定点扶贫工作考核办法（试行）》（国开发〔2017〕7 号）
3	国家开发银行	《关于开发性金融支持深度贫困地区脱贫攻坚的实施意见》（开行发〔2017〕397 号）
4	中国农业发展银行	《关于重点支持深度贫困地区打赢脱贫攻坚战的实施意见》（农发银发〔2017〕159 号）
5	水利部	《关于加快推进深度贫困地区水利改革发展的实施意见》（水规计〔2017〕280 号）
6	住房和城乡建设部、财政部、国务院扶贫办	《关于加强和完善建档立卡贫困户等重点对象农村危房改造若干问题》（建村〔2017〕192 号）
7	民政部、国务院扶贫开发领导小组办公室	《关于进一步加强农村最低生活保障制度与扶贫开发政策有效衔接》（民发〔2017〕152 号）
8	国家能源局	《关于加快推进深度贫困地区能源建设助推脱贫攻坚的实施方案》（国能发规划〔2017〕65 号）
9	农业部办公厅	《关于支持深度贫困地区农业产业扶贫精准脱贫方案》（农办计财〔2017〕82 号）
10	中国人民银行、银监会、证监会、保监会	《中国人民银行 银监会 证监会 保监会关于金融支持深度贫困地区脱贫攻坚的意见》（银发〔2017〕286 号）
11	国土资源部	《国土资源部关于支持深度贫困地区脱贫攻坚的意见》（国土资源〔2017〕10 号）
12	国家林业局	《关于加快深度贫困地区生态脱贫攻坚工作的意见》（林规发〔2017〕126 号）
13	交通运输部	《关于支持深度贫困地区交通扶贫脱贫攻坚实施方案》（交办规划〔2017〕178 号）
14	国家发展和改革委员会	《关于加大深度贫困地区支持力度推动区域性整体贫困行动方案（2018—2020 年）》（发改地区〔2017〕2180 号）
15	水利部	《关于扎实做好深度贫困地区农村饮水安全工作的通知》（水农〔2017〕451 号）
16	国家旅游局、国务院扶贫开发领导小组办公室	《关于支持深度贫困地区旅游扶贫行动方案》（旅发〔2018〕5 号）

续表

序号	发文单位	文件名
17	中国残联、国务院扶贫开发领导小组办公室、教育部、民政部、人力资源和社会保障部、国家卫生和计划生育委员会	《着力解决因残致贫家庭突出困难的实施方案》（残联发〔2018〕3号）
18	中央组织部、财政部、国务院扶贫开发领导小组办公室	《关于聚焦脱贫攻坚　选派干部到西部地区、老工业基地和革命老区挂职锻炼的通知》（组通字〔2018〕3号）
19	农业农村部办公厅	《“三区三州”等深度贫困地区特色农业扶贫行动工作方案》（农办计〔2018〕3号）
20	教育部、国务院扶贫开发领导小组办公室	《深度贫困地区教育脱贫攻坚实施方案（2018—2020年）》（教发〔2018〕1号）
21	科学技术部	《科技部关于在“三区三州”大力实施“三区”人才支持计划科技人员专项计划工作方案》（国科发农〔2018〕41号）
22	保监会	《关于保险业支持深度贫困地区脱贫攻坚的意见》（保监发〔2018〕33号）
23	中央组织部、人力资源社会保障部、国务院扶贫开发领导小组办公室	《关于聚焦深度贫困地区打好精准脱贫攻坚战加强东西部扶贫协作挂职干部人才选派管理工作的通知》（组通字〔2018〕15号）
24	民政部	《关于推进深度贫困地区民政领域脱贫攻坚工作的意见》（民发〔2018〕43号）
25	国家民族事务委员会	《关于进一步加强深度贫困民族地区脱贫攻坚工作》（民委发〔2018〕25号）
26	国务院扶贫开发领导小组办公室、教育部、民政部、财政部、自然资源部、住房和城乡建设部、交通运输部、水利部、农业农村部、卫生健康委员会	《国务院扶贫办 教育部 民政部 财政部 自然资源部 住房和城乡建设部 交通运输部 水利部 农业农村部 卫生健康委员会关于加快推进贫困村提升工程的指导意见》（国开办发〔2018〕29号）
27	中共中央组织部办公厅	《中共中央组织部办公厅印发〈深度贫困地区抓党建促脱贫攻坚工作督查重点〉的通知》（组厅字〔2018〕16号）
28	国家卫生健康委员会	《坚决完成深度贫困地区健康扶贫任务实施方案》（国卫办财务函〔2018〕291号）
29	工业和信息化部	《关于推进网络扶贫的实施方案（2018—2020年）》（工信部通信〔2018〕83号）
30	国家发展和改革委员会、财政部、交通运输部、文化和旅游部、中国铁路总公司	《“三区三州”等深度贫困地区旅游基础设施改造升级行动计划（2018—2020年）》（发改社会〔2018〕885号）

续表

序号	发文单位	文件名
31	人力资源和社会保障部、财政部	《人力资源社会保障部 财政部关于使用失业保险基金支持脱贫攻坚的通知》（人社部发〔2018〕35 号）
32	人力资源和社会保障部、国务院扶贫开发领导小组办公室	《人力资源社会保障部 国务院扶贫办关于开展深度贫困地区技能扶贫行动的通知》（人社部发〔2018〕63 号）
33	科学技术部	《科技部关于深入实施科技扶贫“百千万”工程助力深度贫困地区脱贫攻坚有关工作的通知》（国科办农〔2018〕31 号）
34	中华全国工商业联合会、国务院扶贫开发领导小组办公室、中国光彩事业促进会、中国农业发展银行	《推进“万企帮万村”精准扶贫行动向深度贫困地区倾斜的落实方案（2018—2020 年）》（全联发〔2018〕18 号）
35	国家发展改革委办公厅、文化和旅游部办公厅	《国家发展改革委办公厅 文化和旅游部办公厅〈“三区三州”等深度贫困地区旅游基础设施提升工程建设方案〉的通知》（发改办社会〔2018〕1223 号）
36	国家能源局	《“三区三州”农网改造升级攻坚三年行动计划（2018—2020 年）》（国能发新能〔2018〕74 号）
37	民政部、国家发展和改革委员会、国务院扶贫开发领导小组办公室	《深度贫困地区特困人员供养服务设施（敬老院）建设改造行动计划》（民发〔2018〕127 号）
38	财政部、教育部	《关于进一步加强财政投入管理 深入推进“三区三州”教育脱贫攻坚的指导意见》（财科教〔2018〕130 号）
39	中国农业发展银行	《关于推广用好“三区三州”深度贫困地区脱贫攻坚差异化支持政策的通知》（农发银发〔2019〕49 号）
40	中国农业银行	《中国农业银行助力深度贫困地区脱贫攻坚二十条倾斜政策》（农银发〔2019〕82 号）
41	人力资源和社会保障部办公厅	《人力资源保障部办公厅关于在“三区三州”事业单位开展脱贫攻坚专项奖励的通知》（人社厅函〔2019〕81 号）
42	国家发展改革委办公厅、民政部办公厅	《关于进一步支持“三区三州”等深度贫困地区做好社会服务兜底工程实施工作的通知》（农银发〔2019〕82 号）
43	教育部办公厅、财政部办公厅、国务院扶贫办综合司	《关于进一步加大深度贫困地区支持力度切实做好义务教育有保障工作的通知》（财教厅〔2019〕1 号）
44	财政部、交通运输部	《车辆购置税收入补助地方资金管理暂行办法》（财建〔2019〕272 号）
45	人力资源和社会保障部、财政部	《关于进一步支持“三区三州”等深度贫困地区人力资源社会保障扶贫攻坚工作的通知》（人社部〔2019〕51 号）

由于多维度贫困的长期沉淀，“三区三州”深度贫困地区是脱贫攻坚的“坚中之坚”，这一结果是由深度贫困的性质定位，以及精准扶贫的政治和伦理功能所决定。终结“绝对贫困”是精准扶贫的历史范畴，“深度贫困”是“绝对贫困”的关键所在，解决深度贫困具有消除绝对贫困的全局功能。深度贫困具有自我复制性并持续动态保存贫困秩序的连续性；深度贫困具有再生产特性，包括人口规模、时空结构和具体行动等多维度（张明皓和豆书龙，2018）。

从“三西地区”到国家贫困开发重点县，到14个集中连片特困地区，再到“三区三州”深度贫困地区，我国扶贫攻坚地域名称的演变，从一个侧面映照了我国减贫工作的艰难历程，彰显着中国特色社会主义制度的巨大优越性，昭示着“脱贫、全面小康、现代化，一个民族都不能少”的初心使命（李小林，2018）。在“铸牢中华民族共同体意识”语境下，确立“三区三州”概念及出台相关支持政策，显得意义深远，意味深长。

三、返贫与稳定脱贫

（一）返贫

返贫问题是各国反贫困实施中经常出现的问题。充分理解返贫首先要明确返贫的内涵。传统的贫困分析建立在功利主义的价值评判标准上，收入和效用是测度贫困的主要指标，返贫就意味着收入骤减或非享受性刚性支出（如医疗支出）骤增导致无法满足基本生活需求，进而生活水平降至贫困标准以下。结合阿马蒂亚·森的可行能力理论及我国的国情，返贫的广义内涵还应包括基本生活条件的恶化和生存权利的缺失，如日常饮水无法保障、住房安全出现问题、基本医疗保障缺失、适龄儿童教育权利的丧失、无法深度参与基本生产经营活动等（汪三贵和周园翔，2022）。

1990年，《人口管理实用辞典》将返贫率界定为某地区在一定时期内已脱贫现又回到贫困的人口与该地区脱贫人口之比（袁方和史清华，2019）。笔者认为返贫是贫困主体脱贫后，因返贫风险冲击，又陷入贫困的状态。因此，衡量脱贫成效，关键要做到不发生规模性返贫，确保脱贫成果经得起历史的检验。

返贫可以分为零星返贫和规模性返贫。零星返贫是指单个家庭遭受疾病、自然灾害、意外事故等风险冲击后发生的返贫。规模性返贫是指某一类有相似特征的群体中大部分人同时返贫或某一区域同时出现较大返贫人口。如果零星返贫未得到有效控制时会逐渐演化为规模性返贫。规模性返贫通常表现为区域性、突发性和群体性。区域性规模性返贫通常易于出现在某一特定类型区域，如高原或山区、边疆民族地区、内陆边境地区等。这些地方资源禀赋、社区环境、人力资本积累较差，农户生计策略单一，可持续生计水平不高，依靠自身力量短期内无法实现持续发展，一旦脱离外部帮扶，可能会重新陷入贫困。突发性指返贫前没有征兆，无法进行预测，如在地震、洪涝、冰雪等自然灾害影响下，农户的生产生活条件突然恶化，无法正常从事农业和非农生产活动，进而影响基本生计，这往往与突发自然灾害有关。群体性表现为返贫是低保户、特困供养户、老年户、重度残疾人等特殊群体。脱贫攻坚时期，这部分群体主要依靠兜底保障脱贫，其生活受政策因素影响很大，若政策调整不当，可能会面临返贫的风险。相对零星返贫，规模性返贫的原因和机理更复杂，社会影响更严重，需要高度重视和关注（汪三贵和周园翔，2022）。

（二）返贫风险

风险是“个人和群体在未来遇到伤害的可能性及对这种可能性的判断与认知”（秦志希和郭小平，2006）。返贫风险具有地域属性特点，在“三区三州”深度贫困地区的表现尤为突出。目前，我国的贫困治理已经从脱贫前的扶贫向脱贫后的防返贫转型。贫困人口脱贫后，生计方式仍面临一定风险。脱贫人口应增强韧性，即对外部风险冲击时具有较强的韧性，不再陷入“贫困陷阱”（李博，2020）。

“区域”“农户”和“个人”是返贫风险的三个层次单元，互相有交集。“区域”是抽象的“空间”与具体的地理空间相结合的概念，“区域风险”既包括基于地理空间而存在的、整体性的风险类型，也包括抽象的宏观经济波动等区域性风险。从现代化进程来看，区域返贫风险在“三区三州”表现得更明显，因为农村区域分块化程度较低、与难以完全控制的自然要素之间的结合更加紧密。洪水、雹灾、低温冻害等往往会造成农业区域性大量减产，而“三区三州”第一产业占比高达12%～20%。例如，青海省除海西州外，其他地区第一产业占比均超过25%，以特色种养殖、高原农牧业等新型现代农业为主（李芳，2021）。区域性的自然风险潜藏着区域性经济水平波动的风险；长期性、高频率的区域风险的发生又往往隐藏着区域性致贫的风险（左停和赵梦媛，2021）。“农户”家庭是农村的基本治理单元，也是贫困治理普遍使用的基本单元。即便户均人数降低、家庭功能弱化趋势增强时，家庭作为生计单元的作用仍非常显著，家庭稳定性是社会稳定的前提。“农户”本身带有更多的自然依附属性，因为农业与各类自然因素紧密相连。对于以农业生产经营为主要收入来源的农户来说，由于农业生产活动是基于自然环境来进行，家庭风险与区域风险之间有较大的重合性，农户生计的稳定也依赖于区域环境要素的稳定。即便是主要依靠工资性收入的农户，也需要区域内的经济不断发展、社会稳定，才能获得充足和持续的就业岗位来保障家庭生活稳定（左停和赵梦媛，2021）。本书尝试从风险致贫的逻辑、脱贫人口生计稳定等视角，分析各类返贫风险对脱贫人口的影响的特性及其致贫的整体性逻辑。

（三）稳定脱贫长效机制

（1）稳定脱贫

江文和肖军（2017）认为脱贫验收时要评估收入及其来源的可靠性和稳定性。胡原和曾维忠（2019）以“可持续生计—脆弱性—社会排斥”为分析框架，提出稳定脱贫包括经济、能力和风险等几个方面内容。齐义山（2020）认为稳定脱贫是指在贫困地区公共基础设施、服务与相关产业不断提升和改善基础上，贫困人口通过自我发展与创新，激活内生动力，有稳定的可持续性经济收入，对返贫风险的抗逆能力不断提升，贫困脆弱性和社会排斥性降低，能够摆脱“贫困陷阱”。综上，本书认为稳定脱贫的实质是一种更高层次的脱离绝对贫困状态，是指贫困群众观念更新、自身发展动力充足、收入持续稳定、贫困村基础设施完善、社会保障体系健全、人居环境明显改善、已脱贫群众的获得感不断提升。

（2）长效机制

“机制”一词来源于希腊文，其本身是一个自然科学的术语，指机器制动的原理及机器内部各机件相互作用的关系，通过机器运转来实现功能。从系统论来看，“机制指系统内各系统、各要素之间相互作用、相互联系、相互制约的形成及其运动原理和内在的、本质的工作方式”（侯光明和李存金，2002）。《现代汉语词典》对“机制”的定义为：一是指“机器的构造和工作原理，如计算机的机制；二是指机体的构造、功能和相互关系，如动脉硬化的机制；三是泛指一个工作系统的组织或部分之间相互作用的过程和方式，如市场机制，竞争机制”。刘俊浩（2006）认为机制是事物间的存在的因果关系，这种因果关系是经常发生的、易于辨识的。刘林（2014）认为机制包括“Factor”（机制的构成要素、组成部分、基本结构或组织等）、“Relationship”（机制中各成分或者组织间的相互关系)、“Performance”（即机制最终的运行效果，是一种外在表象)，三者构成了机制研究的整体框架。从短期看，参与成分（F-Factors）的存在体现为它们间的相互关系或相互作用（F-Relationship)。长期来看，三者间相互影响，它们间又会有不同的相互关系或作用（P-Relationship)，最终会形成整体表现（F-Relationship)。陆益龙（2018）认为贫困识别机制是长效机制的前提，能精准地找到帮扶对象；扶贫资源筹集机制，筹集各渠道的扶贫资源；扶贫资源传递机制，把帮扶资源精准、高效地传递给帮扶对象。笔者认为长效机制指能长期保证制度正常运行并发挥预期功能的制度体系，具有规范性、稳定性、长期性等特点。它有两个基本条件：一是比较规范、稳定、配套的制度体系；二是推动制度正常运行的“动力源”。

（3）稳定脱贫长效机制

2017 年 3 月 8 日，习近平总书记在参加全国人大代表团审议时指出，防止返贫和继续攻坚同样重要，要求建立健全稳定脱贫长效机制。2018 年，中共中央、国务院印发《乡村振兴战略规划（2018—2022 年)》，提出建立促进群众稳定脱贫和防范返贫的长效机制。2019 年，党的十九届四中全会提出巩固脱贫攻坚成果，建立解决相对贫困的长效机制。2020 年 12 月 16 日，中共中央、国务院印发的《中共中央 国务院关于实现巩固拓展脱贫攻坚成果同乡村振兴有效衔接的意见》强调健全巩固拓展脱贫攻坚成果长效机制，“长效机制”在全文出现 7 次，“常态化”出现 2 次。2022 年 1 月 4 日，《中共中央 国务院关于做好 2022 年全面推进乡村振兴重点工作的意见》要求“坚决守住不发生规模性返贫底线”，完善监测帮扶机制。强调长效机制，一是因为解决发展不平衡不充分的问题是今后中国发展的首要任务。脱贫地区与发达地区、脱贫户与一般农户还存在诸多差距，支持政策和措施将长期存在，发挥长期作用。二是从脱贫攻坚转向乡村振兴是从超常规转向常规的发展过程，在常规发展过程中，政策、体制和机制需要进行相应转变。建立长效机制，需要对低收入人口的常态化帮扶、建立常态化的驻村帮扶机制以及对多种帮扶措施等进行制度化。这些政策措施为深化稳定脱贫长效机制研究拓展了研究基础。李海金和陈文华（2019）将稳定脱贫长效机制界定为在外部帮扶和支持退出后，贫困人口和地区已具备较强的内生动力和自我发展能力，并形成稳定性、可持续性的脱贫致富能力和经济社会发展活力的体制机制。本书认为稳定脱贫长效机制是指在制度上形成保障贫困户脱贫后不返贫的机制，是在新的贫困或返贫现象出现时能够有效兜底的保障机制，具有长期性、稳定性和规范性。

第二节　理论基础

一、"贫困陷阱"理论

"贫困陷阱"研究属于发展经济学的核心主题。"陷阱"一词是从古汉语角度解释危害别人的圈套和诡计，多用于军队设障在敌人路过的地方，使其人马、车辆等陷入而无法脱身。经济学中有"凯恩斯陷阱""中等收入陷阱""塔西佗陷阱""修昔底德陷阱"等概念，其共同点是长期处于一种低下的循环状态而无法自拔。此后，"陷阱"逐渐运用到贫困研究，并发挥了最大意蕴。学界一般认为"贫困陷阱"指个人、农户等主体因贫困的多维因素持续不断地再贫困，并且长期处于恶性循环而无法摆脱（杨建，2019；王艳，2018；王博宇，2019）。笔者认为"贫困陷阱"即贫困的持续性和反复性，指通过国家的各项政策帮扶，使其迅速达到国家的脱贫标准；但一味地"输血"只能短暂取得成效，一旦政策摘帽或者农户因突发疾病、丧失劳动力、缺乏内生动力等情况又会迅速下降到贫困线以下，即返贫。在这期间，可能存在多种贫困因素相互交织而出现新问题，这样长期恶性循环就形成了贫困陷阱，想要摆脱这个恶性循环，就需要把"输血"转变为"造血"，构建完整的稳定脱贫机制来巩固脱贫成果，从而有效跨越贫困陷阱。国内外专家学者尝试从不同角度探讨发展中国家陷入"贫困陷阱"的形成机制，新增长理论和新制度经济学的兴起、计量技术的更新发展，将"贫困陷阱"理论研究带入新阶段。

（一）空间贫困陷阱

空间概念被运用到贫困成因的分析上，形成了空间贫困陷阱理论（龚维进等，2019）。该理论认为气候、地理、交通等地理资本的缺乏且无法变化，会影响农户的生产生活，导致空间贫困陷阱（Bird and Shepherd，2003），即由地理资本缺乏造成的贫困持续问题即空间贫困陷阱（刘小鹏等，2014）。它将贫困陷阱研究关注点从传统的农户拓展到地理因素，为在"人地关系"视角下考察持续性贫困的地理分布与成因提供了理论支持。

"空间"对贫困的影响机制主要有两点：一是地理区位对贫困的影响。地理位置与贫困发生率、返贫率之间存在正相关关系。地理位置会影响经济增长的减贫效率，路途遥远也限制了私人投资，抑制了本地需求，不利于通过发展本地经济去减贫。同时，地理区位也影响农村公共物品的减贫效率。偏远农村公共物品提供的成本相对较高，教育、医疗等公共资源不足，加之贫困地区劳动力市场不活跃，贫困人口认为投资在教育、健康上的预期回报率低，便会减少对人力资本的投资。二是自然条件对贫困的影响。农业生产能力决定了农户的收入和福利水平，而农业生产能力又与气候、水土、地形等自然条件挂钩。因此，自然条件的好坏就直接反映了贫困状况。Khan（1998）强调了土地资源的重要性，基于中国家庭收入数据显示，人均耕地面积对抑制农村贫困有非常重要的作用。然而，中国贫困地区土壤质量差，土地细碎化程度高（李升发和李秀彬，2016），人均耕地面积的提高响应会受阻，这在某种程度解释了中国的贫困人口主要分布在一些土地贫瘠的地区（Fan et al.，2002）。罗翔等（2020）运用中国县级层面的面板数据，从聚集与持久两个维度对农村贫困陷阱进行识别。2006～2016 年，我国农村的贫困空间格局几乎没有变化，并且贫困的空间分布与经济增长也不同步，贫困县的分布主要与地形（坡度、海拔）因素有关。我国的农村贫困具有持久性，贫困县收入存在低水平均衡，贫困县与非贫困县之间存在收入的“俱乐部收敛”（罗翔等，2020）。

（二）行为贫困陷阱

Dalton 等（2014）较早使用了“行为贫困陷阱”（behavioral poverty trap）术语，并借鉴 Kahneman 和 Tversky 预期理论的参照点构建了贫困导致个体的志向失败。在行为贫困陷阱形成中，“人穷”是原因，“志短”是结果，“志短”使贫困主体选择付出更少的努力而加剧贫困持续，最终陷入贫困陷阱；单独提高志向水平有助于摆脱贫困陷阱（徐富明等，2020）。

（三）文化贫困陷阱

Durlauf（2006）认为贫困的个体和群体会形成“进取型抑制”的贫困文化，最终陷入“贫困文化陷阱”。“宿命论（fatalism）”最早由 Green（2001）提出，指出社会排斥是将健康与不平等问题联系起来的关键因素。宿命是宽泛概念，悲观心理源于贫困者无力改变生活，并且在面对生活挑战或机遇时，不愿尝试改变进而陷入贫困（畅华仪等，2020）。

Cidade 等（2016）对贫困经历者的心理状态进行扩展，发现除“宿命论”外，处于贫困与极度贫困状态的个人表现出更低的希望水平和社区意识。换言之，他们对未来的预期更缺乏自信，容易陷入绝望或依赖运气，其社会网络较其他人更弱，缺乏社会联系和互动。因此，贫困者的消极心理是“贫困陷阱”形成过程中是不可忽视的传导因素。Andersen（2011）发现贫困主体因心态差异而采取不同的策略，相信能控制命运的贫困户积极地参与项目从而使情况好转；被情绪控制、不相信自己能掌控命运的主体，会消极应对扶贫项目，普遍持有“等、靠、要”等消极心态，从而维持其低收入。叶初升（2014）发现贫困陷阱的资产门槛会随着农户的悲观心理状态不同而发生变化，解释了心理因素在贫困陷阱中的作用机制。贫困群体、个体在社会交往过程中都有一定的自卑感、无助感；自我感觉被排斥、歧视，形成社会分层隔离，影响“群体和谐”“社会认同”及中华民族共同体的构建。人们的生活状态、社会关系和存在决定和影响其意识形态，需要通过经济发展全国“一盘棋”来推动政治、社会、文化建设，实现“一条心”。

（四）家庭贫困陷阱

“贫困陷阱”的家庭特征是贫困代际传递，是指导致贫困相关条件和因素由父母传递给子女，子女继承父辈的贫困和并将其又传递给后代并反复的过程（郭晓娜，2017）。其致贫原理可以从代际传递的时间性、内容性来理解（史志乐和张琦，2018）。时间上，贫困代际传递是在上代与下代甚至更长远的代际间发生的；内容上，上代可以通过金融、物质与环境资本、人力资本、社会资本、文化资本和政治资本进行传递（Hulme and Shepherd，2003）。

（五）资产贫困陷阱

资产贫困揭示贫困的结构性、偶发性特征（Carter et al.，2006），资产积累存在临界点（王洋，2020），当资产低于临界点的家庭会收敛于低水平均衡点并陷入贫困陷阱；反之则摆脱贫困。其政策启示是将家庭资产水平提高至临界点上（解垩，2014）。资产贫困陷阱具有自我强化机制，它阻碍生产技术的使用并导致贫困的持续（Azariads，2004）。

（六）健康贫困陷阱

安格斯·迪顿（2014）认为健康水平的提高将帮助贫困者摆脱陷阱。贾海彦（2020）认为落入“健康贫困陷阱”群体的心理认知和行为偏好都有特殊表现，强化了健康与贫困之间的低水平累积循环。当这些心理与行为要素在条件成熟时，会转化为摆脱健康贫困陷阱的内生动力。祁毓和卢洪友（2015）提出“环境健康贫困”陷阱，健康会因经济收入的差异而存在梯度差距，收入水平越高，健康水平越好。封进和余央央（2007）认为收入差距对健康的影响存在滞后效应，收入差距较大对健康的影响为负，因此经济收入或社会资本与健康存在双向因果关系。方迎风和邹薇（2013）发现健康冲击会导致个体进行消费平滑和降低能力投资，并使贫困者陷入贫困陷阱；与区域性负外部冲击不同的是，特异性冲击仅针对个体或家户。

从本书对致贫原因的分析来看，“空间贫困陷阱”表现为“三区三州”所固有的地理贫困和区域贫困，表现为区域的集中分布，这是本书研究的逻辑起点；“行为贫困陷阱”和“文化贫困陷阱”表现为精神贫困；“家庭贫困陷阱”表现为贫困的代际传递，即教育水平偏低、失学辍学问题严重；“资产贫困陷阱”说明扶贫必须打破门槛效应，解决久困何以能脱贫的原因；“健康贫困陷阱”证实了我国贫困人口中占比最大的“因病致贫”“因残致贫”的形成原因。从现实来看，尽管我国受到经济发展不确定性和新型冠状病毒肺炎疫情的反复冲击，到目前为止我国未发生大规模返贫问题，因此“贫困陷阱”只存在返贫风险的表象。

二、可持续生计理论

对农户生计的研究分析中，可持续生计框架（Sustainabel Livelihood Approach，SLA）应用最广泛，该框架是由英国国际发展署（DFID）于2000年提出，主要内容包括脆弱性背景、生计资本、结构和过程转变、生计策略、生计输出五个部分。可持续生计是生计的持续性状态，是采用不同的生计方式对生计资本的组合，以实现生计资产的可持续。该理论关注贫困户自身发展，不是仅仅依靠外力援助的暂时脱贫，应实现长期发展而非一时的经济收入增长（高焕清，2020）。

从可持续生计理论来看，分析贫困人口的返贫原因和风险，是防止规模性返贫的第一步，有利于提高后续防返贫监测识别的精准性和政策的有效性。图2.1归纳了可持续生计框架与返贫风险的关系。可持续生计理论中，脆弱性是指对农户生计造成冲击进而返贫的自然、气候或季节性等外部因素，它们从根本上影响着生计资产和生计结果，如自然灾害导致农户减产，意外事故致残导致家庭劳动力减少等。生计资本包括五个方面，其中影响返贫和可持续发展的主要是文化水平、健康状况等人力资本。汪三贵和周园翔（2022）指出因病因残是当前我国防返贫群体最主要的返贫风险，如某地防返贫监测户中因病因残而返贫的占比超过80%，这是当前我国主要的返贫风险。生计资本中，物质资本包括支持生计所需要的基础设施和生产手段，这些影响着农户生活水平和生产便利。在“两不愁三保障”标准下，住房安全和饮水安全容易成为返贫的重要指标。结构和过程的转变是指影响农户生计的制度、组织、政策和立法等社会环境，它们决定着农户生计策略的选择。脱贫攻坚时期部分无劳动力群体通过兜底保障脱贫、部分因病致贫户通过医疗保障政策解决了医疗支出高的问题，因此脱贫攻坚后政策调整得当与否（如低保政策和医保政策）成为是否发生返贫的重要因素。生计策略是指农户在脆弱性背景及制度安排下，结合自身生计资本所选择的经营活动组合，如从事农业生产或非农就业等。2020 年脱贫地区农村居民人均可支配收入中经营净收入和工资性收入分别占 34. 9% 和 35. 3% （《人间奇迹》编写组，2022）。产业发展和就业务工成为农户主要的生计策略，产业发展失败或就业务工不稳进而成为影响农户返贫重要风险。生计输出是生计策略或目标的实现或结果，当农户不能有效应对环境脆弱性时，加之得不到政策支持，使其不能有效利用生计资本进而选择合适的生计策略时，返贫就成了农户的生计结果（汪三贵和周园翔，2022）。

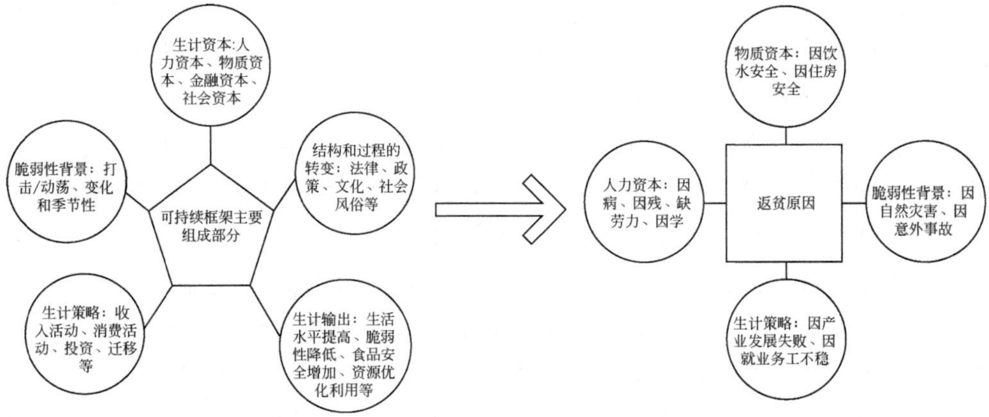

图 2. 1　可持续生计框架与返贫风险

三、人力资本投资理论

美国经济学家舒尔茨的人力资本投资理论认为，改善穷人福利的决定性生产要素不是空间、能源和耕地，而是人口质量的改善和知识的增加（西奥多·舒尔茨，1981）。有证据表明，人力资本缺乏是发展中国家经济发展的最大障碍，是瓶颈中的瓶颈（李建民，1998）。无论是脱贫攻坚，还是实现巩固拓展脱贫攻坚成果与乡村振兴有效衔接，根本在产业，关键在人。没有人的内生发展能力提升，乡村振兴也只能流于美好愿望。世界银行在《2019 年世界发展报告》指出，“无论未来社会发展到何种地步，人力资本投资都将是一项有助于人们做好准备应对未来挑战的无悔政策”。孔祥智等（2018）认为 1978 年以来中国农业发展技术变迁路径的分析认为，最核心的要素是劳动力，未来中国农业发展要培育新型职业农民，提高农业劳动力的素质和技能。李小云和苑军军（2020）提出为了让穷人脱离“贫困陷阱”，需要达到人力资本最低条件的“关键性门槛”，因此需要更加重视脱贫户人力资本的提升。李博（2020）提出人才振兴需要加大对以新型职业农民为主导的农村实用人才的培育力度，积极发挥村委和党员的核心作用。

“三区三州”脱贫地区虽然消除了绝对贫困，但是在推动农业产业高质量发展的人力资本上面临着“木桶效应”。一方面，区域内人口受教育程度普遍偏低，文盲、半文盲比例高，包括不少“一步跨千年”的“直过民族”和人口较少民族，语言、观念、习俗等方面差异明显，社会发育缓慢，短时期内接受新知识、新技能的能力和意愿不足。另一方面，区域外人才不愿进来，进来留不住现象普遍。两方面不利因素的叠加，导致“三区三州”发展产业的人力资本条件尤为薄弱。产业发展所需的人力资本的“木桶效应”并不是短时期就能补上的。脱贫攻坚期间，人力资本投资主要通过“控辍保学”解决教育贫困，提升适龄学生的人力资本，避免贫困的代际传递；但义务教育是对未来人力资本的投资，需要十年甚至更长时间才能产生效益。对于当前产业发展主体劳动力的人力资本提升缺乏足够且具针对性的投资；虽然各地都有技能培训项目安排，但这些培训要么“脱嵌”于农业产业，培训非农就业技能，要么仅仅完成培训的数量指标要求，培训的针对性和有用性大打折扣。这也导致现阶段产业发展主体的人力资本短板问题并未得到有效解决，产业振兴面临“人才不济”难题。因此，“十四五”过渡期，应提高对存量劳动力的人力资本投资，加强农业生产技能的培训，提高脱贫人口接受并利用新技术、新品种、新知识的能力，进而提高劳动生产率，这样才能避免农民个体“边际劳动生产率低下”问题（西奥多・舒尔茨，2006），从而实现人才振兴来促进产业振兴，也能够提高脱贫群体参与更高附加值产业链分工并分享更高收益的能力，进而实现乡村产业振兴（朱海波和毕洁颖，2021）。

四、贫困脆弱性理论

（一）脆弱性脱贫

脆弱性是指农户生计在未来陷入贫困的风险，农户在遭遇风险时消费水平的下降（郑瑞强和曹国庆，2016）。世界银行《2000/2001 世界发展报告》提出，“从收入和健康的角度看，脆弱性是指一个家庭和一个人在一段时间将要经受的收入和健康贫困的风险。脆弱性还意味着面临很多风险（暴力、自然灾害和被迫失学等）的可能性”。贫困脆弱性反映了对内外部风险的承受能力和抵御冲击的能力，常常与贫困问题相伴而生、互为因果，导致脱贫人口应对风险冲击的能力及脱贫策略极为有限。脆弱性程度越高，应对风险冲击的能力越弱，返贫的概率越大。一般来说，外在脆弱性在贫困群体中更普遍、更易于观察，而内在脆弱性短期内很难彻底消除，往往是自身发展的“掣肘”（巩蓉蓉等，2021）。

（二）脆弱性与返贫的关系

经济学认为脆弱性是致贫和返贫的主因，影响脱贫人口的可持续性生计。贫困没有必然脆弱之说，贫困是静态的、可直接观察到的事后现象，脆弱性是动态的、不易直接观察，具有前瞻性，可事前预测。贫困可能受文化落后、制度变迁等因素影响，不一定是受脆弱性的影响。有些家庭摆脱贫困后，脆弱性也随之消失。另外，个体贫困不一定意味着国家和地区的脆弱，宏观层面脆弱性仅仅是增大个体贫困的可能性，不一定会必然导致个体贫困的发生。

脆弱性与返贫有一定联系。脆弱性等不利因素越多，返贫问题就接踵而来。贫困家庭比非贫困家庭越具脆弱性，贫困程度越深的贫困户，脆弱性特征越突出。返贫人口摆脱贫困越难，其贫困的脆弱性越大。当返贫风险发生时，脱贫人口缺乏对资源拥有和支配能力就越脆弱。返贫风险发生后，处于劣势地位，加之可利用的自然资源和社会资源有限，使之更贫困更脆弱。通过减少生活必需品的开支及非必需品的数量和质量、让子女辍学等方式来获得生计持续性，反而导致生计资产丧失程度深，脆弱性的严重度高，即使短暂脱贫也容易返贫，最终演变成长期贫困，形成“脆弱—脱贫—脆弱—返贫”的恶性循环。

世界银行（2001）认为贫困包括物质的匮乏、低水平的教育和健康，还包括风险和面临风险的脆弱性，以及不能表达自身的需求和缺乏影响力。脱贫人口存在经济、社会关系、自然环境和生态等方面的脆弱型返贫，贫困人口脱贫后也会存在因病、因教等返贫风险。返贫频发的实质是贫困本身的脆弱性特征。脱贫人口返贫是因为不能抵挡任何形式的冲击或微小的变动，甚至于简单的政策倾斜优势丧失，也会重新陷入贫困。造成返贫的重要原因是贫困者及贫困线附近的个体是“脆弱的”。这种在贫困线附近的浮动是一种动态贫困，稍不注意便会返贫，并拉低脱贫的整体效率。需要注意的是，只有可持续脱贫才能从源头上防止返贫，而返贫预警机制则是实现可持续脱贫的关键一环。预警机制构建是在返贫发生之前就有所应对，是防返贫治理的基础性工程。对返贫人口诱发返贫的因素进行理性辨识和剖析，才能降低后期返贫治理的难度，使脱贫易返贫的群体不再发生返贫，进而巩固脱贫成果的质量。

（三）脆弱性脱贫机理

脆弱性脱贫理论的核心是解释返贫，脆弱性脱贫传递机理如图 2. 2 所示。无论脱贫的路径和方式如何，脱贫人口中总会存在资产匮乏的家庭因无法抵御风险冲击而返贫（周迪和王明哲，2019）。脆弱性脱贫的风险来源于两个层面：一是区域维度，即自然灾害冲击。自然灾害可能造成种养业减产减收，也可能使房屋、机器及车辆甚至个人健康遭受损失。“三区三州”是自然灾害频发地区，自然灾害与贫困正相关，自然灾害导致贫困率上升并加剧返贫问题（王国敏，2005）。二是个体维度，即失业、财产损失、疾病等风险的冲击。这些冲击不同程度地导致收入骤减或支出骤增（如医疗开支的突然增加），均会导致因病返贫。

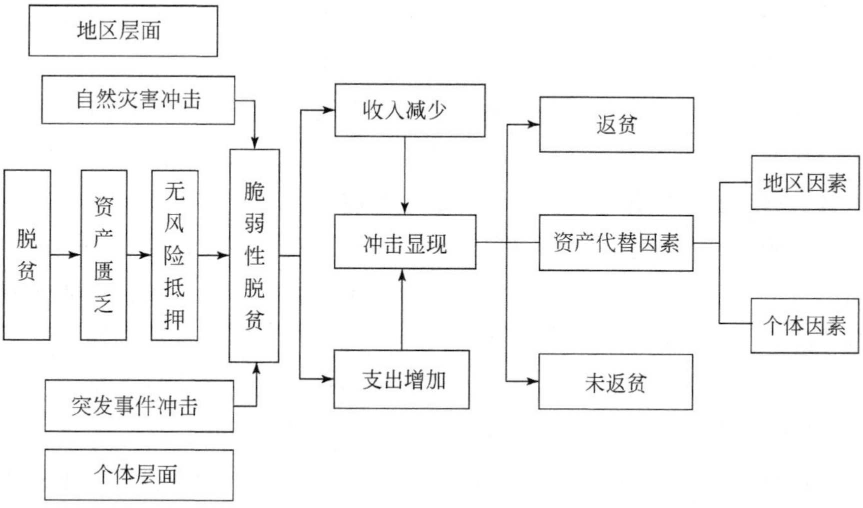

图 2. 2　脆弱性脱贫传递机理

五、中国特色反贫困理论

伟大实践产生伟大理论，伟大理论指导伟大实践。中国共产党立足我国国情农情贫情的实际，深刻把握减贫规律，形成了一套科学有效的政策体系、工作体系、制度体系，形成了中国特色反贫困理论。这是我国在战胜贫困这一世界性顽疾中形成的重大理论成果，揭示了“三区三州”全面破解深度贫困的制胜法宝，具有很强的思想性、针对性和指导性。

（一）中国特色反贫困理论是经典返贫困理论的新发展

贫困最早被界定为人口贫困、收入贫困、代际贫困、多维贫困、空间贫困、能力贫困等。从脱贫进程看，主要有减少贫困、减缓贫困和消除贫困。减贫强调减少贫困人口数量，减缓贫困突出减缓贫困的程度，消除贫困是反贫困的目的和最终目标（刘有军，2012）。中国特色反贫困理论为成功解决深度贫困问题奠定了扎实的理论基础，丰富和发展了经典的反贫困理论。

（二）中国特色反贫困理论是马克思主义贫困观中国化的新实践

马克思的《资本论》中有 62 处论述“贫困”，主要从制度上剖析了资本主义贫困的本质，认为贫困起源于私有制，是制度本身产生了贫困。中国特色反贫困理论从追求公平的救济式扶贫到促进区域发展能力提升的开发式扶贫，再到从国家发展战略推动全面建成小康社会的精准扶贫，均是以马克思主义贫困观为指导。中国特色反贫困理论丰富和发展了经典贫困理论和马克思主义贫困观，促进了马克思主义贫困观的中国化进程，具有较强的理论性和现实价值（李俊杰和耿新，2018）。

中国特色反贫困理论是足于中国国情的反贫困实践，是对实践经验和理性认识的进一步升华，彰显了马克思主义政治经济学时代特色。习近平总书记关于扶贫工作的重要论述，来源于农村扶贫工作深厚的实践基础，也必然在指导新的实践中展现出强大真理力量（胡春华，2022）。

党的十八大以来，以习近平同志为核心的党中央把脱贫攻坚作为全面建成小康社会底线任务。从乌蒙山区到茫茫草原，从雪域高原到黄土高坡，50 多次调研扶贫工作，足迹踏遍包括“三区三州”在内的 14 个集中连片特困地区。每个重大关头，习近平总书记都亲自挂帅、亲自部署、亲自督战，先后 7 次主持召开中央扶贫工作座谈会，研究部署脱贫攻坚工作。习近平总书记指出“小康不小康，关键看老乡，关键在贫困的老乡能不能脱贫”，强调“脱贫攻坚，贵在精准，重在精准”，承诺“决不能落下一个贫困地区、一个贫困群众”。2012 年在河北省阜平县提出科学扶贫、内生动力等思想。2013 年，在湖南湘西州十八洞村首次提出“精准扶贫”战略。2014 年提出精细化管理、精确化配置、精准化扶持等思想。2015 年 11 月，系统提出扶持对象、项目安排、资金使用、措施到户、因村派人、脱贫成效“六个精准”，实施发展生产、易地搬迁、生态补偿、发展教育、社会保障兜底“五个一批”，解决好扶持谁、谁来扶、怎么扶、如何退、如何稳“五个问题”等为主要内容的精准扶贫思想。建立年度脱贫攻坚报告和督查制度，对未完成的地区的主要责任人进行约谈和批评，省级对所辖的各县级、各乡镇都需制定督查问责办法，建立五级书记抓扶贫、全党动员促进脱贫攻坚的机制（汪晓东等，2020）。党的十九大把精准脱贫作为三大攻坚战之一，聚力攻克深度贫困堡垒，决战决胜脱贫攻坚。从“摆脱贫困”到“精准扶贫”，从“精准脱贫”到“乡村振兴、实现共同富裕”，习近平总书记扶贫理念随着实践发展不断拓展深化，形成了从理念到理论再到实践的“知行合一”的理论实践体系。内涵丰富的习近平总书记关于扶贫工作的重要论述，是习近平新时代中国特色社会主义思想的重要内容，是“三区三州”跨越“贫困陷阱”的根本遵循，具有科学性、实践性、开放性、历史性、国际性等鲜明特征和理论品格，必将指引我国“三农”工作从胜利走向胜利。

（三）中国特色反贫困理论是矛盾论和实践论的新体现

2016 年后，我国贫困人口日益集中在“三区三州”地区，破解深度贫困问题一度成为脱贫攻坚阶段的战略重点，成为脱贫攻坚“硬仗中的硬仗”。造成“三区三州”各地致贫原因各不相同，需要因地制宜，具体问题具体分析，实施更加有力、更加精细的措施瞄准特定贫困人群精准帮扶。2017 年，习近平总书记在太原召开的深度贫困地区脱贫攻坚座谈会上要求集中力量攻克“三区三州”等深度贫困堡垒。2018 年在成都，习近平总书记用“有天无地，有山无田，有人无路”形容“三区三州”脱贫难度。2020 年，习近平总书记指出要继续聚焦“三区三州”等深度贫困地区。包括深度贫困思想在内的中国特色反贫困理论聚焦了脱贫攻坚的主要矛盾和矛盾的主要方面，体现了马克思主义矛盾论和实践论的统一，体现了民族因素和区域因素相结合的习近平总书记关于加强和改进民族工作的重要思想（李俊杰和耿新，2018）。

在脱贫攻坚伟大历史实践中，一代又一代中国共产党人传递历史“接力棒”，探索总结形成了中国特色反贫困理论，彻底改变了国家贫穷落后的面貌。脱贫攻坚战的全面胜利，充分体现了党的领导和中国特色社会主义制度的政治优势，有力彰显了中国特色反贫困理论的真理力量。在“三区三州”全面推进乡村振兴伟大实践中，要用好中国特色反贫困理论，指导共同富裕不断取得新进展。

六、乡村振兴战略

（一）乡村振兴

20 世纪 50 年代以来，随着全球化、城市化与工业化进程，乡村的衰退（衰落）成为全球性问题和趋势。第二次世界大战以后，美国、加拿大、瑞典、澳大利亚等国家的乡村问题主要表现为乡村衰退、农村过疏化、传统文化消失、伦理和秩序受到冲击等。为重振乡村发展和重塑乡村文明，英国、美国、澳大利亚等西方发达国家在 20 世纪 70 年代采取统筹规划、投资、补贴和环境保护等多元策略，陆续开展乡村复兴运动（Rural Renaissance），促进了乡村人口增长和农业农村的绿色高效发展。日本、韩国和我国台湾地区分别通过“造村运动”“新村运动”与“社区营造”等方式，逐步推进农业农村现代化，促进城乡一体化发展。政府、农村复兴与改革组织、地方领导者和能人、外来经营者、回迁人员等在乡村振兴过程中也发挥着重要作用。乡村发展要素与条件、农民创业与自主精神、农村金融、多社区合作等均被认为是乡村振兴的关键因素。

与西方发达国家相比，中国等发展中国家的城镇化进程相对滞后（叶超和高洋，2019），发展较为粗放，多以损耗乡村发展权能为代价，农村空心化、环境污损化、产业空心化、耕地非农化、粮食安全等问题突出（陈坤秋和龙花楼，2020）。各发展中国家依据本国国情采取不同措施进行纠偏。莫桑比克和肯尼亚从 20 世纪 70 年代中期开始逐渐实现国家涉农财税由征税向扶持转变，以纠正城市发展偏向（李博和苏武峥，2021）。马来西亚、菲律宾和泰国通过对农村贫困人口的公共卫生和教育进行投资以提高乡村人力资本（Pierskalla，2016）。

党的十九大提出乡村振兴战略，并将其列入建设社会主义现代化强国的七大战略之一。按照产业兴旺、生态宜居、乡风文明、治理有效、生活富裕的总要求，作出产业振兴、人才振兴、文化振兴、生态振兴和组织振兴五大战略部署，强调实现农业现代化必须要走中国特色社会主义乡村振兴道路，也就是走城乡融合发展之路、走共同富裕之路、走质量兴农之路、走乡村绿色发展之路、走乡村文化兴盛之路、走乡村善治之路、走中国特色减贫之路。

（二）巩固拓展脱贫攻坚成果同乡村振兴有效衔接

实现巩固拓展脱贫攻坚成果同乡村振兴有效衔接的科学内涵是在打赢脱贫攻坚战、全面建成小康社会后，我国“十四五”时期的重大决策部署。2021 年，中共中央、国务院《关于实现巩固拓展脱贫攻坚成果同乡村振兴有效衔接的意见》提出，设置 5 年过渡期内保持原有主要帮扶政策总体稳定，逐步实现由集中资源支持脱贫攻坚向全面推进乡村振兴平稳过渡。该文件明确了有效衔接的基础、任务和目标，即在巩固拓展脱贫攻坚成果的基础上，接续推进脱贫地区发展和改善群众生活质量（尹成杰，2022）。随后财政部等各部委对相关政策做出具体安排，确保对“三区三州”的政策支持力度不会减弱，保持财政资金投入政策稳定。应充分把握两大战略的政策共性和差异，从乡村振兴战略的“产业兴旺、生态宜居、乡风文明、治理有效、生活富裕”目标任务着手，破解两者有效衔接的困境，并在实践中通过政策体系转型、主体有效对接、技术层面互补等途径以加强乡村振兴顶层设计与脱贫攻坚微观政策的有效衔接。

（1）脱贫攻坚与乡村振兴的逻辑关系

从理论逻辑看，要素重合而又目标一致的两者分层推进着“三农”工作，协调促进（汪超和姚德超，2015）。从实践逻辑看，脱贫攻坚是实施乡村振兴战略的基础和前提，乡村振兴为脱贫攻坚提供内生动力与制度保障，两者的无缝对接是实现乡村振兴的关键（庄天慧等，2018）。空间逻辑上，两者均根植于农村，主体都是农民，旨在全面提升农民的福祉，因此两者空间的重叠、主体的互通、价值的一元性说明了两者具有内在耦合特征（张永丽和高蔚鹏，2018）。

（2）脱贫攻坚同乡村振兴衔接的动力机制

从两者有效衔接的内生动力看，皆从人力资本（Sen，2001；Peace，2001）、产业发展（万江红和苏运勋，2016）、乡村治理上夯实两者有效衔接的基础。同时，壮大集体经济、促进农民增收也为两者衔接提供持续动力。衔接的外生动力是基于自然资源的乡村项目等，这对发展乡村经济至关重要（Phillips，2007）。此外，有效的法律支持有利于村落复兴；中国语境的两者协同都需要优先完善基础设施、优化人居环境、筑牢生态，紧扣乡村振兴总要求构建脱贫攻坚长效工作机制。

（3）脱贫攻坚同乡村振兴有效衔接的内在结构

进入新时代，共建美好生活逐渐成为人民生活需要提升、理念转变、内容扩展和状态多元的要求，实现美好生活成为党领导各族群众在新时代的奋斗目标。脱贫攻坚是保障贫困人口获得基本的生存权利；乡村振兴则与居民美好生活的诉求相对应，保障居民获得发展权利，即基本生活从发展能力、物质水平、生活水平、权益保障、心理健康五个维度展开；而美好生活涵盖产业兴旺、生态宜居、乡风文明、治理有效、生活富裕五大领域。脱贫攻坚与乡村振兴在各自五个维度内在耦合，两大战略在实施推进中，顶层设计为脱贫攻坚与乡村振兴的有效衔接提供根本遵循，目标内容为两者的有效衔接提供价值导向，路径方法为两者的有效衔接提供架构，政策保障为两者的有效衔接提供动力支撑最终为实现中华民族复兴的伟大中国梦（高静等，2020）。

第三章 “三区三州”深度贫困地区特征

“三区三州”深度贫困地区因地处边疆、省际结合部等区位特征，地理环境呈现高山、高寒特点，农业生产条件差，经济发展水平处于全国末端，公共服务水平不足，贫困具有区域性、整体性和集中性的特征。同时，因贫困范围的规模性、贫困程度的纵深性、致贫原因的多维性、贫困过程的持续性等原因，曾是打赢脱贫攻坚战、摆脱绝对贫困最难啃的硬骨头，是贫中之贫、困中之困；也是减贫的难中之难、坚中之坚（李俊杰和耿新，2018）。从深度贫困的成因来看，包括群体与个体的双重因素、时间与空间的弱势累积及结构与行动的内在互构等多重因素。

第一节 “三区三州”深度贫困地区基本特征

“三区三州”贫困发生率高、贫困程度深，基础设施和社会事业发展滞后，生态环境脆弱，自然灾害频发，人均可支配收入低，集体经济薄弱，脱贫难度大。具体来看，“三区三州”深度贫困地区基本特征如下。

一、区位特征

从空间分布来看，“三区三州”主要位于我国西北、西南一带最险峻和最高寒区域，是我国面积最大的深度贫困地区，以“老、少、边、山”为主。“三区三州”总面积为301.55万平方千米，占全国国土面积的31.30%。“三区”主要分布在青藏高原及周边地区，覆盖面积294.35万平方千米，占深度贫困地区总面积的97.61%；“三州”主要分布在青藏高原东缘的藏彝走廊上，覆盖面积7.2万平方千米，占比为2.39%（郑长德，2017）。从省域层面来看，“三区三州”主要集中在6个省（自治区），各地占“三区三州”总面积的比例分别为：西藏，40.74%；青海，25.85%；新疆，20.38%；四川，9.93%；甘肃，1.84%和云南，1.28%。

“三区三州”在政治地理上呈现边缘性，基本都位于省际结合部或周边环境复杂的边境地区。四省涉藏州县位于四川、云南、西藏、甘肃和青海的交界地区，临夏州位于黄河上游的甘青两省交界地区，怒江州位于滇藏的结合部，边境线长达449.5千米。西藏、怒江州、南疆四地州毗邻南亚和中亚10多个国家和地区，与周边国家在宗教习俗上相近，周边邻国间的冲突可能影响我国边境地区的稳定。此外，“三区三州”相毗邻的国家（地区）也是民族分裂主义、宗教极端主义和恐怖主义的密集地，一些民族宗教极端分子可能利用宗教进行渗透和分裂（李俊杰和耿新，2018），影响国家安全，导致了特殊的顽固性贫困。2020年新型冠状病毒肺炎疫情发生以来，我国边境地区疫情防控面临巨大挑战，境外病例输入风险持续攀升。

二、地理特征

“三区三州”自然地理的特殊性决定了它既是我国扶贫范围的空间坐标定位，又是政策演变的时空坐标定位。其自然地理特征主要体现在以下几个方面。

一是山地多、海拔高，高寒缺氧。“三区三州”除新疆南疆四地州以外大多数地区为山地，平均海拔3500米以上（郑双怡等，2021）。例如，怒江州地处西南边陲，山高坡陡，域内群山耸立、江河纵横。最高海拔5128米，最低海拔为738米。全州国土面积98%以上是高山峡谷，环境承载容量小，垦殖系数不足5%，坡度在25度以上的耕地达76.6%。可耕地中高山地占28.9%，山区半山区地占63.5%。大部分耕地质量差，耕地少，耕地细碎，土地利用难度较大（刘青山和殷丰收，2019）。

二是气候寒。包括西藏及四省涉藏州县在内的广大青藏高原地区，由于地处高原气候区，农业生产条件较差，气温低、积温少，不足以支持当地的农业生产发展。

三是面积大、距离远。受气候、地形、海拔等环境因素限制，可利用的土地资源稀缺，第一产业占比高，传统农业难以形成规模，有效劳动时间短导致生产力较低，经济效益有限。交通和物流的成本高、效率低，远离政治中心和经济中心。

四是内部环境差异大。西藏和四省涉藏州县地形复杂多样，生态环境脆弱、地广人稀、土地贫瘠，农牧业是长期形成的主要生产方式。南疆四地州戈壁沙漠和山地居多，缺水和土地荒漠化严重。凉山州人均用地少，优质耕地更少，耕地利用潜力小，供需矛盾尖锐，土地污染和水土流失严重（吴茂坤等，2019）。临夏州地处青藏高原与黄土高原过渡带，地形复杂，山谷多，耕地少，气候以干旱半干旱为主。旱地面积大，沟壑纵横，水资源贫乏（吴茂坤等，2019）。

五是资源富集。例如，怒江州有怒江、澜沧江、独龙江三大干流及225条支流，水资源总量达226亿立方米，水能资源蕴藏量超0.2亿千瓦，可开发装机容量1800万千瓦，已建成黄登、大华桥等水电站，总装机282万千瓦；拥有世界级的矿产资源，矿产种类多、储量大、品位好，蕴藏着世界三分之一的锌矿、六分之一的铅矿；有神奇独特的旅游资源——“人神共居”之地丙中洛、太古秘境独龙江、记忆之城知子罗、傈僳圣地石月亮、壮美丹霞罗古箐、万瀑千湖碧罗雪山等神奇峻秀的自然景观。怒江州生物资源极其丰富，已知有种子植物4300多种、脊椎动物580多种，国家一级、二级保护动物67种，素有“植物王国的明珠”“天然植物基因库”的美誉，是世界重要生物多样性热点地区和我国三大特有物种分布中心之一，是全国最大的草果产区。

六是生态地位重要。“三区三州”覆盖了森林、灌丛、草地、冰川、湿地、荒漠等六大生态系统，是我国生物多样性保护、水源涵养及防风固沙的重要区域，是典型的生态极敏感和高度敏感区域。怒江州壮丽的高黎贡山和碧罗雪山夹着怒江，构成气势磅礴的怒江大峡谷。重峦叠嶂、沟壑纵横、森林密布，多姿的瀑布，俊秀的凌石，美丽的村落，洁净的河流，神秘的高山湖，野花烂漫的草甸，组成了怒江峡谷绵延300余里瑰丽恢宏的地理画卷。怒江州拥有“三江并流”世界自然遗产地、高黎贡山国家级自然保护区，森林覆盖率78.08%，年均气温16.8～20.1℃，山青水绿，蓝天白云，空气清新，气候宜人，是神奇瑰丽的“养心天堂”。怒江是目前全国唯一未修大坝的自然河流，也是巨大的生态贡献。怒江的生态功能还可以实现多重拓展，即水的问题、流域问题、生物多样性的问题，以及“碳中和”“碳达峰”问题。

三、人口特征

（一）人口稳步增长

根据2020年第七次全国人口普查数据，“三区三州”常住人口为2676.45万人，较2010年第六次全国人口普查时的2418.20万人增加258.26万人，增长10.68%；占全国人口的比例由2010年的1.81%增加至2020年的1.90%。其中，

“三区”人口1936.67万人，占“三区三州”总人口的72.36%；“三州”人口739.79万人，占“三区三州”总人口的27.64%。分区域来看，南疆四地州人口占比最高，为38.62%，四省涉藏州县占比为20.10%、西藏自治区占比为13.63%（表3.1）。

表3.1 “三区三州”常住人口总量 （单位：人）

地域		2010年常住人口	2020年常住人口
西藏自治区		3 002 165	3 648 100
南疆四地州	喀什地区	3 979 321	4 496 377
	和田地区	2 014 362	2 504 718
	克孜勒苏柯尔克孜自治州	525 570	622 222
	阿克苏地区	2 370 809	2 714 422
四省涉藏州县	阿坝藏族羌族自治州	898 708	822 587
	甘孜藏族自治州	1 091 872	1 107 431
	迪庆藏族自治州	400 182	387 511
	甘南藏族自治州	689 132	691 808
	海北藏族自治州	273 304	265 322
	黄南藏族自治州	256 716	276 215
	海南藏族自治州	441 691	446 996
	果洛藏族自治州	181 682	215 573
	玉树藏族自治州	378 439	425 199
	海西蒙古族藏族自治州	489 338	468 216
	四川木里藏族自治县	131 726	122 944
	甘肃天祝藏族自治县	174 793	151 031
三州	凉山彝族自治州	4 532 809	4 858 359
	怒江傈僳族自治州	534 337	552 694
	临夏回族自治州	1 946 677	2 109 750
合计		24 181 907	26 764 531

数据来源：全国及各地人口普查数据，木里县计入了四省涉藏州县，不在凉山州重复计算

（二）民族交融程度高

从民族特征来看，“三区三州”均为民族地区，少数民族比例高（丁士军，2019）。2010年第六次全国人口普查时，“三区三州”常住人口中少数民族总人口为1860.53万人，占其人口总量的76.94%。2016年底，“三州三州”少数民

族人口 1963.14 万人，占其人口总量的 75.88%。少数民族人口稳步增长，充分体现了“三区三州”全面贯彻落实党的民族政策，高度重视少数民族人口发展，同时充分体现了民族团结进步、共同繁荣发展新局面。

2017 年底，南疆四地州少数民族人口为 965 万人，占南疆四地州总人口的 88.9%，其中维吾尔族人口占 89%，而和田地区维吾尔族人口占比更是高达 95.2%，是典型的以维吾尔族为主体的少数民族聚居区（阿班·毛力提汗和曹兹纲，2020）。临夏州内聚居着回族、汉族、东乡族、保安族、撒拉族等多个民族，是我国东乡族和保安族的主要聚居区，少数民族人口约占总人口的 59%。凉山州总人口 533.11 万，其中彝族占 54.16%，是全国最大的彝族聚居区。怒江州少数民族人口占总人口的 93.94%，少数民族占比居全国民族自治州之首，并且是典型的“直过区”，“直过区”人口占全州总人口的 62%。这里是民族文化大观园：神秘的独龙族纹面文化，深邃的傈僳族山地农耕文化及傈僳族阔时节、澡塘会，怒族的仙女节、桃花节，独龙族的“卡雀哇节”，普米族的东方情人节，形成了各具特色的民族文化，也共同创造了灿烂的中华文化。“三区三州”各民族始终和睦相处、守望相助，形成了包容共济、和谐共生的多民族大家庭，长期保持着民族团结、社会和谐、边疆稳定的良好局面。

（三）人口年龄结构

人口年龄结构对经济社会发展及未来人口发展有较大影响，“三区三州”人口年龄结构特点如表 3.2 所示。

表 3.2 “三区三州”人口年龄结构 （单位:%）

年份	0～14 岁		15～59 岁		60 岁及以上		其中：65 岁及以上	
	全国	“三区三州”	全国	“三区三州”	全国	“三区三州”	全国	“三区三州”
2010 年	16.60	18.86	70.14	73.53	13.26	7.61	8.87	7.20
2020 年	17.95	27.10	63.35	62.72	18.7	10.18	13.5	7.26

一是少儿系数呈上升趋势。少儿系数指 0～14 岁儿童在总人口中的占比。“三区三州”少儿系数由第六次全国人口普查的 18.86% 猛增至第七次全国人口普查时的 27.10%，较全国的增幅明显。少儿抚养比指某地区人口中少年儿童人口数（0～14 岁）与劳动年龄人口数（15～64 岁）之比。“三区三州”少儿抚养比由第六次全国人口普查的 25.51% 猛增至第七次全国人口普查时的 41.29%，而第七次全国人口普查时全国少儿抚养比仅为 26.2%。近十年来，“三区三州”0～14 岁新出生的儿童人口数量增至迅速，由第六次全国人口普查时的 455.95 万

人增至第七次全国人口普查时的725.16万人，增长率高达59%。这与“三区三州”较高的人口出生率有较大的关系。贫困地区的农户如果孩子多，往往也会因为抚养能力和教育负担等陷入深度贫困。南疆四地州人口稠密，人口超生问题严重。2000～2015年，南疆四地州人口净增240多万人，自然增长率达18.9%，摊薄了人均资源占有量。

二是劳动人口年龄占比下降明显。“三区三州”15～59岁人口占比由六普的73.53%降至七普时的62.72%；变化趋势与全国水平基本吻合。

三是老龄化趋势明显。老龄化是社会经济持续发展、人民生活水平普遍提高、医疗卫生条件不断改善、科学技术日益进步、生育水平下降以及期望寿命延长的结果。按照国际通行划分标准，人口年龄类型一般分为年轻型（65岁以上老龄人口比例在4%以下）、成年型（65岁以上老龄人口比例在4%～7%）、老年型（65岁以上老龄人口比例在7%以上），老龄化趋势明显。与第六次全国人口普查数据相比，“三区三州”65岁及以上人口占比由六普时的7.20%升至第七次全国人口普查普时的7.26%。老年抚养系数是65岁以上老年人口数与劳动年龄人口数之比，是反映人口老龄化的重要指标。受劳动力整体输入、自由外出务工等因素的影响，深度贫困地区老年人口抚养系数相对更高。“三区三州”老年抚养系数由第六次全国人口普查时的9.73%扩大至第七次全国人口普查时的11.06%。老龄化会带来劳动参与率、人力资本和消费能力减弱等问题，应对老龄化需要从单纯把老龄化作为负担，转向如何更好赡养老年人（耿新和熊彬孜，2021）。

四是负担系数不断上升。负担系数（即人口抚养比）指其他年龄组人口与劳动年龄人口之比。负担系数越大，表示劳动力人均抚养负担越重。“三区三州”负担系数由第六次全国人口普查时的35.24%升至第七次全国人口普查时的52.35%，同期全国的负担系数34.18%、45.88%。可见“三区三州”劳动力的负担程度进一步加深，对后续的可持续发展带来过重的人口负担。

不管是务农、当地打零工或外出打工，伴随着年龄衰老，其中有一定比例可能陷入相对贫困，他们中绝大多数虽然具有中低强度劳动能力和技能，然而一旦步入70岁以上的中、高龄老人阶段，将普遍面临务农收入低和再就业困难等问题，而且其养老储备和子女赡养不一定充分，是落入相对贫困的潜在风险群体，且有可能传导扩散至直系亲属。在脱贫攻坚期间，有劳动能力和发展潜力的贫困人口逐渐摆脱贫困，以生理性贫困为主体的特殊贫困人口成为深度贫困群体的主体，主要是“无业可扶、无力脱贫”的老、弱、病、残群体。2017年底，3000

多万贫困人口中，持证残疾人和65岁以上的老年人逾1000万（中国人权研究会，2018）；17岁及以下青少年贫困发生率为3.9%，60岁及其以上贫困发生率为4.3%，两个群体的贫困发生率明显高于中间年龄段。特殊贫困群体即兜底保障的贫困人口兼具“贫、困、弱”等特征：“困”是本质特征，“贫”体现在收入不足，“困”和“弱”侧重于深层次的服务不足、人力资本薄弱和抗逆力低下。“贫”是“困”和“弱”共同作用于个体而产生的外在表征，在政策干预下被弱化与消除，但“困”和“弱”的本质在短期内难以改变，易滋生返贫的重要因素（左停和李世雄，2020）。现阶段，努力为相对贫困的老龄化农民群体创造务农增收的条件和可能性，对于减贫和共同富裕具有重要意义。

（四）教育发展水平低

2017年“三区三州”建档立卡贫困人口文化程度为文盲半文盲占比达21.93%，比全国平均水平（18.36%）高3.57个百分点；非在校生人数（不含学龄前儿童）为189.73万人，占全国（2103.75万人）的比例为9.02%。2017年，西藏自治区建档立卡贫困人口文盲半文盲率高达50.54%，为“三区三州”最高（表3.3）。这与历史遗留有较大关系，要根本扭转这一文化习俗仍然任重道远。

表3.3 2017年“三区三州”建档立卡贫困人口文化程度表

地区	非在校生人数（人）	文盲半文盲（%）	小学（%）	中学（%）	高中（%）	大专及以上（%）
全国	2103.75	18.36	45.55	31.44	3.58	1.08
三区三州	189.73	21.93	49.52	26.14	1.89	0.52
西藏自治区	22.53	50.54	42.17	6.49	0.62	0.19
四省涉藏州县	26.78	33.26	56.20	8.18	1.46	0.90
新疆南疆四地州	83.60	5.18	44.54	46.98	2.71	0.59
凉山州	26.84	34.72	55.46	8.62	0.94	0.25
怒江州	11.63	24.87	53.02	19.52	1.95	0.65
临夏州	18.35	25.98	60.57	11.37	1.68	0.39

数据来源：全国和各地区人口统计年鉴

“三区三州”职业教育体系建设基本处于起步阶段，2019年高等职业院校仅9所（包含4所高等专科学科和1所民办高等职业学校），每万人拥有高等职业院校数量偏低（聂伟和罗明丽，2019）。同时，“三区三州”中职学校毕业生以升学为主要渠道，由于本地高职院校偏少、办学质量低且跨区域升学渠道不畅，极大限制了学历提升与技能高移（李芳，2021）。行业企业深度参与职业教育已成为趋势，据统计，截至2018年5月，全国行业企业举办高职院校有684所，约占全国高职院校总数的一半，其中民办高职院校占全国高职的23.13%（张婷，2018）。但“三区三州”职业院校中公办学校的比例超过90%，行业、企业的参与力度非常有限。由此，“三区三州”职业教育人才培养就陷入“课堂—教材—学习—校内练习”的封闭循环模式，无法凸显学习与实训衔接、课堂与企业衔接的优势与现代学徒制的特点。

从高等教育看，我国具有硕士及以上学位授权的619所高校中，仅有5所在“三区”；而人口700多万人、面积7.26万平方千米的“三州”则一所也没有。“三区三州”全境高等院校的硕士学位授权点在全国占比不足1%。

四、经济特征

（一）区域经济发展水平低

地理区位、资源禀赋与发展水平的差异，是造成区域不平衡发展型贫困的重要因素（左停和李世雄，2020）。经济发展存在聚集效应，“三区三州”因远离经济中心，交通、地理区位不占优势，整体发展水平低，在各时期均处于国家宏观区域发展格局的末梢。如果按发达地区的衡量标准，“三区三州”相当多的地区是不适合发展经济或不适合人类生存。“三区三州”自然区位差、运输成本高、人口密度小，薄弱的经济自主发展能力限制了“三区三州”跨越“贫困陷阱”的难度及实现高质量发展的能力。2018年，“三区三州”的人均GDP、城镇和农村居民可支配收入、人均地方财政一般预算收入均低于全国平均水平，其中人均GDP和人均地方财政一般预算收入不到全国平均水平的50%（孙久文等，2021）。

从GDP来看，占国土面积31.30%的“三区三州”2016年创造的GDP为6586.79亿元，仅占全国GDP（743 585亿元）的0.89%。2016年，“三区”和“三州”的GDP分别为4855.8亿元和1730.99亿元，占比分别为73.72%和26.28%。从“三区”来看，2016年西藏、四省涉藏州县、新疆南疆四地州的GDP分别为1150.07亿元、1181.23亿元和1889.16亿元，占比分别为23.71%、37.34%和38.94%。从“三州”来看，2016年凉山州、怒江州、临夏州GDP分别为1374.42亿元、126.46亿和230.11亿元，占比分别为79.40%、7.31%和13.29%（表3.4）。

表 3.4 2016 年"三区三州"经济发展水平

"三区三州"	地区	省（自治区）	具体范围	GDP（亿元）	人均 GDP（元）	面积（万平方千米）	经济密度（万元/平方千米）	2011～2016 年平均增速（%）
"三区"	西藏	西藏	西藏自治区	1 150.07	35 143	122.84	9.3623	17.97
	四省涉藏州县	四川	阿坝藏族羌族自治州	281.32	30 171	8.42	33.4109	13.4
			甘孜藏族自治州	229.8	19 596	15.3	15.0196	10.19
			木里藏族自治县	29.5	23 600	1.32	22.3485	13.78
		甘肃	甘南藏族自治州	135.95	19 213	4.02	33.8184	13.43
			天祝藏族自治县	44.66	212 656	0.71	62.4854	14.51
		青海	海北藏族自治州	100.67	35 953	4.6	21.8848	5.85
			黄南藏族自治州	74.65	12 697	1.88	39.7074	10.85
			海南藏族自治州	152.68	32 754	4.6	33.1913	16.95
			果洛藏族自治州	36.48	18 378	7.6	4.8000	7.91
			玉树藏族自治州	61.68	15 232	26.7	2.3101	10.69
			海西蒙古族藏族自治州	486.96	23 263	32.58	14.9466	0.23
		云南	迪庆藏族自治州	176.88	43 247	2.39	74.0084	16.70
	南疆四地州	新疆	喀什地区	759.8	16 860	16.2	46.9012	16.17
			和田地区	236.33	9 900	24.9	9.4912	17.22
			克孜勒苏柯尔克孜自治州	100.33	16 736	7.09	14.1509	21.78
			阿克苏地区	792.7	10 632	13.25	59.8264	11.32
"三州"	四川	四川	凉山彝族自治州	1 374.42	29 549	4.91	279.9226	8.07
	云南	云南	怒江傈僳族自治州	126.46	23 287	1.47	86.0272	19.13
	甘肃	甘肃	临夏回族自治州	230.11	11 436	0.82	280.6220	15.74
"三区三州"合计				6 586.79	24 854	301.55	21.8434	11.50

资料来源：蓝红星和庄天慧，2019

从人均 GDP 来看，"三区三州"均属于所在省份的最不发达地区。2019 年，"三区三州"人均 GDP 为 3.62 万元，同期全国人均 GDP 为 7.08 万元（孙久文等 2021）。从市州来看，2016 年"三区三州"的 25 个市州的人均 GDP 远低于全国平均水平，仅 1/4 的市州人均 GDP 达到全国平均水平的一半，有将近 10 个市州的人均 GDP 不足 2 万元，如和田地区仅为 9900 元/人，不足全国平均水平的 20%。2019 年，怒江州人均 GDP 为 34 686 元，还不到全国平均水平（7.08 万元）的一半；农村居民人均可支配收入为7165元，仅为云南省平均水平的60.20%和全国平均水平的44.72%。

（二）经济密度低于全国平均水平

从经济密度来看，2016年“三区三州”经济密度平均为21.8434万元/平方千米；“三区”“三州”的经济密度分别为16.4967万元/平方千米和240.4153万元/平方千米，远低于全国平均水平（771.7861万元/平方千米）（表3.5）。西藏自治区是我国唯一的省级深度贫困地区，覆盖面积最大，经济密度在“三区三州”中最低，为9.3623万元/平方千米，仅为全国平均水平的1.21%。相比而言，“三区”的经济密度普遍小于“三州”，即使是经济密度最高的临夏州（280.62万元/平方千米）和凉山州（279.92万元/平方千米），其经济密度水平仍不及全国平均水平的2/5。

表3.5 2016年“三区三州”经济密度

片区	范围	GDP（亿元）	经济密度（万元/平方千米）	经济密度合计（万元/平方千米）
“三区”	西藏	1 150.07	9.362 3	16.496 7
	四省涉藏州县	1 816.57	16.503 8	
	新疆南疆四地州	1 889.16	30.748	
“三州”	凉山州	1 374.42	279.922 6	240.415 3
	怒江州	126.46	86.027 2	
	临夏州	230.11	280.622	
全国平均		743 585	771.7861	—

资料来源：蓝红星和庄天慧，2019

（三）经济增速高于全国平均水平

2011～2016年，在全国经济增速普遍放缓的情况下，“三区三州”以11.50%的增速领超全国平均水平。其中，增速最高的是克孜勒苏柯尔克孜自治州（21.78%），增速最低的是海西蒙古族藏族自治州（0.23%），两者相差94.7倍。

（四）发展差距不断拉大

人均GDP、农村居民人均可支配收入和人均地方财政一般公共预算收入，是衡量地区发展水平最重要的三个指标。脱贫攻坚阶段期间，“三区三州”这3项指标的增长速度大多高于全国或全省（自治区）平均增速，但总体上仍呈现出相对差距缩小、绝对差距扩大的态势（杜鹰，2021）。2012～2019年，新疆南疆四地州人均GDP对于新疆和全国人均GDP的比例，分别提高7.3和0.6个百分点，但绝对差距则分别由1.9万元扩大到2.7万元和由2.4万元扩大到4.4万元。2012～2019年，西藏自治区人均GDP、农村居民人均可支配收入相对于全国平均水平分别提高了8.2和9.6个百分点，但人均GDP的绝对差距由1.5万元扩大到2.2万元，农村居民人均可支配收入绝对差距由2220元扩大到3070元。2012～2019年，青海省涉藏州县人均GDP相对于青海省人均GDP的比例下降6.7个百分点，绝对差距从1.2万元增至2.2万元；相对于全国人均GDP的比例下降幅度更大，绝对差距则由1.7万元增至4.2万元。2012～2019年，新疆南疆四地州农村居民人均可支配收入占全疆平均收入的比例下降了1.9个百分点，绝对差距由1379元增至3090元；云南省涉藏州县农村居民人均可支配收入占全省平均水平的比例下降了8.6个百分点，绝对差距由648元增至2456元（杜鹰，2021）。在人均地方财政一般公共预算收入方面，南疆四地州、四省涉藏州县及凉山州与全省（自治区）、全国平均水平相比，相对差距和绝对差距均呈扩大趋势。

（五）财政自给率低

2019年“三区三州”平均财政自给率为12.87%，其中青海玉树州仅为1.24%，同期民族地区平均财政自给率为29.71%，全国平均财政自给率为49.61%。这说明“三区三州”地方财政自主营收能力弱，财政自给率低，地方一般公共预算收入难以负担基本的政府服务，地方公共产品的提供和相当部分政府部门的财政支出主要依靠转移支付（左停和李世雄，2020）。从政府收支看，四川省凉山州和涉藏州县的48个县中，有32个县的财政自给率不足10%，最高的是凉山州西昌市（44.22%），最低的是阿坝州壤塘县（1.14%）（郑长德，2020）。

（六）物流成本高

“三区三州”到我国大中城市的距离远、成本高，如从拉萨到广州需24小时铁路车程，陆运价格每吨超过2000元。新疆喀什市至乌鲁木齐市的火车车程12小时，陆运价格每吨超过800元，其特色产品保鲜运送至内地消费区的利润很小，但损耗很大。《全国主体功能区规划》中“三区三州”适宜城镇化的地区仅在西藏的中南部，而国家重点生态功能区在此有9处，面积达228.59万平方千米，约占国家重点生态功能区总面积的59.23%，占“三区三州”总面积的79.09%。生态保护的限制使“三区三州”工业增加值占总产值比例均低于20%，工业化水平较低。

五、社会特征

深度贫困人口普遍缺乏社会联系与交往，很少或几乎没有社会资本可为其生产活动提供支持。

（一）社会发育水平低

从历史发展来看，“三区三州”社会发育程度低，受历史基础影响程度较深，经济、教育、文化发展仍明显滞后。因为没有经过完整的社会发展阶段，“三区三州”在市场经济、心理素质、应变能力等方面显得很不适应现代社会发展，市场适应能力差、自我发展潜力低。

“三区三州”民族文化多姿多彩，是原生民族文化的发源地和传承地。这些特殊的历史和文化原因导致贫困成因复杂，易产生顽固性贫困。因历史路径依赖等影响，有的民族难以完全适应社会的变化。藏族、彝族等“直过民族”传统观念根深蒂固，对子女受教育及经济社会发展造成较大影响。例如，有些地方宗教信仰中的禁忌，不利于贸易和交易；有的地方婚丧嫁娶攀比或炫耀式消费现象严重，影响了财富积累速度，这些都影响到了物质资本和人力资本的积累（郑长德，2020）。

（二）单亲比例高，户均人数多

2017年，“三区三州”单亲母亲家庭的占比为6.25%，是全国平均水平（3.22%）的1.94倍，其中西藏自治区、四省涉藏州县单亲母亲家庭的占比高达14.65%和11.38%（表3.6）。从多子女家庭指标来看，“三区三州”多子女家庭的占比为11.12%，是全国平均水平（2.78%）的4倍左右，其中凉山州、西藏自治区、四省涉藏州县多子女家庭的占比高达26.44%、13.16%和6.23%（表3.6）。

表 3.6　2017 年“三区三州”社会结构表

地区	单亲母亲家庭		多子女家庭		未参加任何生产经营组织的农户	
全国	户数（万户）	占比（%）	户数（万户）	占比（%）	户数（万户）	占比（%）
	30.00	3.22	25.90	2.78	840.31	90.15
三区三州	4.65	6.25	8.28	11.12	68.55	92.10
西藏自治区	1.15	14.65	1.04	13.16	7.23	91.72
四省涉藏州县	1.20	11.38	0.68	6.23	8.58	81.07
新疆南疆四地州	1.53	4.34	3.43	9.75	34.09	96.88
凉山州	0.44	4.19	2.77	26.44	9.56	91.41
怒江州	0.21	4.71	0.14	3.15	4.24	95.67
临夏州	0.12	1.97	0.25	4.20	4.85	82.39

数据来源：各地统计年鉴资料

（三）经营组织化程度低

如表 3.6 所示，“未参加任何生产经营组织的农户”在“三区三州”占比为 92.10%。其中，新疆南疆四地州占比最高，为 96.88%；凉山州、临夏州、西藏自治区、四省涉藏州县分别为 94.41%、82.39、91.72%、81.07%。数据说明，“三区三州”的农户生产的组织化程度低，绝大部分还是自给自足的小农经济，农业生产还停留在初级阶段，社会组织结构不合理。

第二节　“三区三州”深度贫困特征

“三区三州”经济生产方式、社会组织模式、文化传统有较强的特殊性，区域的特殊性导致其贫困具有强烈的区域个性和特殊性。“三区三州”深度贫困特征具体表现为贫困范围的规模性、贫困程度的纵深性、致贫原因的多维性和贫困过程的持续性等。

一、贫困范围的规模性

“三区三州”一直是经济和社会欠发达地区，长期存在贫困人口量大面广、脱贫难度大、脱贫的边际投入高、贫困发生率高、返贫风险突出等问题。“三区三州”深度贫困地区贫困人口占全国贫困人口的比例逐渐增加，贫困发生率也远高于同期全国贫困发生率。“三区三州”无论是贫困村，还是非贫困村，致富能人少，脱贫稳定性低。

（一）贫困规模大

“三区三州”深度贫困地区都在民族地区，贫困人口呈区域性集中。2016 年底，“三区三州”建档立卡贫困人口占全国贫困人口比例为 6.36%（李廷洲和郅庭瑾，2018），远超过“三区三州”总人口占全国人口的比例（1.92%）；贫困发生率是全国平均水平的 4.1 倍（表 3.7）。

表 3.7 “三区三州”与全国贫困人口情况对比

指标		2013 年	2014 年	2015 年	2016 年	2017 年	2018 年	2019 年
贫困人口	三区三州（万人）	438.28	383.14	310.73	275.64	229.01	172	43
	全国（万人）	8 249	7 017	5 575	4 335	3 046	1 660	551
	占全国比重（%）	5.31	5.46	5.57	6.36	7.52	10.36	7.80
贫困发生率（%）	三区三州	—	—	—	18.36	—	8.2	2
	全国	8.5	7.2	5.7	4.5	3.1	1.7	0.6

资料来源：国家统计局住户调查办公室，2020

从纵向来看，“三区三州”贫困人口规模逐渐减少，减贫成效明显。从 2013 年 438.28 万人减少至 2019 年底的 43 万人。但是，“三区三州”贫困人口占全国贫困人口的比例由 2013 年的 5.31%，升至 2019 年的 7.80%（表 3.8）。随着全国脱贫攻坚的推进，贫困人口占全国贫困人口比例逐渐增加，脱贫攻坚越接近结束全国贫困人口在“三区三州”聚集程度越强。

表 3.8 “三区三州”贫困状况

区域	贫困人口（万人）							贫困发生率（%）						
	2013	2014	2015	2016	2017	2018	2019	2013	2014	2015	2016	2017	2018	2019
西藏自治区	72	61	48	34	20	13	4	28.8	23.7	18.6	13.2	7.9	5.1	1.4
四省涉藏州县	117	103	88	68	51	30	10	27.6	24.2	16.5	12.7	9.5	5.6	1.8
新疆南疆四地州	104	99	90	73	64	42	12	20	18.8	15.7	12.7	9.1	5.9	1.7
凉山州	62	50.6	37.2	52.8	51.6	31.7	17.8	25	19.8	13.4	12	11	7.1	4
怒江州	26.96	26.78	14.8	17.9	16.4	14.8	4.4	56.24	56.24	33.1	38.6	38.2	33.1	10
临夏州	56.32	42.76	32.73	29.94	26.01	16.38	3.25	32.5	24.55	18.74	16.4	14.24	8.97	1.78

资料来源：国家统计局住户调查办公室，2020

贫困人口在“三区三州”内部亦呈现集聚的趋势。南疆四地州是新疆贫困人口的主要聚居地，2013 年南疆四地州贫困人口、贫困村和贫困县分别占全疆的 84%、86% 和 74%。从全国来看，南疆四地州始终是我国贫困人口最多的地区，贫困人口由 2014 年的 99 万人减少至 2019 年 31 万人，贫困发生率由 29.1% 降至 10.9%[①]；其在“三区三州”贫困人口的占比由 26.88% 反升至 70.09%，是我国贫困发生率最高的区域之一。

贫困程度内部差异较大。“三区三州”共有 197 个国家贫困县[②]，占 212 个县（市、区）总数的 92.9%。从一个县脱贫摘帽的时间早晚可以反映其深度贫困程度，2016 年—2020 年“三区三州”国家贫困县脱贫摘帽的个数分别为 10 个、36 个、56 个、73 个和 22 个，占比分别为 5.1%、18.3%、28.4%、37.1% 和 11.2%（表 3.9），可见 2019 年是“三区三州”主要摘帽年。从内部来看，西藏自治区主要摘帽年是 2017 年和 2018 年，占比均为 33.8%；四省涉藏州县主要摘帽年是 2019 年，占比为 45.5%；南疆四地州主要摘帽年是 2019 年和 2020 年，占比均为 41.7%；凉山州主要摘帽年是 2020 年，占比为 70%；临夏州主要摘帽年是 2019 年，占比为 62.5%；怒江州主要摘帽年是 2020 年，占比为 75%。这说明凉山州、怒江州在“三区三州”中脱贫难度最大，贫困程度最深；其次为南疆四地州。

表 3.9 “三区三州”中的国家贫困县脱贫摘帽进度表 （单位：个）

片区	地区		县（市、区）数	国家扶贫县	国家贫困县摘帽数				
					2016 年	2017 年	2018 年	2019 年	2020 年
“三区”	西藏		74	74	5	25	25	19	0
	四省涉藏州县	四川	32	32	1	5	10	16	0
		云南	3	3	0	0	2	1	0
		甘肃	9	9	0	1	5	3	0
		青海	33	33	3	4	11	15	0
	新疆南疆四地州		33	24	1	0	3	10	10

① http：//www. xinhuanet. com/politics/2019-10/15/c_1125108159. htm.

② 国家贫困县包括 832 个国家扶贫开发工作重点和集中连片特困地区县。阿克苏地区的 9 个县（市）、凉山州的西昌市、德昌县、会理县、会东县、宁南县、冕宁县共 16 个县（市）因不在 832 个国家贫困县范围，故未纳入脱贫摘帽统计范围。

续表

片区	地区	县（市、区）数	国家扶贫县	国家贫困县摘帽数				
				2016 年	2017 年	2018 年	2019 年	2020 年
“三州”	凉山州	16	10	0	0	0	3	7
	临夏州	8	8	0	1	0	5	2
	怒江州	4	4	0	0	0	1	3
合计		212	197	10	36	56	73	22

资料来源：http://nrra.gov.cn/art/2020/10/16/art_343_1140.html

（二）贫困发生率高

“三区三州”始终是打赢脱贫攻坚战中最难啃的“硬骨头”，贫困发生率远高于其他地区。如 2015 年底，西藏的贫困发生率（18.6%）在我国 14 个集中连片特困地区中处于最高水平，贫困发生率位列“三区”之首；四省涉藏州县、南疆四地州的贫困发生率分别为 16.5%、15.7%，高于全部片区的平均水平（13.9%）（表 3.10）。在 25 个市（州）中，怒江州贫困发生率最高（30.02%）；在 209 个县中，怒江州福贡县贫困发生率最高（34.8%），三者分别是全国平均水平的 2.93 倍、6.67 倍、7.73 倍（李俊杰和耿新，2018）。

表 3.10 我国连片特困地区年末农村贫困发生率 （单位：%）

片区名称	2012 年	2013 年	2014 年	2015 年	2016 年	2017 年	2018 年	2019 年
全部片区	24.4	20.0	17.1	13.9	10.5	7.4	4.5	1.5
1. 六盘山区	28.9	24.1	19.2	16.2	12.4	8.8	5.6	2.6
2. 秦巴山区	23.1	19.5	16.4	12.3	9.1	6.1	3.6	1.0
3. 武陵山区	22.3	18.0	16.9	12.9	9.7	6.4	3.8	1.7
4. 乌蒙山区	33.0	25.2	21.5	18.5	13.5	9.9	6.2	2.0
5. 滇桂黔石漠化区	26.3	21.9	18.5	15.1	11.9	8.4	5.3	1.4
6. 滇西边境山区	24.8	20.5	19.1	15.5	12.2	9.3	5.8	2.3
7. 大兴安岭南麓山区	21.1	16.6	14.0	11.1	8.7	6.6	3.5	0.7
8. 燕山—太行山区	20.9	17.9	16.8	13.5	11.0	7.9	4.5	12
9. 吕梁山区	24.9	21.7	19.5	16.4	13.4	8.4	4.6	1.4
10. 大别山区	18.2	15.2	12.0	10.4	7.6	5.3	3.0	1.0

续表

片区名称	2012年	2013年	2014年	2015年	2016年	2017年	2018年	2019年
11. 罗霄山区	18.8	15.6	14.3	10.4	7.5	5.0	3.2	1.0
12. 西藏自治区	35.2	28.8	23.7	18.6	13.2	7.9	5.1	1.4
13. 四省涉藏州县	38.6	27.6	24.2	16.5	12.7	9.5	5.6	1.8
14. 南疆四地州	33.6	20.0	18.8	15.7	12.7	9.1	5.9	1.7

资料来源：《人间奇迹》编写组，2022

（三）区域性整体贫困

“三区三州”贫困呈现区域连片特点，主要聚集在青藏高原边缘，80%以上区域位于青藏高原区。深度贫困之所以呈现出区域性整体性贫困，贫困人口在地理区域上相对连片集中，是因为“三区三州”多为高原、高山、干旱、灾害多发、生态脆弱等特殊类型地区，生产生活条件及基础设施、公共服务水平相对较低，这些因素制约了地区发展，造成了贫困程度的纵深性。市场经济拉大了区域差距，使资源在发达地区聚集，“三区三州”发展机会随之恶化，贫困呈现集中连片特征。精准扶贫战略实施以来，全国其他地区贫困发生率显著下降，县与县连片贫困状况有所缓解，但“三区三州”县与县连片特困区域仍然存在。

二、贫困程度的纵深性

“三区三州”贫困程度的纵深性体现为贫困不是轻度的、表面性贫困，而是重度的深度贫困。

（一）收入和消费水平差距大

从纵向看，2013~2018年，“三区三州”农村居民人均可支配收入和人均消费实现快速增长，增速高于全国平均水平。其中，新疆南疆农村居民人均可支配收入的增幅最大，由2013年仅为全国平均水平的60.36%增至2018年为全国平均水平的73.63%，增幅达13.3%（表3.11）。凉山州农村居民均消费支出增幅最大，由2014年仅为全国平均水平的65.08%增至2018年为全国平均水平的76.98%，增幅达11.9%（表3.12）。总体来看，“三区三州”居民收入与消费普遍低于全国水平，尤其是脱贫不稳定户、边缘易致贫户、突发严重困难户仍处于相对贫困阶段。

表 3.11 “三区三州”农村居民人均可支配收入

区域	人均可支配收入（元）						名义增速（%）					
	2013 年	2014 年	2015 年	2016 年	2017 年	2018 年	2013 年	2014 年	2015 年	2016 年	2017 年	2018 年
全国	9 430	10 489	11 422	12 363	13 432	14 617	11.2	11.2	8.9	8.2	8.6	8.8
西藏	6 553	7 359	8 244	9 094	10 330	11 450	15	12.3	12	10.3	13.6	10.8
四省涉藏州县	4 962	5 726	6 457	7 288	8 018	9 160	12.9	15.4	12.8	12.9	10	14.2
新疆南疆四地州	5 692	6 403	7 053	7 868	9 845	10 762	14.5	12.5	10.2	11.6	9.7	9.3
凉山州	8 264	8 264	9 422	10 368	11 415	12 548	0	12.3	11.3	10	10.1	9.9
怒江州	3 251	4 297	4 791	5 299	5 871	6 449	17.2	32.2	11.5	10.6	10.8	9.8
临夏州	—	4 127	5 245	5 680	6 203	6 817	—	13.8	12.6	8.3	9.2	9.9

资料来源：《中国农村贫困监测报告 2019》；2016 年及以前统计口径为南疆三地州，不包括阿克苏地区

表 3.12 2013～2018 年“三区三州”农村居民人均消费支出

区域	农民人均消费支出（元）						名义增速（%）					
	2013 年	2014 年	2015 年	2016 年	2017 年	2018 年	2013 年	2014 年	2015 年	2016 年	2017 年	2018 年
全国	7 485	8 383	9 223	10 130	10 955	12 124	—	12	10	9.8	8.1	10.7
西藏	4 102	4 822	5 580	6 070	6 691	7 452	20.4	17.6	15.7	8.8	10.2	11.54
四省涉藏州县	4 691	5 010	5 437	6 186	6 586	8 246	12.5	6.8	8.5	13.8	6.5	25.2
新疆南疆四地州	4 803	5 033	5 207	5 512	5 999	6 942	18.7	4.8	3.5	5.8	6.4	15.7
凉山州	—	5 456	7 378	8 036	8 734	9 333	—	26.6	11.2	8.8	8.7	6.9
临夏州	—	4 051	4 769	5 079	5 673	6 157	—	—	7.2	6.5	11.7	8.5

资料来源：《中国农村贫困监测报告 2019》；2016 年及以前统计口径为南疆三地州，不包括阿克苏地区；怒江州统计公报未发布农村居民人均消费支出数据

（二）应对灾害能力薄弱

气候变化对农牧业生产影响十分严重，“三区三州”生态脆弱，防灾减灾能力明显不足。贫困户一旦遭遇自然灾害，农业生产就会遭受损失，收入锐减。“三区三州”气候条件差，各种自然灾害频发。例如，2017 年 8 月，凉山州普格

县荞窝镇发生泥石流，灾害造成8人死亡、5人受伤、17人失联①。

甘南州处于青藏高原地震带东段，地质结构复杂，地震基本烈度8度（谷彩兰，2010），属地震高烈度区域之一。迭部县2019年“7·29”洪涝灾害，造成电尕镇等11个乡镇3280户12 338人受灾、2人死亡、2人失踪，紧急转移安置人口147人；倒塌房屋26户124间，房屋严重毁损16户124间；农作物受灾面积77.8平方公里；损毁堤防1.2千米、人饮供水管道47.1千米、闸阀井（水）井43处；共计造成直接经济损失2.34亿元。其中，居民家庭财产损失385万元；农业损失2723万元；基础设施损失19 362万元；国土资源损失712万元；公共服务损失157万元（杨秋，2021）。同时，特殊的地理位置，复杂的地质构造使甘南州气候、地理条件恶劣，造成甘南州农牧业生产条件差，农牧业产量低下。

（三）基础设施差

深度贫困地区多为高山高原地形，通村公路标准低、路面窄、难以错车通行，县乡际断头路多；水利设施老化，防洪标准过低，灌溉设施年久失修，抵御自然灾害能力较弱。2017年，四省涉藏州县自然村通公路的农户比例为96.7%、自然村通电话的农户比例为96.6%、自然村能接有线电视信号的农户比例为85.7%、自然村进村主干道路硬化的农户比例为88.2%、自然村能便利乘坐公共汽车的农户比例为48.1%、自然村通宽带的农户比例为59.7%、自然村垃圾集中处理的农户比例为65.2%（国家统计局住户调查办公室，2018），这些基础设施指标均低于全国平均水平。2017年，新疆南疆四地州所在自然村能接收有线电视信号的农户比例、所在自然村能便利乘坐公共汽车的农户比例仅为93.5%和73.7%（国家统计局住户调查办公室，2018）（表3.13）。四川凉山州的阿土勒尔村被外界称为“悬崖村”，悬崖村与地面垂直距离约800米，山路陡峭难行，一道陡峭的藤制“天梯”将其与外界相连，交通不便极大地影响了村民正常外出。2016年8月，“悬崖村”开始使用钢管代替此前老旧“藤梯”，受益于国家扶贫政策共花费6亿元，施工单位和当地的村民靠着人力将钢管扛上了悬崖，用血肉之躯打造了一架长约800米，级数为2556级的钢梯，牢固而又稳定。走在上面如同是在爬楼梯一般方便，再也不用像藤条一样担心会腐蚀和断掉。

---

① https：//china. huanqiu. com/article/9CaKrnK4yDN.

表 3.13 2017 年连片特困地区农村基础设施和公共服务状况（单位:%）

片区名称	所在自然村通公路的农户比例	所在自然村通电话的农户比例	所在自然村能接收有线电视信号的农户比例	所在自然村进村主干道路硬化的农户比例	所在自然村能便利乘坐公共汽车的农户比例	所在自然村通宽带的农户比例	所在自然村能集中处理垃圾的农户比例	所在自然村有卫生站的农户比例	所在自然村上幼儿园便利的农户比例	所在自然村上小学便利的农户比例
全部片区	99.9	99.9	96.3	97.3	65.7	85.6	59.1	91.3	84.7	88
1. 六盘山区	100.0	100.0	99.7	97.9	84.2	85.3	63.6	96.2	83.6	90.9
2. 秦巴山区	99.9	99.7	98.8	98.2	67.5	87.3	61.0	95.2	81.9	85.3
3. 武陵山区	100.0	100.0	95.7	99.0	62.7	80.4	60.6	91.4	80.9	81.1
4. 乌蒙山区	99.8	100.0	93.7	94.0	53.2	72.7	42.6	86.3	86.4	92.1
5. 滇黔桂石漠化区	99.9	99.8	94.6	95.7	55.4	86.2	68.6	89.8	83.4	90.7
6. 滇西边境山区	100.0	100.0	97.6	92.6	51.2	83.8	51.5	88.7	78.9	85.0
7. 大兴安岭南麓山区	100.0	100.0	100.0	99.5	90.4	94.3	41.7	95.9	82.3	87.7
8. 燕山—太行山区	100.0	99.7	97.2	98.4	86.7	92.8	51.3	96.2	86.0	82.1
9. 吕梁山区	100.0	100.0	100.0	96.5	82.6	76.2	54.4	81.8	63.5	58.8
10. 大别山区	100.0	100.0	95.5	99.1	66.6	95.4	61.1	90.5	93.4	95.7
11. 罗霄山区	100.0	100.0	98.5	100.0	67.3	96.0	76.8	89.0	90.6	91.7
12. 西藏自治区	100.0	99.0	77.0	100.0	51.0	27.1	62.7	73.0	90.2	95.1
13. 四省涉藏州县	96.7	96.6	85.7	88.2	48.1	59.7	65.2	82.8	73.6	78.8
14. 南疆四地州	100.0	100.0	93.5	100.0	73.7	98.1	65.3	95.1	98.6	97.2

资料来源：国家统计局住户调查办公室，2018

（四）土地利用化率低

土地是影响农业现代化进程的核心要素，土地规模化经营是提高农业效率的重要方式。“三区三州”家庭联产承包责任制导致土地分散化和细碎化，给土地流转带来障碍。从收入结构看，土地流转及补偿收入占家庭收入占比低，流转收益低①。土地股份合作形式少、对土地流转政策导向认识不到位、流转

① 课题组 2019 年 7 月赴阿克苏地区调研。

手续不规范引发的纠纷等影响了农户流转意愿以及产业规模化发展（郭言歌，2020）。

一是耕地细碎化问题突出。“三区三州”以耕地流转为主，林地、草地等流转类型比例低。受人为或自然因素影响，土地难以成片、集中和规模经营，土地利用分散、无序，复杂的地貌环境和人地比例失调是土地细碎化的主因，地形条件的限制使土地细碎化程度的可降低性变小。西藏大部分耕地沿河流两岸分布，田块面积小，限制了农地流转，而相对连片的耕地由当地政府根据耕地好坏，按比例分配给不同农户耕种，使得大部分农户的耕地分散在不同区域（郭健斌等，2015）。此外，因为人多地少，农村人口都参与到农业中无疑加剧土地细碎化，增加农业生产成本，降低生产效率，导致土地资源浪费，影响农业产出（陈培勇和陈风波，2011）。

二是土地流转比例较低，流转难度大。“三区三州”土地流转市场相对落后，土地流转面积较小。2014 年，西藏自治区农户流转土地面积为 15.13 公顷，仅占承包土地面积的 4.3%，比全国平均水平低 5.5%；流转土地农户的数量仅占被调查者的 10.36%（郭健斌等，2015）。受地理条件限制，流转土地难度较大。例如，临夏州土地分布较分散，绝大部分是旱地，地块小且不平整，水、电、路建设滞后，难以开展连片种植和机械耕作；农田水利基础设施落后，造成经营成本升高，土地规模化流转要协调大量农户，规模流转难度增大。2015 年，凉山州 17 个县市家庭承包经营的农户数约 93 万户、耕地面积近 427 万亩，但仅 16.4% 的农户参与了土地确权登记工作（刘洋，2018）。南疆四地州户均耕地面积和林地面积仅 10～20 亩①，以传统的家庭作业方式为主导。南疆地区移民对土地较深的情怀，土地流转热情不高，90% 以上的移民迁出地的耕地仍由自己在种植，而且多数农户种植面积不超过 5 亩，碎片化严重，制约了农业的产业化及农业科技的推广应用（谢大伟等，2016）。

三是土地功能偏好、人口结构变动和思想观念传统化。费孝通（2008）说：“从基层上看去，中国社会是乡土性的，土地的基本意义是泥土，乡下人离不开泥土，因为在乡下住，种地是最普通的谋生办法，而且我们的民族确实和泥土分不开”。受传统思想影响，对土地有深厚的感情，把土地当作立身之本而非资本，大部分农民更愿意从事农地耕作。第一，农民认为土地主要承担生产与保障功能，对土地的财产性功能偏好不强，土地流转意愿低。第二，随着青壮年外出打

① 1 亩≈666.67 平方米。

工，老人和妇女成为耕地的主要劳动力，由于受教育水平和技能水平较低，仅能从事初级的农业耕作。第三，一部分农户缺少相应的专业技能，难以获得收入较高的岗位，外出就业的竞争压力大，农户的家庭收入难以得到保障，而从事农业耕作能满足基本生活需要。部分地区农村保障水平偏低，一定程度上阻碍了流转的进程。

四是土地流转不规范。近年来，流转的土地经营因缺乏配套制度，对土地用途和保护缺乏相应的监督制约机制，导致土地流转纠纷频发。西藏 90% 以上通过亲戚、熟人等途径了解土地流转信息，通过口头协议自发流转农地；仅 10% 的农户签订流转合同，且绝大部分合同内容不完整，权责不明确，法律效力弱。究其原因是：对一些倾向于将土地流转给亲戚朋友的农户，他们更希望通过口头协议来替代书面合同完成土地流转；对代耕农户而言，因为耕地收益不属于自己，签订书面合同意愿不强，以免产生麻烦；大部分农户不知道土地流转合同契约，为了土地流转交易的高效便捷，往往通过私下协商的方式完成。土地流转有较大的自发性和随意性，容易发生利益纠纷。

（五）脱贫成本高

“三区三州”自然环境特殊，高原、山地等特殊地理条件使得工程建设成本（物料成本和人工成本）相对于平原地区高出很多，许多地方建筑材料需要人背马驮、二次搬运，建设场地还需挖山平整和边坡治理、挡墙支护等①。例如，云南怒江州危房改造工作中，每块砖山上为 8. 5 元，比山下高 5 元；每袋水泥山上为 80 元，比山下高 45 元；材料费、人工费和施工费均高于山下 2 倍以上②。王俊程等（2021）调研发现城市售价 20 元/公斤的小黄姜在边远农村收购价仅为 2. 5 元/千克，山高路远成为老百姓发家致富的天然障碍。

三、致贫原因的多维性

近年来，对贫困认识已从单一的收入贫困发展到包含能力贫困、环境限制、权利剥夺、文化差异等维度在内的多维贫困（郭利华，2017）。实际中，致贫原因常是多元和复合的，深度贫困人口可能既没有摆脱贫困的想法和勇气，也缺乏

① 《关于做好 2021 年农村义务教育阶段学校教师特设岗位计划实施工作的通知》。

② http：//www. cnfpzz. com/index. php？m=Archives&c=IndexArchives&a=index&a_ id=39191.

技术和手段；加之受制于环境封闭、资源匮乏、信息闭塞等外部因素。这些因素相互影响、相互制约、相互强化，导致贫困人口缺失达到最低生活水准的能力，处于可行能力的匮乏困境（阿玛蒂亚·森，2009）。

习近平总书记在深度贫困地区脱贫攻坚座谈会上指出，“西南缺土，西北缺水，青藏高原缺积温”。深度贫困地区贫困具有类型多样性、致贫原因叠加、彼此交叉融合的特点，既有经济贫困、能力贫困、权利贫困，又有多维贫困与贫困的代际传递等类型。自然、地理、气候、民族、宗教、文化、生态、边境等复杂敏感问题交织在一起，加深了减贫的复杂性。

“三区三州”深度贫困不是某一种原因造成的，而是多维贫困的结果。多维贫困包括收入贫困及饮用水、道路、卫生设施等客观指标的贫困和对福利的主观感受的贫困。从收入指标看，2018 年“三区三州”农村居民人均可支配收入 9460 元，仅为全国平均水平（14617 元）的 64.72%，其中甘南州、果洛州、玉树州、临夏州、怒江州不到全国平均水平的 60%。第三次全国农业普查统计显示，西藏自治区、四省涉藏州县分别有 33.4%、35.59% 的农户无厕所比例高出全国平均水平 16 倍以上；西藏自治区、四省涉藏州县分别有 10.8%、21.27% 的农户缺乏安全饮用水，分别比全国平均水平（37.7%）低 25.43 个百分点、16.43 个百分点。上述地区虽然水资源丰富，但是大多为冰川水、湖泊水，不能直接使用，安全性不高（李波和苏晨晨，2021）。南疆四地州、凉山州炊用柴草的农户比例分别为 89.03%、78.5%，比西部地区平均水平分别高出 30.43、19.45 个百分点；西藏自治区、四省涉藏州县有专业市场乡镇的比例不到全国平均水平的 1/6 和 1/3；临夏州、西藏自治区平均每百户电子计算机拥有量仅为 3.3 台、5.3 台，仅为全国平均水平的 10.2%、16.5%（表 3.14）。

表 3.14 “三区三州”农村消费情况

地区	使用净化处理自来水的农户比重（%）	无厕所户比例（%）	炊用柴草户比例（%）	竹草土坯房农户比例（%）	有专业市场的乡镇（%）	手机拥有量（部/百户）	电子计算机拥有量（台/百户）	汽车拥有量（辆/百户）
全国	47.7	2	44.2	2.78	39.4	244.3	32.2	24.8
西藏自治区	10.8	33.4	48.9	9.15	6.15	206.1	5.3	21.3
南疆四地州	71.77	3.31	89.03	7.7	—	146.64	6.75	13.8
四省涉藏州县	21.27	35.59	43.87	2.8	12.19	205.9	6.03	23.24

续表

地区	使用净化处理自来水的农户比重（%）	无厕所户比例（%）	炊用柴草户比例（%）	竹草土坯房农户比例（%）	有专业市场的乡镇（%）	手机拥有量（部/百户）	电子计算机拥有量（台/百户）	汽车拥有量（辆/百户）
临夏州	94.2	0.3	55.3	1.5	25.8	226.6	3.3	9.9
凉山州	—	18.9	78.5	0	17.2	195.69	9.1	10.22

数据来源：第三次全国农业普查统计，怒江州数据缺失

以临夏州为例分析，临夏州致贫原因可分为8种类型。2015年“缺资金”是最大的致贫原因，有60 368人因缺资金而贫困，其他依次为“缺技术”占32.36%、“因病因残”占10.53%、“自身发展动力不足”占10.2%、“交通条件落后”占5.17%、“缺劳力”占4.07%、“缺土地”占1.63%、“其他原因”占0.02%（表3.15）。

表3.15 临夏州不同致贫原因的贫困人口

年份	贫困户数（户）	贫困人口（人）	缺资金（人）	缺技术（人）	缺劳力（人）	缺土地（人）	交通条件落后（人）	因病因残（人）	自身发展动力不足（人）	其他原因（人）
2015	74 885	167 572	60 368	54 220	6 820	2 729	8 665	17 647	17 094	29
2016	65 273	142 477	52 415	46 718	6 876	2 170	6 117	13 753	14 393	35
2017	58 708	122 118	40 268	38 048	8 620	1 634	5 618	15 795	12 039	96
2018	36 409	73 305	22 306	21 911	6 297	822	3 397	11 754	6 733	85
2019	7 890	14 077	3 097	3 168	1 835	120	880	3 618	1 359	0

数据来源：2021年7月赴甘肃省临夏州调研获取的数据

（一）因病致贫

健康脆弱性指因医疗卫生资源分布不均导致受健康风险冲击概率更大，大病、重病患者多发（翟绍果和严锦航，2018）。从2014年起，因病致贫在所有致贫原因中牢牢占据了第一位，疾病是贫困最主要、最顽固的成因之一。医疗保障水平是衡量稳定脱贫的关键指标，事关人民群众身心健康。“三区三州”深度贫困地区乡镇一级卫生院普遍缺乏临床、影像、儿科、化验等方面的专业人才，导致一些较好的医疗设备闲置，相关诊疗项目无法开展。云南迪庆州很多藏族同胞以前在牛棚里生下孩子，直到2015年才在昆明市对口帮扶下成立儿科、2018年

成立新生儿科①。同时，在村一级卫生室的医生大多未受过正规的医学教育，缺乏疾病诊疗能力，工作主要集中在配合乡镇卫生院开展疫苗注射、血压测量和感冒发烧诊治等基本医疗服务领域。

（二）文化致贫

民族文化是各民族群众宝贵的精神财富，民族文化差异绝不等同于民族文化落后。历史上的多民族共生格局衍生出“三区三州”独有的文化内涵，这些区域是原生态文化的发源地和中华文化多样性的传承创新区。李俊杰（2019）将“三区三州”归类为丝路文化、民族传统文化和宗教文化糅合的特殊文化区，并从“贫困文化”视角阐释民族地区文化建设的特殊性。这种由封闭的地理环境、固化的传统观念、低水平的人口素质共同建构出的“贫困文化”价值体系，制约了产业政策发挥效果。一方面，工业化进程缓慢使囿于“亚文化圈”的民众难以适应外部社会变迁，在传统习俗和低教育水平的作用下，易出现文化调适偏差，社会关系调整、个人行为规范和社会稳定维护等无法在现代化治理理念和治理方式推广过程中形成合力。同时，对现代文化的误读易引发文化逆向选择，如一些外出务工年轻人回乡赌博、过度消费、盲目攀比等不良现象，造成对城市文明的质疑和偏见，进而削弱对市场经济的认同（李忠斌和骆熙，2019）。

脱贫攻坚时期，贫困人口分为有基本的劳动能力但不进行劳动而致贫的人、自认为不贫困的人。这两类人的贫困根源是文化差异，前者体现为自给自足的小农思想，后者体现了文化认知差异。“三区三州”的文化差异体现在：远离现代文明，缺乏有效的市场意识、法律意识、内在发展动能等。物质贫困与精神贫困相互影响、相互制约，精神贫困会导致物质贫困，经济生活窘迫也会引发精神脱贫。要准确把握民族文化差异这一内在原因，需要从精神上摆脱脱贫，才能较彻底解决物质贫困问题。

（1）风俗陋习致贫

“三区三州”拥有各具特色的民族文化习俗和传统社会治理方式，部分风俗习惯与现代社会的不适应在一定程度上影响了脱贫进度。例如，藏族、白族、傈僳族和彝族等民族的传统饮食中爱好吃生食或半生食肉制品，长时间食用容易导致各种寄生虫病、传染病的扩散。藏族民俗认为牲畜是最耀眼的财富和最直接的

① https：//health. gmw. cn/2020-09/18/content_ 34199793. htm.

储蓄方式（李俊杰和耿新，2018），惜杀惜售牲畜造成牲畜商品化率较低。藏族群众视狗为珍宝，受“不杀生”传统观念影响，造成地区流浪狗较多，增加了狂犬病、包虫病和犬瘟热等疾病风险；怒江州等地“无排烟道”的土炉或土灶燃烧高氟煤或高砷煤，稍不通风就容易引起慢性氟中毒。哈萨克族、维吾尔族等群众习惯喝烫茶，易导致食管疾病等风险。彝族彩礼是彝族传统的婚姻习俗，随着经济社会的快速发展，彝族彩礼不断提高导致农民负担增加。再如，凉山州喜德县冕山镇小山村当地流行厚葬，杀牛宰猪，吃“陀陀肉”，一般人家办丧事要花 10 多万元（江凌，2018）。“喝在酒上，穿在银上，用在神上”生动说明了彝族同胞脱贫前商品意识薄弱（杨勤，2013）。

（2）宗教影响致贫

“三区三州”群众大多有宗教信仰，有的宗教习俗易导致致贫和返贫风险增加。一是受到重义轻利不集聚财富唯心宿命的传统文化观念的影响，部分地区存在重精神不重物质，重来世不重今生，追求超越现实的享受。二是宗教供奉负担重，如涉藏州县部分地方宗教供奉支出人均消费超过 400 元。三是影响学校教育，部分地区受宗教影响流行读书无用论，认为“能认自己的名字，会算账就可以了”；甚至有的家庭孩子四五岁就开始去寺庙学经或修行，十四五岁外出打工，二十来岁回家结婚，生下孩子后又循环重复。四是遇事问“神”。不少信教群众遇到各种灾害时会请宗教人士念经消灾，家有婚娶、丧葬、添人丁、迁居、出门等要请宗教人士封示祸福和吉期。有的群众生病后不是前往医院（卫生所）就医，而是请宗教人士念经、打卦、跳神，耽误了疾病治疗（黄康生，2017）。

（3）文化服务供给不足

“三区三州”公共服务水平低，供给能力严重不足。2019 年，西藏、四省涉藏州县所在自然村有卫生站的农户比例分别为 82.8%、87.9%，均低于全部片区 96.1% 的水平；四省涉藏州县所在自然村上幼儿园便利的农户比例、上小学便利的农户比例分别为 81.3%、86.1%，均低于全部片区 90.1% 和 82.3% 的水平（国家统计局住户调查办公室，2020）。四川凉山州木里县 113 个行政村全部建立了图书馆，但村民看书很不方便，最远的村组到村上骑摩托车要二三十分钟；遇到泥石流多发的季节，一些图书室还会遭到损坏（李静，2018）。

（三）教育致贫

“三区三州”受教育水平低，失学辍学问题曾十分严重，师资短缺和教学资源建设不足，是阻断贫困代际传递的主战场（吕晓娟和陈虹琴，2021）。

(1) 受教育程度低

如表3.16所示，“三区三州”总体教育水平低，受教育指标明显低于全国平均水平。西藏15岁以上人口平均受教育年限由2010年的5.25年上升至2020年的6.75年，仍在全国各地区中均排末位。2010年第六次全国人口普查时，临夏州（1%）、凉山州（1.1%）、怒江州（1.9%）高等教育比率均低于全国平均水平（2.1%），西藏自治区受教育程度为小学及以下比率（83.8%）远高于全国平均水平（45.3%）。2015年全国1%人口调查中，临夏州中等教育比率（20.4%）、高等教育比率（1.7%）均低于全国平均水平（耿新，2020）。“三区三州”中，2017年，民族地区人均受教育年限仅为7.01年，低于全国平均水平（9.05年）。2019年，“三区三州”在校中学生人数为913.01万人，仅占同期民族地区在校中学生人数的13.34%[①]。

表3.16 “三区三州”受教育情况 （单位:%）

地区	第六次全国人口普查			2015年1%人口抽样调查		
	小学及以下	中等教育	高等教育	小学及以下	中等教育	高等教育
全国	45.3	52.6	2.1	44	52.5	3.5
西藏	83.8	13.9	2.2	80.2	16.5	3.3
四省涉藏州县	77.5	20.4	2.2	76.8	19.7	3.4
新疆南疆四地州	47.9	49.7	2.4	—	—	—
凉山州	80.6	18.3	1.1	—	—	—
怒江州	73.6	24.5	1.9	69.1	27.3	3.6
临夏州	77.5	21.5	1	77.9	20.4	1.7

数据来源：全国及各地区《第六次全国人口普查资料》《2015年1%人口抽样调查》，第六次人口普查和2015年1%人口抽样调查数据为6岁以上人口受教育构成。“—”表示数据缺失

(2) 失学辍学问题时有发生

脱贫人口返贫存在代内返贫和代际返贫两类（张翔和毛可，2018）。“代际返贫”即传递性返贫或者遗传性返贫，它将加强阶层固化，社会流动性变弱，使贫困一直隔代传递，社会危害较大（何华征和盛德荣，2017）。“三区三州”义务教育、“两免一补”等政策切实减轻了贫困人口的负担、推动了教育发展，目前因厌学而辍学问题得到有效控制。但受家庭经济承担能力不足和对教育重要性

① 数据来源：各省区2019年政府工作报告、县市统计数据库及相关政府网站。

认识不足的影响，个别地方因厌学而辍学问题又有抬头趋势。其中有家长不重视的原因，也有学校分班管理和留级的问题，学生跟不上课堂，学习兴趣不高。特殊的地理位置及上学路途远、上学安全系数低也是导致辍学的重要原因（吕晓娟和陈虹琴，2021）。临夏州 2018 年失辍学学生达 15 155 人、甘南州 2019 年失辍学学生达 5512 人。虽然通过政府部门的努力均已劝返，但耗费了大量的人力、物力和财力，同时依然无法杜绝失辍学现象的发生。

（3）教育师资力量相对不足

由于自然环境恶劣、经济发展水平落后，各级地方政府财政自给能力较弱，吸引和留住优秀教师比较困难，教育普及率快速提高导致师资依然紧缺。“三区三州”环境恶劣，交通不便，许多师范生毕业后到农村学校任教意愿低；与城镇教师相比，“三区三州”农村教师办公条件和工资水平缺乏优势，生活条件也很艰苦，导致“三区三州”不少农村中小学校优秀教师流失（李俊杰和宋来胜，2020）。此外，教师教学水平参差不齐，教师学科结构不够合理。

（4）教学基础资源建设不足

“三区三州”有的校舍仍是低矮平房，部分教学点生均校舍面积不足 2 平方米。学前、“双语”课程资源开发严重不足使得部分幼儿园、“双语”课程资源短缺，许多中小学学校教学设备陈旧落后且数量不足，教学信息化水平提升缓慢。

随着农村生源逐渐减少，农校分布更分散，为提高教育资源利用效率，政府推行撤点并校，集中至城镇上学。但撤点并校的后续措施不到位，寄宿制学校建设不达标，许多学校的住宿未实现“一人一铺”（李俊杰和宋来胜，2020）。“三区三州”已实施营养餐和贫困生资助，有的学校落实不到位，对营养餐工程落实大打折扣。

（四）自然禀赋差致贫

从新结构经济学和新经济地理学视角来看，一个地区的禀赋及其结构是区域发展所能利用的自然资本、劳动资本、人力资本和物质资本的相对丰裕程度，决定了区域发展的基础潜力。内部禀赋（地理第一性）包括该地区所处的地理区位、自然环境与资源，以及历史基础、社会形态、人口、民族等人文因素（地理第二性）。外部禀赋指区域发展面临的周边环境、国家环境和国际环境等外部环境。区域发展的关键因素是市场范围（包括本地市场和外地市场），而外地市场是该区域的外部禀赋。“三区三州”主要位于我国腹地，距海岸线遥远，长久以来造成了其封闭的地理环境特点。平均海拔超过 3500 米，气压低，供氧不足，人类劳动效率低。“三区三州”地理第一性和地理第二性综合作用致使其本地市场小，区际联系和区内联系不方便、时间长、成本高，区内分割严重，集聚力弱小。发展上的表现是地理不利因素叠加，自然地理禀赋的不利容易产生“空间贫困陷阱”。

四、减贫过程的持续性

“三区三州”深度贫困地区贫困的持续性主要体现为脱贫脆弱易返贫、边际减贫效应减弱。

（一）脱贫脆弱易返贫

受生态地理环境、资源禀赋、区位条件和历史问题等因素制约，“三区三州”需要面对自然风险、疾病风险、经济风险、疫情风险等各种返贫因素。深度贫困地区扶贫是长期任务，消除贫困不可能一蹴而就。一是返贫率较高。2012 年前，“三区三州”返贫率为 15% ~25%，有的地方高达 30% ~50%。二是返贫率下降缓慢。2004 ~2013 年，我国返贫率由 15.76% 降至 3.59%，但远低于国家的减贫速度。三是贫困人口中返贫人口的比例上升，由 2004 年的 18.18% 增加到 2013 年的 52.25%（袁方和史清华，2019）。同时，2017 年怒江州脱贫人口 3.7 万人，返贫率 38%，而净脱贫人口仅为 2.29 万人，返贫人口超过脱贫人口，返贫人口超过脱贫人口。走出“贫困—脱贫—返贫”怪圈，要将返贫风险消灭在萌芽状态，不让小风险、个体风险演化为大风险、系统风险。

如表 3.17 所示，临夏州脱贫人口的返贫原因符合多维贫困理论，缺资金、缺技术、缺劳力、缺土地、交通条件落后、因病因残、自身发展动力不足等多 8 种返贫原因与致贫原因相同。这些风险成为多维返贫的风险点，呈现出返贫风险交织叠加的情况。随着脱贫速度的加快，2017 年临夏州返贫人口达到峰值（4947 人），此后迅速减少。一是因病、因残返贫一直是返贫的主要原因，2017 年因病因残返贫人数为 1179 人，占比为 23.83%。二是缺资金和技术返贫占比下降。缺资金、缺技术返贫户数占比由 2015 年的 37.4% 和 37.6%，分别降至 2018 年的 16.4% 和 21.2%。说明我国金融扶贫措施的实施，贫困户可按需求便捷地获批贷款；同时，针对贫困户的技能培训得到有效加强。三是缺劳力返贫比例上升。该比例由 2015 年的 6.2% 升至 2018 年的 9.2%。这说明随着扶贫工作的强化，有劳动力的贫困人口已实现脱贫，剩余的返贫人口更多是无劳动能力的弱势群体。四是缺土地返贫的占比呈上升趋势，由 2015 年的 0.9% 上升至 2018 年的 21.2% 。临夏州土地紧缺，农民仍把土地作为重要的生产资料和谋生手段。

表 3.17 临夏州返贫人口数量与返贫原因

年份	返贫户数（户）	返贫人数（人）	缺资金（人）	缺技术（人）	缺劳力（人）	缺土地（人）	交通条件落后（人）	因病因残（人）	自身发展动力不足（人）
2015	608	1325	495	498	82	12	43	84	111
2016	358	723	228	211	56	3	12	189	24
2017	2 650	4 947	1 274	1 184	820	38	142	1 179	310
2018	258	579	95	123	53	123	12	124	49
2019	2	2	0	1	0	0	0	1	0

数据来源：2021 年 7 月赴甘肃省临夏州调研获得的数据

（二）边际减贫效应减弱

2012～2018 年除四省涉藏州县和临夏州外，其他地区年均脱贫率均低于全国水平（13.87%），尤其是南疆四地州、凉山州、怒江州年均脱贫率仅为 6.56%、6.72%和 6.74%，造成“三区三州”贫困人口占全国贫困人口总人口的比例由 2012 年的 4.95%上升至 2018 年的 10.36%（李俊杰和耿新，2018）。

受边际效应递减的影响，深度贫困地区贫困人口数量减少的边际效应呈现递减趋势。深度贫困地区往往是由人口致贫因素和返贫因素复杂多样且交织叠加，导致减贫难度增大、返贫风险增加、贫困呈现慢性贫困的特征，长期脱贫趋势明显。如前面分析，“三区三州”自然地理环境决定了其生产方式是以自然经济和传统农牧业为主，而农民主要依靠农牧业生产收入是导致返贫风险较大的原因。2018 年，“三区三州”农民经营净收入占可支配收入 47%，高于全国平均水平 30 个百分点。农牧业是受自然灾害和劳动力风险影响较高的产业，农牧业收入占比高，农民易因各种风险导致失去收入来源而返贫。

综上所述，自然、市场、健康是返贫风险的冲击维度，规模性返贫风险的原因可能是在短期内、在一个风险单元上在多维度上造成风险的叠加。我国过快的现代化进程，导致了生存型矛盾、发展型矛盾、信息社会网络矛盾叠加，形成了“历时性”与“共时性”的矛盾风险叠加（谢海军，2017）。自然要素与农民的生产生活紧密相连、难以被完全分离。小农生产仍是“三区三州”农业的主要方式，生计类型主要是传统畜牧业，农民的生产和生活的“空间”是高度整合性的前现代状态。例如，凉山州喜德县喜德加尔村距县城100多千米，位于2800米高山上，老百姓主要种荞子、燕麦和土豆，产量低，而养殖——“养牛为耕田、养猪为过年、养羊为御寒、养鸡为换盐巴钱”。吉登斯认为工业主义是现代化的四个制度性维度之一，人类更多地从自然环境中分离出来并进入人造环境，进而减少了对自然的依赖。处于前现代状态的农村，隐藏在农村的风险单元无法分散开来。这是家庭的外部条件导致的“风险叠加”。家庭内部条件导致的风险叠加，主要是连续的风险事件冲击下，因前期积累的人力资本不足或家庭拥有的资产不足，使得以往多维上未发生的风险短期内爆发。在短时连续的风险事件冲击下，农村生活的低度分化性会使得家庭成员对于风险事件的处理更容易对生产生活方面发生连带影响，这种交叉影响在家庭成员间更明显。家庭的总体稳定性与成员的状态息息相关，成员状态的不稳定反过来会冲击家庭的不稳定（左停和赵梦媛，2021）。

第三节 “三区三州”深度贫困的成因

“三区三州”深度贫困的形成规模、时空条件和固化发展具有特殊性，并兼具“结构”和“行动”致因的互构属性，两者相互强化使深度贫困人口不断卷入“经济性贫困陷阱”。一是深度贫困的形成规模兼具整体和个体两重性。深度贫困既指贫困人口或贫困户的分散性贫困，也与群体性和规模性的福利缺失状态有关，贫困治理难度大。二是深度贫困具有时间和空间弱势累积双重限定。特定的时空结构导致深度贫困成为嵌入当地生活世界的“生存性均衡”。三是不平衡的发展结构和相对封闭的区域性交换系统是贫困结构固化的重要原因（表3.18）。行动上自我发展伦理和生计资本转换的弱化是贫困形成的微观原因（张明皓和豆书龙，2018）。

表3.18 深度贫困的表现特征与社会结果

分类	表现特征	社会结果
形成规模	兼具群体和个人的福利缺失状态	贫困治理难度的最大化
时空条件	时间和空间弱势累积的多重性	嵌入当地生活世界的“生存性均衡”
生成原因	贫困结构固化和自我发展行动弱化的互构	持续卷入“经济性贫困陷阱”

一、深度贫困的形成规模

深度贫困的形成规模体现在整体与部分的辩证关系，是群体和个体的双重转化。一是个体深度贫困是由于人力资本匮乏与基本可行能力剥夺。阿马蒂亚·森认为人们缺失“自己想做的事情、过上自己想过的生活的能力”等福利性的条件，把人力资本的匮乏归因于贫穷者的劣势基因、成就需求缺失和固有的身心疾病等，进而影响个体生计资本存量的增进。个体深度贫困与强脆弱性具有伴生关系，深度贫困户因遭遇各种风险而极易导致财富损失和生活质量下降，人力资本的匮乏和可行能力的弱化直接制约个体生计资本生存压力转化的能力，从而产生个体深度贫困。二是深度贫困地区农村社会分化程度低，群体之间福利缺失的差异较小。深度贫困具有自我复制、自我扩散的特征，群体深度贫困既是个体深度贫困的总量加成，又因积聚贫困强度和广度而具有整体性的结构特征，因其“整体”结构而对作为“部分”的个体深度贫困生成和强化形成支配性。因此，深度贫困在个体和群体双重转化的基础上实现了层次互换，不同规模社区均持续维系并导致贫困的稳固性，而群体性和个体性深度贫困的双重转化和贫困再生产的层次互移决定了应通过协调推进来认识深度贫困生成的社会基础（丁建军，2019）。

二、深度贫困的时空条件

深度贫困的时空条件表现时间和空间的弱势累积。从时间维度看，“弱势累积”是时代特征、地域环境、家庭关系、健康状况等先赋性弱势因素随时间推移而持续作用的状态（胡薇，2009）。先赋弱势因素间的综合作用不断进入深度贫困人口的生命周期历程中发挥影响，当遭遇疾病、灾害、事故时，极易形成先赋性弱势和负向生命事件相互强化的“双高型弱势累积”（张翠娥和王杰，2017），并引发长期贫困。深度贫困是家庭和个体长期贫困难以脱贫的状态（世界银行，1990）。因此，深度贫困具备极强的自我再生机制，贫困户无法摆脱对生命周期不同阶段的影响，贫困家庭生计压力转化的能动性被抑制。同时，深度贫困随时间推移而形成的累积型弱势也相应内化为贫困代际再生产出的内容，从而不间断地制约贫困人口的生计资产增量和可行能力的代际传递。

从空间维度看，深度贫困地区集革命老区、民族地区、边疆地区于一体，深度贫困时间的弱势累积具有空间弱势累积的内在匹配性。地理因素在深度贫困再生产中有着重要的地位，深度贫困的生成受“地理第一性”（地理区位和资源禀赋如地理位置、自然资源、生态条件等）和“地理第二性”（社会文化距离、区域经济竞争、收入差距等）的双重限制（罗庆和李小建，2014），两因素的相互结合致使“三区三州”陷入“空间贫困陷阱”。深度贫困空间的弱势累积不仅影响个体生计资本重构能力的提升，而且不断制约区域性整体生计系统转化结构。

深度贫困弱势累积的时空结构连续产生“三区三州”生存性均衡的物质生产结构和文化价值体系。从物质生产结构看，深度贫困地区生存性均衡体系是对舒尔茨传统农业社会均衡理论的复制。舒尔茨认为传统社会因为技术状况，以及持有和获得收入来源的偏好动机状况保持不变而保持均衡状态。在低物质供给的结构性情境下，深度贫困群体有效利用资源但仍停滞落后。从文化价值系统看，美国人类学家奥卡斯·刘易斯（Oscar Lewis）以特定时空脉络形成的“贫困文化”（culture of poverty）来说明穷人生存方式和价值系统与主流文化的区隔化，以此作为“亚文化”的“贫困文化”规范贫困人口行为动机和生活情境的功能（Lewis，1996）。深度贫困问题需要关注与主体感知形成的贫困，更应当重视与文化观念有关的主观贫困。在区域和社会地位有较大差异中，有一部分人不能广泛交往，缺乏社交能力或难以融入社会而无法获取更多信息，无法自主支配本区域的资源禀赋，可能导致在社会权利体系内一些弱势地位的人选择被动和消极态度来对待贫困，以致出现“贫困文化”问题（奥卡斯·刘易斯，2006）。

本书采用“易地扶贫搬迁”来说明深度贫困具有时空弱势的累积性。易地搬迁之前的空间是地理资本存量低的地区，搬迁方式遵循“超时空强制”逻辑，即以抽离当地社会时空的方式实现易迁户与新社区的“结构再嵌入”。易地扶贫搬迁“超时空强制”并不是单纯将原有贫困人口抽离出原有时空结构而放任自流，而是在“抽离”时再造人口物质文化结构。深度贫困的结构生成具有稳态均衡的低物质供给结构与贫困文化价值结构的内在统一性，实现物质形态结构与文化价值结构的相互推进。搬迁过程中，“超时空强制”路径安排推动着原有生产方式变革，“生存性均衡”的物质生产逻辑被打破，低物质供给的结构性情境被替代。贫困文化的价值系统因其相对独立性和与社会基础的内融性，改造难度最大。因此，贫困群体的意识能力建设是后续搬迁的补充性措施。同时，对不同生命周期阶段的累积型弱势和彻底丧失可行能力及生计资本转化能力的贫困人口来说，社会保障兜底可以维护底线权利。为保证物质文化结构再造的连续性与平滑性，“超时空强制”方式来实现灵活的城镇化，依托城乡融合发展和新型城镇化来实现包容性发展，对易迁人口的社会福利应以超越户籍地域管理的方式实施整合的普惠型保障政策（王晓毅，2017）。因此，深度贫困结构再造以“抽离”固有的区域性交换系统的时空属性为基础，在易地搬迁中突出意识能力建设与政策针对性，以推动易迁人口再造新型社会时空结构与发展结构，从而提升社会治理效能（张明皓和豆书龙，2018）。

三、深度贫困的固化发展

深度贫困地区的固化发展是指结构固化和自我行动弱化的互构。深度贫困再生产的层次互移和时空弱势累积结构所产生的“生存性均衡”均指深度贫困再生产的逻辑特征，其再生产的根本逻辑是在单位规模和时空范围下逐渐凸显，这一逻辑可由“结构—行动”视角来解释。

基于多维贫困“结构—行动”互构框架，深度贫困人口的生计资本转化过程采用自然交换、市场交换、社会交换行动为载体嵌入到区域交换系统中，而生计资本转化受区域交换系统的制约并不断重新建构区域交换系统。首先，从结构对行动的作用过程看，深度贫困不同的区域交换系统中，自然交换子系统具有低生产力的结构性障碍，市场交换子系统存在市场体系不完善的结构性障碍，社会交换子系统存在宏观社会资本匮乏的结构性障碍，三类子系统间的“断裂”与结构性障碍制约深度贫困群体的生计资本转化效率、市场产业培育及集体行动能力（李雪萍和王蒙，2015）。其次，从行动向结构的转化过程看，深度贫困人口的交换行为分别嵌至自然交换子系统、市场交换子系统及社会交换子系统中来释放生计资本和生计压力的转化。但深度贫困人口面临强生计风险且生计资本组合能力薄弱，深度贫困人口的生计资本转换行动形成了“资源流动封闭”结构（马克·格兰诺维特，2006），而“结构”（限制性的区域性交换系统）与“行动”（无效性的生计转化行动）的关联则因深度贫困人口无法实施有效的交换活动而持续卷入“经济性贫困陷阱”。欠发达地区人均收入普遍偏低，将绝大多数收入用于消费，导致储蓄水平低下和资本形成不充分，进而导致收入水平低下。低收入意味着“三区三州”消费能力弱，导致生产水平低，人均收入不足，因此产生恶性循环，这种现象是长期存在且难以突破的“贫困陷阱”（拉格纳·纳克斯，1966）。因此，深度贫困的特征是贫困人口收入长期只能支付基本生存的水平并受“生存性均衡”的物质生产结构和文化价值系统所限制，深度贫困人口无法将生存性资源转化为资产，而绝大部分的资源收益被外部市场消费所耗散。

第四节 本章小结

本章主要分析了“三区三州”深度贫困地区的基本特征及其贫困特征，主要结论如下：

第一，“三区三州”总体特征为：一是自然条件恶劣，地形崎岖，气候变化莫测，自然灾害频发，水、电、路、通信等基础设施落后，形成了以区域不平衡的发展型贫困。二是经济发展严重落后，极大地制约了政府的脱贫投入。“三区三州”经济水平远远落后于中东部地区，同时还面临区域内发展难题。深度贫困地区是多为民族地区，社会文化价值与主流的现代市场文化价值上存在较大断层。三是基本公共服务落后。贫困人口入学率低、发病率高，而贫困地区的教育与医疗资源及设施均较为缺乏且落后。四是产业发展难度大。自然条件和区位因素影响了“三区三州”的产业发展基础，第一产业占比高。农产品市场化率低，农户主要依靠政府的转移支付。

第二，深度贫困本质上属于绝对贫困范畴，内涵和空间上的特点表现为：“两高”（贫困人口占比高、贫困发生率高）、“一低”（人均可支配收入低）、“一差”（基础设施和住房差）、“三重”（低保、五保贫困人口脱贫任务重、因病致贫返贫人口脱贫任务重、贫困老人脱贫任务重），并集中分布在区位和资源禀赋劣势的地域。同时，深度贫困具有比绝对贫困更底线的特性，被标识为个人或家庭不能满足最基本的生存需要而生命延续受到威胁的状态。

第三，“三区三州”的区位特征、自然地理特征、人口特征、经济特征、社会特征的异质性和特殊性较强，是形成深度贫困的先决条件。跨越贫困陷阱必须掌握和了解这些特点和特征，因地制宜、因时施策，才能有效防止返贫和实现稳定脱贫。

第四，“三区三州”的贫困特征体现在贫困范围的规模性、贫困程度的纵深性、致贫原因的多维性和减贫过程的持续性。其贫困特征既是导致绝对贫困的原因，也是防止返贫应高度关注的重要因素。

第五，“三区三州”深度贫困的形成规模是群体和个人的福利缺失，形成的时空条件是时间和空间弱势累积的多重性，生成原因是贫困结构固化和自我发展行动弱化的互构。深度贫困地区贫困是结构性因素和个体性因素的叠加，贫困成因的多样性以及贫困成因内在结构的复杂性，导致深度贫困地区整体脱贫难度大。只有从根本上把握这种个性，才能有效解决返贫和稳定脱贫问题。

第四章 “三区三州”摆脱深度贫困的伟大成就与经验

“三区三州”深度贫困地区有着特殊的地理区位、自然条件和历史因素，党和国家在不同的发展阶段始终将“三区三州”所在区域作为减贫与发展的重点，根据当时的减贫形势与任务，实施了多层次、多类型的扶贫行动。在党和国家的大力支持下，在社会各界的大力对口帮扶下，“三区三州”干部群众奋发图强，取得了举世瞩目的摆脱绝对贫困的成就，形成了弥足珍贵的经验。

第一节 “三区三州”摆脱深度贫困的伟大历程

众多学者对我国扶贫历程与演变进行了分期研究，黄承伟和覃志敏（2015）认为国家在不同阶段采取不同的扶贫战略，实施不同扶贫政策组合，我国贫困治理历程主要经历了广义救济式扶贫、体制改革推动区域开发式扶贫、整村推进参与式扶贫、精准扶贫等阶段，呈现由贫困县、贫困村到贫困户逐步精细的精准扶贫的特点。治贫理念经历了从救济式扶贫到开发式扶贫和预防式扶贫的转变，形成了政府主导、渐进式、社会力量参与等复合式减贫经验（林闽钢和陶鹏，2008）。唐超等（2019）根据中国70年的扶贫政策，将我国扶贫分为救济式扶贫阶段、体制改革下大范围扶贫阶段、开发式扶贫阶段、综合开发式阶段、多元性可持续发展阶段和精准扶贫阶段等6个阶段。侯晓艳（2020）对我国改革开放后的扶贫工作进行了阶段划分，主要包括：体制革新促进扶贫、大范围开发推动扶贫、社会力量共同参与扶贫、整村推进强化扶贫和精准扶贫开发协同推进等阶段。侯军岐和杨艳丹（2021）根据目标选定、扶贫主体和扶贫手段，认为我国扶贫分为救济式扶贫减贫、区域性开发式扶贫减贫、全方位主体化的大扶贫减贫三个阶段。李慧（2022）认为我国根据生产力发展水平、社会主要矛盾以及人民生活需要的变化，在不同时期采取的不同扶贫措施，即体制改革和救济式扶贫时期、体制改革推进式扶贫时期、项目开发式扶贫时期及多策并举、精准扶贫时期。在“三区三州”概念正式提出之前，“三区三州”所在地区的减贫与发展一直以来都是国家关注的重点发展问题。按照中央扶贫工作纲领性文件颁布的时间节点和学界研究的成果进行区分，本书将中华人民共和国成立以来“三区三州”摆脱绝对贫困和扶贫政策的演变分为七个阶段。

一、广义救济式扶贫阶段（1949～1978年）

中国共产党成立后，就把“共同富裕”作为党的使命，把救亡图存的政治斗争和以土地革命为重点的经济斗争相结合，领导全国各族人民为实现耕者有其田的理想而奋斗。

中华人民共和国成立时，我国贫困人口数量居世界第一，是最贫困国家之一。党领导人民开始向贫困宣战，社会主义制度的基本建立，消除了造成贫困的不平等社会结构，奠定了消除贫困的制度基础。当时大部分农村集体处于“一穷二白”状态，无力通过自身资源去解决大面积的贫困问题，我国采取了集体主义、平均主义方式来提高农业生产能力以解决温饱问题（王晓毅等，2021）。当时，“三区三州”原始社会、奴隶制、农奴制和封建社会残余尚存，如藏族、纳西族为封建领主制，南疆地区为封建庄园制，凉山彝族地区为奴隶制，临夏州回族为门阀制；怒江州以刀耕火种为主要生产方式，以狩猎、采集作为重要的食物来源。“三区三州”农牧业生产靠天收，生产效率十分低下，加上惨重的政治压迫和经济剥削，以及受到国内政治经济环境和国际形势的影响，绝大多数人口受饥饿、饥荒和各类灾害的威胁。

这个时期的减贫措施主要表现为：①实行民主改革。1954年8月，怒江傈僳族自治州成立，经过社会主义改造，从原始社会末期直接过渡到社会主义社会。②通过土地改革，实现耕者有其田。③加强农田水利基础设施建设，推广科技提升农业生产效率（黄承伟，2020）。④建立以农村供销合作社和农村信用合作社为基础的合作经济组织，促进了农业技术推广和农村经济发展。农村贫困治理主要依托“集体”行动和“集体”资源来实施。⑤初步建立农村合作医疗制度、“五保户”供养制度、自然灾害储备粮制度等为主体的社会保障制度（张磊，2007），初步实现了“病有所医、老有所养、灾有救济”。这个时期减贫政策的特点：一是基础性。从基础设施、公共服务及金融、科技服务等为缓解贫困提供基础性条件。二是普惠性。大部分政策针对的所有农村地区。三是效率不高，特别是人民公社运动严重挫伤了农民劳动积极性，生产效率低下（黄承伟，2019）。

通过减贫，该时期农村贫困得到一定缓解，特别是教育、卫生水平明显改善。在普遍贫困的状态下，“三区三州”因地理位置偏僻、社会发育起步晚，整体处于国家发展最薄弱和最落后地区，各族群众靠吃返销粮、领救济金过日子，处于整体贫困状态。

二、经济体制改革推动减贫阶段（1978～1986年）

该时期最重要的特征是启动农村经济体制改革，减贫方式由救济式扶贫转向开发式扶贫，农村经济快速发展，农民生产积极性大幅提高，对扶贫产生了积极影响（王晓毅，2021）。按1978年贫困标准，当时农村有2.5亿贫困人口，贫困发生率为30.7%。同时，“三区三州”与全国发展不平衡问题更加突出，贫富差距扩大。贫困人口日益集中在中西部地区、山区、革命老区和民族地区等集中连片地区。

这一时期的扶贫政策是：①以土地政策等激发农民的积极性，提高生产效率，带动减贫。②开启国家专项扶贫的试点，实施“三西”专项扶贫计划，开始了有组织、有计划的、大规模的扶贫行动，这拉开了我国专项扶贫计划的序幕（黄承伟，2020）。③实施“支援经济不发达地区发展资金”，改善落后地区经济社会发展基础条件。例如，青海省每年得到发展资金3000万元，主要用于扶持玉树和果洛两州经济发展。④实施以工代赈以改善贫困地区的基础设施。例如，1984～1987年阿坝州以工代赈实物折价约1150.4万元，其中交通建设投入1053.1万元，人畜饮水工程投入100.3万元（聂兆刚，2019）。⑤实施减免农业税政策，缓解了“三区三州”人民群众的税收负担。其中，1980年起对西藏、云南怒江州免除农业税；1980～1984年对四川甘孜、阿坝、凉山三个自治州减征三分之一农业税。1985年起对青海6个藏族自治州豁免纳税人历年尾欠税额，并免征农业税3年。

1978～1984年，我国农业年均增长率为8%，农民人均纯收入年均增长率高达16.5%，农业增长与农民收入增长速度达历史之最，农业迈入跨越式发展阶段。按照1978年贫困标准，1978～1985年，我国农村贫困人口由2.5亿降至1.25亿，下降50%，贫困发生率由30.7%降至14.8%。在这个时期，我国贫困人口由1978年7.7亿人降至1985年6.6亿人，贫困发生率由97.5%降至78.3%（徐进和李小云，2021）。这一时期，“三区三州”也实施了家庭联产承包责任制，进一步解放了生产力，大幅度缓解了农村绝对贫困。国家免除了怒江州农村的各项税费和公余粮征收任务，确立了“以林为主，林、粮、牧、药全面发展”的方针，促进了农业生产发展和商品经济的萌芽。

三、大规模开发式扶贫阶段（1986～1994年）

该时期我国贫困的特点是：①贫困人口日益集中分布在“老、少、边、穷”地区。②区域性贫困与群体性贫困并重。农村区域发展不平衡问题凸显，“老、少、边、穷”地区的发展水平严重滞后于发达地区，成为“需要特殊对待的政策问题”。③贫困问题的综合性突出。贫困地区的贫困人口规模大、致贫原因复杂，亟需大规模的帮扶（黄承伟，2019）。

该时期实施开发式扶贫，改变过去单纯物质帮扶和社会救助为主的“救济式扶贫”，强调注重开发贫困人口的人力资源。具体措施为：①1986年成立“国务院贫困地区经济开发领导小组”，开启了现代意义的、专业的贫困治理。1989年，国务院批转了《关于少数民族地区扶贫工作有关政策问题的请示》，采取优惠措施助力民族地区作为扶贫主战场的扶贫攻坚。②放宽了少数民族贫困县的标准。1986年首次确定重点扶持贫困县时，国家将少数民族自治县的标准放宽到农民人均收入200元，牧区（县）放宽到300元，而一般地区标准为150元。51个少数民族自治县因此被纳入列入重点扶持之列，占所有放宽标准县数量的82%。当时，331个国家级贫困县中，少数民族县占42.6%（王文长等，2016）1986年“三区三州”均被划定为国家级或省级贫困县。新疆南疆三地州24个县（市）中8个县由国家重点扶持，16个县由自治区重点扶持（李学军，2016）。③设立“少数民族贫困地区温饱基金”，1990～1993年共安排温饱基金2.13亿元，实施221个开发式扶贫项目，这些项目均覆盖“三区三州”（别振宇，2009）。④开展大规模技术培训，提高农民技术水平。1989～1991年西藏乃东县、贡嘎县共举办各种技术培训班264期，共培训21 465人次（胡颂杰，1995），有力提升了两县农牧民技术水平。⑤设立扶贫贴息专项贷款。1990年9月21日，国家民族事务委员会、中国人民银行颁布《少数民族贫困地区温饱基金人民银行专项贷款项目管理暂行办法》，实施“老、少、边、穷地区发展经济贷款”优惠利率，贷款年限一般为1～3年，建设周期长、社会经济效益好的项目可延至5年。1985年起，四川凉山州在昭觉、布拖、美姑、金阳四县率先开展牧区扶贫。1987年起，凉山州采取“种、养、加、采”扶贫开发方式，采用扶贫贴息贷款方式，大力发展农业生产，以解决温饱为中心任务，全面实现“二·

六”指标（农民人均纯收入200元、粮食600斤[①]），260万绝对贫困人口初步解决温饱。1992年国家设立贫困县基本农田及贫困县水利工程项目专项贴息贷款，对民族贫困县给予照顾（魏后凯等，2012）。甘肃省甘南州“七五”期间公路基本建设投资完成5285.58万元，较“六五”时期增加95.6%，新建公路144.91千米，修建桥梁57座，增长29.5%（徐英梅，2013）。1987年，全国牧区会议决定每年设立5000万元扶贫专项贴息贷款，集中27个重点扶持的牧区贫困县。20世纪90年代，国家安排边疆贫困区农场专项贴息贷款，每年增加贷款1亿元解决新疆生产建设兵团、黑龙江、云南、内蒙古和广西5大垦区118个边境贫困国有农场的贫困问题。1986～1993年，中央和地方在内蒙古、新疆、青海三省（自治区）投放5.35亿元“防灾基地”建设资金，加快牧区水、草、料、棚、饲料加工、牧民安居等基本条件和基础设施建设。⑥生态环保政策。民族地区多是生态脆弱地区，中央一直高度重视支持民族地区的生态环境保护，给予巩固退耕还林成果专项资金以重点支持。

该时期“三区三州”经济社会发展水平有一定提高，贫困人口继续减少，但脱贫难度增大。例如1986年，怒江州有84.57%的人口尚未解决温饱。怒江州把摆脱贫困作为中心任务，制定了《关于尽快解决温饱问题的政策和措施》，坚持以稳定解决群众温饱为重点，把扶贫工作逐步向最边远、最贫困、最落后地区延伸，群众生活得到明显改善和提高。

四、区域综合扶贫攻坚阶段（1994～2000年）

20世纪90年代中期后，区域开发援助政策得到调整，形成了贫困区域和贫困群体双重援助的扶贫阶段。1994年，党中央、国务院决定实施《国家八七扶贫攻坚计划》，提出用7年时间，基本解决8000万农村贫困人口的温饱问题（黄承伟，2019）。该计划围绕扶贫资金安排项目，实施了一系列确保到村到户的措施，扶贫实现由道义性扶贫向制度性扶贫转变，由救济性扶贫向开发性扶贫转变，由扶持贫困县转向扶持贫困村、贫困户。

针对包括“三区三州”在内的民族地区的减贫政策主要有：①制定少数民族贫困县标准。当时少数民族贫困人口占比高，少数民族贫困人口占贫困人口总数的35%（张文山，2007）。1994年确定重点扶持贫困县时，保留了1992年农

① 1斤=500克。

民人均纯收入低于700元的原少数民族国家重点扶持贫困县，还将农民人均纯收入低于400元的少数民族县纳入国家重点扶持贫困县。②加大扶贫资金投入。1992年，中央设立支持少数民族地区发展的专项资金（即新增发展资金），年规模为6000万元。同时设立“少数民族重点贫困县新增财政扶贫资金”等专项资金。“八七”扶贫阶段，中央共投向民族地区[①] 432.53亿元资金，占全国的38.4%（高明，2018）。各省又将这些资金主要投向了“三区三州”等深度贫困地区（朱玉福，2008）。中央一贯高度重视对民族地区的财政转移支付力度，1994年中央财政对民族地区实施政策性转移支付，规定每年从地方上划中央“两税”收入的增量中拿出一部分对民族八省区及其他省的自治州实行政策性转移支付。③税收优惠政策。一是投资税收优惠政策。1992年起，中央减免民族地区固定资产投资方向调节税。二是边贸税收优惠政策。1994年对国家定点企业生产和经销单位经销的边销茶免征增值税；1994～2006年国家对收购边销茶原料企业减按10%的税率征收农业特产税。三是企业税收优惠政策。1994～1997年对“老少边穷”地区新办企业减免三年所得税（魏后凯等，2012）。四是民贸民品生产专项贴息贷款。1997年《中国人民银行关于民族贸易和民族用品生产贷款继续实行优惠利率的通知》规定：中国工商银行、中国农业银行对民族贸易和民族用品生产贷款实行比正常的一年期流动资金贷款利率低2.88个百分点的优惠利率政策（韩彦东，2008）。五是实施义务教育工程。1997～2000年设立贫困义务教育助学金1.3亿元，专项资助少数民族学生接受义务教育，加快了九年制义务教育普及。

这一时期的特点主要是：将扶贫到户与促进中西部经济发展的宏观政策相结合，减贫效果良好。构建综合扶贫战略政策体系，国家大幅增加扶贫投入，确定资金到省、任务到省、权利到省、责任到省的扶贫工作责任制，建立东部沿海地区支持欠发达地区的扶贫协作机制，出台入户项目支持、最低生活救助、科技扶贫、劳动力转移、生态移民等多元化扶贫措施。

2000年，《国家八七扶贫攻坚计划》战略目标基本实现，贫困人口占农村人口的比例由1978年的30.7%降至2000年的3%，除少数社会保障对象和生活在自然条件恶劣地区的特困人口及部分残疾人外，农村贫困人口温饱问题基本解决（武国友，2011）。按照当时年人均纯收入300元贫困标准，怒江州尚有未解决温饱的贫困人口13.77万人，占农业人口的34.3%，其中7万多人处于生存条件相

① “民族地区”指内蒙古、广西、西藏、宁夏、新疆5个自治区和贵州、云南、青海3个多民族省份。

当困难的境地。1995 年，云南省委省政府将怒江州作为扶贫攻坚的主战场，要求省直各部门都要支持怒江州的扶贫工作。怒江州制定了《怒江傈僳族自治州“九五”扶贫攻坚纲要》，州县党政机关一对一挂钩扶贫，重点实施了农田、水利、通路、通电、通电话等五项工程，推动了一批贫困农户劳务输出和异地开发，促进了贫困乡村的经济发展，解决了 4.8 万贫困人口的温饱问题，有效缓解了贫困状况。凉山州七年间累计投入财政扶贫资金 5000 万元，实施“5851”工程（农民人均纯收入 500 元、产粮 800 斤，户均有 1 亩高产田、1 亩找钱地、1 个明白人、1 个劳动力外出务工、1 门农业实用技术），稳定解决了 210 万贫困人口的温饱问题①。

五、整村推进参与式减贫阶段（2001～2012 年）

该阶段减贫战略体现在两个十年扶贫开发纲要的政策安排上，通过努力解决贫困群体温饱问题取得新进展，而且区域、城乡差距扩大趋势有所遏制（黄承伟，2020）。

（一）聚焦集中连片特困地区

国家将自然地理位置相连、气候环境相近、资源禀赋相符、文化习俗相近、致贫因素相似的贫困县划分为同一片区（黄承伟，2016a）。《中国农村扶贫开发纲要（2001—2010 年）》确定 592 个国家扶贫开发重点县，15 万个重点贫困村。2011 年，确定 14 个片区 680 个县，2017 年将享受片区政策的阿克苏地区全部纳入贫困监测，加上片区外的重点县共 832 个县作为扶贫主战场。14 个集中连片特困地区中，有 11 个位于民族地区；832 个贫困县中有 420 个位于民族自治地方；120 个自治县中有 85 个是国家级贫困县（牛志男，2018）。“三区三州”有 66 个国家扶贫开发重点县，占全国的 11.1%。2005 年，将 267 个重点县中少数民族自治县和西藏自治区全部县作为扶贫工作重点区域，给予特殊扶持（范小建，2012）。国家将民族自治地区（5 个自治区、30 个自治州、120 个自治县）全部纳入西部大开发政策范围。2007 年，国务院颁布《关于进一步促进新疆经济社会发展的若干意见》。2008 年以来，国务院陆续出台了促进西藏、青海等地区经济社会发展的政策。2007 年 2 月 27 日，国务院办公厅印发《少数民族事业“十

---

① http：//www. scds. org. cn/2021-12/27/944-6049-8195. htm.

一五”规划》，把解决少数民族群众特困问题作为重要任务。

（二）坚持扶贫到村到户

扶贫工作重点从县下移到村，以整村推进为“一体”，以产业发展、劳动力转移为“两翼”，进入“一体两翼”减贫阶段。①改善贫困村生产生活条件。新疆30个扶贫重点县行政村通公路比例由2000年70%上升至2008年91%，通电、通电话比例分别由70%左右升至90%以上。西藏确定61个整乡推进扶贫乡（镇），2010年农牧民人均纯收入增至3434.33元，增速高于全区平均水平（尼玛次仁和吴春宝，2017）。②产业扶贫促进贫困农牧民增产增收。2006~2008年，西藏实施特色产业扶贫项目320个，投入2.71亿元（蓝红星，2011）。2001~2008年新疆累计安排扶贫资金32.6亿元，认定扶贫龙头企业128个，带动39.8万贫困户增收[①]。③提高贫困劳动力素质，加快劳动力转移。2001~2008年，新疆累计培训贫困劳动力405.4万人次，转移劳动力近60万人。④实施最低生活保障制度。2007年，西藏将年人均纯收入低于800元的特困农牧民全部纳入最低生活保障范围，最高保障标准为每人每年420元。2007年，以全国全面实施农村最低生活保障制度为标志，进入扶贫开发政策与最低生活保障制度衔接的“两轮驱动”阶段（黄承伟，2016c）。2009年，对民族地区低收入人口纳入扶贫范围，扶贫对象达4007万人。2010年，我国贫困人口降至2688万人，生存和温饱问题得到基本解决。

（三）民族地区扶贫专项政策

21世纪以来，民族地区成为国家扶贫开发的重点（王文长等，2016）。国务院开展了不同类型的试点工作，努力解决民族地区特殊类型贫困。①转移支付制度。除拨付一般性转移支付和专项转移支付外，2000年增加对民族地区政策性转移支付10亿元，此后按上年中央分享的增值税收入增长率递增。对民族八省区、非民族八省区的民族自治州的增值税收入采用环比办法，将每年增值税收入比上年增长部分的80%转移支付给民族地区（魏后凯等，2012），其中上划中央增值税增量的40%直接返还，另40%按公平和规范原则与中央财政安排的资金一起按照一般性转移支付在民族地区间进行分配。②实施税收优惠政策。2001~2010年对西部民族地区企业定期减征或免征企业所得税，2006~2008年对民族

① https://wenku.baidu.com/view/a9deef06e87101f69e319599.html.

贸易县内的民族贸易企业和供销社企业销售货物（除石油、烟草外）免征增值税（魏后凯等，2012）。③扶持人口较少民族发展。《扶持人口较少民族发展规划（2005—2010年）》作为国家专项规划颁布实施，扶持人口较少民族工作上升为由国家统一部署、部委共同参与的一项重要的民族工作，扶持人口较少民族工作比以往更加系统和全面，扶持力度更大，并形成了纵横交错立体式扶持格局（耿新，2019）。2011年，《扶持人口较少民族发展规划（2011—2015年）》颁布实施，国务院36个部委组成了“扶持人口较少民族发展部级联席会议”，景颇族、达斡尔族、柯尔克孜族、锡伯族、仫佬族、土族等6个民族新纳入扶持范围。该时期扶持目标更高、更具体（即人口较少民族行政村基本实现“五通十有”、人口较少民族聚居区基本实现“一减少、二达到、三提升”），规划聚焦贫困问题严峻、发展差距大等突出问题，出台了6大任务和重点工程，明确了28项具体项目。2016年，《“十三五”促进民族地区和人口较少民族发展规划》颁布，国家将扶持人口较少民族发展涵盖其中，并单列成章。这是民族工作领域历史上第一个国家级重点专项规划，是在国家大幅压缩重点专项规划后列进去的，可见分量之重，足见中央对人口较少民族的关心关怀（耿新，2019）。④兴边富民行动。针对边境地区环境恶劣和守土护边责任，国家民族事务委员会于2000年确定17个边境县开展兴边富民行动试点，每年安排5100万元中央财政资金（魏后凯等，2012）。通过中央的顶层设计，按照“立足民生、发展产业、安边兴县、以边带城、整体推动”的工作思路，坚持“一线守边、二线固边、三线服务”的工作方针，以解决好民生为重点，以发展产业为支撑。经过四年多的努力，边民素质持续提高、边民队伍持续壮大、守边能力持续增强，边境扶贫取得了阶段性成效。2000～2005年，中央财政共投入兴边富民行动资金3.68亿元。2004年推进“兴边富民行动”重点县工作，投入少数民族发展资金1.11亿元。2009年中央财政安排“兴边富民”补助资金达4.84亿元，同时将试点扩大到全部136个边境县和新疆生产建设兵团58个边境团场。2001～2010年，累计投入中央财政资金15.09亿元，其中西部地区安排资金12.8亿元。

2000年底，四川凉山州17个县（市）中有11个县纳入国家扶贫开发工作重点县，1188个村纳入重点扶持贫困村，农村人口人均纯收入1000元以下的低收入贫困人口有169.28万人。2001～2010年，凉山州坚持把加快扶贫开发作为重中之重，大力实施“统筹型、捆绑式”扶贫开发，十年间，全州累计投入各级扶贫资金40.9亿元（其中中央和省投入财政扶贫资金6.8亿元），完成14.1万户贫困农牧民“三房”改造任务，受益群众63.63万人；完成新村扶贫建设

1800 个、移民扶贫 1. 3 万户 5. 85 万人、271 所乡镇中心校和 161 所乡镇卫生院改扩建任务；全州贫困人口从 2000 年底的 169. 28 万降至 2010 年的 54. 21 万，农民人均纯收入从 2000 年的 1361 元增至 2011 年的 5538 元①。

六、精准扶贫阶段（2012～2020 年）

进入新时代，我国扶贫实施精准扶贫战略，精准扶贫战略及其升级版脱贫攻坚战最大程度地利用了党政一体化机制的政治和组织优势，呈现依托政治议程强化政府主导的特点，消除绝对贫困的扶贫行动呈现超强干预性（燕继荣和王禹澔，2020）。党的十八大以来，我国实现了世界上最大规模和最快速度的减贫，每年年均减贫数量最多的实绩是在相对较高的扶贫标准下实现的。

（一）打赢脱贫攻坚战

至发起脱贫攻坚战这场硬仗之初，国家通过有组织的大规模扶贫开发，已使 7. 5 亿农村贫困人口摆脱贫困。精准扶贫融合了科层制和项目制的治理方式，以国家再分配的分级运行模式将贫困治理单元下移，以精细化和精准化来解决了农村绝对贫困问题。

2015 年，我国首提打赢脱贫攻坚战，党的文件首次把“扶贫攻坚”改为“脱贫攻坚”②。新时代脱贫攻坚是扶贫开发的新发展：第一，将扶贫开发摆在治国理政的突出位置，总书记亲自指挥、亲自部署、亲自督战。第二，制定全新的扶贫目标，即“2020 年现行标准下贫困人口全部脱贫，贫困县全部摘帽，解决区域性整体贫困”。这一目标符合国情且与国际接轨，脱贫标准略高于国际水准。第三，实施精准扶贫方略。精准扶贫方略是一套系统的、全新的贫困治理体系，核心内容是实现“六个精准”、实施“五个一批”、解决好“四个问题”。第四，发挥党的政治优势和社会主义制度优势，构建省市县乡村五级抓扶贫、层层落实责任制的治理格局。坚持广泛动员全社会力量支持和鼓励全社会参与扶贫。第五，扶贫扶志扶智有机结合，注重激发和培育贫困人口的内生动力（黄承伟，2019）。第六，坚持创新扶贫开发机制，实施建档立卡，向贫困村派驻第一书记和工作队。建档立卡和精准识别是脱贫攻坚需要扣好的“第一粒扣子”。2014

① http：//www. scds. org. cn/2021-12/27/944-6049-8195. htm.

② http：//fms. news. cn/swf/2021_ qmtt/2_ 23_ 2021_ qm/index. html.

年，一项史无前例的贫困人口建档立卡工作在全国全面展开，贫困数据第一次实现了到村到户到人，实现了“户有卡、村有表、乡有册、县有档、市有卷、省有库”，为脱真贫、真脱贫奠定了坚实基础。在区域瞄准的基础上对每户致贫原因进行精细分类，实现了精准施策扶贫手段由“大水漫灌”变为“精准滴灌”。从2013年开始向贫困村派驻第一书记和工作队，到2015年实现每个贫困村都有驻村工作队、每个贫困户都有帮扶责任人。截至2020年，全国共选派25.5万个驻村工作队、300多万名第一书记和驻村干部，真情帮扶成效显著，巩固了党在农村的执政基础。对贫困人口的帮扶从整村推进瞄准到每个贫困户和贫困人口，保证每个贫困人口都有帮扶主体。

（二）聚焦深度贫困

2017年，攻克深度贫困问题成为脱贫攻坚进入最后和最关键的任务。2016年底，“三区三州”建档立卡贫困人口仍有275.64万人，是脱贫攻坚最难啃的硬骨头和必须攻克的最后堡垒。采用常规思路和办法、按部就班推进难以完成任务，必须以更大的决心、更明确的思路、更准确的措施、超常规的力度，众志成城实现脱贫攻坚目标。为从聚焦贫困地区转变到聚焦深度贫困人群，国家动用了大量体制内资源将出台的各类扶持政策付诸实践（周立，2018）。2017年6月23日，习近平总书记在山西太原召开深度贫困地区脱贫攻坚座谈会，系统阐述了深度贫困的特征和成因。之后，国家将大部分民族地区纳入深度贫困地区，把“三区三州”作为深度贫困地区攻坚的主战场。确定了169个深度贫困县作为工作的重点，加大了支持力度和工作力度。由此，脱贫攻坚形成了贫困户、贫困村、重点县和深度贫困地区4个层面相互结合的立体的攻坚格局（杜鹰，2021）。同年11月，中共中央办公厅、国务院办公厅《关于支持深度贫困地区脱贫攻坚的实施意见》提出中央统筹、重点支持“三区三州”的任务要求。2018年出台的《中共中央 国务院关于打赢脱贫攻坚战三年行动的指导意见》提出，中央及各方统筹力量，密集出台支持“三区三州”脱贫攻坚的硬措施，聚焦短板、精准发力，集中攻克“三区三州”堡垒，进一步聚焦了区域精准扶贫政策空间。相关省份制定实施方案，相关县制定具体方案。中央20多个部委相继出台《“三区三州”等深度贫困地区旅游基础设施提升工程建设方案》《深度贫困地区教育脱贫攻坚实施方案（2018—2020年）》等49个专项政策文件，涵盖财政、金融、土地、住房、教育、医疗、生态、产业、水利等领域。

2017年以来，每年专项安排每县600亩用地计划指标。2018年以来，累计下达深度贫困地区所在省（自治区）土地增减挂钩跨省交易结余指标61.8万亩，筹资约1900亿元。实行差异化信贷支持政策，适度提高创业、担保、贷款、贴息额度，提高个人精准扶贫不良率容忍度，取消反担保要求。对“三区三州”符合条件的企业首次公开发行股票，使用“即报即审、即审即过”政策。

“三区三州”扶贫对象更精准，扶贫措施更全面，减贫速度逐年加快。通过这些超常规的倾斜支持，深度贫困地区跑出了加速度，没有拖全国的后腿。从2013年到2019年底，新疆南疆四地州贫困人口从267.7万减少到16.6万，贫困发生率从29.1%降至2.2%，贫困人口人均纯收入从不足2000元增至8800元①。西藏贫困人口从2015年底的48万人下降到2017年底的20万人，两年减少贫困人口28万人。2019年12月，西藏74个贫困县（区）均脱贫摘帽。2011年，凉山州有贫困人口107.67万，贫困村2072个，国家扶贫开发工作重点县11个，9县纳入国家14个集中连片特困片区县，其中昭觉、布拖、美姑、金阳、雷波、越西、喜德、普格等8县纳入国家乌蒙山片区区域发展与扶贫攻坚规划，木里县纳入国家四省涉藏州县规划，甘洛、盐源2县纳入省乌蒙山片区规划，昭觉、布拖等10个彝区县纳入省大小凉山综合扶贫开发规划和“十项扶贫工程”总体方案。党的十八大以来，凉山州始终把脱贫攻坚作为最大的政治责任、最大的民生工程、最大的发展机遇，在国家“五个一批”基础上，增加治毒戒毒救助、移风易俗巩固“两个一批”，制定实施23个扶贫专项，用好用足国家、省特殊支持政策，汇聚东西部扶贫协作、各级对口帮扶等资源力量，“看得见”的贫困与“看不见”的贫困一起抓，扶贫与扶志扶智相结合，治愚、治毒、治病、治超生“四治”并举，着力补短板、强弱项、破瓶颈、攻堡垒，凉山彻底解决了综合的、原始的、整体的、深度的贫困问题②。

至2019年底，我国还有52个贫困县、2707个贫困村和551万人未脱贫。2020年初，国家对52个县、脱贫任务重的1113个村（贫困人口过千人和贫困发生率超过10%）实施挂牌督战，其中新疆南疆挂牌县有10个，占全国的近五分之一，挂牌村有364个，占全国的近三分之一，是挂牌数量最多、任务最重的地区③。挂牌督战的实质是对深度贫困地区的再深度、逐层逐步推进。国家挂牌督战要求所涉及的省（自治区）要制定实施方案，各县村制定作战方案。聚沙成

① ttps：//baijiahao. baidu. com/s？ id=1683271232305558071&wfr=spider&for=pc.

② http：//www. scds. org. cn/2021-12/27/944-6049-8195. htm.

③ https：//baijiahao. baidu. com/s？ id=1683271232305558071&wfr=spider&for=pc.

塔、握指成拳。经过艰苦卓绝的努力，2020 年，“三区三州”彻底消除了绝对贫困，全面建成小康社会。

七、巩固拓展脱贫成果阶段（2021 年至今）

深度贫困地区多位于高寒山区、边疆地区、生态功能区，自然条件恶劣，生态普遍脆弱，灾害、地方病、残疾等返贫风险突出，产业基础普遍较弱，脱贫成果有得而复失的隐忧①。脱贫摘帽不是终点，而是新生活、新奋斗的起点。脱贫摘帽后，在一定时期内国家原有扶贫政策保持不变，支持力度不减，留出缓冲期，确保实现稳定脱贫不返贫。“十四五”时期，我国处于巩固拓展脱贫攻坚成果、全面推进乡村振兴的关键阶段。2020 年 3 月，在脱贫攻坚最吃劲时、最紧要关头，《国务院扶贫开发领导小组关于建立防止返贫监测和帮扶机制的指导意见》（国开发〔2020〕6 号）提出建立监测帮扶机制，筑牢了脱贫攻坚成果的保障网，对返贫监测和帮扶进行部署和安排。党的十九届五中全会提出“巩固拓展脱贫攻坚成果同乡村振兴的有限衔接”，体现了党中央“一张蓝图绘到底”的坚定决心。以《中共中央 国务院关于实现巩固拓展脱贫攻坚成果同乡村振兴有效衔接的意见》的颁布为标志，国家将巩固拓展脱贫攻坚成果作为后扶贫时代的工作重点和主要举措，注重从源头制定干预返贫，对实现两者有效衔接的重大意义、总体要求、长效机制、重点工作、帮扶机制等方面作了部署与安排。国家部委相继出台了支持巩固拓展脱贫攻坚成果同乡村振兴有效衔接的相关政策文件。2021 年中央“一号文件”指出，要巩固拓展脱贫攻坚成果同乡村振兴的有效衔接，逐步实现从集中资源支持脱贫攻坚到全面推进乡村振兴的平稳过渡，从而推动“三农”工作重心的历史性转移。2021 年 5 月，中央提出防止规模性返贫。习近平总书记在 2021 年底主持召开中共中央政治局常委会会议专题研究“三农”工作时指出，乡村振兴的前提是巩固脱贫攻坚成果，要持续抓紧抓好，让脱贫群众的生活更上一层楼（黄承伟，2022）。这说明消除绝对贫困问题后，持续推进脱贫地区和脱贫人口稳定脱贫是“十四五”乃至今后一个时期的重要任务。可见，巩固拓展脱贫攻坚成果和推进乡村振兴在总体导向和战略目标上一致，而且在政策实施上具有连续性，在执行机制上具有协同性，是全面建设社会主义现代化国家的重要环节。

① http：//www. qstheory. cn/dukan/qs/2020-05/31/c_ 1126055020. htm.

中央加大财政倾斜支持力度，在衔接推进乡村振兴补助资金、农村危房改造补助资金、农业生产发展资金、卫生健康和医疗救助投入等多方面予以倾斜，统筹整合使用财政涉农资金政策延续到2025年。2022年中央财政衔接推进乡村振兴补助资金投入达1561亿元，同比增加100亿元，其中用于产业发展的比例超过50%，每个脱贫县都已形成2~3个优势突出、带动力强的特色优势产业，脱贫人口人均实现产业增收超2200元；帮扶脱贫劳动力实现务工就业3145万人，比2021年增加126万人、增长4.2%。2021年，脱贫人口人均纯收入达到12 550元，同比增加1810元；脱贫地区农民人均可支配收入14 051元，同比增加1463元；脱贫人口收入、脱贫地区农民收入的增速分别比全国农民平均水平高出6.4和1.1个百分点（李晓晴，2022）。

甘肃省临夏州永靖县是国家级乡村振兴重点帮扶县，原“三区三州”深度贫困县。始终把巩固拓展脱贫攻坚成果同乡村振兴有效衔接摆在突出位置，抢抓国家乡村振兴重点帮扶县机遇，聚焦“守底线、抓衔接、促振兴”，主动适应“三农”工作重心历史性转移形势任务，大力弘扬脱贫攻坚精神，全力以赴抓实抓细抓好各项任务，脱贫成果更加巩固，乡村振兴扎实推进。一是坚持理论指引，建立健全防返贫机制。深入贯彻落实习近平总书记关于扶贫开发工作的重要论述和重要指示精神，吃透弄懂精神实质，准确把握工作方向，在充分调研论证的基础上，研究制定《关于巩固拓展脱贫攻坚成果全面实施乡村振兴战略的若干措施》《永靖县关于建立防止返贫监测和帮扶机制工作方案》等文件，为科学有序推进防返贫监测和落实帮扶措施奠定了坚实基础。二是坚持精准识别，全面排摸“三类户”风险。严格按照国家和省、州安排部署，结合永靖县实际，建立防返贫“355”快速监测帮扶机制（“3”是指三道漏贫防线，即社级每周、村级每半月、乡级每月全覆盖核查一次；第一个“5”是指农户自主申报、基层干部排查、部门筛查预警、社会监督、系统分析相结合，及时排查发现返贫致贫风险点、风险因素、风险群体；第二个“5”是指五项帮扶措施，即通过产业帮扶、就业帮扶、综合保障、扶志扶智、其他帮扶，对所有监测对象开展精准帮扶，根据监测对象的风险类别、发展需求，按照缺什么补什么的原则开展帮扶）快速监测帮扶机制，积极组织乡村干部和驻村帮扶工作队，逐村逐户逐人多轮次、全方位“过筛子”式摸底排查走访脱贫人口、一般农户存在的致贫返贫风险，及时将符合条件人口纳入管理，做到了应纳尽纳、应扶尽扶。同时，将数据比对作为“三类户”风险监控的重要途径，定期通过行业部门数据比对，及时动态监控“三类户”存在的致贫返贫风险，制定有针对性的“一户一策”帮扶计划，落实产业帮扶、就业帮扶、综合保障、扶志扶智等帮扶措施，动态消除返贫风险，坚决杜绝规模性返贫。截至2022年8月，全县累计认定“三类户”共计992户4293人，脱贫不稳定户685户3041人、边缘易致贫户266户1084人、突发严重困难户41户168人，所有“三类户”帮扶责任人全覆盖，按照“一户一策”的原则，逐户逐人精准落实帮扶措施，共落实产业帮扶431户、就业帮扶772户、综合保障249户、扶志扶智992户。三是坚持精准施策，全面消除致贫返贫风险。根据“三类户”致贫返贫风险，按照“缺什么补什么”的原则，及时组织驻村帮扶工作队和乡村干部入户走访，与“三类户”面对面交流，为685户脱贫不稳定户、266户边缘易致贫户和41户突发严重困难户精准制定了“一户一策”帮扶计划，使“一户一策”帮扶计划成为巩固脱贫攻坚成果的作战图、任务书。制定出台《永靖县大力调整农业产业结构助推乡村振兴战略的意见》，紧盯“一户一策”帮扶措施，持续健全完善产业就业奖补政策、公益性岗位托底、入股分红保底、低保政策兜底等风险防控体系，积极构建防止返贫长效工作机制。截至2022年8月，共消除“三类户”风险726户3182人，风险消除率达74.12%。永靖县进一步提高政治站位，强化责任担当，紧盯各类考核指标，全面查漏补缺，坚定信心，咬定目标，振奋精神、拼搏实干，全力以赴把巩固拓展脱贫攻坚成果同乡村振兴有效衔接各项工作做实做细做到位，扎实推进乡村发展、乡村建设、乡村治理重点任务落实，推动县域经济社会高质量发展。

第二节　“三区三州”摆脱深度贫困的主要举措

共同团结进步、共同繁荣发展是新时期我国民族工作的主题。在党中央的高度重视和社会各界大力支持下，“三区三州”干部群众通过艰苦努力，在实施“五个一批”基础上，因地制宜，发挥首创精神，探索出产业扶贫等适合“三区三州”实际的扶贫举措，为群众增收致富、提升发展能力、促进民族团结、边疆稳定奠定了支撑和保障，在几千年发展历史上首次整体性消除了绝对贫困。

一、产业脱贫

回顾精准扶贫战略实施历程，无论是顶层设计还是基层实践，产业扶贫始终是稳定脱贫的根本之策和主渠道，是增强“三区三州”造血功能、帮扶群众就地就业的长远之计。习近平总书记2012年在河北省阜平县考察扶贫开发工作时就提出，“一个地方必须有产业，有劳动力，内外结合才能发展”（习近平，2021）。大力发展乡村产业，是“三区三州”解决外部资源进不来、内部资源盘不活、人口流失、乡村凋敝等问题的关键。

“三区三州”乡村产业整体上呈现出分布零散化、产品同质化、技术低端化、结构单一化、市场本地化、抗风险能力弱等特征，自然经济和传统农牧业生产方式仍占主导地位，发展方式相对粗放，精深加工发展不足，经济效益不高（杨清丽和李亚奇，2021）。由于自然禀赋、种植传统、政策导向、产业特色等多重差异，“三区三州”通过产业扶贫，因地制宜地逐渐改变种植农作物品种单一、单产效益低等不足，每个脱贫县都实现了产业从无到有，打造了一批特色鲜明、带贫面广的主导产业，全链条提升了产业可持续发展能力，为乡村产业振兴打下了很好的基础。涌现出凉山花椒、怒江草果、临夏牛羊、南疆林果、西藏青稞牦牛等一批特色品牌，内生动力和发展活力明显增强（高敬等，2020），形成了各自有典型的区域经济作物和产业扶贫模式（表 4. 1）截至 2020 年，“三区三州”引育 1000 多家龙头企业、5 万多家合作社，实现特色产业“从无到有”，形成了扶贫主导产业（李慧，2020）。截至 2020 年底，产业扶贫政策已覆盖 98% 的贫困户，有能力和意愿的贫困群众基本都参与其中。在产业扶贫的有力支撑下，贫困户年人均纯收入由 2015 年的 3416 元增至 2019 年的 9808 元，年均增长 30. 2%①。

表 4. 1 “三区三州”典型经济作物和产业脱贫模式

区域	主要特色经济作物	产业脱贫模式
西藏	灵芝、羊肚菌、贝母、茶叶等	企业+基地+贫困户
四省涉藏州县	玛咖、党参、大黄、藏茵陈、甜樱桃、树椒、黄芪、当归等	企业+基地+贫困户
新疆南疆四地州	巴旦木、核桃、枣、石榴、樱桃等	政府+电商+合作社+贫困户
云南怒江州	草果、重楼、漆树等	龙头企业+合作社+贫困户
四川凉山州	烟草、苦荞麦、苹果等	国企+贫困户
甘肃临夏州	高原夏菜、啤特果、赤松茸、香菇、百合等	企业+基地+合作社+农户

资料来源：郑双怡等，2021

（一）做强特色种植产业

“三区三州”以“绿色、有机”为切入点，采取“订单+企业+专业合作社+

① http：//www. scio. gov. cn/xwfbh/xwbfbh/wqfbh/42311/44465/wz44467/Document/1694594/1694594. htm.

农户”模式，借助“东西扶贫协作”“定点帮扶”渠道，稳定农产品销路，让贫困群众在土地上找回尊严、依托农业脱离贫困。新疆阿克苏地区依托浙江对口援疆“十城百店”工程，农户苹果地头收购价翻一番、核桃和香梨价格提升20%；创建了“驿疆南”“西域小羔羊”“振兴缘”“欣禧源”等区域特色品牌；作为配套工程的“百十一”基地建设（百万亩优质林果产业基地、十万亩优质粮食产业基地、一万吨优质牛羊肉生产基地），共计覆盖农民11万余人，带动贫困户2.2万余人，脱贫成效显著（张治立和董成忠，2020）。以延长下游产业链、提高附加值为抓手，大力培养根植本地、服务本地的产品深加工企业和全产业链龙头企业，开拓市场，带动精深加工转化，实现稳定发展。英吉沙县几乎家家户户都种植杏子，但过去杏子除了鲜食，就是晒成杏干，没有市场，价钱也上不去。本地杏加工企业通过转变加工方式，与全县102个合作社签订供销合同，将杏子的初加工交给合作社，预付30%的收购金让农民吃上定心丸。对70%的杏子进行深加工，生产出杏条、杏脯、杏仁、杏酱、杏汁、杏酒等系列产品，提升了杏子的附加值。2020年1~9月企业鲜杏收购价每千克5~10元，杏干制品收购价每千克18~50元，8000多贫困户直接受益，人均增收2325元（王瑟，2020）。

怒江州从砍树财政、以粮为纲到天然林保护、退耕还林，探索发展以草果种植、特色养殖、旅游开发为代表的生态产业将生态资源开发与保护相结合，因地制宜发展草果、有机茶、特色蔬菜水果、中药材、高黎贡山猪、中蜂等种养殖业，产业结构不断优化，实现从传统的玉米种植向峡谷特色生态农业转型，破解了发展与保护的难题。特别是草果产业快速发展，成为全州带动力最强、覆盖面最广、贡献率最大的支柱产业，怒江州已经成为全国草果核心主产区和云南省最大的草果种植区。截至2021年末，怒江州草果种植面积达111.45万亩，比2012年增加1.83倍，挂果面积41.4万亩，鲜果产量4.75万吨，综合产值13.2亿元，带动4.31万户16.5万人稳定增收；全州从事草果初加工的企业、专业合作社、个体户等共有128户；90%以上的草果实现产地初加工，2021年度加工干草果9400.2吨。此外，还成功开发了20多道“怒江草果宴”菜品，开发出草果调味品、食品、饮品、保健品、日化品、草果编、药浴袋、饲料添加剂等8个系列35款产品。其中，草果正气茶、草果啤酒、草果洗衣液等13款产品已取得SC认证，具备上市推广条件，注册了“峡谷优果”“天境怒江”等39个草果商标121个类别。怒江草果“绿了峡谷，富了群众”，真真正正是怒江人民迈向幸福小康路的富民产业。

南疆地区莎车县大力发展设施农业，立足各乡镇实际，坚持以自然条件为基础，水土平衡为前提，科学管理为保障，市场导向为根本，加大产业结构调整力度，鼓励引导发展“一乡一业、一村一品”。目前日光温室近万座，大田拱棚达到两万余座，仅设施农业就使近万人实现稳定就业。这里每年培育的6.5亿株菜苗，遍布各乡镇的蔬菜种植基地、每家庭院内的拱棚里；林果、花卉等种植技术也应用到田间地头了（杨文明等，2021）。2019年，阿坝州汶川县主推“汶川三宝”特色水果，6000余农户户均增收超5000元；迪庆州德钦县大力发展高原葡萄种植，果农每亩增收4600元；阿克苏地区柯坪县打造万亩“恰玛古”规模化生产基地，亩均效益超1200元。事实证明产业扶贫必须深挖资源潜力，将游离于市场边缘的农民通过科学的组织化生产，利益联结共同体，能有效激发内生动力，扩大群众收入（郭言歌，2020）。我国贫困地区的经济社会得到空前发展，脱贫攻坚工作中涌现的50万个致富带头人成为产业振兴的“种子”。

（二）做好卫星工厂扶贫产业

通过引进农产品初加工、纺织制造、电子装配等劳动密集型企业，发展卫星工厂、扶贫车间等项目，促进当地群众在家门口务工。新疆克孜勒苏柯尔克孜自治州40个扶贫车间，安排扶贫项目359个，投资18.77亿元（贾元洪，2020）。喀什地区新冠疫情有效控制以后已有1100座乡村生产车间复产复工，解决了2.13万贫困群众的就业脱贫问题（韩沁，2020）。甘肃临夏州东乡县通过帮建、援建等方式建成扶贫车间340家，吸纳就业15 561人、其中贫困劳动力7939人，人均月收入超2000元（王甜，2020）。“小车间”托起群众致富梦，通过扶贫车间的带动，贫困群众特别是妇女实现在家门口就业，实现顾家增收两不误，改变了“白天围着锅台转、晚上围着孩子转”的传统生活方式，而且开阔了眼界、增长了见识、转变了观念、提高了地位，学文化、强技能、提素质，实现了从家庭妇女到产业工人的华丽蜕变。同时，她们用全新的观念养育孩子，用自身命运的改变影响孩子，在潜移默化、浸润熏陶中对下一代产生了深远的影响。

（三）培育壮大电商扶贫产业

怒江州印发《怒江州人民政府关于推动电子商务进农村助力整州扶贫攻坚的实施方案》等一系列推动农村电子商务发展的政策措施，启动实施了“电子商务兴边富民三年行动计划”和电子商务进农村综合示范项目，在全州构建了电商公共服务体系和物流配送体系，农村电子商务实现从无到有，再到目前快速有序发展态势，有效拓展了高原特色农产品销售渠道，促进农民增收。

一是，基本完善电子商务公共服务体系。目前，全州建设了4个县市级电子商务公共服务中心，建成29个乡镇级和154个村级电子商务服务站（点）。其中，培训兰坪县村级点71个，泸水市39个，福贡县30个，贡山县14个。实现乡镇电商服务站全覆盖，村级电商服务点覆盖率达54%以上。

二是，初步建立快递物流体系，实现了快递资源的有效整合，打通了县乡村三级快递双向流通渠道，较好的解决了农村快递下行“最后一公里”和上行“最初一公里”难题。目前，全州建成5个县级快递物流配送中心，县城快递价格与省内一线城市基本持平；全州快递网点181个，其中乡镇快递网点67个，快递配送覆盖行政村138个。在建立健全农村快递物流体系基础上，各级商务部门积极探索符合各地实际的农村快递联合配送新模式。例如，泸水市依托项目承办企业，进一步优化村级电商站点布局，整合市内各个快递企业资源，实现六库到乡镇再到村级电商站点的统一配送，上江镇和老窝镇已实现村级电商站点快递配送全覆盖，正在向其他乡镇推进。贡山县组织各乡镇电商服务站联合组建配送企业，实现快递资源整合，再分别负责各自乡镇范围内的快递配送业务。兰坪县充分利用县内商贸批发和学校营养餐专供企业配送资源，将全县8个乡镇划分为2条配送线路，与2家企业合作，整合全县快递资源，实现乡镇和村级电商服务站点快递包裹配送全覆盖。

三是，电子商务市场主体和电商人才不断壮大。围绕全州电子商务进农村综合示范工作目标，充分发挥社会专业培训机构、电商企业、行业协会和电子商务服务体系在电商主体和电商人才培育中的作用。科学合理制订培训计划，采取课堂教学、现场教学、网上培训、实地考察和实操演练等多种形式。针对政府机关、有意学习电子商务的农村群众、返乡青年、退伍军人、待就业大学生、有创业意愿的人员、农村服务站点工作人员、产品经销商等广泛开展不同层级的培训，先后累计培训1.57万人次。其中，培训政府机关人员1600多人次，培训农村青年、返乡农民工、电商从业人员等1.4万多人次，包括建档立卡贫困人口6519人次和残疾人386人次。这些举措较好地推动了农村电商的应用普及和农村电商市场主体的培育。目前，全州农村电商企业、合作社和个体网商达450余家，带动就业人员达5000多人。

四是，电商品牌初见成效。怒江州电商协会注册取得了“峡谷珍品”区域公共品牌，并完成精品包装16款。完成了怒江草果、咖啡、红茶、绿茶、羊肚菌、松茸和滇黄精等30个产品标准制定。泸水市的“秘境峡谷”、福贡县的

“石月秘珍”“碧落遗珠”、贡山县的“贡境艺品”“贡农山韵”及兰坪县的“兰山坪水”“坪尚悉农”等县市级区域公共品牌正在有序培育壮大，“怒江品牌、怒江产品”知名度得到大幅提升，农产品电商品牌效益不断显现。

五是，农产品电商销售不断壮大。近年来，怒江州各级商务部门积极协调对接农业、供销等部门，发挥行业部门资源优势，组织高原特色农产品电商企业到深圳、厦门、上海等地参加各类会展活动，宣传怒江品牌，促进产品销售。积极组织开展网上年货节、双品网购节、农产品集市、电商直播大赛等活动，大力发展“电商+农产品+网红直播孵化”“O2O”体验馆等新模式，推动农产品电商线上线下融合发展，多渠道推动农产品上行。2021 年，全州电商网络交易额达 5. 83 亿元，网络零售额达 2. 41 亿元，入驻电商中心的 4 家企业累计完成快递下行 1154. 3 万件，上行 271 万件。

（四）大力发展非遗文创

以开发民族传统手工艺术品、民族文化创意产品为抓手（如藏族的木碗、保安族的腰刀、彝族的漆器等），使独具特色的传统工艺焕发新活力，群众能就近就业、居家就业，促进了非物质文化遗产的活态传承。例如，凉山州越西县乐青地乡瓦曲村全村 360 户中有 200 户从事银饰加工，产品远销成都、上海等地，全村年产值达 4000 万元。2019 年越西县普雄镇呷古村销售彝族服装、包包、围巾、装饰品 1000 余件，创造利润 10 余万元（李晓东等，2020）。

（五）提高市场主体培育力度

“三区三州”全面落实优化营商环境，促进市场主体倍增工作，新型经营主体发展成效显著。通过引入产业龙头企业指导建立合作社，龙头企业通过合作社提高贫困户的组织性，规范经济作物产品的统一标准，贫困户通过合作社拥有了稳定的销售渠道，构建三方的责、权、利，从而形成龙头企业、合作社与贫困户之间的利益联结。2016 年，怒江州福贡县引入草果产业龙头企业华喜农业公司，指导各村成立草果专业合作社，采取统一的品种、管理、标准、销售，实行标准化规范化管理，通过合作社以最低保护价为主的订单模式收购。贫困户通过土地流转以及产业信贷资金经由合作社入股到企业获得分红，实现就地就近务工，2019 年人均收入超过 8000 元。新型经营主体发展成效显著，目前全州共培育农业企业 1351 家，龙头企业 89 家。通过培育壮大市场主体，推行“双绑”利益联结机制，推动专业合作社绑定脱贫户、企业绑定专业合作社，全州 6. 42 万户脱贫户实现市场主体带动全覆盖，“双绑”覆盖率达93.05%。探索的“产业链+资金链+服务链+利益链”四链融合、“公司+村集体经济组织+贫困户”等合作模式日益成熟并逐步推广。

二、易地搬迁脱贫

易地扶贫搬迁脱贫机制是通过改善区域资源禀赋提升就业增收和可持续发展能力，实现搬迁与增收的双赢。全国建成易地扶贫搬迁集中安置区约3.5万个，960多万贫困人口完成了搬迁，相当于给一个中等规模人口的国家搬了一次家。十年一跨，越千年，很多世世代代贫困群众告别了土坯窝棚以及原始的刀耕火种，从不适宜居住的深山区、石山区、高寒区等生态脆弱地区搬入新家园，直接跨入现代化的美好生活。2017年以来，国家发展和改革委员会安排“三区三州”易地扶贫搬迁中央投资110亿元，支持110多万贫困群众实现搬迁①。

（一）西藏极高海拔生态搬迁

在脱贫攻坚战中，西藏实施极高海拔地区生态搬迁规划（2018～2025年），涉及海拔4800米以上的极高海拔地区那曲、阿里、日喀则3地市20个县97个乡镇450个村，共计13万多人，其中10万多人将安置在雅鲁藏布江沿岸，形成一个功能齐全、有一定规模的现代城镇。为解决极高海拔地区居民迁徙后的牛羊养殖问题，政府部门设置了数年的过渡期，迁出地按村成立专业合作社，迁出群众以草场、牛羊等入股，由留守的青壮年统一放牧。搬迁后依然能够享受到草场补贴等特殊优惠政策，还能每年享受8万元的合作社分红。大规模的跨区域搬迁，是让极高海拔地区群众享受更好的生命健康保障和公共服务水平，西藏极高海拔生态搬迁项目全部结束后，将退出近35万平方公里土地，其中保护区28万平方公里（尕玛多吉，2020）。“十三五”以来，西藏实施超大规模的易地扶贫搬迁行动，易地扶贫搬迁总投资175.6亿元，搬迁26.6万贫困人口，占农牧民总数的近10%，超过贫困人口总数的三分之一（沈虹冰等，2020）。2016年以来，西藏建成965个易地扶贫搬迁安置区（点），26.6万人搬迁入住②。

为实现“搬得出、稳得住、能致富”，充分依托搬迁点的优势资源，扶持符

---

① http：//news. cctv. com/2021/02/22/ARTIHT5JZOMJuSTSYODJbNk4210222. shtml.

② http：//szb. gansudaily. com. cn/gsrb/202103/10/c239968. html.

合当地特色优势产业，解决搬迁户的就业增收问题；同时，通过政府购买公益性岗位和生态补偿岗位的方式，解决搬迁户就业问题。此外，对搬迁户开展种养殖、驾驶、酒店管理、汽车修理、唐卡绘画等实用技能培训，帮助搬迁群众实现转移就业，稳定脱贫（沈虹冰等，2020）。

（二）昆仑山下新家园

南疆四地州从戈壁沙漠到高山深谷，资源禀赋贫瘠、自然灾害多发，贫魔长期肆虐。“十三五”时期，依托小城镇、产业园区等南疆四地州共搬迁贫困人口3.52万户、13.95万人①。2018～2019年易地扶贫搬迁规模较大，喀什地区、和田地区、克州合计完成了9个县市、78个乡镇、848个村、11 485户及48 991人的易地搬迁（表4.2）。移民后续产业发展的主要生计资本呈现了不同程度的变化，文化水平、就业技能是移民发展产业的主要人力资本，参加技能培训的贫困户由搬迁前的15%提高到85%；土地是发展农业的主要自然资本，搬迁后人均耕地面积由1.7亩提升到1.9亩；政府在安置点为移民建设了蔬菜拱棚和养殖棚圈，为移民发展设施农业和养殖业的主要物资资本，搬迁后拥有蔬菜拱棚的农户比例由10%升至90%，养殖棚圈的比例由16.7%升至72.8%；信贷资本是移民发展产业的主要金融资本，贷款难度得到有效缓解，搬迁后移民贷款比例由13.2%升至36.8%；参加合作组织、与周围居民交往情况是外出就业、发展产业的主要社会资本，参加合作社的比例由2.9%升至16.5%。从影响移民产业发展的指标看出，搬迁后移民具备了较好的发展基础，为安置点根据其资源优势制定产业发展政策奠定了基础。

表4.2　2018～2019年南疆三地州易地扶贫搬迁安置情况

地州	县市	乡镇/个	村/个	户数/户	人口/人	备注
和田地区	和田市	6	35	705	2 516	深度贫困县
	墨玉县	12	182	1 312	5 949	深度贫困县
	皮山县	13	136	1 790	7 930	深度贫困县
	玉田县	13	101	997	4 576	深度贫困县
	洛浦县	7	146	938	4 500	深度贫困县
	和田县	12	120	520	2 350	深度贫困县

① https：//www. sohu. com/a/260470255_ 340216.

续表

地州	县市	乡镇/个	村/个	户数/户	人口/人	备注
喀什地区	疏勒县	8	89	1 479	5 689	深度贫困县
	叶城县	4	18	2 605	10 726	深度贫困县
克州	阿克陶县	3	21	1 139	4 755	深度贫困县
合计	—	78	848	11 485	48 991	—

资料来源：谢大伟等，2016

气候条件恶劣、灾害频发、发展空间狭小等客观条件挑战着柯尔克孜族牧民生存的极限。近年来，克州雨水增多，道路易被山洪冲毁，牧道崎岖难行，对柯尔克孜族牧民来说，易地扶贫搬迁成为唯一出路。在帕米尔高原深处，有逾万名柯尔克孜族牧民在2020年前走出深山，告别游牧生活，定居在城市。阿克陶县实施“十户联牧”模式，群众成立以家族、邻里、合作社为单位的中小型联牧体系，开展规模化、现代化畜牧或耕种，解决了易迁户最在意的牲畜代牧问题（曹煦，2016）。为了让高原牧民转型为农民，阿克陶县昆仑佳苑种植蔬菜温室大棚安置了324户1124人务工，通过内地劳务输出263户336人，通过卫星工厂就业200户200人，就地就近务工298户310人。引进服装加工厂，搬迁妇女实现就业不离家，挣钱又顾家。许多群众从山上搬迁来后，去社区服装厂务工的积极性空前高涨。

（三）怒江州实现搬得出稳得住能致富

怒江州境内多为高山陡坡，地势险峻，江水奔腾，耕地资源稀缺，人居环境恶劣。易地扶贫搬迁是怒江州摆脱贫困的标志性战役，到2020年，共建成75个易地搬迁点，26 000余户、10余万人搬迁人口占全州总人口的20%（朱熙，2020）。怒江州少数民族人口占比超过93%，不少是与世隔绝的直过民族。有的贫困户开始时不愿意搬离故土家园，顾虑重重[①]。为让搬迁群众“稳得住、能致富”，怒江州在完善安置点各类配套设施的同时，采取劳务输出就业一批、扶贫车间就近就业一批、自主创业就业一批、生态产业就业一批、“以工代赈”就业一批、公益性岗位就业帮扶一批的“六个一批”就业模式促进搬迁群众就业。全州易地搬迁劳动力5.81万人，实现转移就业5.11万人。

怒江州持续聚焦稳定居住率、培训就业率、群众满意度“两率一度”，持续

① http：//news. cctv. com/2021/02/22/ARTIHT5JzoMJuSTsyODJbNk4210222. shtml.

念好安居经、就业经、治理经“三字经”，全面提升搬迁群众的获得感、幸福感和安全感，确保实现“稳得住、有就业、逐步能致富”。通过“治伤疤、保生态、防返贫”生态巩固脱贫行动，党支部领办生态扶贫专业合作社 16 个，入社贫困户达 652 户 1341 人。把培训一人、脱贫一家作为技能培训的目标，充分发挥新时代农民讲习所、职教中心、党群活动场所的作用，结合扶贫车间建设、劳务输出企业用工需求和群众意愿，持续开展厨师烹饪、挖掘机操作等实用技能培训；易迁群众走入学堂学技能、走出学堂能就业，技能学到手，工资也拿到了手。位于怒江州泸水市大练地街道的和谐社区，是怒江州最大的易地搬迁安置社区之一。2019 年以来，来自泸水市 5 个乡（镇）30 个村的一万余名群众从世代居住的大山陆续搬迁到集中安置点，开启了崭新的生活。群众可以在社区的棒球生产加工车间里靠缝制棒球来赚钱，生活一天比一天好。

三、就业脱贫

就业扶贫是最受贫困群众欢迎，最能“吹糠见米”的脱贫举措。技能培训是增强劳动者就业创业能力，解决就业问题的有效途径。“三区三州”技能劳动力外输为东部地区的发展提供了人力资源支持。例如，兰坪县针对山区群众不愿出、不会出、不敢出等问题，开展语言、交通信号标识、建筑、餐饮等方面的培训，精准施策，提升建档立卡贫困户外出就业的意愿和能力。兰坪县各乡镇抽调 800 余名工作人员进村入户开展“拉网式”排查，建立农村劳动力基础信息台账，做到“村不落户、户不落人、人不落项”，以贫困劳动力、易地搬迁劳动力和零就业家庭为重点，大规模组织宣传动员劳动力转移就业。2020 年，兰坪县外出务工贫困人口达 4. 2 万人，比 2019 年增加 40%。外出务工，让兰坪县不少建档立卡贫困人口告别了贫困（杨文明等，2021）。

凉山州 2017 年以来累计培训劳动力共 199 928 人，其中建档立卡贫困劳动力 16. 82 万人，培训后取得证书 19. 53 万人，发放培训补贴 1. 73 亿元。2018 年起，凉山州针对 11 个深度贫困县实施免费技能培训全覆盖，并向广东省佛山市输出劳动力 6718 人，其中建档立卡贫困户劳动力 6159 人（张劲英和陈嵩，2021）。

2016 年，临夏州把劳务输出列为三大“百亿”产业之一，加大职业技能培训力度，开展以建筑技工、工程机械驾驶、美容美发、电焊、东乡手抓、河州小吃、牛肉拉面等内容培训；在培训模式上，鼓励和引导培训机构开展“岗位+劳务机构+培训”的“嵌入式”、订单式培训，推行“培训券”式培训，提高培训精准度。2020 年，临夏州共输转城乡劳动力 55. 86 万人，其中贫困务工人员 25. 82 万人，创劳务收入 130. 42 亿元（马茹萍，2021）（表4. 3）。临夏州临夏县把劳务产业作为主导产业，劳务收入超过当地农民人均纯收入三分之一。

表 4. 3　2015 ~ 2020 年临夏县劳动力转移就业情况

年份	劳动力输转（万人）	其中有组织输转（万人）	劳务收入（亿元）
2015	10. 03	4. 33	14. 47
2016	10. 3	6. 04	15. 88
2017	10. 8	6. 27	17. 01
2018	10. 53	6. 42	18. 13
2019	10. 55	7. 81	21. 11
2020	11. 5	9. 2	26. 45
合计	63. 71	40. 07	113. 08

数据来源：2021 年 7 月课题组实地调研数据整理得到

（一）强化宣传引导，在营造良好社会氛围上下功夫

第一，请进来，走出去。临夏县积极邀请福建厦门、浙江义乌、江苏盐城、广东东莞等地人社就业部门及用工企业来县就劳务协作进行沟通交流，达成劳务协作协议。同时人社劳务部门派出专人与东南沿海用工企业主动对接，收集用工岗位。

第二，充分发挥县电视台、就业扶贫微信群、劳务输转工作群等各类媒介的作用，宣传劳务输转的重大意义、务工典型和工作成效，采取发布招聘信息等多种形式，加大对劳务输转的宣传力度。通过开展宣传，提高了贫困劳动力外出务工信息的知晓度，为开展输出工作奠定了基础。

第三，积极邀请福建省厦门市思明区诚益光学、信达光电、瑞华高科、通达科技等协作地企业和浙江义乌天合光能、木林森照明、天派制衣等外地用工单位到临夏县举办了 40 多场次劳务招聘会，其中举办人才智力公益性招聘、金秋招聘月、东西协作专场招聘会等大型招聘活动 12 场，让用工地人社部门讲解当地用工优惠政策、企业介绍食宿环境、薪资待遇等方式，为农民工外出就业搭建平台。

（二）拓宽输转渠道，在扩大就业空间上谋新路

积极扩大就业空间，实施外出就业和引导农民就地就业“两条腿”走路，

不断拓展就业领域和层次。

第一，拓宽就业领域，鼓励就近就业。制定了《临夏县2020年劳务产业发展实施意见》，对劳动力精准分类、因人施策，提出“六个一批”促进就业稳就业举措，发动3800多名包户干部逐门逐户宣传引导群众转变就业观念，大力宣传“劳务输转不仅仅是外出到企业打工，在家门口的蔬菜基地、扶贫车间、建筑工地、工程队、拉面馆、个体门店以及小作坊等就业，只要是能挣到钱、能增加收入就是劳务输转，就能享受劳务奖补”的思想，鼓励群众通过各种方式实现充分就业，促进稳定增收。仅2020年召开村民知情大会4956场次，参与群众达30多万人次，发放劳务招聘信息5万多份。

第二，“点对点”企业输转。通过采取“一对一、人盯人”的办法，提供点对点、一站式包车包机服务，共计包专机1次、专车45次，精准向福建厦门、浙江义乌、江苏常州等地输送1315人，赴企业务工人员实现了从家门口到厂门口“一站式”服务，无一人出现感染病例现象。一大批临夏县青年走出了大山，在东南沿海发达地区务工创业，站稳了脚跟。

（三）筹措资金，在奖励就业上出重招

为千方百计激励贫困劳动力通过各种方式实现就业增收，临夏县《关于进一步完善落实脱贫攻坚相关政策的通知》明确了稳定就业促就业奖补政策，对愿意外出务工和就近就业的贫困劳动力从交通补贴、生活费补贴及稳定就业时间长短三个方面进行差异化、阶梯式奖补。截至2021年7月，临夏县落实2020年劳务奖补资金6294万元。其中落实县级劳务奖补6004万元；落实东西劳务协作厦门企业稳定就业奖补153.7万元；点对点输送期间政府承担交通体检等费用121.7万元（两地政府承担）；2021年初为赴义乌困难务工人员发放生活费补贴8万元（义乌市承担资金）；落实劳务公司输转奖补7.14万元。

（四）强化保障服务，在稳定就业上见实效

对有组织输转人员，临夏县统一垫付体检费、交通费、防疫用品、派出专职干部和医护人员进行全程护送，协助企业和务工人员做好食宿安顿、合同签订等工作，同时随时与用工企业沟通，及时了解掌握劳务人员思想动态，不定期进行看望慰问，鼓励引导输出人员在企业实现稳定就业。截至2020年底，临夏县劳务输转共计完成11.5万人，实际完成临夏州下达10.3万人任务的111.6%，其中有组织化输转率达到80%；创劳务收入21.61亿元，人均创收1.84万元；完

成有输转意愿建档立卡劳动力输转4.82万人，实际完成临夏州下达任务的137.71%，做到了应输尽输。全县所有行政村劳务输转工作均顺利实现了“一个超过、两个不少于”目标要求，输转总量和劳务收入创新高。初步形成了北塬片群众从事花椒种植、建筑，到临夏市打零工，西南片群众从事清真餐饮、商贸流通、中药材种植等独特局面，涌现出了一大批如尹集马莲滩、刁祁友好等劳务外出致富的“小康村”。通过劳务输出拓宽了视野，增长了见识，转变了观念，2015～2020年，临夏县累计输转劳动力63.71万人，有组织输转劳动力40.07万人，创劳务收入113.06亿元①。

2021年，全国脱贫人口就业实现了申报个税人数、就近就地就业能力、沿海地区吸纳劳务输出能力、收入水平的“四提升”，就业能力得到显著提升。

四、健康脱贫

人民健康是脱贫和实现共同富裕的基础与动力，也是社会主义现代化的重要标志。党的十八大以来，国家深入实施健康扶贫工程，累计帮助近1000万个因病致贫返贫家庭成功摆脱贫困，全面实现农村贫困人口基本医疗有保障。一是全面消除乡村医疗卫生机构和人员“空白点”，基本实现农村群众公平享有基本医疗卫生服务。历史性解决了部分地区的基层缺机构、缺医生问题，实现农村群众有地方看病、有医生看病，常见病、慢性病基本能够就近获得及时治疗。2018年以来，中央财政累计为“三区三州”安排了240.6亿元的资金投入，对1126个基层医疗卫生机构加强建设，每个乡均配备卫生院，每个行政村都配备了村卫生室，并配备了合格医生，群众基本医疗有保障的问题得到彻底解决②。二是脱贫地区县级医院服务能力实现跨越式提升，城乡医疗服务能力差距不断缩小。实现每个脱贫县至少有1家公立医院，98%的脱贫县至少有1所二级及以上医院，脱贫地区县医院收治病种的中位数已达全国县级医院整体水平的90%，越来越多的大病在本县内得到有效救治。国家从1007个城市的三甲医院派出11.8万人次医务人员奔赴1172个贫困县医院，优质的医疗人才、技术、经验源源涌向贫困地区。三是因户因人因病精准施策，帮扶措施落实到人、精准到病。建立全国健康扶贫动态管理信息系统，对贫困患者实行精准分类救治。2016年以来，西藏对6.33万名因病

① 2021年7月临夏州临夏县人力资源和社会保障局提供的资料。

② http：//news.cctv.com/2021/02/22/ARTIHT5JzoMJuSTsyODJbNk4210222.shtml.

致贫、因病返贫人口开展健康扶贫精准救治，曾经被病魔困扰的家庭挺起了生活的脊梁。近年来，国家对290万患大病家庭进行了专项救治，对1216万的因患慢病致贫的贫困家庭进行了慢病管理。同时对农村贫困家庭进行健康教育和健康促进，农村的健康素养从2017年的10.64%提高到2020年的20.02%①。

包虫病、艾滋病、结核病等地方病、传染病、职业病严重危害群众健康，是攻克深度贫困堡垒的重点和难点。健康扶贫将做好重大传染病综合防治作为“三区三州”深度贫困地区攻坚重点，坚持“一地一策”、一病一方，防治结合，综合施策，实施“三区三州”传染病、地方病防治攻坚行动，西藏和四省涉藏州县包虫病、南疆四地州结核病、四川凉山州艾滋病都得到有效控制，重点疾病防控取得历史性成效。

（一）阿坝州综合防治大骨节病试点

大骨节病是一种地方性变形性骨关节病，多分布于山区和半山区。5～15岁青少年是高发期，侵害关节软骨，导致软骨坏死，最终骨端膨大、变形，患者行动艰难、疼痛难忍，身心长期受到疾病的摧残。阿坝州是罕见的大骨节病重区，有21.7%的行政村为病区村；病区村人口有14.71万，占全州农业人口21.71%；患者达4.27万人，占病区村人口的29.02%②。2008年，中央连续5年每年安排3.34亿元财政扶贫专项资金实施“阿坝州扶贫开发和综合防治大骨节病”试点。到2012年，2.64万名学龄儿童实现易地入学，5万多群众搬离病区，13万人实现安全饮水，膳食结构得到改善，集预防、治疗、科研为一体的综合防治体系基本建成。阿坝州防治大骨节病试点五年规划任务通过国家验收，成功探索了地方病高发区因病致贫问题③。

（二）凉山州艾滋病防治与健康扶贫攻坚

为支持凉山州健康扶贫攻坚战，2017年国家卫生健康委员会与盖茨基金会合作在四川凉山州启动为期3年的“艾滋病防治和健康扶贫项目”，该项目旨在提升艾滋病在内的疾病防控能力、儿童保健和基本卫生服务能力，提高群众健康水平。凉山州艾滋病抗病毒治疗覆盖率从2017年的41.1%提升到2020年的

① https：//www. scio. gov. cn/xwfbh/gbwxwfbh/xwfbh/wsb/Document/1724764/1724764. html.

② https：//www. gov. cn/jrzg/2008-05/06/content_ 962943. htm.

③ https：//www. chinanews. com. cn/df/2012/12-27/4443818. shtml.

94.8%，新发感染率从0.064%下降到0.02%，母婴传播率从9.0%下降到3.66%，艾滋病高发态势得到有效遏制。[①]

（三）西藏全面实施包虫病综合防治

在高原地区长期工作和生活的人群容易患高原性疾病，曾经在西藏牧区高发的包虫病，让高原群众谈之色变。包虫病是一种人畜共患寄生虫病，其中泡型包虫病患者10年内死亡率达94%，俗称“虫癌”，严重威胁高原农牧区群众的生命健康，也是西藏因病致贫、因病返贫的重要原因之一。

2016年，西藏开始实施“县不漏乡、乡不漏村、村不漏户”历史最大规模包虫病筛查工作，17个援藏省市派出近500名专家，与西藏3000多名专业人员组成800多个筛查小组，在全区开展包虫病流行情况调查，实现了2岁以上人群筛查全覆盖，检出病例2.68万余例，人群筛查覆盖率达99.21%[②]。在全人群筛查的基础上，为有效开展包虫病治疗，西藏统筹农牧区基本医疗保险、大病保险和政府财政三方面资金，在区内确立定点医院，开设包虫病床位，以保障符合手术条件的患者“不出藏、无预约、无等候、零支付”。截至2019年底，西藏包虫病患者手术治疗5057例，治疗率77.62%；对符合药物治疗标准的患者统一购买、发放药品，由乡卫生院登记随访管理。经过全人群筛查和免费治疗，西藏74个县（区）中包虫病人群患病率低于1%的县（区）达到70个，患病率从2016年的1.66%下降至2020年的0.20%，接近全国平均水平（《人间奇迹》编写组，2022）。这意味着，曾在西藏呈现高发态势的包虫病已得到基本控制。

（四）南疆地区结核病防治攻坚

针对新疆特别是南疆地区肺结核高发情况，国家卫健委加大帮扶和指导力度。“十三五”时期，中央财政投入2.49亿元，其中每年给予喀什专项补助1900万元。以中国疾控中心南疆工作站为支点，选派专家长期驻站。组织开展远程会诊和专业人员培训，提供防治队伍能力。多措并举做好患者发现、诊疗和管理工作，将结核病筛查纳入全面健康体检，加大患者发现力度；对传染病结核病患者住院隔离诊疗，有效控制传染源，降低传播风险；对结核病患者开展“集中服药+营养早餐”，改善患者营养状况，提高治疗依从性和治愈率，新疆结核

① http://www.scio.gov.cn/xwfbh/gbwxwfbh/xwfbh/wsb/Document/1726667/1726667.htm.

② http://nynct.xizang.gov.cn/xwzx/xzsn/202012/t20201222_185107.html.

病报告发病率由2010年的1570人/10万人降低至2019年的169人/10万人，高发态势得到有效控制并逐步下降，群众满意度和幸福感不断增强。

专栏4-1　阿坝州阿坝县健康扶贫

四川阿坝州阿坝县始终把人民群众的生命安全和身体健康放在首位，精准发力推进健康扶贫工作，大力实施“五大行动”，着力解决农牧民群众健康意识差、基层医疗水平低、公共卫生体系不够健全等问题，确保贫困群众不因病因残致贫返贫，全县建档立卡贫困人口生活质量和健康水平明显提高。

（一）大力实施贫困人群医疗救助扶持行动

一是全力做到基本医疗有保障。为全县建档立卡贫困人口代缴基本医保、大病保险个人缴费，建档立卡贫困人口参保率达100%。截至2020年6月，贫困人口县内外自付比例控制在5%以内。二是积极推进分级诊疗制度。坚持“就近就医”的原则，对贫困人口实行分级诊疗，并依托基层契约式服务，进一步完善双向转诊机制，不断提高基层医疗卫生机构诊疗量和床位使用率。通过实施医疗救助扶持行动，减轻了建档立卡贫困人口医疗负担，确保无“因病致贫、因病返贫”现象的发生。

（二）大力实施贫困人群公共卫生保障行动

一是免费提供基本公共卫生服务。面向贫困人口提供14类93项基本公共卫生服务，逐人建立电子健康档案，随访开展高血压、糖尿病、重型精神病及肺结核等免费健康服务。二是免费提供妇幼卫生健康服务。针对体弱多病儿童开展筛查，实行定期复查、5岁以下儿童死亡监测和动态管理，确保贫困儿童身心健康。三是免费开展疾病监测与计划免疫。进一步提高传染病监测实验室检测能力和监测质量，加强病例个案调查和疫情处理，免费为贫困适龄儿童接种国家免疫规划疫苗。四是免费实施重大传染病防治。加强艾滋病防治，做到早发现、早管理、早治疗，开展以免费安全套推广为核心的经性传播综合干预措施，健全医防结合综合服务体系，在县人民医院定点开展艾滋病免费抗病毒治疗。五是开展全民健康生活方式促进行动。营造良好的健康生活氛围，积极开展控烟工作，加大健康教育力度，将健康教育纳入学校教学内容，增强健康意识，转变生活方式，减少疾病发生。通过实施基本公共卫生保障行动，提高了贫困人口健康水平和生活质量。

（三）大力实施贫困地区医疗能力提升行动

一是加快建设“一村一卫”“一村一医”工程。全县35个贫困村卫生室全部达标、卫生室建设标准化村村覆盖，其中6个贫困村卫生室由驻地乡镇卫生院承担。二是进一步改善医疗卫生服务条件。完善以县人民医院为龙头、乡镇卫生院为枢纽、村卫生室为网底的县、乡、村三级医疗预防网络建设，全面完成20个卫生院标准化建设，其中各莫乡和若柯河牧场共用1个卫生院，标准化建设覆盖率达100%。同时，积极开展民族地区技术大练兵、设备使用率提升、诊疗量提升、健康管理全覆盖“四大行动”。三是巩固县级医院创等达标工作成果。进一步巩固县人民医院“综合医院二级甲等”、县藏医院“民族医院二级甲等”创建达标成果，全面深化县级公立医院改革，以人才、技术、重点专科建设与远程医疗为核心，加快推进县级医院能力建设。加强临床薄弱专科、临床核心专科及产儿科建设，夯实临床支撑专科基础，打造临床优势专科，加强远程医疗服务平台建设，提升县人民医院服务技能。四是大力发展中藏医药事业。完善中藏医医疗机构建设，加快发展民族医药产业。挖掘传统精髓，结合现代医学技术，加强藏医药常用新制剂开发和重点实验室建设，支持发展中藏医预防保健服务。抓好藏药制剂中心建设，为有市场前景的藏药在产业化开发、批号申请创造条件、提供支持。通过实施贫困地区医疗能力提升行动，整体提升了医疗机构服务能力和水平，基本实现“小病不出乡、大病不出县”。

（四）大力实施卫生人才培植行动

一是加强卫生人才队伍建设。进一步加强卫技人员、紧缺人才、农村订单定向毕业生、执业医师招录工作，同步加强与德阳、温州等对口援建地区的医疗帮扶对接联系，实现了医疗资源共享、诊疗技术提升。二是积极引导卫生人才服务基层。建立完善医师晋升职称前服务基层制度，建立青年医师下基层长效机制，将县级医疗卫生机构的卫生技术人员纳入基层卫生高级专业技术职务任职资格考评范围；实施县人民医院、县藏医院对口支援乡镇卫生院长效机制，稳步提升受援乡镇卫生院服务技能。三是不断强化人才培养。开展规范化培训，强化县乡村医务人员业务学习提升，结合群众就医需求，制定卫生专业技术人员业务培养方案；从乡镇卫生院选派卫生专技人员到县人民医院、县藏医院脱产进修，进一步提高乡镇卫生院B超、心电图等仪器设备的使用率，促进基本公共卫生服务均等化；选派符合条件的村医生参加乡村医生中专学历教育，并参加四川省乡村医生资格考试，全县乡村医生合格率达100%。通过实施贫困地区卫生人才培植行动，全面提升了医技人员医疗服务技能和医疗诊治水平。

（五）大力实施贫困地区生育秩序整治行动

一是加大实行长效节育措施奖励力度。对全县45周岁及以下、达到法律法规规定生育数量上限、自愿采取宫内节育器或皮下埋植等长效避孕节育措施的已婚育龄妇女，免费开展长效节育手术。二是推动生育秩序整治各项制度落实。坚持计划生育目标管理责任制，严格兑现落实计划生育“一票否决”制度；进一步加强落实县级部门联系乡镇工作制度，将生育秩序整治工作纳入县各联系部门目标考核范畴；进一步抓好乡村干部包村包户制度、专业技术人员“一对多”联系制度落实，确保计划生育宣传教育、药具发放、技术服务、违法生育处理等各项工作落实到位，计划生育工作基层动员能力明显提升，乡村干部包村包户落实率达到100%，专业技术人员“一对多”联系率达到100%以上；通过免费开展长效节育手术，不断提高育龄妇女采取长效节育措施的自觉性和主动性。

五、教育脱贫

教育扶贫在跨越贫困陷阱中具有重要作用，“扶贫先扶智”决定了教育扶贫的先导性地位；“治贫先治愚”决定了教育扶贫的基础作用；“脱贫防返贫”决定了教育扶贫的全局性作用（郭晓娜，2017）。“三区三州”实现贫困人口教育基本公共服务全覆盖，各阶段贫困生实现在校期间全程资助；贫困学生有机会通过教育脱贫①。

（一）教育投入水平不断提升

教育投入是教育发展的基础和保障。各级政府将教育脱贫看作民生工程、德政工程，强化对教育的投入保障。中华人民共和国成立以来，国家不断对民族地区实行适宜的教育优惠政策，有力地促进了“三区三州”文化教育的发展。1951

① 《深度贫困地区教育脱贫攻坚实施方案（2018—2020年）》。

年，我国召开第一次全国民族教育会议，给予民族地区教育优惠政策，强调加强少数民族师资队伍建设，在经费上给予大力支持。1956 年，中央提出边疆省区所需师资可由内地调配部分初中生和失业知识分子加以短期培训解决。1976 年，安排上海、江苏等六省市和国家机关定区、定校包干支援西藏所需师资。“三区三州”教育的发展离不开国家的大力投入和各方面的帮扶，投向“三区三州”教育经费年均增速均高于全国平均增速，其中西藏自治区教育经费年均增速超过全国平均水平 6.8%（周爱华和吕慈仙，2021）。

2019 年，教育部启动义务教育薄弱环节改善与能力提升工作，重点向“三区三州”提供教育信息化“送培到家”活动，提升所在区域教育信息化水平（国家统计局住户调查办公室，2020）。伴随国家、省和地方政府对脱贫攻坚财政投入的持续推进，教育投入力度不断加大，“三区三州”教育条件和设施明显改善。

（二）“一村一幼”全覆盖

怒江州泸水市是直过民族区、边疆区、民族跨境而居的深度贫困县，全市土地面积 3203.04 平方公里，国境线长 136.24 千米。辖 6 个镇、3 个乡、71 个村民委会、15 个社区居民委员会，总人口 19.13 万人，有傈僳族、白族、景颇族等 21 个少数民族。泸水市教育发展严重滞后，人均受教育年限远低于全国和云南省平均水平，群众知识文化素质偏低，按照扶贫先扶志、扶贫必扶智的基本遵循，泸水市下大力气从学前教育这一短板抓起（泸水市教育局，2018）。

（1）超前谋划，补齐学前教育短板

2015 年起，以市办幼儿园为示范、乡镇办中心幼儿园为骨干、村办学前二年教育为基础的办园目标，实施“一村一幼”建设工程，学前教育发展步入快车道。

（2）整合资源，创新乡村办园模式

泸水市利用闲置学校资产改扩建幼儿园、整合村党员活动室资源办园、借助易迁新建等模式推进幼儿园建设。通过改造村委会活动室、村民活动场所、闲置校舍等，在全市尚未覆盖学前教育资源的行政村和人口较多、居住集中的自然村开办幼儿园，形成了三种特点鲜明的办园模式。①牵手村级党总支，幼儿园办在党员活动室。工作日白天，党员活动室变成幼儿园；周末和夜晚，党员活动室还给党员和村民。②用好有闲置校舍的村完小资产，改扩建幼儿园，旧操场变身“儿童乐园”。③结合易地搬迁统筹新建幼儿园，保障易地搬迁儿童“幼有所育、学有所教”。泸水市幼儿园由2015年的6所猛增至2020年的96所，每个行政村（社区）至少有一所幼儿园，人口较为集中的自然村都有幼儿园。

（3）以城带乡，提升办园质量

泸水市引进资源和有经验的幼儿园来管理各乡镇幼儿园，再由乡镇幼儿园辐射村级幼儿园，实现城乡牵手带动。通过招聘特岗教师、招募志愿者、鼓励师范生到边疆实习等方式，解决了幼儿教师紧缺问题。全市学前教师由2015年84人增加到2019年344人（其中市幼儿园62人，农村学前教育特岗教师69人，农村学前教育支教志愿者136人，小学教师在农村学前教育兼课77人）。

（4）普惠共享，免费政策温暖民心

2016年9月起，怒江州实施14年免费教育，将学前两年教育纳入财政保障范畴。怒江籍幼儿园大班、中班和农村学前班幼儿的在园学生，免除其每年每生2200元的保教费；贫困户的幼儿享受年均1000元以上的生活补助。2015～2019年，泸水市共下达学前两年免保育费2225.6万元，享受补助幼儿1.18万人；学前两年贫困户幼儿补助285.7万元，享受补助幼儿2998人。

（5）家校共建，阻断贫困代际传递

泸水市还全面发动教师和家长动手用自有物品自制幼儿园玩具、教具，自己动手美化绿化校园，自己动手建设校园文化，解决玩教具购置资金紧缺困难和问题。

泸水市学前教育发展实现历史性跨越，遍及泸水城乡村寨的大大小小的幼儿园，受到干部群众和家长的欢迎。学前教育从无到有、从弱到强、从粗放到精细，率先实现“一村一幼”“一乡一中心”“一县一示范”目标，夯实了从源头阻断贫困代际传递基础。各族群众普遍认为实现“一村一幼”全覆盖，解决了适龄幼儿就近入园的问题，有利于解放农村劳动力，有助于家长腾出时间外出务工或安心从事生产劳动；有利于孩子生活习惯养成，让孩子在幼儿园按时吃饭、睡觉、游戏、活动，养成孩子规范、良好的作息生活习惯；有利于孩子卫生习惯养成，在幼儿园教会孩子刷牙、洗脸、洗手、不吃不卫生不安全食品等习惯；有利于孩子通过“语言关”，在幼儿园学习和使用普通话，解决少数民族特别是直过民族幼儿不会说普通话的问题，为进入义务教育阶段学习打下基础；有利于孩子交往能力培养，让孩子在安全、融洽、和谐的环境中学会集体生活、培养责任意识、学会与人交往，克服“公主病”；有利于感恩之心的培养，在幼儿园开展感恩教育，宣传党的惠民政策，让孩子体悟感动、学会感恩，在心灵深处埋下感恩的种子；有利于让孩子将在幼儿园养成的卫生习惯、文明习惯、感恩之心和普通话"带回家",通过"小手拉大手"提升村民文明素质,激发贫困群众脱贫致富内生动力。

(三)建立健全教育资助体系

国家加大对"三区三州"等困难地区帮扶力度,不断加大学生资助政策和资金倾斜力度,优先保障该地区学生国家助学贷款需求,确保一个学生不因家庭经济困难失学辍学。2020 年,"三区三州"地区资助学前教育、义务教育("一补")、中等职业教育、普通高中教育和普通高等教育学生(幼儿)627.27 万人次,累计资助金额达 106.61 亿元,其中财政资金共投入 104.78 亿元(其中中央财政资金占 70%,地方财政资金占 30%),学校和社会资金 1.83 亿元。在资助的各类别学生中,义务教育家庭经济困难学生生活费补助的人次和资金量占比均最高,其中资助学生达 382.48 万人次,占总资助人次的 60.98%;受资助金额为 40.06 亿元,占总资助金额 37.58%(表 4.4)。

表 4.4 2020 年"三区三州"资助情况一览表

类别	资助人次(万)	资助金额(亿元)
学前教育幼儿	144.44	32.95
义务教育家庭经济困难学生生活费补助	382.48	40.06
中等职业教育学生	20.21	6.26
普通高中教育学生	43.18	13.5
普通高等教育学生	36.96	13.84
合计	627.27	106.61

资料来源:全国学生资助管理中心,2021

2011 年,西藏在全国范围内率先实现两个"十五年"全覆盖:一是实现了学前至高中阶段教育(含中职教育)十五年免费教育政策全覆盖;二是将义务教育"三包"及助学金政策(即"包吃、包住、包基本学习费用")扩大到学前至高中阶段教育所有农牧民子女和城镇困难家庭子女,并提高"三包"标准[①]。

新疆完善各类教育资助体系,形成以政府为主导,学校、社会为补充的"三位一体"资助格局。同时,实施农村义务教育学生营养改善计划,采取学校食堂供餐、企业配送营养食品等供餐模式,营养早(午)餐、课间加餐、提高正餐

① https://www.thepaper.cn/newsDetail_forward_1937259.

标准以提供营养膳食，131 万名学生从中获益[①]。2013 年秋季学期起，实施南疆三地州普通高中在校学生资助政策，2014 年秋季学期起，将阿克苏地区纳入政策范围，南疆四地州实现了 14 年免费教育[②]。2018 年拨付南疆四地州学生资助资金 44 亿元，受益学生达 306 万人次。2013 年，阿坝藏族羌族自治州率先实现了 15 年免费教育，2016 年春季学期开始，该政策全面覆盖四川全省民族自治地区的 51 个县（程曼祺，2015）。

（四）“学前学会普通话”行动

国家通用语言文字是构建中华民族共同体政治、经济、社会、文化的基础。党的十八大以来，国家开展民族地区农村教师和青壮年农牧民国家通用语言文字培训，累计培训 350 万余人次，提升民族地区贫困人口就业能力。“学前学会普通话”行动先后在四川省凉山彝族自治州和乐山市马边彝族自治县、峨边彝族自治县、金口河区开展试点，覆盖 43 万学龄前儿童，帮助他们学会普通话（中华人民共和国国务院新闻办公室，2021）。

凉山州是全国最大的彝族聚居区，境内有彝、汉、藏、回等 14 个世居民族。凉山州少数民族平均受教育年限不足 6 年，彝族群众生活用彝语交流，相当多青壮年听不懂国家通用语言。全州 54 万名学前儿童中，有 49% 不会说普通话（席眠，2019）。2018 年 5 月，教育部在凉山州启动“学前学会普通话”行动试点，这是国家支持“三区三州”阻断贫困代际传递的重要措施，旨在帮助学前儿童掌握国家通用语言（全国学生资助管理中心，2021）。截至 2020 年 3 月 6 日，“学前学会普通话”行动成效显著，30 万学前儿童学习成绩明显提升。

（五）职业教育模式不断创新

职业教育立足职业、对接产业、以就业为导向等的“工具理性”以及观照工匠精神、德艺并举、综合素质等的“价值理性”，职业教育是教育与扶贫脱贫、固脱防返的重要连接点。“三区三州”普通高中面临学额普遍不足、高等教育毛入学率普遍低于全国平均水平，如果仅有普通教育，大多数教育对象将在中考、高考之后失去受教育机会，无法改变家庭的代际贫困。职业教育开辟了受教育机会公平，具有制度上被认可的文化资本的通道，极大增强了教育提升固脱防

---

① http：//www. agri. cn/V20/ZX/qgxxlb_ 1/xj/201905/t20190510_ 6389668. htm.

② http：//www. yuloo. com/mbgx/1409/1297321. shtml.

返能力。“三区三州”职业院校的生源中，贫困家庭子女占比较高，2019 年某自治州中职学校 28.69% 的学生来自建档立卡贫困家庭，高职学院占比为 34.61%；该州中职学校建档立卡贫困家庭子女占比为 44.39%（李芳，2021）。

职业教育对巩固脱贫成果与乡村振兴经济发展具有直接推动作用。职业教育具有对接劳动岗位、产业结构调整、技术升级转型的直接作用，通过产教融合等方式，职业教育可以充分发挥技术技能人才培养与产业生产的桥梁作用，在吸纳现代新型产业技术的同时，传播先进工艺技能、培养特需产业人才，为“三区三州”产业升级、工艺更新蓄能。例如，西藏和四省涉藏州县由于其独特的自然条件、物产储备、历史文化，职业教育为当地高原产业发展、民族文化传承培养了应用型、实用型、操作型人才，与普通教育所培养的学术型人才相衔接，完成了从研发到生产的对接（李芳，2021）。四川“9+3”免费教育计划以“州内打基础、内地学技能”的模式，弥补了职业教育发展滞后、优质资源不足的新路径。2009 年以来，中央和省级财政共投入资金 20 多亿元，内地先后有 100 余所中职学校参与，累计招收“三区三州”34 个无中职学校县学生 6.66 万人。该模式已纳入了国家教育体制改革试点重大项目。甘肃有省、州两个层面相对完整的职业教育助力脱贫攻坚政策体系，率先实现贫困地区职业教育免费，并创造性地将职业培训对准贫困家庭“两后生”（张劲英和陈嵩，2021）。

六、社会保障兜底脱贫

低保是指国家在农村建立的最低生活保障制度，其保障对象是农村家庭年人均纯收入低于当地最低生活保障标准的农村居民，主要是因病残、年老体弱、丧失劳动能力以及生存条件恶劣等造成生活常年困难的农村居民。我国农村低保标准从 2012 年 2068 元提高到 2020 年的 5962 元，提高 188.3%，实现了农村低保制度与扶贫政策有效衔接（中华人民共和国国务院新闻办公室，2021）。2020 年底，全国深度贫困县平均标准达到 4614 元/(人·年)，“三区三州”所辖县的农村低保平均标准达到 4465 元（《人间奇迹》编写组，2022），能够稳定解决“两不愁三保障”问题。西藏逐步扩大社会保障覆盖面，提高保障水平。实施全民参保计划，给予特殊贫困人口参保补贴。同时，对丧失劳动能力的低保户、五保户贫困家庭全部实行社会保障兜底，并提高补助标准，基本实现有意愿的五保户集中供养，残疾人和孤儿集中供养率达 100%（沈虹冰等，2020）。

四川省阿坝州阿坝县充分发挥民政系统社会保障政策合力，通过完善社会保障机制，牢牢夯实社会保障基础，全力提升大病患者、特困供养人员、低保人员等社会保障水平，切实做到“应保尽保、应养尽养、应救尽救”。一是实施农村低保救助。推行“阳光低保”，建立社会救助工作长效管理机制，切实规范低保审批程序，严格执行申请、受理、调查、评议、公示、审核、审批等程序开展低保认定工作，杜绝“关系保”“人情保”“错保乱保”等现象发生，并制定《阿坝县建档立卡贫困户最低生活保障线和贫困线“两线合一”实施方案》，年底核实贫困户收入，次年按家庭人均收入与最低生活保障线的差额补差保障（耿新和汪芩羽，2019）。同时，通过专项检查、随机抽查等方式，全程跟踪督查低保认定工作、低保资金发放工作，确保低保救助工作规范安全有序。截至 2020 年 6 月，累计兑现农村低保金 33. 16 万人次、17 070. 88 万元（其中建档立卡贫困户 15. 86 万人次、8534. 28 万元），有效保障了阿坝县 2. 5 万困难群众的基本生活。二是开展扶残助残工程。做好残疾人基础数据采集核实工作，动态掌握持证残疾人实名制数据信息，2017 年启用四川省残疾人两项补贴信息管理系统，将重度残疾人纳入重度护理补贴，将低保残疾人纳入困难残疾人生活补贴范围，确保做到“两项补贴”应补尽补。同时，积极开展残疾人家庭无障碍改造，为有创业意愿的残疾人发放补助，提供城乡残疾人居家灵活就业扶持。截至 2020 年 6 月，兑现残疾人两项补贴 3. 11 万人次、620. 66 万元，发放残疾人临时求助资金 6. 2 万元，发放贫困残疾人生活补贴 37 人次、6. 84 万元，实施城乡残疾人居家灵活就业 1113 人，救助贫困家庭脑瘫儿童 20 人次，救助贫困家庭重度听力残疾儿童 5 人，实施残疾人家庭无障碍改造 105 户、52. 5 万元。三是落实特困供养政策。全面完成社会福利服务中心等 5 座农村敬老院建设，加快推进老年人照料中心建设，对 60 岁以上失能老人、孤寡老人及 80 岁以上高龄老人提供居家养老服务（耿新和汪芩羽，2019）。深入开展特困人员生活自理能力评估，签订《集中供养服务协议》《分散供养服务协议》《委托照料服务协议》，兑现特困（五保）供养金 1. 95 万人次、2196. 04 万元，高龄老人补贴金 18 064 人次、309. 84 万元，有效保障了贫困孤寡老年人基本生活。四是实施全民参保工程。根据“金保网”居保信息系统比对出符合参保条件人员名单，动员、收集相关资料，完成参保手续，做到全员参保，实现居保、职保无缝连接，消除部分心存顾虑人员“等看”心理，先参加居保，条件成熟转入职保。阿坝县城乡居民养老保险覆盖人数为 29 753，参保缴费 16 875 人，其中政府代缴 16 222 人，领取待遇 6951 人。

七、交通脱贫

交通在脱贫攻坚中具有基础性和先导性作用，但“三区三州”交通建设难度大、成本高等突出特点。交通运输部定点扶贫阿坝州小金、壤塘、黑水三县，2009～2017 年共安排定点扶贫资金 13.6 亿元，建设交通项目 167 个，构筑了交通骨干网架，打通了农村公路的毛细血管，实现了由“蜀道难”到“蜀道通”，为产业发展得到了有力支撑（董小坤，2018）。对“三区三州”的交通运输项目，交通运输部大幅度地提高了投资补助标准，五年共投入 2800 亿元。“三区三州”全部行政村村 100% 实现通硬化路、通客车，行路难得到根本根治。如今，包括“三区三州”在内的中国农村公路总里程超过 420 万公里①。

（一）“溜索改桥”让天堑变通途

溜索是一种原始的渡河工具，过去在一定程度上缓解了怒江州等西南边远深山沿江（河）地区群众的出行难问题；但其安全隐患大，运输效率低，难以满足群众对外出行需求和运输需求。为彻底改善溜索地区出行条件，2011～2012 年，交通运输部在怒江州率先实施“溜索改桥”工程。2013 年，交通运输部会同国务院扶贫办着力结束“溜索时代”，联合制定了《“溜索改桥”建设规划（2013—2015 年）》，支持将云南、四川、甘肃、青海、新疆等 7 省（自治区）边远山区的 309 对溜索改成安全可靠的人行桥或车行桥，并配套建设 796 千米连接道路。“溜索改桥”工程彻底改变了溜索地区群众的出行方式，显著提升了群众出行安全水平，解决了“溜索平时心里怕、汛期季节事故多”问题，让群众出行更安全更舒心，对外运输更方便更快捷。7 省（自治区）约 1168 个建制村 4000 个自然村告别“溜索时代”，惠及人口近 165 万人。工程实施后，当地外出务工人数较实施前增长约 38%，进出村人次增长约 178%，山里山外通婚数量也明显增多；农村地区年均进出车辆和邮件（快递）数量比工程实施前增长了约 2.5 倍。

（二）“悬崖村”从攀藤梯到上楼梯

凉山州实施“交通大会战”，建成国省干线 1612 千米，畅通了州府到县城的

---

① http：//news.cctv.com/2021/02/22/ARTIHT5JzoMJuSTsyODJbNk4210222.shtml.

主干公路，公路总里程达 2.7 万千米（江凌，2018）。为解决凉山州悬崖村出行难等基础设施难题，2016 年州、县两级财政筹集 100 万元为阿土列尔村村民修建钢梯，通上自来水，实现稳定供电。2017 年 6 月，通信铁塔的建成，阿土列尔村村民拥有了移动网络。现在，“悬崖村”已打造为知名度高的“网红村”，仅 2019 年来爬钢梯的游客就接近 10 万人。贫困人口人均年收入由 2014 年的不足 2000 年增至 2019 年的 6000 元①。2020 年 5 月，作为全省规模最大的易地扶贫搬迁工程，阿土列尔村的 84 户贫困户搬离土坯房，兴高采烈地搬进了位于县城易地扶贫搬迁安置的新楼房。

（三）一条公路改变民族命运

地处祖国西南、云南省西北部的怒江州，高山峡谷交错。其中，最高点高黎贡山主峰海拔 5128 米，最低点怒江河谷海拔 738 米，州内 98% 以上面积为高山峡谷，天气变化大，生态脆弱，灾害频发（牛志男，2018）。怒江州曾是全国唯一的“五无”州市，即境内无高速公路、航空、铁路、水运和管道运输。怒江州独龙江乡，地处中缅边境、滇藏交界处，是全国独龙族唯一的聚居区。这里山高谷深，地质条件恶劣，半年大雪封山。路，历来是制约独龙江发展的最大瓶颈。千百年来，独龙族群众过江需溜索，出山趟“天路”。中华人民共和国成立前，他们靠砍刀开路、攀藤附葛而行，过江靠溜索、竹筏、猪槽船等简易工具，交通设施建设滞后是制约怒江州发展的最主要因素。要想富，先修路，交通在怒江显得尤为重要。1965 年在政府和部队帮助下，穿越原始森林，翻越海拔 3842 米的南磨王山丫口，修建了全长 65 千米的人马驿道。当时，从贡山县城到独龙江乡政府所在地单程步行要 3 天，从县城到最远的村步行要 8 天才能到达。1999 年，国家投资 1 亿多元修通 96 千米的独龙江简易公路。从长远发展考虑，2004 年经云南省政府批准，原乡政府驻地巴坡村搬迁至孔当村；中国移动为独龙江乡开通了 GSM 移动通信网络，结束了独龙江乡不通电话和网络的历史。2010 年独龙江公路改建工程总投资 7.8 亿元，全长 79.982 千米，比原有公路缩短 16 千米。

2014 年，高黎贡山独龙江公路隧道贯通，结束了半年大雪封山的历史，当地群众实迈上了快速发展的“快车道”。2019 年怒江美丽公路全线建成通车，惠及沿线 30 多万群众。怒江、澜沧江两岸 36 座“溜索改桥”和新建的 137 座跨江大桥结束了靠溜索过江的岁月。随着脱贫攻坚不断深入，保泸高速公路、怒江美

① http：//news.cctv.com/2021/02/22/ARTIHT5JzoMJuSTsyODJbNk4210222.shtml.

丽公路、福维路、贡德路及怒江六库机场场平工程、兰坪通用机场试验段等一批重大交通基础工程相继动工建设，天险怒江正串起大道通途。怒江美丽公路的交通要道，是交通运输部“十三五”国省干线改造重点工程，投资百亿元，全长286.68千米，路基宽8.5米，时速40千米，工期为26个月（牛志男，2018）。畅通的县、乡、村、组道路，全面解决了群众的出行难题，怒江州的交通状况从“天堑阻隔”变成“四通八达”。

（四）全国最后一条通村公路

阿布洛哈，彝语中意为“高山中的深谷，人迹罕至的地方”。从凉山州布拖县出发，沿盘山路一直走，翻过4座大山、穿过2个山洞，路的尽头便是阿布洛哈村。阿布洛哈村地处大凉山腹地海拔3000多米的悬崖顶上，三面环山、一面临河，日常出行要步行4个小时才能下山到最近的乌依乡。通往阿布洛哈村的近4千米长的公路是全国最后一条通村公路，落后的交通成为当地发展的最大阻碍。2019年底，该村贫困发生率高达71.94%。2019年交通运输部和四川省联合制定“脱贫攻坚、交通先行”计划，重点任务是让最后一批没有通村公路的行政村，务必实现在2020年通路。为如期完成任务，施工从道路两端共同推进，一架米26的直升机用8天时间成功将挖掘机、装载机、潜孔钻机运到施工处，朝着最后的一千米掘进。2020年6月20日，全国最后一个不通公路的建制村——布拖县阿布洛哈村通村公路建成通车，客运同步开通，基本满足老百姓客货运输需求。短短3.8千米的公路足足建了一年，“车路双通”后村民的出行时间从4小时缩减到40分钟。

八、精神脱贫

要跨越贫困代际贫困，关键要靠“三区三州”贫困人口的积极性、主动性，发扬自力更生、艰苦奋斗的精神。扶志、扶智、扶职、扶质等破解精神贫困的关键举措。

（一）“两户见面”，贫困户取“脱贫经”

甘肃临夏州积石山县创造的“两户”见面会，脱贫户面对面分享“致富经”，贫困户取“脱贫经”，拜师求教。2017年3月27日，积石山县印发了《关于进一步深化拓展“两户”见面会的意见》（积县委办发〔2017〕18号），在各乡镇组织召开精准脱贫“两户”（脱贫户、贫困户）见面会。“两户”见面会旨在鼓励引导发展意愿强烈的贫困户与脱贫成效明显的脱贫户经常性对接，面对面交流、心贴心互动，以身边群众鲜活的脱贫案例，激发脱贫户带头脱贫的荣誉感和贫困户脱贫的内生动力①。该活动以“交流传授致富门路经验，引导激发脱贫内生动力”为主题，在村文化广场等地方召开以创造宽松、活跃的会议氛围，充分调动脱贫户和贫困户的参与积极性，切实增强互动交流的针对性和有效性。实践证明，“两户见面会”既是脱贫经验交流会，也是精准帮扶推进会，注重总结经验、及时调整帮扶措施以解决实际问题。村民间容易形成“比较心理”，“两户”见面会充分利用了村民之间的“比较心理”，脱贫户代表与贫困户直接见面交流，脱贫户代表讲述自己的脱贫经历、政策经验、致富门路，一定程度上对贫困户脱贫起到了激励的作用，有利于促进贫困户产生不甘落后、奋发图强的意识，强调了自我激励、自我发展的意识，激发贫困户摆脱贫困的内生意愿和动力。根据贫困户发展意愿，一对一定靶向因人因户开药方，使贫困户少走弯路，找到适合自己的脱贫路径。

（二）养成好习惯，形成好风气

凉山州作为全国最大的彝族聚居区，其东部的普格、布拖、金阳、昭觉、美姑 5 县的彝族人口占比 80% 以上，贫困发生率曾超过 30%。其深度贫困具有直过之滞、高寒之隔、民风之拙、文化之贫和设施之贫等特点。未脱贫前的彝族人口大多生活在土坯房中，这些土坯房多数无窗户、无开间，不通风、不透光，缺乏必要的生活设施。“家里一头牛，门口一堆肥”，不少高寒地区人畜混居、席地而卧。因高寒缺水，大多数家庭没有厕所和洗浴设施，房前屋后的树就是厕所。曾经普遍的婚嫁彩礼、葬礼的大操大办给群众造成了巨大压力。彝区贫困群众养牛为犁田，养猪为过年，养羊为待客，养鸡下蛋为换盐，进取动力不足（赵建国等，2020）。

四川凉山州聚焦扶贫扶志全力攻坚，坚持“物质脱贫”与“精神脱贫”一起抓，教育引导群众主动移风易俗，摒弃陈规陋习，培育新风正气，激发自力更生、勤劳致富、脱贫奔康的内生动力。一是以“板凳工程”为切入点开展彝区健康文明新生活运动，2016 年来共向贫困户发放“四件套”6.1 万套、“五选二”家电设备 9.1 万台（件），引导群众从坐板凳、睡床铺、用灶台改起，以生

---

① http：//fms. news. cn/swf/2021_ qmtt/2_ 23_ 2021_ qm/index. html.

活方式变革倒逼生产方式变革。二是深入推进“厕所革命”，全面实施改厕等住房功能分区建设，教育和引导彝区农村群众持续开展洗脸洗手洗脚洗澡洗衣服“五洗”活动，改变陈规陋习、养成良好习惯。三是深化“四好”创建，组建红白理事会、道德评议会、文明劝导队等群众组织4272个开展日常监督劝导，持续推进婚丧嫁娶高额彩礼和铺张浪费问题集中整治，全面启动833个州级“四好”村、80个省级“四好村”、10万户“四好”文明家庭创建工作。四是办好农民夜校，2016年率全省之先在每个行政村创建农民夜校，广泛开展政策法规、“双语”能力、实用技术、感恩奋进、禁毒防艾、“四好”创建等教育培训，全州3745所“农民夜校”累计培训群众420万人次。五是培育新型农民，于2017年启动实施新型农民素质提升工程，以“养成良好习惯、提升文化素质、促进就业创业、树立法治观念”为重点，集中3年时间将全州贫困户适龄劳动力轮训一遍，实现“培训一人、改变一家、脱贫一户、带动一片”①。

九、生态补偿脱贫

“三区三州”是生态脆弱与贫困交织的区域，各地践行“绿水青山就是金山银山”的理念，通过发展绿色生态经济，设置生态保护岗位，既拓宽了群众增收渠道，也改善了贫困地区生态环境，实现双赢。

（一）设置生态补偿岗位

“世界屋脊”“亚洲水塔”——西藏是亚洲乃至北半球重要的气候调节器，是中国重要的生态安全屏障，生态功能地位举足轻重。党的十八大以来，西藏通过实施极高海拔地区居民生态搬迁、生态岗位扶贫等措施，累计安排生态岗位补助资金79.86亿元；依托国家草原生态保护补助奖励、森林生态效益补偿等专项资金，落实专兼职生态补偿岗位65.5万个，保护着纯净的雪域高原（沈虹冰等，2020）。农牧民不再和大自然抢饭吃，而是吃上生态保护饭，实现了既要“绿起来”，也要“富起来”的生态脱贫目标。西藏脱贫攻坚在“世界屋脊”筑起了生态文明高地，在高原上生活的各族群众享受到了保护生态带来的红利。2016～2020年，怒江州共争取到生态扶贫资金9.22亿元，从建档立卡贫困户中聘用生态护林员31 045人，使贫困户每年每户增加9600元以上的劳务收入，有效促进

① http：//www. scds. org. cn/2021-12/27/944-6049-8195. htm.

贫困户尽快摆脱贫困。

（二）实施光伏扶贫

位于黄河岸边的青海省海南藏族自治州共和县塔拉滩，原本是一片干旱少雨的荒漠。近年来，通过建设光伏发电基地大力发展“阳光产业”，同时建设村级光伏扶贫电站实现并网发电，将收益发放建档立卡贫困户的公益岗位工资，推进贫困群众增收，昔日荒滩变身产业“银滩”。荒漠戈壁变为“蓝色海洋”，贫困群众喜添“阳光收入”。在光伏板的遮挡下，荒滩上的草又长了起来。村民不仅有光伏发电收入分红，还能去园区放羊，每月能挣约 3000 元（齐中熙等，2021）。

十、金融脱贫

在扶贫过程中，金融机构从落实信贷政策、拓宽直接融资渠道、创新农业保险等方面，加大资源投入力度，有效缓解了深度贫困地区的资金瓶颈。同时，从发展产业、改善基础设施、兜牢防返贫底线等方面发力，不断巩固脱贫成果，提升脱贫质效。

（一）加大信贷资源投放力度，培育扶持乡村产业

根据“三区三州”资源禀赋和乡村产业发展实际，大力推进信贷产品创新。①创新推动小额微贷业务，对有劳动能力、有贷款意愿、信用观念好且自主选择小型生产经营项目的建档立卡贫困户发放“5 万元以下、3 年期以内、免担保免抵押、基准利率放贷、财政贴息”小额信用贷款，支持贫困户自主发展种植、养殖等家庭产业。②灵活运用多种货币信贷政策工具，做好种养大户、家庭农场、专业合作社等经营主体融资服务。甘肃临夏州银行业机构创新了“手抓贷”“拉面贷”“旺畜宝”“农家乐贷”“餐易贷”“牦牛贷”等多项特色金融产品，有力地支持了新型经营主体发展。③通过大力发展仓单质押等产业链、供应链金融，支持种养加、乡村旅游、生态农业、电商、科技农业等行业龙头企业延伸产业链、提升价值链，依托龙头企业产业链核心地位，加强上下游农户的服务，巩固与群众之间的合作模式和利益联结机制，带动更多群众分享农业全产业链和价值链增值收益。④建立健全覆盖脱贫地区传统优势产业、特色产业、新产业新业态的金融服务体系，助推做大做强产业体系。信贷资源的介入及金融产品服务创

新，显著提升了金融服务乡村产业发展的广度和深度，较好地破解了贫困户、新型经营主体、农业社会化服务组织、小微农业企业等产业主体面临的“资金约束”和信息不对称难题，解决了资产资源严重不足及配置效率低下问题，有效推动了乡村产业深度融合发展，加快了集约化、规模化、机械化、组织化和科技化发展进程。

（二）拓宽直接融资渠道，健全多层次融资服务体系

证券部门积极探索资本市场普惠金融功能与机制，针对“三区三州”建立资本市场服务“绿色通道”，对区域内企业首次公开发行股票、债券融资、新三板挂牌、并购重组等实行“即报即审、审过即发”政策。①加强资本市场专业服务，证券业协会指导70家证券公司与106个深度贫困县建立结对帮扶关系，充分发挥大型券商人才优势、资源优势、专业优势、平台优势和规模优势，在“三区三州”深入开展产业扶贫项目梳理、知识培训、融资策划、项目对接、技术支持等全方位服务。②指导涉农龙头企业、中小企业使用中小企业集合票据、短期融资债券等非金融企业债务融资工具，服务西藏自治区发行首单扶贫票据——“拉萨市城市建设投资经营有限公司扶贫中期票据”，规模10亿元、期限3年，募集资金集中用于支持扶贫产业项目发展。③探索创新专题债券发行模式，服务“三区三州”市场主体发行脱贫攻坚专题债券，筹集重大基础设施、农村基础设施和产业扶贫等领域发展资金。④发起设立扶贫产业基金，充分利用专业机构的经验和资源，以资本带动产业扶贫深入推进。⑤创新发展融资租赁业务，通过直接租赁、回租、保理等方式解决产业扶贫领域设备和资金不足问题。以股票与债券为主的直接融资数量较大、资金使用限制较少，补充完善了银行信贷在贷款资金有限、期限与农业生产周期不匹配、导致企业过分负债经营等方面存在的不足，完全满足了“三区三州”新型经营主体在基础设施、设备购置、机械租赁等方面所表现出的融资金额巨大、期限长、用途广泛等特点（杨清丽和李亚奇，2021）。

（三）创新发展农业保险，增强保险“保障+服务”功能

农业生产经常受到自然灾害和市场波动的影响，是致贫的重要原因。防返贫具有准公共物品的属性，是能充分发挥市场化的有效手段和工具。将保险商业工具的使用融入政府的支持，体现了政企合作的典范。保险是分担风险的专业工具，而贫困和返贫本身也是一种风险，保险对防返贫具有天然的联系和优势，以及不可替代的作用。在后扶贫时代，防返贫综合险是在“保”的作用发挥上非

常重要，应充分利用保险的风险分担属性，发挥保险的兜底保障作用，在防返贫工作中引入扶贫保险产品。

保险部门制定“三区三州”保险服务网络量化目标及支持政策，建立保险支持乡村产业发展政策体系，开辟外出务工人员异地理赔绿色通道，允许对贫困农户预付赔款，对扶贫保险业务实行差异化考核，“三区三州”保险机构因扶贫保险业务导致的亏损不纳入绩效考核。持续降低“三区三州”农业保险费率，对财政补贴型农业保险的保险费率在已降费20%的基础上，再降低10%～30%，对建档立卡贫困户意外伤害保险和商业型农业保险在备案费率基础上降低10%～30%。

2020年3月，中国银行保险监督管理委员会要求进一步做好“三区三州”深度贫困地区保险业扶贫工作，实现“三区三州”深度贫困县保险机构全覆盖，完善以农业保险、大病保险为核心的保险扶贫体系等。截至2020年上半年，中国人保服务网点已经覆盖“三区三州”所有县，在“三区三州”开办农业保险产品424个，因地制宜开发了青稞保险、马铃薯保险、中药材保险等特色农业保险产品，为161.8万户次农户提供风险保障311.78亿元，向21.1万户农户支付赔款3.96亿元，为产业脱贫保驾护航。在健康扶贫上，2020年上半年中国人保大病保险业务覆盖“三区三州”118万人，支付赔款3306万元，同比增加35%。承办扶贫类医疗救助保险项目5个，覆盖16.7万人，支付赔款1090万元，助力解决因病致贫返贫问题。为支持“三区三州”基础设施建设，中国人保发挥保险资金规模大、期限长、来源较为稳定的优势，上半年投放债权、股权等保险资管产品近250亿元，不断加大对贫困地区水电煤气、公路交通、棚户区改造等的投资支持力度①。

十一、社会扶贫

社会扶贫是多元主体对贫困群体所实施的各类救助、开发以及社会帮扶举措（蓝红星和庄天慧。2019）。我国社会扶贫包括东西扶贫协作、定点扶贫、企业扶贫、社会组织扶贫、国际机构扶贫和个人扶贫（李周，2016）。社会帮扶是一种“互惠链接”，具有重要的社会结构整合、社会关系强化、文化意识融合之功能；强化了族群间的“纽带性”，增进了“共同性”和“共通性”，进一步实现了心理亲近、情感认同、文化融合，同步铸牢中华民族共同体意识。

---

① http://www.xinhuanet.com/2020-08/30/c_1126430619.htm.

（一）东西扶贫协作

东西扶贫协作主要是通过发达省市在资金、技术、人员等优势资源帮助“三区三州”减贫与发展。东西部协作制度的缘起，主要是改革开放后东部和西部发展的不平衡。改革开放初期，邓小平曾对沿海帮扶内地发展作出战略安排。1979年国家组织内地发达省、市对口支援民族地区。其中上海支援云南、宁夏，江苏支援新疆，山东支援青海，全国支援西藏（马启智，2012），“三区三州”是其中重点受援对象。

《国家八七扶贫攻坚计划》明确要求京、津、沪等大中城市及广东等沿海较发达的省、市，与西部贫困省（自治区）对口扶贫。1987年，中央强调“国家和发达地区及社会各界要一如既往，进一步支持民族地区的扶贫工作”（王文长等，2016）。20世纪90年代，随着改革开放的逐步深入，东中西区域发展差距逐渐日益凸显，国家开始对东西部扶贫协作作出顶层设计。1996年5月，中央作出“东西部扶贫协作”重大决策，确定9个东部省市和4个计划单列市对西部10省区开展扶贫协作（平卫英等，2021）。2001年通过的《民族区域自治法》第六十四条规定，国家积极组织发达地区与民族自治地方开展协作和对口支援。2010年3月29日，全国对口支援新疆工作会议决定，19个省市在人才、技术、资金上全方位支援新疆建设。山东省对口支援新疆的时间早、成效显著，双方协作内容包括了政府部门、企事业单位等方面，协作方式包括农业开发、企业联营、商业贸易、文化教育、经济技术等多种协作形式（刘林，2014）。脱贫攻坚以来，通过对口省市支援和多渠道多形式的招商引资，有效促进了南疆地区现代工业实现从无到有、从少到多、从小到大的跨越式发展。10个援疆省市共援建工业园产业园42个，引进农副产品加工、电子装配、纺织服装等领域5500多家企业入驻，吸纳贫困人口就业8万多人①。

2016年《关于进一步加强东西部扶贫协作工作的指导意见》提出携手奔小康行动，东部省份组织本行政区域内经济较发达县（市、区）与扶贫协作省份和市州扶贫任务重、脱贫难度大的贫困县开展携手奔小康行动；探索在乡镇之间、行政村之间结对帮扶。同年国家调整东西部扶贫协作的范围，实现了30个民族自治州结对帮扶的全覆盖，“北京医生”“上海老师”“广东老板”“浙江工

---

① https：//baijiahao. baidu. com/s？ id=1683271232305558071&wfr=spider&for=pc.

程师”为边“三区三州”带来源源不断的资金、技术和先进的观念①。调整后涉及“三区三州”的协作结对关系为：天津市帮扶甘肃省；上海市帮扶云南省；江苏省帮扶青海省西宁市和海东市；浙江省帮扶四川省；厦门市帮扶甘肃省临夏州；广东省帮扶四川省甘孜州，佛山市帮扶四川省凉山州，珠海市帮扶云南省怒江州。

借助中东部发展优势来弥补西部的劣势，变“输血式扶贫”为“造血式扶贫”，带动贫困地区的内部发展动力，形成了全方位、多层次、多形式的扶贫协作格局，实现先富带后富，携手奔小康。东西部扶贫协作让“三区三州”等西部地区的脱贫攻坚起点更高、后劲更大、信心更足。2021 年2 月，习近平总书记在全国脱贫攻坚总结表彰大会上宣告“东西部扶贫协作”改称“东西部协作”，驻村第一书记、对口支援等政策必须坚持和完善。

（二）定点扶贫

定点扶贫是指党政机关、企事业单位和社会团体利用自己的资源，以重点贫困县为主要帮扶对象，与贫困地区合作以帮助其脱贫致富的一种开发式扶贫模式，其目的是促进党政机关、企事业单位和社会团体参与扶贫工作。这是中国特色扶贫开发工作的重要组成部分。1986 年，13 个中央国家机关率先联系集中连片特困地区定点扶贫。随后，定点扶贫被确定为一项政治任务，民主党派、金融机构、高等院校、中央企业等加入其中。2012 年，中央单位定点扶贫实现了对国家扶贫开发工作重点县的全覆盖②。

在甘肃省东乡县布楞沟流域，中国石化集团把水引来、把路修通、把新农村建设好，并培育起藜麦、木耳等多个富民产业③。四川省审计厅牵头的 8 家省直定点扶贫部门主要领导和班子成员多次带队深入阿坝州阿坝县调研指导、协调对接，精心选派 16 名干部人才到村挂职锻炼，精准安排帮扶项目和资金，为阿斯玖、阿布洛等 9 个贫困村直接解决和协调帮扶资金 4732. 41 万元，实施农业产业基础设施、公共服务等项目 116 个，帮助解决了脱贫攻坚中很多困难和问题。扶贫、交通、水利等省直部门在项目规划、交通建设、安全饮水等方面给予阿坝县大力支持，确保了若果郎水利工程、省道 220 线（阿茸路）、省道 217 线（麦唐路）等一批重大项目落地落实，为阿坝县脱贫攻坚提供了强劲支持。

---

① http：//fms. news. cn/swf/2021_ qmtt/2_ 23_ 2021_ qm/index. html.

② https：//news. cctv. com/2021/02/21/ARTIHicY5KERTqCiOeKdL7ut210221. shtml.

③ 同②。

（三）企业帮扶

2018年以来，新疆和国务院扶贫办、全国工商联开展“民营企业南疆行活动”，2018~2020年到位资金分别为180亿元、317亿元、400亿元。初期对口帮扶项目主要是基础设施和公共服务以改善生产生活条件，后期通过引进企业，建立现代企业制度来推动南疆产业发展。当地扶贫车间和卫星工厂也实现了较快发展，农民向产业工人华丽蜕变，实现了一人就业全家脱贫的良好局面①。

浙江温州市瓯海区、瑞安市开展“万企帮万村”行动，35家企业帮扶阿坝县35个贫困村，累计捐资捐物折合人民币达1100余万元，共投入146.8万元资金建设村基础设施和设置爱心岗位。四川德阳市开展“千企帮千村”行动，7家企业帮扶阿坝县7个贫困村，累计捐资捐物折合人民币达40余万元；德阳市81家企事业单位与阿坝县45个行政单位、27所学校、9所医院签订结对帮扶协议，累计捐资捐物折合人民币达736余万元。

云南省能投集团与怒江州开展全面战略合作，主动将企业发展融入地方，开展能源开发、全域旅游、特色农副产品开发、绿色产业投资、城镇和美丽乡村建设等（牛志男，2018）。立足怒江州山区实际和种养殖业现状，能投集团坚持“产业为本，项目优先”原则，积极打造农副产业基地。2016年，云南省怒江大峡谷农副产品加工中心在福贡县石月亮乡建成投产，通过引导村民规模化发展草果等特色农副产品，进行精深加工提质增效，并延伸产业链，吸纳贫困人口就业，不断拓宽增收渠道。云南能投集团对口帮扶的咱利村是傈僳族村落，2017年4月，咱利产业开发有限公司的成立标志着福贡县第一家村办企业诞生。公司与建档立卡贫困户签订生猪养殖产业扶贫协议，现场发放猪仔，并请技术人员对村民进行生猪养殖管理和防疫培训，公司的落成有力带动了周边村寨的特色养殖。

第三节 “三区三州”摆脱深度贫困的伟大成就

从雪域高原、戈壁大漠，到“溜索悬江”的峡谷沟壑；从曾经“苦瘠甲天下”的黄土高原，到“一步跨千年”的大凉山……“三区三州”各族人民以敢教日月换新天的豪情壮志、越是艰险越向前的拼搏精神，书写了一曲曲勠力同心、决战贫困的英雄壮歌，到2020年取得脱贫攻坚伟大胜利和举世瞩目的成就。

① https：//baijiahao. baidu. com/s？ id=1683271232305558071&wfr=spider&for=pc.

“三区三州”群众生活水平得到实质性进展，生产生活和发展条件发生了翻天覆地的根本性变化，现代产业取代了刀耕火种，电商走进了边疆山寨，许多贫困村有了自己的大学生，边疆民族地区经济发展滞后、思想观念落后的状况，发生了从内而外的深刻改变。许多人的命运因此而改变，许多人的梦想因此而实现，许多人的幸福也因此而成就。为乘势而上向第二个百年奋斗目标迈进、踏上实现共同富裕的新征程奠定了坚实基础。

一、区域性整体贫困得到彻底解决

党的十八大以来，党中央加大对“三区三州”打赢脱贫攻坚战的支持力度，贫困人口由2013年的438.28万人降至2019年的76.45万人，至2020年困扰“三区三州”千百年来的绝对贫困问题得到历史性解决①，全面完成脱贫攻坚的目标任务。2018年底，独龙族“一步跨千年”，率先在人口较少民族中实现整族脱贫。2020年11月，随着怒族、柯尔克孜族、仫佬族整族脱贫，28个人口较少民族历史性摆脱绝对贫困，全部实现整族脱贫，一些中华人民共和国成立后“一步跨千年”进入社会主义社会的“直过民族”，又实现了从贫穷落后到全面小康的第二次历史性跨越，兑现了“全面建成小康社会、一个民族都不能少”的庄严承诺。

西藏是全国唯一的省级连片特困区域，在“三区三州”中面积最大，贫困面广，脱贫前47个县（区）贫困发生率超过20%。西藏累计实现62.8万贫困人口脱贫，74个贫困县（区）全部摘帽。2020年，怒江州实现26.96万贫困人口脱贫，249个贫困村全部摘帽，4个深度县（市）全部出列，全州建档立卡户年人均纯收入提升到10 878元，区域性整体贫困得到解决。2015～2019年，临夏州贫困发生率从18.74%降至1.78%，到2020年底，临夏州实现区域性整体脱贫（表4.5）。

表4.5　临夏州2015～2019年的贫困人口数与贫困发生率

地区	贫困人口数（万人）					贫困发生率（%）				
	2015年	2016年	2017年	2018年	2019年	2015年	2016年	2017年	2018年	2019年
临夏州	32.37	29.94	26.01	16.38	3.25	18.74	16.40	14.24	8.97	1.78
临夏市	0.20	0.29	0.14	0.11	0.06	2.23	3.35	1.64	1.22	0.68

① http：//www.cpad.gov.cn/art/2020/3/12/art_61_114841.html.

续表

地区	贫困人口数（万人）					贫困发生率（%）				
	2015 年	2016 年	2017 年	2018 年	2019 年	2015 年	2016 年	2017 年	2018 年	2019 年
康乐县	4.53	3.91	3.28	2.34	0.34	18.14	15.16	12.72	9.08	1.33
和政县	2.95	2.56	1.72	0.94	0.19	18.49	14.28	9.63	5.23	1.09
积石山县	5.61	4.58	3.20	1.59	0.28	23.71	18.58	12.98	6.47	1.15
临夏县	6.38	5.50	4.91	2.92	0.8	18.29	15.53	13.86	8.25	2.26
东乡县	6.84	7.42	7.40	4.93	1.28	23.98	24.64	24.61	16.39	4.25

数据来源：2021 年 7 月课题组实地调研数据整理得到

甘南州是国家“三区三州”和甘肃“两州一县”深度贫困地区之一，全州八县市整体列入四省涉藏州县扶贫攻坚重点片区。舟曲、临潭、卓尼、夏河、合作五县市为国家级重点县，迭部县为省级重点县，碌曲和玛曲两县的 11 个乡 32 个行政村为国家扶贫重点乡村。贫困人口由 2013 年初的 20.61 万降至 2019 年的 0.28 万，贫困发生率由 36.75% 降至 0.5%（表 4.6），全州 8 县市和 307 个贫困村脱贫退出，甘南州提前一年整体脱贫摘帽任务顺利完成。截至 2020 年 9 月，甘南州剩余的舟曲县尖吉村、前山村，迭部县次哇村三个挂牌督战村和 0.28 万人贫困人口县级自验工作全部完成，村、户各项脱贫指标均达到退出标准。至此，甘南州脱贫攻坚工作取得决定性成效。2018 年共落实到位项目资金 28.79 亿元，其中中央财政资金、省级财政资金、社会资金占比分别为 60.43%、8.88%、30.70%，社会帮扶资金和州县财政资金中分别有 3.45 亿元和 1.38 亿元。财政资金在扶贫投入中的比重较大，远高于金融资金和社会帮扶资金。

表 4.6 甘南州建档立卡贫困数据

地区	贫困村数（含档外深度贫困村）	2013 年初		2017 年底			2017 年人均可支配收入（元）
		贫困人口（万人）	贫困发生率（%）	剩余贫困户（万户）	剩余贫困人口（万人）	贫困发生率（%）	
甘南州	318	20.61	36.75	1.23	4.74	8.54	6998
临潭县	82	5.78	43.10	0.44	1.65	12.41	6619
舟曲县	87	4.5	36.14	0.33	1.06	8.91	6742
卓尼县	54	3.61	40.02	0.21	0.87	9.65	6831
夏河县	27	2.04	29.44	0.10	0.47	6.66	7035

续表

地区	贫困村数（含档外深度贫困村）	2013 年初		2017 年底			2017 年人均可支配收入（元）
		贫困人口（万人）	贫困发生率（%）	剩余贫困户（万户）	剩余贫困人口（万人）	贫困发生率（%）	
迭部县	23	1.67	40.83	0.05	0.24	6.08	6640
玛曲县	15	0.94	23.56	0.05	0.19	4.34	8410
碌曲县	12	0.89	30.90	0.05	0.24	8.54	8273
合作市	18	1.18	33.81	0.01	0.03	0.80	7230

数据来源：2019 年 7 月课题组赴甘南州调研获得

二、经济水平和生活质量显著提升

（一）经济发展水平显著提高

脱贫攻坚极大释放了“三区三州”蕴含的潜力，为经济发展注入强大动力。2012～2019 年，“三区三州”GDP 由 5280.31 亿元增加至 8991.78 亿元，年均增长 7.90%。地方财政性一般收入由 459.16 亿元增至 851.48 亿元，年均增长 9.22%。货物运输周转量由 663.20 亿吨公里增加至 1133.41 亿吨公里，年均增长 7.96%。旅客运输周转量由 250.35 亿人公里增加至 445.91 亿人公里，年均增长 8.60%。国内外贸易总额由 1444.19 亿元增至 2709.54 亿元，年均增长 9.41%①。例如，怒江州 GDP、规模以上工业增加值、地方公共财政预算支出、城镇常住居民人均可支配收入、农村居民人均可支配收入等 5 项主要经济指标增速位列全省首位。

（二）农村居民收入快速增长

脱贫攻坚以来，“三区三州”农村居民收入水平显著提升，人民生活水平从温饱不足到全面小康，经历了从“苦日子”到“熬日子”再到“好日子”的巨变。2012～2019 年“三区三州”居民人均可支配收入由 8463.35 元增至 17 607.93 元，年均增速 11.03%。其中，城镇居民人均可支配收入由 17 893.99 元

① 数据来源：2013～2019 年《中国统计年鉴》及各地 2019 年政府工作报告及相关政府网站。

增加至31 297.94元，年均增速8.31%；农村居民人均可支配收入由5411.85元增加至11 073.94元，年均增速10.77%（表4.7）。

表4.7　“三区”农村居民可支配收入和居民消费支出情况

（单位：元/人）

区域	农村居民可支配收入		农村居民消费支出	
	2013年	2020年	2013年	2020年
西藏	6553	14598	4102	8917
四省涉藏州县	4962	11884	4691	10385
南疆四地州	5692	12897	4803	8853

资料来源：《人间奇迹》编写组，2022

2013～2020年，“三州”中，凉山州11个贫困县农村居民人均可支配收入实现翻番，2020年人均可支配收入达11 861元，比2013年增加6384元，累计增幅达1.2倍（《人间奇迹》编写组，2022）。怒江州农村常住居民人均可支配收入从2015年的4791元提升到2019年的7165元，年均增长10.6%，增速高于全省平均水平，比同期城镇常住居民人均可支配收入增速高1.8%。2020年，怒江州建档立卡贫困人口人均可支配收入10 878元，比2014年增加了8761元，增长4.13倍（图4.1）①。城乡居民生活条件大幅改善，城乡居民吃穿不愁，消费能力逐步提升，买新房和汽车的群众不断增多，美好生活更有奔头了。

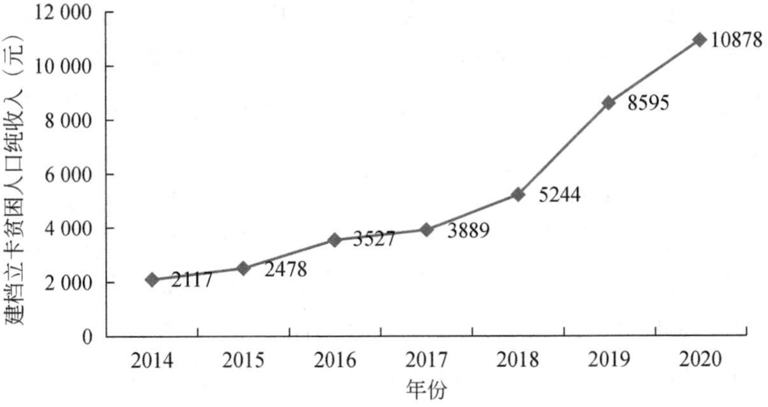

图4.1　2014～2020年怒江州建档立卡贫困人口人均纯收入情况

① http://www.banyuetan.org/fpdxal/detail/20210528/1000200033138961622170103367919896_1.html.

（三）消费水平和结构明显改善

“三区三州”消费水平不断提升，消费结构明显优化，在满足基本生活消费后，农牧民群众消费逐步向发展型消费转变。同时拉动了庞大的农村消费，为促进国内大循环提供了支撑。

（1）消费支出持续增长

随着农村居民收入的快速增长，带动农民居民消费水平大幅提升。例如，南疆四地州农民居民人均消费支出由2013年的4803元提高至2020年的8853元，增长84.3%，年均增长9.1%（《人间奇迹》编写组，2022）。

（2）消费结构不断优化

一是，食品支出占比显著下降。在经济学上，恩格尔系数（Engel's Coefficient）是指居民家庭中食物支出占消费总支出的占比。通过扶贫，包括深度贫困地区在内的我国农村恩格尔系数[①]显著下降。根据联合国粮农组织提出的标准，当恩格尔系数在59%以上为贫困，50%～59%为温饱，40%～50%为小康，30%～40%为富裕，低于30%为最富裕（张俊飚等，2019）。2020年，西藏农村居民人均消费支出8917元，比2012年增长1.6倍。食品烟酒、衣着、居住支出比重比2012年均有所下降，恩格尔系数由2012年的44.5%下降到37.8%，下降了6.7个百分点，农民的食品消费状况已发生显著改变（《人间奇迹》编写组，2022）。

二是，衣着支出水平显著增加。我国连片特困地区农村常住居民衣着支出由2014年的358元增至2020年的566元，消费占比由6.1%降至5.4%。同时，穿着消费悄悄发生着深刻变化，从“一衣多季”转变到“一季多衣”，消费个性化越来越明显。

三是，耐用消费品拥有量明显增加。“三区三州”农民家庭耐用消费品从无到有、再到优，家庭各种耐用消费品拥有量逐渐增加，越来越便捷实用。2019年，西藏农村每百户拥有汽车、洗衣机、电冰箱、移动电话、计算机分别为32.5辆、78.8台、77.8台、258部、4.6台，分别比2016年增加14.4辆、18.9台、24.5台、70.7部、4.4台，这表明家庭耐用消费品的拥有量逐年递增，与全国农村平均水平的差距渐渐缩小（表4.8）。

① 经济学上，恩格尔系数（Engel's Coefficient）指居民家庭中食物支出占消费总支出的占比。

表 4.8 “三区”2019 年每百户耐用消费品拥有量

区域	汽车（辆）	洗衣机（台）	电冰箱（台）	移动电话（部）	计算机（台）
西藏	32.5	78.8	77.8	258.0	4.6
四省涉藏州县	36.2	89.5	86.0	266.2	9.4
南疆四地州	11.6	96.2	98.9	203.6	2.8

资料来源：国家统计局住户调查办公室，2020

三、基础设施和公共服务水平不断提升

脱贫攻坚以来，“三区三州”基础设施明显提升，群众关心的教育、医疗、养老、社保等民生事业大幅改善，困扰群众发展的热点难点问题得到历史性解决，和谐稳定的局面持续巩固。

（一）基础设施水平不断提升

“三区三州”交通设施、通信设施、网络设施等条件大为改善，基础设施水平不断提高。如表 4.9 所示，四省涉藏州县所在自然村通公路和进村主干道路硬化的农户比例由 2016 年的 96.7%、84.4%分别上升至 2019 年的 99.5%、95.8%，所在自然村能便利乘坐公共汽车的农户比重由 49.8%上升至 51.7%。2019 年，新疆南疆四地州所在自然村通公路的农户比例、所在自然村通电话的农户比例、所在自然村能接收有线电视信号的农户比例、所在自然村进村主干道路硬化的农户比例、所在自然村通宽带的农户比例等 5 项指标均达到 100%。2015 年我国贫困村的通光纤比例不足 70%，“三区三州”深度贫困村通光纤只有 26%[①]，西藏 5200 多个行政村基本没有通 4G 网络。工业和信息化部累计支持“三区三州”深度贫困地区超过 1.6 万个行政村光纤网络建设和 9700 多个 4G 基站建设，截至 2020 年底，“三区三州”深度贫困地区通光纤和 4G 网络比例与全国其他地区同步超过 98%（《人间奇迹》编写组，2022），极大改善了网络水平，城乡“数字鸿沟”明显缩小。

西藏自治区整体推进农村“厕所革命”、生活垃圾和污水处理、村容村貌提升工程，美丽乡村建设取得显著成效。山南市克松村是“西藏民主改革第一村”，水泥路面干净整洁，藏式楼房错落有致，2019 年人均纯收入超过 2 万元

① https://news.cctv.com/2021/02/21/ARTIHicY5KERTqCiOeKdL7ut210221.shtml.

（沈虹冰等，2020）。

表 4.9　四省涉藏州县农户基础设施改善情况　　（单位：%）

年份	所在自然村通公路的农户比例	所在自然村通电话的农户比例	所在自然村能接收有线电视信号的农户比例	所在自然村进村主干道路硬化的农户比例	所在自然村能便利乘坐公共汽车的农户比例	所在自然村通宽带的农户比例	所在自然村垃圾能集中处理的农户比例
2016	96.7	96.2	83.1	84.4	49.8	49.2	58.1
2019	99.5	96.2	87.3	95.8	51.7	75.2	75.6

资料来源：国家统计局住户调查办公室，2019；国家统计局住户调查办公室，2016

（二）教育发展水平不断提高

2012～2019 年，“三区三州”普通中学人数由 140.18 万人增加至 163.39 万人，年均增长 2.21%①。西藏所在自然村上幼儿园便利的农户比重、上小学便利的农户比重分别由 2016 年的 83.4% 和 94.7% 增至 2019 年的 98.7% 和 98.4%；四省涉藏州县所在自然村上幼儿园便利的农户比重、上小学便利的农户比重分别从 2016 年的 67.8% 和 77.5% 上升至 2019 年的 81.3% 和 86.1%。新疆 15 岁以上人口平均受教育年限分别由 2010 年的 9.27 年上升至 2020 年的 10.11 年。（国家统计局住户调查办公室，2020）。中央民族大学附属中学面向“三区三州”招生名额和人数逐年增加，2019 年跨区域招收少数民族增量计划全部用在“三区三州”，在 135 个深度贫困县每县招生 1 人，实现全覆盖；2020 年面向“三区三州”招生名额增至 153 人。

（1）义务教育得到有效保障

怒江州全面落实 14 年免费教育，开办普职教育融合班，确保全州青少年儿童没有一人因贫失学辍学。积极改善办学条件，各项发展指标大幅提升，探索形成了“立体式宣传、拉网式排查、一对一包保、官告民跟进、全方位提升”义务教育阶段控辍保学机制。2019 年，“三区三州”135 个深度贫困县学前三年毛入园率达 77.2%（其中 38 个县超过 90%），提前实现 2020 年入园率 70% 目标。从 2012 年到 2022 年，甘肃临夏州毛入园率从 15.8% 增长到 95.5%，云南怒江州从 25.6% 增长到 90.01%，学前教育区域、城乡差距明显缩小。截至 2020 年，西藏青壮年文盲率仅 0.52%，新疆小学入学率达 100%。

---

① 数据来源：2013～2019 年《中国统计年鉴》；各省区 2019 年政府工作报告及相关政府网站。

（2）教师队伍建设得到加强

“三区三州”把加强教师队伍建设最先纳入议事日程，通过补充增量、培训存量、定向培养、滚动推进，不断提高教师的薪资水平和工作环境，师资队伍水平明显加强。2019年，共选派2.3万名教师到“三区”受援县支教，“特岗计划”招聘规模增至10万人，“银龄讲学计划”招募人数提高到4000名。“国培计划”实施效果显著，开展了第二批援藏、援疆万名教师支教计划和凉山教育帮扶行动。

（三）医疗保障水平显著提升

“三区三州”基本公共服务体系建设加快推进，城乡基本养老保险制度全面建立，具有减贫兜底功能的社会保障体系日益完善。2011～2018年，包括“三区三州”在内的连片特困地区医疗卫生床位数由53万增至103万，各种社会福利收养性单位床位数由44万增至61万。2016～2019年，四省涉藏州县所在自然村有卫生站的农户比重由78.9%升至87.9%（国家统计局住户调查办公室，2017；2020）。“三区三州”通过提高“大病救助”水平，有效降低了贫困群众就医费用。西藏通过聚焦卫生健康薄弱环节，加大政策供给和投入支持力度。2019年，西藏农牧区贫困住院患者县域内“先诊疗后付费”覆盖率达98.5%（徐驭尧，2020）。目前，西藏重病兜底保障率、大病集中救治率、慢病签约服务率均超过95%，实现了大骨节病、包虫病患者免费手术、药物治疗全覆盖（沈虹冰等，2020）。

2012年，临夏州无一家三级甲等医院，乡卫生院配套设施短缺；每千人拥有病床2.7张、医技人员1.96人，78%的行政村无卫生室，40%的行政村无村医；农村患大骨节病、碘缺乏病等地方病人口有8.62万人，占农村人口的4.98%。2013年以来，投资10.13亿元，新建改扩建乡镇卫生院67所、村卫生室587个，乡村两级配备医疗设备451台套，县乡村三级医疗机构全部实现分类建设要求，地方病、慢性病贫困人口全部实现签约服务，实现了就近看病和看得起病的目标（马秀梅等，2021）。

（四）社会保障水平不断完善

加强社会保障兜底，实施“8+1”社会救助体系，织牢社会兜底网，对贫困人口中符合社会救助条件全部实现“应兜尽兜、应保尽保”。开展健康扶贫以来，西藏逐步实现贫困人口基本医疗保险制度全覆盖，并给予资金支持。其中，对农牧区特困人员参保缴费全额补助；对参加城乡居民基本医疗保险的贫困人口，个人缴费金额实行定额资助。西藏自治区将城乡贫困人口大病保险起付线降低50%，医疗费用报销比例提高5%（徐驭尧，2020）。

（五）饮水安全得到保障

水利部印发《关于加快推进深度贫困地区水利改革发展的实施意见》，加快推进“三区三州”水利扶贫工作，开工建设新疆玉龙喀什水利枢纽工程、四川凉山州龙塘水库及灌区工程等重大水利工程。“十三五”时期，“三区三州”深度贫困地区解决了780多万贫困人口饮水安全问题（《人间奇迹》编写组，2022）。脱贫地区自来水普及率提高到83%，特别是新疆、甘肃等长期干旱缺水地区告别了苦咸水、涝坝水，老百姓都喝上了清洁水、安全水。

黄河、洮河、大夏河等河流穿甘肃省临夏州而过，但时空分布不均衡，季节性、工程性缺水问题突出，2012年底农村人口中40%自来水没有入户，60%饮水不安全，存在“看得见水但吃不上水”的窘境。2013年以来，实施186项安全饮水巩固提升工程，实施7项水源保障工程，农民自来水入户率超过99%，供水保障率超过95%，选聘村级水管员1246名，健全工程运行管护机制，构建了从“源头”到“龙头”的饮水安全保障体系，不仅彻底解决了群众吃水难问题，而且为产业发展、生态建设提供了用水保障（马秀梅等，2021）。2016~2019年，西藏自治区、四省涉藏州县使用管道供水的农户比例由48.9%、67.5%分别上升至68.8%、78.8%；使用经过净化处理自来水的农户比例由25.8%、26.5%分别上升至39.4%、40.9%（国家统计局住户调查办公室，2020）。

（六）住房及家庭设施大为改善

住有所居自古便是小康生活的标准之一。2016~2019年，西藏自治区、四省涉藏州县居住竹草土坯房的农户比例由1.7%、9.4%分别降至0.9%和3.3%；西藏、四省涉藏州县农户独用厕所比例由71.2%、79.8%升至81.3%、90.2%；西藏炊用柴草的农户比例由54.7%升至55.5%（国家统计局住户调查办公室，2017；2020）。和田地区于田县达里雅布依乡达里雅布依村是中国“最后沙漠部落”，363户村民告别落后的生产生活方式，全部搬迁至水电路均通的现代新村，结束百年来隐居的生活方式（杨文明等，2021）。

怒江群众从“穷窝穷业”到“安居乐业”，过去绝大多数农民住在高山峻岭之上、峡谷缝隙之中，一方水土养不起一方人。怒江峡谷特色小镇拔地而起，8.7万无力改造户住进新房、10万贫困人口住上安居房，群众住房条件得到了历史性的提升和改善。怒江州易地搬迁人口占全州人口的20%、占建档贫困人口的比例接近40%，绝大部分在城镇安置。当地实施“百日攻坚”，组织“背包队”，开展“背包上山、牵手进城”行动，组织懂地方少数民族语言、有基层经验、善打硬仗的干部与搬迁群众开展院坝座谈、火塘夜话，拉近感情，耐心动员搬下山。组织“暖心团”，围绕“衣食住行、生老病死”，聚焦“特殊”群体，开展十大“暖心行动”，现场示范烧水做饭和使用电器，帮助下山群众融入新生活。从选址到建设，再到搬迁入住，仅用一年多时间便建设了67个集中安置点，安置了近10万人，跑出了易地搬迁的怒江速度①。贡山县独龙族乡1086户群众通过实施农村危房改造，彻底告别过去柴扉为门、四面通风的简陋“杈杈屋”，全部住上了安全舒适的安居房，为独龙族“一步跨千年”实现整族脱贫提供了有力支撑（《人间奇迹》编写组，2022）。怒江州与外界互联互通能力不断增强，固定电话、手机、广播电视和网络通信实现100%覆盖。

四、内生发展动力不断提升

摆脱贫困既是一场深刻的物质革命，也是一场深刻思想变革；既在物质上取得累累硕果，也在精神上取得累累硕果。“三区三州”突出群众主体地位，激发群众内生动力。持续深入开展“自强、诚信、感恩”主题实践活动，因地制宜创办脱贫攻坚“农民夜校”“讲习所”等，加强思想、文化、道德、法律、感恩教育，从转变帮扶方式、加强政策宣讲、做实群众工作、强化典型引领、推进移风易俗、规范村规民约等方面着力，引导贫困群众依靠勤劳脱贫致富，激励贫困群众“宁愿苦干、不愿苦熬”的劲头。探索出“三讲三评”“爱心超市”“好汉班”等创新做法，贫困群众发出了“找准路子跟党走、小康生活样样有”的脱贫宣言，破除了“素质性贫困”难题。

素质性贫困是致贫的主要原因，劳动者素质普遍偏低，大多缺乏专项技能。怒江州紧盯农村贫困群众内生动力不足的实际，大力实施“改陋习、讲文明、树新风”主题文明素质提升行动，“富脑袋”和“富口袋”脱贫措施齐头并进。组织党员干部下乡进村入户，手把手教、面对面讲、心对心谈，把现代生活方式带

① http://www.banyuetan.org/fpdxal/detail/20210528/1000200033138961622170103367919896_1.html.

进每个贫困户，把普通话普及到每个贫困人口，把劳动和生活技能传授到每个劳动力，把现代文明根植到贫困群众心里。广泛开展“小手牵大手，推普一起走”活动，积极打造新时代农民讲习所，全面实施人口素质提升工程。

“怒江每天都在变化、每时都在进步”最突出表现是群众的精神面貌发生历史性转变。各族群众在思想上、观念上、精神上实现了根本性转变，自立自强的社会新风正在形成。勤劳致富的多了，“等靠要”的少了；学文化、学技能的多了，睡懒觉、喝酒的少了。群众不再安贫守贫，而是向往和追求美好生活，自我发展的内生动力正在持续增强。

脱贫攻坚给怒江州带来了文明阶段的历史跨越。从“农耕文化”到“城市文明”的社会发展阶段变化，靠山吃山、陡坡耕作、毁林开荒等传统的农耕方式一去不复返，成功探索出“绿水青山就是金山银山”的生态文明发展道路。山区群众增强了与外部世界的沟通，改变了自给自足、原始交换的生存状态，群众培育了商品经济意识，走出大山、外出就业、融入社会，特别是易地搬迁一步实现了从农民到市民的跃迁，从“火塘文化”到“厨房文化”的社会生活习惯变化。贫困人口住进了安全稳固和宽敞明亮的新楼房，用上了卫生厕所，学会了用电磁炉，看上了电视，用上了智能手机，学会了开车，养成了良好的卫生习惯，过上了现代文明生活。人际交往也从火塘走向广场，开展“穿民服、唱民歌、跳民舞”等广场舞活动和各种丰富的体育活动，贫困群众的精神文化生活得到极大丰富。

五、贫困治理能力显著提升

2016 年底，在我国脱贫攻坚依次推进过程中，暴露了深度贫困地区难度比较大的问题，深度贫困地区是有可能影响脱贫攻坚任务完成的最大短板。我国在脱贫攻坚最后关头，在贫困治理中集中优势兵力打歼灭战，提出攻克深度贫困堡垒，啃下“三区三州”最难啃的硬骨头，这体现了国家治理能力和治理水平的显著提升。“三区三州”成功破解深度贫困问题，促进了基层治理能力和管理水平明显提高，党群干群关系更加密切（黄承伟，2019）。一是农村基层党组织更加坚强。“三区三州”认真贯彻落实习近平总书记“要把夯实农村基层党组织同脱贫攻坚有机结合起来”的指示精神，探索了形式多样的基层党建新模式。新疆阿克苏地区构建了“一总多支”模式（在条件成熟的行政村建立党总支、所辖村民小组建立党支部）、克孜勒苏柯尔克孜自治州构建了“党支部+”模式（乡镇党委+村党组织+包户干部），深入推进干部下沉一线开展“四同”（同吃、同住、同劳动、同学习）活动，帮助贫困户解决实际困难和问题，为实现“中华民族一家亲、同心共筑中国梦”作出了贡献。二是支部书记“头雁效应”更突出。习近平总书记在脱贫攻坚工作中多次强调“因村派人精准”，要选准派强第一书记。少数民族同胞经常反映说“送钱送物，不如送个好书记”，驻村第一书记密切了与群众的关系。三是干部一线担当。新疆和田地区领导挂牌督战，推行一县一专班，确定23名厅级领导干部整县包联，共选派80名县处级干部和500名业务骨干下沉一线，实地参与未脱贫县贫困治理。青海黄南州2018～2019年重用提拔驻村扶贫干部超过50人，召回和约谈不称职人员6人，进一步压实了扶贫责任和工作纪律①。通过加强基层服务型党组织建设。充分发挥好工会、共青团、妇联等群团组织的优势力量，及时了解群众的所思、所想、所困，深入开展党建带工建、带团建、带妇建的暖心服务活动，打通了服务群众的“最后一公里”，中华民族共同体意识更加牢固。

六、为跨越贫困陷阱贡献了智慧样本

摆脱贫困一直是困扰全球发展和治理的突出难题，各国国情和发展水平有差异，面临的贫困问题和矛盾也不同。2020年10月9日，世界银行发布报告：因新型冠状病毒肺炎疫情暴发以及由此导致的经济衰退，全球可能新增1亿人被推入“极端贫困”，这是世界银行1990年编制该数据以来，极端贫困人口数量增加最大的一次，这次逆转也标志20多年来极端贫困人口数量持续下降的趋势结束。而我国在20220年底，却历史性地彻底摆脱了绝对贫困，实现了中华民族几千年的梦想，更为世界成功跨越贫困陷阱贡献了智慧和方案。

一般来看，扶贫减贫工作越后期难度越大，脱贫人数逐年递减，但我国特别是“三区三州”深度贫困地区的减贫速度打破了扶贫惯例和传统定势。如果采用国际标准来衡量，我国的脱贫攻坚成绩更显著、减贫人口和减贫效率更为突出。我国历史性解决绝对贫困问题，是在克服自然灾害、新型冠状病毒肺炎疫情、全球经济形势不稳定等多种因素影响下取得的，特别是“三区三州”深度贫困地区成功跨越贫困陷阱和打赢脱贫攻坚战，实现了经济高质量发展、脱贫攻坚和乡村振兴同步开展，为世界减贫事业贡献了中国智慧和中国方案，成为

---

① http://www.huangnan.gov.cn/Html/Contents/1719/92244.html.

中国特色“四个自信”的生动写照（曹立，2021）。

第四节 “三区三州”摆脱深度贫困对乡村振兴的启示

站在向第二个百年奋斗目标迈进的历史关头，系统总结和汲取“三区三州”深度贫困地区脱贫攻坚经验，对于巩固拓展脱贫攻坚成果、全面推进乡村振兴、加快农业农村现代化具有重大的理论和现实指导意义。从历史经验的总结及其时代运用的角度看，“三区三州”成功摆脱深度贫困的经验及其对乡村振兴的启示体现在以下六个方面。

一、坚持党对反贫困工作的集中统一领导

中国共产党是我国反贫困的根本领导力量。在不同阶段，党中央始终坚持将马克思主义贫困观与中国的国情农情贫情的具体实际相结合，形成了中国特色反贫困理论，领导“三区三州”深度贫困地区始终沿着正确的方向行进。

（一）始终把反贫困工作纳入治国理政的重要内容

中华人民共和国的成立，从根本上解决我国贫困问题提供了最基本的政治保障和制度保障。1982 年，国家启动实施“三西”农业扶贫建设工程，首开人类历史上有计划、有组织、大规模“开发式扶贫”的先河。1984 年中共中央和国务院联合发布了《关于帮助贫困地区尽快改变面貌的通知》，1986 年《中华人民共和国国民经济和社会发展第七个五年计划》将“老、少、边、穷地区的经济发展”单列一章，中央专设扶贫机构。1994 年实施《国家八七扶贫攻坚计划》，成为我国第一个有明确目标、对象、措施和期限的扶贫开发工作纲领。进入 21 世纪以来，我国连续出台 2 个农村扶贫开发纲要，两次提高扶贫标准。十八大以来，党中央不断加强对扶贫工作的集中统一领导，重视顶层设计和战略规划，出台硬措施，明确脱贫攻坚目标、任务和措施，并以“抓铁有痕、踏石留印”的韧劲抓落实。这些都充分体现了中国共产党锚定脱贫目标，运用国家力量强力推进，“一茬接着一茬干”的坚定意志和决心。

（二）党的领袖亲自指挥，亲自部署

党的十八大以来，习近平总书记倾注精力最多的就是扶贫工作，总书记亲自

指挥、亲自部署、亲自推动，基于深厚的历史渊源、丰富的实践经历和长期的深邃思考，提出一系列新思想新观点，作出一系列新决策新部署，形成了中国特色反贫困理论。聚焦革命老区，解决“两不愁三保障”突出问题，攻克深度贫困，实施挂牌督战……脱贫攻坚每到关键时刻、遇到关键问题，习近平总书记都及时作出重大部署，提出明确要求。对脱贫攻坚的地位、目标、方略、政策、机制、主体、保障体系等重点难点做出重大判断，为脱贫攻坚的伟大实践提供了根本遵循。

（三）建立强有力的工作机制

脱贫攻坚是复杂的社会系统工程，需要上下同心，精锐出战。国家建立健全中央统筹、省负总责、市县抓落实的工作机制，执行脱贫攻坚一把手负责制，主要领导亲自上阵督战，脱贫攻坚期内保持贫困县正职稳定，协调落实各项部署（黄承伟和杨进福，2021）。中央对“三区三州”在内的22个省区进行脱贫攻坚成效年度考核；考核评价东西部扶贫协作和定点扶贫成效；每年开展脱贫攻坚督查巡查，持续对扶贫领域腐败和作风问题进行专项治理；把基层组织建设成为脱贫致富的坚强战斗堡垒；选派用好驻村第一书记和驻村工作队；构建五级党组织书记抓扶贫、全党动员促脱贫，层层明确分工，压茬推进。这些强有力的措施保证了真脱贫、脱真贫，为跨越贫困陷阱提供了坚强的政治保证和组织保证。

（四）务实高效的脱贫攻坚制度体系

党中央建立健全了一整套体系严密、相互支撑的脱贫攻坚制度体系，保障了如期打赢脱贫攻坚战。责任体系从制度上确保脱贫主体各负其责、各司其职；工作体系确保反贫精准识别、精准脱贫；政策体系确保上下联动、统一协调；投入体系确保多方投入、人力支持；帮扶体系确保因地制宜、因村因户、因人施策；社会动员体系确保社会力量广泛动员，形成脱贫合力；监督体系确保实施多主体、多渠道、全方位监督；考核评估体系确保最严格的考核评估，实现真脱贫、脱真贫，脱贫攻坚成果经得起历史检验（黄承伟，2021b）。

二、充分发挥集中力量办大事的制度优势

“三区三州”深度贫困地区的脱贫攻坚，仅靠一个人、一方力量是无法实现的，各方参与是根本手段。脱贫攻坚实践中，“三区三州”成功摆脱深度贫困难

题生动地体现了中国特色社会主义的制度优势和国家治理体系与治理能力现代化的伟大成就。

（一）持续加大扶贫投入

脱贫攻坚需要充足的资金保障。中华人民共和国成立后，党和国家对“三区三州”给予大规模的资金投入，为“三区三州”的经济社会发展提供了财政保障。1951 年以来，中央财政相继设立“少数民族发展教育补助费”“民族地区补助费”“民族自治地方机动金”“边境建设事业补助费”等支持民族地区建设的特殊费用。1980 年起中央为支援“老少边穷”地区的经济发展，又设立了“支援经济不发达地区发展资金”“少数民族贫困地区温饱基金”“以工代赈资金”“新增财政扶贫资金”等补助资金。政府统筹扶贫资源，最大限度发挥了财政扶贫的作用，真金白银的投入为“三区三州”打赢脱贫攻坚战提供了强大资金保障。

正是我国社会主义“集中力量办大事”的制度优势，来自四面八方的人力、物力、财力才能源源不断地向“三区三州”聚集。中央、省、州集中力量支持脱贫攻坚，将各部门分散的项目、资金和资源整合。1952～2014 年中央政府对西藏的各项财政补助达 6460.06 亿元，占西藏财政总收入的 90.64%，占西藏财政总支出的 90.83%。1949～2014 年国家对新疆的财政补助达 16 915 亿元，并通过大量投资促进新疆基础设施建设①。

2017 年，《关于支持深度贫困地区脱贫攻坚的实施意见》提出，新增脱贫攻坚资金主要用于深度贫困地区，重点支持“三区三州”。2018～2020 年，共安排支持“三区三州”及其他深度贫困地区增量资金 2800 多亿元（吴奇修，2020），其中用于“三区三州”达 1050 元②。2018 年、2019 年中央财政连续两年每年 200 亿新增财政资金用于深度贫困地区脱贫攻坚，其中 2018 年有 120 亿用于“三区三州”；2019 年 200 亿增量资金全部用于“三区三州”和“三区三州”外的贫困人口多、贫困发生率高、脱贫难度大的深度贫困地区。2018～2020 年，中央财政对深度贫困地区新增 722 亿元，占三年新增资金总量的 60.2%，中央优先安排公益性基础设施项目、社会事业领域重大工程建设项目以及能源、交通等重大投资项目。

在中央财政的支撑下，“三区三州”完成了阿里机场、青藏铁路延伸线、兰

① http：//www.gov.cn/zhengce/2015-09/24/content_ 2938501.htm.

② http：//www.gov.cn/xinwen/2019-06/26/content_ 5403338.htm.

新铁路、克拉玛依油田、塔里木油田等重大基础设施及工业项目，完成了农村饮水安全工程、“村村通”电话、“村村通”公路等基础设施建设项目，极大地促进了经济社会发展。事实证明，没有中央的财政支持，“三区三州”难以取得如此大的脱贫成效。

（二）构建大扶贫格局

国家动员和凝聚各方力量，引导全社会关心减贫事业、投身脱贫行动，形成共同意志、共同行动，构建了政府、社会、市场协同推进的大扶贫格局（王晓毅等，2021）。中华人民共和国成立后，党和国家从全国各地抽调和动员大量人力财力，支持“三区三州”建设。20世纪五六十年代，按照国家“城乡互助、内外交流”的政策和“全国一盘棋”的思想，中央发挥体制优势在全国范围内调配资源（刘迪生，2012），主要是上海、天津等东部沿海发达地区对新疆、内蒙古等落后边疆地区的无偿援助（李天华，2018）。1979年中央批准《关于全国边防工作会议的报告》，提出“组织内地发达省、市实行对口支援边境地区和少数民族地区”，即江苏支援广西、新疆，山东支援青海，上海支援云南、宁夏，全国支援西藏（鲍芳修和方雷，2013）。中央历次扶贫工作会议、西藏工作会议、新疆工作会议、民族工作会议均将对口支援、东西部扶贫协作作为重要议题，确定各时期援疆、援藏、援青的内容和重点，极大促进了“三区三州”的发展。除全国性的对口支援外，各省还在省内开展扶贫协作，如四川成都市对口支援凉山州、云南昆明市对口支援怒江州、甘肃兰州市对口支援临夏州。实践证明，对口支援加强了“三区三州”与全国各地的经济联系，促进了各民族交往交流交融，是“三区三州”摆脱绝对贫困不可缺少的条件。

（1）东西部扶贫协作打造“新样板”

东西部扶贫协作和对口支援是实现先富帮后富、最终实现共同富裕目标的重大举措。2015～2020年，东部9个省份共向扶贫协作地区投入财政援助资金和社会帮扶资金1005亿元，互派干部和技术人员13.1万人次、超过2.2万家东部企业赴协作地区累计投资1.1万亿元（中华人民共和国国务院新闻办公室，2021）。2010年临夏州和厦门市开展东西部扶贫协作，连续三年被国家评价为“好”的等次，生动谱写了先富帮后富、携手奔小康山海齐心的新画卷。广东省珠海市与怒江州建立“江海情”，从资金、人才、技术、市场等各方面对怒江州倾力相助。中央定点扶贫的中交集团、三峡集团、大唐集团等国有企业认真履行政治责任和社会责任，全方位帮扶怒江州，形成了社会扶贫大格局。

（2）帮扶单位打出“组合拳”

中共中央统战部、国家医疗保障局、中国石化集团公司等充分发挥职能优势，累计定点帮扶临夏州 7.7 亿元资金，实施帮扶项目 81 个（马秀梅等，2021），彰显了定点扶贫“国家队”作用。甘肃省高级人民法院、省委办公厅等 35 家省级帮扶单位和兰州市，胸怀脱贫攻坚大局，情系民族贫困地区，充分发挥各自优势，力尽所能，倾情帮扶，为临夏州打赢打好脱贫攻坚战作出了重要贡献。

（3）社会各界谱写“奋进曲”

“万企帮万村”精准扶贫行动是以民营企业为帮扶方，以产业、就业、公益、智力扶贫为主要帮扶形式，助力脱贫攻坚。2015～2020 年，全国累计动员 12.7 万家民营企业参与“万企帮万村”精准扶贫行动，精准帮扶 13.91 万个村（其中贫困村 7.32 万个），共带动和惠及 1803 万贫困人口（中华人民共和国国务院新闻办公室，2021）。方大集团 2019 年联系帮扶临夏州东乡县以来，累计投资 5.5 亿元，实施了 27 个产业项目，遍布全县 18 个乡镇、60 多个村，帮助 9000 多人实现了就业。碧桂园集团投资 3 亿元援建的纯建设、全免费的临夏国强职业技术学校，从建设到投入使用的时间不到一年，对贫困家庭学生免除一切费用，590 多名学生在校学习技能①；捐赠 1700 多万元援建龙泉学校及附属工程，改变了周边 5 个镇中小学上学远、住宿难的瓶颈，奏响了携手奔小康的奋进壮歌。

正是因为社会主义制度的优越性，“三区三州”才彻底推翻了政教合一的封建农奴制度，从根本上废除了封建农奴制落后的生产关系，广大农奴翻身得解放，人民生活水平不断改善。正是因为坚持走中国特色社会主义道路，“三区三州”群众通过不断解放思想、转变观念，社会事业、公共服务、基础设施才能实现翻天覆地的变化。事实证明，“三区三州”深度贫困地区如期摆脱绝对贫困、全面建成小康社会彰显了社会主义制度集中力量办大事的制度优势，实现农村美、农业强、农民富和农业农村现代化，必须坚定不移走中国特色社会主义乡村振兴道路。

三、坚持以人民为中心的根本立场

不管国际国内形势如何变化，中国共产党始终把人民放在心中最高位置，始终坚守为人民谋幸福、为民族谋复兴的初心使命，以坚定不移的信念和意志，团

① 课题组于 2021 年 7 月赴临夏州调研资料。

结带领人民与贫困作斗争，生动阐释了以人民为中心的发展思想（中华人民共和国国务院新闻办公室，2021）。

（一）根本目标是让人民过上幸福美好的生活

中国共产党百年反贫困历程，始终把带领人民摆脱贫困作为自己的重要使命，生动阐释了以人民为中心的发展思想。反贫困为了人民，依靠人民，维护最广大人民的根本利益，让贫困群众共同享有发展的成果。把群众满意度作为衡量脱贫成效的重要尺度，集中力量解决贫困群众基本民生需求，宁可少上几个大项目，也要优先保障脱贫攻坚资金投入；宁可牺牲一些当前利益、局部利益，也要服从和服务于减贫工作大局；宁可经济增速慢一些，也要确保脱贫攻坚目标任务如期完成。

怒江等深度贫困地区一直是习近平总书记十分牵挂的地方。2014 年 1 月，获悉独龙江公路高黎贡山隧道贯通，结束了独龙江半年封山的历史。总书记亲切致信祝贺，希望独龙族群众加快脱贫致富步伐。2015 年 1 月，习近平总书记在昆明亲切接见了怒江各族干部群众代表，殷殷嘱托“全面实现小康，一个民族都不能少”。2018 年底，独龙族实现整族脱贫。2019 年 4 月 10 日，总书记给贡山县独龙江乡群众回信，祝贺独龙族实现整族脱贫，勉励大家同心协力建设好家乡、守护好边疆。短短的 5 年时间，习近平总书记的两次回信，一次接见，总书记的亲切关怀成为各族群众打赢脱贫攻坚战的强大动力，上下倍感激动、备受鼓舞，对夺取脱贫攻坚战的全面胜利信心满满。第三方评估显示，2020 年底，包括“三区三州”在内的民族八省区群众对脱贫攻坚的满意度超过 94%，说明脱贫攻坚战是深得民心的一项德政工程（中华人民共和国国务院新闻办公室，2021）。

（二）价值导向是坚持人民主体地位

中国共产党领导的反贫困始终强调人民在反贫困工作中的中心地位，任何工作的开展都要以人民利益的实现程度和人民的积极参与为核心。引导贫困群众积极参与改变贫困状态，是实现摆脱贫困的关键。20 世纪 80 年代，我国开始引进、探索参与式扶贫模式，采用自下而上的决策方式，激发贫困群众的积极性、主动性和参与性。“三区三州”尊重人民群众的主体地位，不是简单发钱发物，提倡多劳多得，采取以工代赈、以奖代补、劳务补偿等方式增加贫困群众收入，不断提升人民群众发展的主体性和能动性。

（三）最高标准是坚持最广大人民根本利益

我国反贫困过程始终把解决好贫困群众最关心、最直接、最现实的利益问题摆在突出位置。脱贫成效首先要看贫困群众的利益是否得到保护，其次是贫困人群的生活是否得到改善，体现在贫困人口的收入及社会保障水平的明显提高、贫困地区基本生产生活条件的明显改善，也包括保障贫困群众的权利得到保障。“三区三州”广大党员干部以贫困群众过上好日子为目标，舍小家为大家，以人民的利益为根本出发点。云南省各级党组织和广大党员干部坚决落实党中央决策部署，以热血赴使命、以行动践诺言，在脱贫攻坚这个没有硝烟的战场上呕心沥血、建功立业。推动干部精锐出战，十年派出驻村工作队员 24.44 万人、第一书记 5.81 万人，广大扶贫干部舍小家为大家，以“5+2”“白+黑”的工作常态践行“贫困不除不罢休、不获全胜不收兵”的铮铮誓言。基层党组织充分发挥战斗堡垒作用，凝聚力、战斗力不断增强，基层治理能力明显提升。在疫情防控中，驻村扶贫工作队员拉起来就是“防疫队”“战疫队”，“两场战役”一起打，脱贫攻坚精神和抗疫精神交相辉映在云岭大地上，涌现出许多感人肺腑的先进事迹。在这期间，468 名扶贫干部将生命永远定格在了脱贫攻坚征程上，生动诠释了共产党人的初心使命。“脱贫不忘党中央、致富感谢共产党”成为各族人民的共同心声，党群关系、干群关系得到极大巩固，党的执政基础得到进一步夯实。

乡村发展的本质是人的发展，乡村振兴的根本目的是为了让人民过上更加美好的生活，最终实现共同富裕，必须以人民为中心实施乡村振兴战略。在政策实施中以农民利益为出发点，把广大农民获得感、幸福感、安全感作为公共决策的首要标准。借助议事会、恳谈会、听证会等平台，让农民全过程参与到乡村决策中去。尊重和支持农民首创精神，善于从基层发现促进乡村振兴的实招硬招妙招，通过就地培养、吸引提升等方式，发展壮大一支爱农业、懂技术、善经营的新型职业农民队伍。

四、坚持动态调整减贫政策

“三区三州”能跨越贫困陷阱的一个根本原因是根据不同阶段的主要形势和矛盾特点，因时制宜（王志章和杨志红，2021），适时调整和制定各项减贫战略和政策均从现实国情出发，根据当时的经济发展阶段和水平，把握扶贫形势与贫困人口特点，分阶段实施减贫战略和政策措施，确定差异化的减贫目标及任务

（黄承伟，2019）。

（一）坚持分类施策，科学精准治贫

2013年以来，我国实施精准扶贫，史无前例地精准到人，明确“帮扶谁”。为摸清情况，2014年全国组织80多万人进村入户开展贫困识别，共识别了2948万贫困户，8962万贫困人口，首次摸清了我国贫困人口的分布，致贫的原因，脱贫需求等基本情况。此后，每年组织开展“回头看”，对不符合条件的贫困户予以清退，符合条件的、对初期没有纳入的予以纳入，为精准施策奠定了扎实基础。我国对贫困户的识别是动态的，不是一次识别定终身。分类精准施策体现在以下几个方面。

（1）生存型贫困治理

针对老弱病残、鳏寡孤独、丧失劳动力等人群，通过兜底保障，实现“应纳尽纳、应兜尽兜”。西藏全面实施特困人员救助供养制度，供养城乡特困人员1.47万人，其中集中供养率达到57.21%。2018年全年救助13万人（次），2019年通过社会保障兜底脱贫24万人（袁海霞和次仁片多，2019）。

（2）区位屏蔽型贫困治理

针对区位偏远、自然环境恶劣、生态承载能力不足、可利用资源贫瘠的地区，借助“易地搬迁脱贫一批”政策，整村推进，整体搬迁，解决一方水土养不了一方人的问题；在易地扶贫搬迁点配套建设教育结构、卫生机构、社区服务站等公共服务配套设施，化解了搬迁后劳动力持续开展农业生产及再就业等问题，让贫困群众“搬得出、稳得住、能致富”。四川凉山州2019年底实现了具备条件的行政村100%通硬化道路。

（3）支出型贫困治理

针对因病致贫，综合使用基本医保、大病保险、医疗救助兜底等手段，减轻贫困人口就医负担；针对因学致贫，实施“发展教育脱贫一批”政策，将对象纳入低保，落实义务教育“两免一补”“应贷尽贷”，积极为贫困大学生办理生源地助学贷款；针对因灾致贫，实施“生态补偿脱贫一批”政策，在积极争取国家各类救灾专项资金的基础上，整合社会各类资源，设立突发性重大灾害救助基金，降低灾害对贫困人口的冲击。

（4）发展型贫困治理

针对产业结构单一、市场经济不活跃、“等靠要”思想严重的地区，实施“发展生产脱贫一批”政策，实用技能培训提升了贫困户专业技能水平，增强了

就业创业能力（耿新和汪芩羽，2019）。西藏日喀则市白朗县发展了“政府引导、企业主体、科技支撑、金融撬动、群众参与”蔬菜产业扶贫路子（王珍，2020）。

（二）建立健全贫困监测与评估机制

按照国家的统一要求，“三区三州”克服地理偏僻、交通不便、扶贫干部力量不足等困难，同全国一道建立了贫困标准制定、贫困人口监测系统建设、数据采集分析和预警等内容。加强对各类扶贫主体的监督检查，不断完善评估制度体系。同时，完善扶贫绩效考核与第三方评估机制，科学评估扶贫效果，促进扶贫对象动态调整，保障科学分配扶贫资源，提高扶贫成效（莫光辉和皮劭轩，2019）。

（三）坚持强制性变迁与地方适用性相结合

“三区三州”深度贫困地区的扶贫制度变迁主要是强制性变迁，缺乏相应的激励性制度安排。诱致性变迁是指自然演进产生的制度变迁，强制性变迁体现为政府的顶层设计演进，只有将两者较好地结合时才能有效地降低交易成本。强制性制度变迁不仅降低经济效率，还抑制诱致性制度变迁。由于制度与意识形态的相互作用，强制性制度变迁将产生挤出效应，通过抑制意识形态来抑制诱致性制度变迁的发生。扶贫攻坚初期，“三区三州”深度贫困地区基层组织落后，扶贫干部等对政策的理解力不强，组织实施不力。群众学习能力低，自我发展能力欠缺，目标对象不太认同制度。自上而下的制度环节多，信息不畅、程序复杂，各级因自身利益考量导致了制度的逆向选择。因此，诱致性的制度变迁在“三区三州”地区脱贫攻坚初期难以产生，制度安排多源于上级组织意图，表现为发达地区制度的简单嫁接和转移，而非本地干部群众在生产实践的首创。有的地方因机械生搬硬套常带来地方不适应的现象，制度供给与需求的偏离最终导致制度效能的渗透多、时滞长、效力低。随着“三区三州”脱贫攻坚的深入，各族群众，内生动力不断增强，结合地方实际创造了“两户见面会”、扶贫车间等脱贫举措，实现了制度的强制性变迁和地方适用性相结合。

五、坚持增强发展的内生动力

授人以鱼不如授人以渔。让贫困群众发展产业、就业增收，是脱贫增收的重要内容。产业就业作为脱贫攻坚的“压舱石”和“稳定器”，不仅是最有效最直接的脱贫方式，更能增强贫困群众脱贫的内生动力。

（一）提升产业发展的脱贫效能

“三区三州”生态是最脆弱的资源、也是最宝贵的资源。“三区三州”民族文化、自然资源、旅游资源富集，青稞、牦牛肉、藏香猪、葡萄、枸杞等特色农产品成为增收致富的扶贫商品，羌绣、藏陶、藏香等非物质文化产品畅销五洲。

（1）做大做强优势特色产业

怒江州把“三江四山”的地形劣势转变为产业发展优势，打造出了独龙江沿岸林下草果和特色种养经济带，澜沧江、怒江特色蜂蜜产业带，沿江旅游观光产业带。通过培育扶贫产业，构建现代经营模式和利益联结机制，发展农产品加工业，实现“生态+旅游”“农业+旅游”产业融合发展，延长了产业链，提高了附加值。

（2）大力发展生态旅游产业

将蓝天、碧水、净土等生态资源转化为经济发展的持续动力。2019 年西藏累计接待国内外游客 4012.15 万人次，增长 19.1%，实现旅游总收入 559.28 亿元，增长 14.1%①；四川凉山州累计接待国内外游客 4823.62 万人次，增长 3.71%，实现旅游总收入 530.21 亿元，增长 21.42%②；青海黄南州累计接待国内外游客 810.7 万人次，增长 20.5%，实现旅游总收入 23.52 亿元，增长 20.5%③；云南迪庆州累计接待国内外游客 2201.77 万人次，实现旅游总收入 265.76 亿元④。

（3）精心打造旅游特色小镇

云南怒江州泸水市鲁掌镇三河村依托“合作社+扶贫车间+基地+贫困户”模式，打造户外鸟类摄影者创作基地，2019 年直接带动 45 户贫困户脱贫，月均增收达到 1500 元（曹松，2020）。贡山县独龙江乡持续推进风情旅游小镇建设，辅以原始森林旅游项目（人马驿道、户外探险等），大力发展特色旅游。积极推进铁路资源与旅游资源深度融合，以铁路网络串联共享生态与文化资源红利，实现

---

① 数据来源：《2019 年西藏自治区国民经济和社会发展统计公报》。

② 数据来源：《凉山州 2019 年国民经济和社会发展统计公报》。

③ 数据来源：《2019 年黄南州国民经济和社会发展统计公报》。

④ 数据来源：《迪庆州 2019 年国民经济和社会发展统计公报》。

区域协同发展。2020 年 9 月开通“三区三州・旅游大环线客源援藏专列”，成为连接“三区三州”旅游大开发、扶贫大发展、合作大提升的重要载体，有效带动了更多群众参与旅游发展实现增收脱贫。

(4) 文创产业促群众增收

“三区三州”以开发民族传统手工艺术品、民族文化创意产品为抓手（如藏族的木碗、保安族的腰刀、彝族的漆器等），激发民族特色传统工艺焕发新活力。凉山州越西县乐青地乡瓦曲村全村 360 户中有 200 户从事银饰加工，产品远销四川成都、上海，该村年产值达 4000 万元。2019 年凉山州越西县普雄镇呷古村销售彝族服装、包包、围巾、装饰品 1000 余件，创造利润 10 余万元（李晓东等，2020）。

(二) 发展劳务输出带动脱贫

劳务输出产业是临夏群众稳定增收的“铁杆庄稼”，通过东西协作和对口支援吸纳转移贫困家庭劳动力，为贫困群众外出务工就业和促进就近就地就业拓宽了渠道。例如，南疆的疆内务工是大头，占外出务工总数的 97%，其中县内务工占 84%[①]。通过“群众点单、职校上菜、政府买单”，2019 年以来临夏州共培训劳动力 14.95 万人次，其中贫困劳动力 4.03 万人次，实现了既富群众“富口袋”又“富脑袋”（马秀梅等，2021）。2020 年，临夏群众在州内外新开办牛肉拉面馆等小型餐饮门店 1804 家，累计达到 1.86 万家；新增从业人员 8590 人，累计 8.8 万人[②]。

(三) 不断提升教育水平和素质

实践证明，教育作为一项持续减贫的政策工具，是“三区三州”全面消除贫困的重要基础。“三区三州”把握教育脱贫的根本之策，久久为功推进扶志扶智，改变落后观念，摒弃陈规陋习，为跨越贫困陷阱注入强大精神动力。国家支持“三区三州”办好各级各类教育，补齐“三区三州”教育短板，让贫困家庭子女都能接受有质量的教育，阻断贫困代际传递，决不让一个学生因家庭经济困难而失学；增强贫困地区致富能力，职教一人、就业一个、脱贫一家；东西部协作、对口支援、“组团式”支教、广泛发动社会力量，教育脱贫攻坚形成了强大

---

① https://baijiahao.baidu.com/s?id=1683271232305558071&wfr=spider&for=pc.

② 课题组于 2021 年 7 月赴临夏州调研资料。

的合力，全体人民共享教育改革发展成果。

六、坚持各民族共同繁荣发展

我国是一个由56个民族组成的大家庭，每一个民族有一个共同的名字，就叫中华民族。国家把共同团结进步、共同繁荣发展确定为新时代新阶段中国民族工作的主题。习近平总书记多次强调，全面实现小康，少数民族一个都不能少，一个都不能掉队，这是中国共产党的庄严承诺。

（一）天南海北心相印，中华民族一家亲

加强民族团结，促进社会稳定，是“三区三州”各族人民的根本利益所在，也是加快“三区三州”发展的基本前提。中国共产党十分重视民族团结工作，1954年将“中华人民共和国境内各民族一律平等”写入新中国第一部宪法（邓磊和罗欣，2018）。在我国基本政策制度的保障下，党和国家实施一系列加快民族地区发展的政策措施，促进了各民族共同发展，共同繁荣。

对口援藏是党中央从党和国家工作全局高度作出的重大战略决策。中央第六次西藏工作座谈会召开以来，各对口支援省市结合实际，以改善西藏农牧区生产生活条件为重点，大力建设支撑农牧区经济发展、改善生产生活条件、帮助农牧民脱贫致富的项目。近年来，援藏项目类别更有针对性，更重视扶贫项目的落地工作；援藏主体更加多元；援助内容以提供项目、技术、资金等多元化市场经济要素为主；模式转变为以援藏干部为纽带、以项目为依托、以资金为抓手的“造血式”扶贫。中央企业、民营企业等各类市场主体与西藏双向互动、共同发展、实现共赢，形成了全方位、宽领域、多层次的援藏格局。近3年来，围绕清洁能源、旅游文化、新型农牧业、绿色生态等方面，第九批援藏干部人才累计落实援藏资金206.31亿元，实施援藏项目2712个，引进全国各地企业1141家，帮助打造特色品牌71个，引进先进技术228项，攻克技术难题126个，建设了一批示范带动效应强、经济效益好的产业项目，为西藏高质量发展注入了新动力（尕玛多吉和杜倩，2022）。援藏不仅带来资金、技术和人才，加快了西藏经济社会的发展，改善了民生，而且有力促进了各民族交往交流交融，增强了各族人民的“四个自信”和“五个认同”（沈虹冰等，2020）。在湖北省第九批援藏工作队的精心安排下，西藏琼结县开展了每个行政村（社区）选派一户群众代表，赴襄阳市开展以“党建结对、群众认亲”为主题的“高原乡亲襄阳走亲戚”活动。

让不同地域、不同文化的两地群众相互结对认亲，是两地加强各民族交往交流交融的尝试。目前，西藏琼结县已有540多户群众与湖北襄阳群众结对认亲，占全县农牧民家庭近20%，涵盖两地人口超过3000人。第九批援藏干部人才以加强民族团结、铸牢中华民族共同体意识为主线，协调援受双方县区、乡镇、村（居）结成帮扶对子，组织各受援单位到援派单位开展回访交流活动，让各族干部群众在交往交流交融中越走越近、越走越亲。青岛市第九批援藏工作队聚焦智力援藏、文化援藏，大力实施智慧点亮行动，围绕铸牢中华民族共同体意识，突出重点领域，积极做到文化上兼容并蓄、经济上相互依存、情感上相互亲近，通过文化共建挖掘本土文化资源，通过交往交流交融不断丰富文化共建内涵，拓展文化共建领域，构建起中华民族共同的精神家园（尕玛多吉和杜倩，2022）。在2016~2019年的省级党委政府脱贫攻坚成效考核中，西藏连续4年综合评价为“好”。西藏的脱贫攻坚，为铸牢中华民族共同体意识提供了坚实的物质基础，生动地阐释了中国特色社会主义道路自信（沈虹冰等，2020）。

（二）脱贫、全面小康、现代化，一个民族都不能少

“三区三州”坚持在打赢脱贫攻坚战中铸牢中华民族共同体意识，各民族和睦相处、和衷共济、和谐发展，实现了在一个战场打赢深度贫困脱贫攻坚战和民族团结进步示范的双目标，让各民族更好共居共学共事共乐。从“三区三州”发展历程来看，民族团结、社会和谐的时期，区域经济发展就越迅速，脱贫成效就越显著；民族矛盾增加，社会动荡时期，区域经济发展则受到阻力，贫困程度增加。各民族团结一心，是实现脱贫攻坚的根基所在。实现稳定脱贫，明确了新时代“三区三州”发展建设目标，将各族群众对发展的期待凝聚为共同的前进方向（马伟华和顾旭琛，2021）。各族群众感受到改革发展带来的实实在在好处，在共享发展成果的获得感中坚定跟党走的信念，不断铸牢中华民族共同体意识，才能同步实现现代化（李莹，2022）。

第五节 本章小结

本章从历史发展的视角分析了“三区三州”摆脱绝对贫困的政策演变，归纳了国家对“三区三州”实施的减贫举措，分析了“三区三州”取得了伟大成就和历史经验及对乡村全面振兴的启示。

第一，中华人民共和国成立以来，“三区三州”所在地区的脱贫攻坚一直以

来都是国家关注的重点发展问题。特别是2017年深度贫困概念提出后，国家将“三区三州”纳入专项扶持规划范围，中央、各地区及社会各界给予特殊支持，“三区三州”才能如期摆脱绝对贫困，与全国同步建成小康社会。

第二，从中华人民共和国成立至今，“三区三州”摆脱绝对贫困的历程可以分为7个阶段，即广义救济式扶贫阶段、经济体制改革推动减贫阶段、大规模开发式扶贫阶段、区域综合扶贫攻坚阶段、整村推进参与式减贫阶段、精准扶贫阶段、巩固拓展脱贫成果阶段。“三区三州”减贫历程既有与国家减贫历程的内在一致性，又因其特殊的区位、地理、历史等原因而呈现国家专项扶贫的特点。

第三，在党中央的高度重视和社会各界大力支持下，“三区三州”干部群众通过艰苦努力，在实施“五个一批”基础上，因地制宜，发挥首创精神，探索出产业扶贫、易地扶贫搬迁等具有地方性特点的扶贫举措。“三区三州”取得了摆脱绝对贫困的伟大成就，经济水平和生活质量显著提升，基础设施和公共服务水平不断提升，内生发展动力不断提升，贫困治理能力显著提升，为跨越贫困陷阱贡献了智慧和方案。

第四，“三区三州”摆脱深度贫困的经验弥足珍贵，必须在持续推进乡村全面振兴的伟大征程中充分借鉴和吸收。其对乡村振兴的启示体现在坚持党对反贫困工作的集中统一领导、充分发挥集中力量办大事的制度优势、坚持以人民为中心的根本立场、坚持动态调整减贫政策、坚持增强发展的内生动力和坚持各民族共同繁荣发展。

第五章 “三区三州”摆脱深度贫困的实证分析

“全国脱贫看甘肃，甘肃脱贫看临夏，临夏脱贫看东乡”，东乡县是“三区三州”深度贫困地区中的“贫中之贫，困中之困”。本章以甘肃省临夏州东乡县作为实证案例，通过2019年深入东乡县进行访谈并收集资料，对沿岭乡新星村、高山乡布塄沟村进行了入户调查并发放了调查问卷，走访了达板镇镇政府及扶贫车间；2021年再次跟踪调研东乡县脱贫攻坚成效，对东乡县达板镇、积石山县石塬乡沈家坪村进行追踪比较。两次调研以解剖麻雀的方式，定量分析深度贫困县脱贫攻坚完成情况和返贫风险，定量分析返贫人口的影响因素。

第一节 深度贫困县脱贫实践与成效

东乡县是我国东乡族相对集中居住的民族自治县，位于甘肃省中部西南面，临夏州东面。东乡县曾是甘肃省58个集中连片特困片区县和23个深度贫困县之一，是国家“三区三州”和甘肃省脱贫攻坚的主战场。依据国家扶贫标准，2013年全县核定贫困人口2.3万户、10.91万人、贫困发生率38.69%；215个行政村中贫困村159个，其中深度贫困村133个，是最难啃的“硬骨头”。2019年6月剩余未脱贫9731户49 317人（含1511人返贫人口），贫困发生率为16.84%，是全国平均水平的28倍（表5.1）。经动态管理，2020年东乡县共有建档立卡人口2.75万人。

表5.1 东乡县与全国分年度贫困人口与贫困发生率比较情况

	区域	2013年	2016年	2017年	2018年	2019年
贫困人口（万人）	东乡县	10.91	8.2	7.4	4.93	1.28
	全国	8249	4335	3046	1660	551
贫困发生率（%）	东乡县	38.69	26.72	24.61	16.39	4.25
	全国	8.5	4.5	3.1	1.7	0.4

数据来源：全国扶贫开发信息系统，数据提取日期为2019年12月25日

一、东乡县摆脱深度贫困的举措

东乡县把脱贫攻坚作为一场关乎民族振兴、长远发展的使命之战、荣誉之战，举全县之力攻克绝对贫困，“十三五”期间累计投入各类扶贫资金37.64亿元，“两不愁三保障”全面解决，159个贫困村出列，15.2万贫困人口销户，形成了跨越“贫困陷阱”的东乡模式（司马义和马文霞，2021）。

（一）着力在组织领导、作风转变上持续强化

东乡县始终把脱贫攻坚作为“一号工程”来抓，系统推进重点工程。一是以上率下，实现了领导干部联系重点贫困村全覆盖。省上2名省级领导联系东乡县包2个乡抓4个贫困村，州上25名地级干部联系24个乡镇包抓64个贫困村，所有县级干部联系24个乡镇包抓47个贫困村，实现了领导干部包抓重点贫困村全覆盖。同时，严格落实县级干部带头驻村蹲点制度，形成了一线抓扶贫、一线抓落实的工作格局。二是倾斜力量，树立了脱贫一线检验锻炼干部的正确导向。注重把最强的领导力量、最优的帮扶资源向特困乡村倾斜，以深度贫困村为重点，整合中央、省州县各级帮扶力量，135个行政村驻村工作队全覆盖，贫困户帮扶责任人全覆盖。同时，县级财政列支脱贫攻坚工作经费1094万元，按标准足额落实了驻村工作队基层津贴和补助，进一步充实了基层扶贫工作力量，激发了广大干部干事创业的信心。三是追责问效，建立倒逼责任落实的工作机制。始终把压实攻坚责任，作为落实各项任务的重要保障，进一步靠实了县乡村社四级包抓责任和各帮扶单位工作责任，层层传导压力，整顿提升软弱涣散党组织，深入开展“转变作风改善发展环境建设年”“三纠三促”和扶贫领域专项整治等活动，问责处理干部70人，重新选派第一书记106名。

（二）着力在产业扶贫和示范带动上创新模式

一是大力引进龙头企业，产业扶贫动力更加强劲。在省州的积极协调帮助下，一批扶贫车间已被引入山梁沟峁，上千名东乡族妇女在家门口的易地扶贫点附近“扶贫车间”就业，成为工厂的员工。二是大力落实到户项目，群众自主发展动力不断增强。落实“一户一策”，开展了“155”产业扶持增收工程，推动了特色富民产业发展。在关卜、龙泉、百和、大树、董岭等乡镇成功试点种植百合、当归、黄芪等中药材；推广种植脱毒马铃薯30万亩，年鲜薯产量可达50

万吨；2018 年完成劳务技能培训建档立卡贫困户 4050 人，输转劳务 6.9 万人（建档立卡贫困人口 1.29 万人），其中组织输转 3.96 万人，实现劳务创收 12 亿元；持续推进“2215”生态工程，积极发展以啤特果、核桃、花椒、杏子等为主的特色林果，共栽植经济林 6500 亩。三是大力发展村集体经济，“三变改革”经验得到充分运用。对每村补助 50 万元，扶持贫困村发展集体经济，实现了 159 个贫困村集体经济培育全覆盖。按每个合作社 40 万元，共帮扶合作社 77 家，补助资金用于贫困户折股量化，以入股分红、参与管理方式带动贫困户致富。

（三）着力在结对帮扶、激发内力上全力推动

坚持以党建为引领，不断夯实基层基础，想方设法引导更多的帮扶力量参与脱贫攻坚，充分激活内力，有效利用外力，不断凝聚脱贫攻坚工作合力。一是突出党建引领。结合党支部建设标准化和软弱涣散党组织整顿提升工作，积极培育和树立示范点，引导村党组织发挥示范带动作用，引领群众脱贫致富，打造了石家沟村、毛沟村等党建促脱贫示范村，涌现出了一批党员致富能人。二是激发内生动力。开展企业家和致富能人结对助推脱贫攻坚工作，引导企业家和致富能人以捐资捐物、安置就业、结对帮扶、产业带富等方式助力脱贫攻坚。三是注重外力助推。借助中石化、厦门市湖里区、碧桂园以及省州帮扶单位的各类资源，积极对接争取，在村道硬化、人饮工程、产业培育、劳务输转等方面开展帮扶合作。其中，2018 年厦门市及湖里区两级帮扶资金 7700 万元，中石化帮扶 5000 万元，全力推进实施各项帮扶项目。北京、福建、重庆、甘肃、上海企业商会及省工商联协调知名企业家启动产业帮扶、公益帮扶、就业帮扶等项目，为合力攻坚注入了新的活力。

二、东乡县摆脱深度贫困的成效

东乡县制定完善了建档立卡户“一户一策”帮扶计划，编制完成了《东乡县脱贫攻坚三年实施方案（2018～2020）》，确定了 8 大类、31 个项目，涉及资金 28.48 亿元，有效提升了“两不愁三保障”水平。

（一）农民人均纯收入指标

从纵向看，东乡县农村居民人均可支配收入从 2013 年的 2755 元增加到 2020 年的 6556 元，实现高质量脱贫的同时，实现了人民群众满意度、获得感不断提

升。2019 年，国家建档立卡已脱贫人口的人均收入高于 9000 元，剩余贫困人口收入高于 6000 元①。2019，东乡县贫困人口的人均纯收入的均值为 2926.58 元，中位数为 2886 元，东乡县贫困人口的人均纯收入与全国平均水平的差距较大。从现象学视角看，返贫表现为收入水平的波动。从贫困类型来看，1511 名返贫人口的人均纯收入为 3329.45 元，中位数为 3115.4 元，均高于整体贫困人口的人均纯收入（表 5.2），可见“人均纯收入”指标不是判定返贫人口的主要标准（耿新，2020）。

表 5.2 2019 年东乡县贫困人口和返贫人口人均纯收入水平（单位：元）

类型	均值	中位数	标准差
贫困人口	2 926.58	2 886	951.37
返贫人口	3 329.45	3 115.4	1 233
未脱贫人口	2 913.83	2 882.02	938.28

（二）“清零行动”，旱塬“解渴”

过去，东乡县吃水难、水珍贵，“宁给一个馍，不给一口水”是东乡县缺水的真实写照。2013 年，习近平总书记作出了“把水引来，把路修通，把新农村建设好”的重要指示。在脱贫攻坚行动中，化解吃水难成为东乡县确保“两不愁”的重点。2019 年伊始，东乡县打响了供水保障的“清零行动”。逐一排除管线上的障碍，对个别因地形条件无法通自来水的区域，修建集中供水点和家用储水窖。2019 年底，东乡县搭建完成县级水源工程和供水管网骨架，自来水入户率达 93.7%，每户每年实行 126 元的统一水价，用量不限，100% 解决安全饮用水指标，彻底解决了东乡县剩余 1.89 万人口的饮水难问题。东乡县饮水难问题的解决和供水条件改善，增强了群众发家奔小康的决心，东乡县规模养殖再也不用因用水而发愁（耿新，2020）。

（三）控辍保学，不留后腿

以前，大量学前儿童失学辍学，无形中埋下了教育贫困的种子。东乡县采取异地劝返、巡回法庭公开庭审等超常规措施（任卫东等，等 2019），孩子一辍学

① http://www.cpad.gov.cn/art/2020/3/12/art_61_114841.html.

在家，帮扶干部第一时间上门拜访；遇到家长外出打工，就通过电话联系；有的儿童追随父母在外地的餐馆、工地务工，帮扶干部便找到餐馆和工地上做劝返工作，直至劝回孩子重新上学。通过劝返辍学生返回课堂，东乡县义务教育巩固率从2013年的47.9%提高到2020年的96.2%。

（四）筑牢易地搬迁后续保障

东乡县人均耕地仅1.17亩，其中旱地占87.3%。生态环境恶劣，气候干燥，冬长夏短，农户生产生活艰苦，外出极其不方便，一方水土根本养不了一方人（耿新，2020）。“十三五”期间，东乡县大规模实施易地扶贫搬迁工程，共搬迁5255户28 023人，其中楼房安置2997户15 919人，行政村集中安置1837户9813人，插花安置421户2291人。主要措施是：一是把强化公共服务作为加快城镇化建设的重要载体。易地搬迁安置点实行社区和物业双重管理模式，引进专业物业公司提供服务，推行现代化管理服务机制，物业管理费用实行“免二减三”（搬迁入住后2年内免除管理费用，后3年费用减半）制度，减轻脱贫群众费用。设置公益性岗位，从搬迁群众中选择楼长，设立网格化管理员，实现了“社区—物业—联户干部—楼长”共同负责、齐抓共管的管理模式。二是加强就业产业培育扶持。对所有搬迁人口的产业发展、就业技能、培训需求等开展摸底调查，根据每户实际分类施策，建立后续产业帮扶台账，精细化落实一系列到户到人扶持措施。截至2021年7月，协调本地施工企业解决就业岗位4788个，已对接输转就业1958人；公益性岗位开发安置易地扶贫群众863个；易地扶贫搬迁安置点扶贫车间19家，运转16家，安置就业1286人（易地扶贫办搬迁群众767人），落实易地扶贫搬迁户金融创业担保贷款1615户10 583.8万元。三是加大后续产业项目建设。全面加快县城南区易迁后续产业基地、牛羊交易市场、达板易地扶贫搬迁后续产业园、产业基地、金银花示范、藜麦种植、高原夏菜等后续产业项目建设进度。果园镇易地搬迁小区牛羊养殖基地、那勒寺易地扶贫搬迁安置小区牛羊养殖基地和1315户集中插花安置户牛羊圈舍已建成投入使用，进一步拓展了群众就业增收渠道。

第二节　深度贫困地区农户调查

为了更加直观充分地了解“三区三州”脱贫攻坚取得的伟大成就，课题组对临夏州东乡县及附近的深度贫困县进行走访调研，并通过调查问卷的形式，分别从农户的家庭基本信息、农户的生产生活情况、农户贫困认知与意愿、政策参与及评价和对反贫困的建议五个方面对农户进行调研。共回收有效问卷138份（表5.3），共涉及3个县、5个乡镇14个行政村。

表5.3 调查问卷分布情况

<table>
<tr><th>所在县</th><th>所在乡镇</th><th>所在村</th><th>调查问卷份数</th></tr>
<tr><td>和政县</td><td>梁家寺乡</td><td>赵家沟村</td><td>30</td></tr>
<tr><td rowspan="9">积石山县</td><td>大河家镇</td><td>大墩村</td><td>19</td></tr>
<tr><td rowspan="8">石塬镇</td><td>秦阴村</td><td>6</td></tr>
<tr><td>石塬村</td><td>3</td></tr>
<tr><td>梁家沟</td><td>1</td></tr>
<tr><td>宋家沟</td><td>1</td></tr>
<tr><td>沈家坪村</td><td>28</td></tr>
<tr><td>肖红坪村</td><td>2</td></tr>
<tr><td>三二栗村</td><td>19</td></tr>
<tr><td rowspan="5">东乡县</td><td rowspan="3">赵家乡</td><td>甘土沟</td><td>8</td></tr>
<tr><td>赵家村</td><td>11</td></tr>
<tr><td>石头沟</td><td>4</td></tr>
<tr><td rowspan="2">沿岭乡</td><td>红崖村</td><td>3</td></tr>
<tr><td>新星村</td><td>3</td></tr>
<tr><td>合计</td><td>—</td><td>—</td><td>138</td></tr>
</table>

一、农户家庭基本信息分析

如图5.1所示，受调研的农户中，42.75%属于一般户，36.96%属于扶贫户，17.39%属于低保扶贫户，2.9%属于低保户。根据农户属性可知，整个被调研的农户家庭中农户属性普遍为一般户和贫困户，家庭经济条件较为低下，生活状况普遍较差。

结合表5.4可知，被调研的农户户主的年龄结构主要集中在“19～55岁”及“56岁以上”两个年龄阶段，占比分别为73.2%和26.8%。此外，男性户主和女性户主占比分别为96.38%和3.62%。

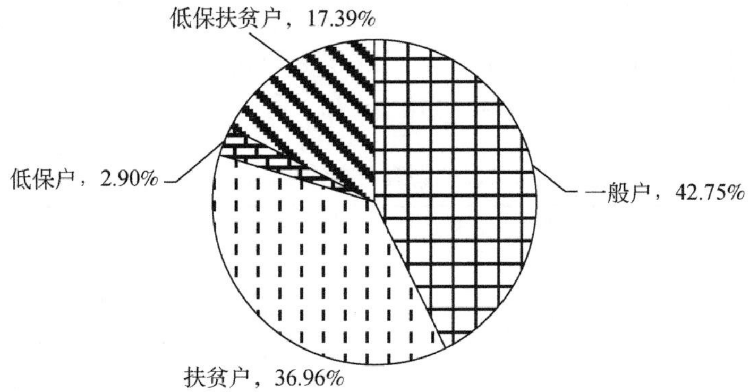

图 5. 1 被调研对象的农户属性占比情况

表 5.4 被调研农户户主信息情况

县市	年龄构成				性别构成			
	19～55 岁（人）	占比（%）	56 岁以上（人）	占比（%）	男性（人）	占比（%）	女性（人）	占比（%）
和政县	22	15. 94	8	5. 80	30	21. 74	0	0
积石山县	55	39. 86	24	17. 40	75	54. 35	4	2. 90
东乡县	24	17. 40	5	3. 60	28	20. 29	1	0. 72
合计	101	73. 2	37	26. 80	133	96. 38	5	3. 62

从表 5. 5 可知，被调研农户的职业类型主要是“务农”（占比 76. 09%）和“外出务工”（占比 18. 84%）两类，“其他”为 6 人，“个体”仅为 1 人。

表 5. 5 被调研农户的职业类型和占比

县市	职业类型（人）				占比（%）	
	务农	个体	外出务工	其他	务农	非务农
和政县	30	0	0	0	21. 74	0
积石山县	60	1	12	6	43. 48	13. 77
东乡县	15	0	14	0	10. 87	10. 14
合计	105	1	26	6	76. 09	23. 91

从表 5. 6 可知，在被调研的农户当中，绝大部分农户的文化程度为“小学及以下”，占比为 86. 13%，“初中文化程度”占比为 13. 87%，“高中及以上文化程度”为零。从拥有“专业技能”指标来看，仅有 19 人（占比 13. 77%）拥有

专业技能。该地的农户文化程度普遍较低，亟待提升，专业技能极度缺乏，急需对农户进行技能培训，增强技术水平，提高就业竞争能力。

二、农户生产生活条件分析

对农户的生产生活条件从收入、支出、住房、生产条件、参与产业化组织及生活条件6个方面进行分析。

表5.6 被调研农户的文化程度及专业技能拥有情况 （单位：人）

地区	文化程度			专业技能	
	小学及以下	初中	高中及以上	拥有	不拥有
和政县	26	3	0	8	22
积石山县	63	16	0	8	71
东乡县	29	0	0	3	26
合计	118	19	0	19	119

（一）农户收支情况

如表5.7所示，农户的收入来源主要包括务农收入、务工收入和各类补贴收入等3类。其中，务农收入包括种植收入（小麦、油菜、土豆、玉米、果树等）和养殖收入（牛、养、鸡）；各类补贴收入包含领取计划生育金、低保金、基本养老金和农业补贴收入4类。另外，问卷中的土地流转或补偿收入、租金收入及利息收入不涉及具体数据，故此处仅针对已有数据进行分析。在3个县中，东乡县由于特殊的地形地貌、气候条件，自然资源禀赋差，农户的收入来源少且最低。和政县的农户收入绝大部分来源于务工收入，务工收入占比由2017年的41.45%增加至2018年的58.10%。积石山县各类补贴收入也较高，2017年和2018年的占比分别为18.70%和19.58%。

表5.7 被调研农户家庭户均收支情况 （单位：元）

类别	明细	2017年			2018年		
		和政县	积石山县	东乡县	和政县	积石山县	东乡县
收入	务农收入	18 977	12 658	4 600	18 743	13 851	6 203
	务工收入	14 143	33 577	11 726	16 707	36 057	13 864
	各类补贴收入	997	10 632	569	1 047	12 154	569

续表

类别	明细	2017 年			2018 年		
		和政县	积石山县	东乡县	和政县	积石山县	东乡县
支出	生产支出	2 737	3 026	2 214	4 447	3 069	2 724
	食物支出	2 607	2 942	—	2 080	3 303	—
	衣着支出	1 693	2 390	—	1 460	2 505	—
	医疗支出	1 353	5 092	—	1 110	7 666	—
	文化娱乐支出	240	5	—	283	5	—
	教育支出	613	1 710	—	1 170	2 060	—
	人情支出	640	2 613	—	690	2 888	—
	宗教信仰支出	297	—	—	257	—	—
户均收入		23 937	39 086	14 681	25 000	40 558	17 912
人均纯收入		4 787.4	7 817.2	3 670	5 000	8 111.6	4 478

农户的日常支出主要包括生产支出、食物支出、衣着支出、医疗支出、文化娱乐支出、教育支出、人情支出和宗教信仰支出等 8 大类。在农户的各项支出中，“医疗支出” 占首位，一般处于 45% ~47% 水平，其次为生产支出、文化娱乐支出，宗教信仰支出占比不高。

（二）农户住房情况

农户的家庭住房结构可分为 5 类：钢筋混凝土类，砖混材料类，砖瓦砖木、砖、石窑洞类，竹草坯类，土窑洞及其他。从调查数据来看，农户的住房结构整体得到了改善。①和政县 86. 67% 的农户家庭住房结构为砖混材料类，13. 33% 的农户房屋结构为钢筋混凝土类。②积石山县 48. 57% 的农户住房结构为砖瓦砖木、砖、石窑洞类，其次为钢筋混凝土类，占比为 31%，还有 14. 29% 的农户住房结构为砖混材料类及其他占比的住房结构。③东乡县住房结构主要分为 3 大类，分别为钢筋混凝土类、砖混材料类及砖瓦砖木、砖、石窑洞类，占比分别为 41. 38%、55. 17%、3. 45%。

（三）农户家庭生产情况

农户的家庭生产经营分为在家务农和外出务工两类。其中在家务农方面，农户普遍都从事 2 ~3 类种植业和养殖业，这既有利于提高农户的抗风险能力，降低风险成本。具体表现为：单一种类的种植业或者养殖业占比为 7. 25%；2 种的占比为 16. 67%；3 种的占比为 42. 75%，占比最高；4 种的占比为 13. 77%，占比仅次于 2 种种类的。最后，也有少数农户专门以种养殖为主，从事 5 种甚至 6 种的种养殖，5 种种类与 6 种种类的占比分别为 2. 17% 与 1. 45%。其中还有农户从事非农业活动的，占比为 15. 94%（图 5. 2）。

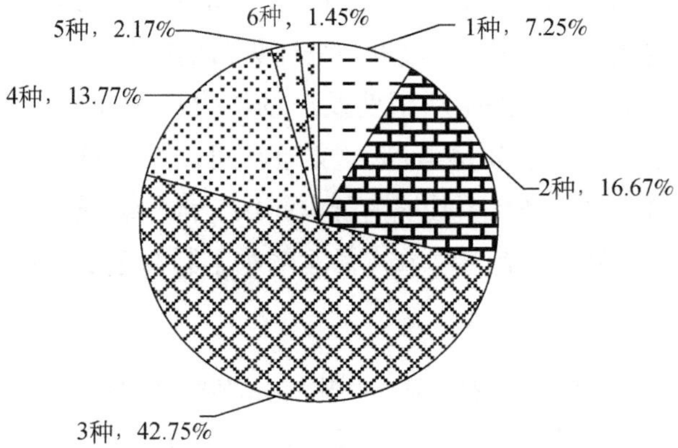

图 5. 2　被调研农户在种养殖种类上的分布情况

（四）农户参与产业化情况

有少量农户参与到了产业化组织（扶贫互助资金组织、农业合作社），但数量和占比极低，龙头企业的带动收益也很低。

（五）农户生活条件情况

针对农户家庭生活条件分析中得知：①100% 的家庭实现了完备的生活用电，通电率实现了全覆盖。②被调研农户不存在饮水困难问题，且饮水安全有保障，均达到 100%。③有 117 户农户家庭具有卫生厕所，占比为 84. 78%；21 户农户家庭无卫生厕所，占比为 15. 22%。④每个村内都有标准化卫生室，实现了全覆盖。⑤在是否通网络电视方面，136 户家庭有网络电视，覆盖率 98. 55%，仅有 2 户还没有通网络电视，占比为 1. 45%。⑥在生活燃料主要类型中，27. 54% 的农户以柴草、农作物秸秆、干畜粪为主要生活燃料，3. 62% 的农户主要以煤炭为生活燃料，同时 61. 59% 的家庭在日常生活中使用柴草、农作物秸秆、干畜粪和煤炭等多种类型的混合燃料。

在农户家庭入户路类型方面，91. 58% 的农户家庭门前都修建了水泥路面公路，但也有9.42%的农户家庭为非水泥路面，其中3.6%的家庭入户路面为普通的人行道路，4.82%的农户家庭入户路型为普通泥土公路。

在交通方面，农户家庭往返最近集市的交通工具多为摩托车、农用三轮车、公共汽车、私家车等。其中，去往集市的时间在“10分钟以内”的家庭数量占比为24.64%，时间在“11~20分钟”的家庭数量占比为24.64%，“21~30分钟”的家庭数量占比为36.23%。可见，去往集市的时间在半小时以内的家庭占大多数，这更加方便了居民的生活消费及市场销售行为（表5.8）。交通时间在半小时以上的家庭数量占比为14.49%，交通时间过长对居民的生活和生产经营都存在一定的限制，尤其是东乡县境内群山起伏，沟壑纵横，人拉、肩扛、驴驮是主要的运输方式，群众出行难、农产品运输难是制约东乡族自治县经济社会发展的“瓶颈”。

表5.8　被调研农户到达集市的时间情况

花费时间	10分钟以内	11~20分钟	21~30分钟	30分钟以上
和政县（人）	0	11	15	4
积石山县（人）	34	22	23	0
东乡县（人）	0	1	12	16
占比（%）	24.64	24.64	36.23	14.49

三、农户的脱贫认知与意愿分析

调研走访过程中收集了农户贫困认知及意愿的相关信息，具体包含农户对政府扶贫的重视程度、对扶贫政策实施效果的总体评价、对所在地区实施扶贫措施的了解度及对自身脱贫后返贫风险的认知等内容。在农户对政府扶贫的重视程度认知方面，有98.55%的农户认为政府在扶贫方面“非常重视”和“重视”，65.22%的农户认为政府在扶贫层面“非常重视”（表5.9）。

表5.9　被调研农户对政府扶贫重视程度的认知

地区	非常重视	重视	一般	不重视	很不重视
和政县（人）	10	18	2	0	0
积石山县（人）	67	12	0	0	0
东乡县（人）	13	16	0	0	0

续表

地区	非常重视	重视	一般	不重视	很不重视
合计（人）	90	46	2	0	0
占比（%）	65.22	33.33	1.45	0	0

在农户对政府扶贫政策满意度的评价上，97.83%的被调研农户对政府实施的扶贫政策持满意态度，其中59.42%的农户对政策实施持“非常满意”态度（表5.10）。表明了被调研农户在政府实施扶贫政策后能够切实享受到扶贫政策所带来的好处和福利。

表5.10 社调研农户对政府扶贫政策满意度的评价

地区	非常满意	满意	一般	不满意	很不满意
和政县	9	18	3	0	0
积石山县	62	17	0	0	0
东乡县	11	18	0	0	0
合计	82	53	3	0	0
占比（%）	59.42	38.41	2.17	0	0

在农户对政府现有政策了解程度的认知层面来看，被调研农户中，在“加大教育、医疗、社保等扶贫投入力度”方面认知程度最高，占比为33.23%；其次有19.17%的农户对“提高扶贫金额标准”方面有认知；14.7%的农户在“加强贫困家庭劳动力引导培训”这一扶贫政策方面存在一定认知；12.78%的被调研农户对“提高扶贫贷款额度”这一政策有认知；8.31%的农户对“扩大扶贫人口覆盖面”上有一定认知（表5.11）。

表5.11 被调研农户对扶贫政策的了解程度

地区	提高扶贫金额标准	提高扶贫贷款额度	扩大扶贫人口覆盖面	开发特色扶贫产业	加大教育、医疗、社保等扶贫投入力度	加强贫困家庭劳动力引导培训
和政县（人）	15	18	9	4	12	11
积石山县（人）	19	3	17	31	63	27
东乡县（人）	26	19	0	2	29	8
合计（人）	60	40	26	37	104	46
占比（%）	19.17	12.78	8.31	11.82	33.23	14.70

在农户对影响返贫的因素的认知程度层面，参与调研的贫困农户反映出未来面对返贫的担忧。其中，有 32 户农户（23.2%）担心发生返贫，有 65.6% 的农户担心 2 ~ 4 年内出现返贫。其中，担忧返贫因素的占比分别为：自然灾害（26.55%）、医疗费用过高（21.24%）、自身能力不足（16.81%）、贫困线的变化（13.27%）、社会保障水平低（11.50%）、思想落后（4.42%）、子女教育费用过高（3.54%）、政策不完善（2.65%）（表 5.12）。被调研农户担心“自然灾害”是返贫的最大因素，这与临夏州地处西北内陆地区，气候异常和环境日益恶化，以及灾害频发容易导致返贫等因素有关。

表 5.12　被调研农户所担忧的返贫因素情况

地区	自然灾害	贫困线的变化	子女教育费用过高	医疗费用过高	自身能力不足	社会保障水平低	政策不完善	思想落后
和政县（人）	7	12	4	9	12	12	3	4
积石山县（人）	18	0	0	12	6	1	0	1
东乡县（人）	5	3	0	3	1	0	0	0
合计（人）	30	15	4	24	19	13	3	5
占比（%）	26.55	13.27	3.54	21.24	16.81	11.50	2.65	4.42

四、扶贫政策参与度评价

通过农户家庭的扶贫政策参与调研得知，参与政策主要分为劳动技能培训、医疗救助、子女教育补贴、危房改造、小额信用贷款、最低生活保障、易地扶贫、公益性岗位收入、发展特色产业和政府组织就近转移就业等。本调研将农户的参与状态分为很多、较多、一般、很少和没有共五类。同理，将农户对扶贫措施的实施评价进行统计，评价的主要标准为收入增加或收入渠道增加、生活质量提升、交通条件改善、子女教育条件改善及医疗负担降低。

如表 5.13 所示，农户参与度最高的扶贫政策措施为医疗救助（占比 72.28%）和劳动培训（占比 65.09%），认为参与度最低的扶贫措施是发展特色产业（占比 22.22%）和小额信用贷款（29.73%）。也有部分农户认为自己无政策参与度，其中 4.29% 的农户认为自己在“政府组织就近就业”方面无参与度，该比例在各类政策无参与度中居首位；其次为易地扶贫政策，占比为 3.39%。而关于政策参与满意度评价，绝大多数农户（91.11%）都认为政策较多地改善了贫困户的生活质量和生活条件，其中 70.39% 的农户认为“交通条件改善”，65.45% 的农户认为“医疗负担”得到了降低，60.17%的农户认为生活质量得到了提升。

表 5.13 被调研农户政策参与度评价 （单位:%）

项目	指标	很多	较多	一般	很少	没有
政策参与	劳动培训	65.09	31.13	2.83	0	0.94
	医疗救助	72.28	24.75	2.97	0	0
	子女教育补贴	58.14	36.05	5.81	0	0
	危房改造	49.30	38.03	11.27	0	1.41
	小额信用贷款	29.73	44.59	22.97	1.35	1.35
	最低生活保障	45.92	31.63	21.43	0	1.02
	易地扶贫	38.98	44.07	13.56	0	3.39
	公益性岗位收入	54.55	34.09	7.95	1.14	2.27
	发展特色产业	22.22	55.56	19.44	1.39	1.39
	政府组织就近转移就业	45.71	38.57	11.43	0	4.29
政策评价	收入增加，获得收入渠道增加	53.33	37.78	8.89	0	0
	生活质量提升	60.17	33.05	6.78	0	0
	交通条件改善	70.39	25.14	4.47	0	0
	生产条件改善	55.45	33.64	10.91	0	0
	子女教育条件改善	58.25	34.95	6.80	0	0
	医疗负担降低	65.45	28.18	6.36	0	0

五、多维贫困测度与分析

（一）变量选取与数据说明

在参考联合国人类发展报告中关于多维相对贫困指标的选取（即教育、健康、生活条件维度）基础上，本书增加了生产能力和房屋维度，共设5个维度的测算指标，采取国际通用做法，设定各维度权重相等（表5.14）。

表 5.14 多维相对贫困指标体系设定

维度	指标	剥夺临界值	权重
生产能力	生产技能情况	不具有某项技能视为被剥夺	1/5
教育	受教育程度	少于6年视为被剥夺	1/5

续表

维度	指标	剥夺临界值	权重
健康	身体健康情况	非健康视为被剥夺	1/5
房屋	房屋安全情况	危房视为被剥夺	1/5
生活条件	生活饮水情况	饮水存在困难视为被剥夺	1/5

基于甘肃省临夏州和政县、积石山县、东乡县三县建档立卡户的个人、家庭属性的各方面指标，以反映临夏州深度贫困农户家庭的生产、生活、健康、教育和房屋水平等的现实情况。根据表 5.14 中设定的观测维度，对相对贫困农户的贫困现状进行剖析。

（二）相对贫困测度

（1）单维相对贫困测度

由表 5.15 可知，在五个不同维度的指标测定中，教育贫困的存在程度最深，达 94.8%，其次是房屋贫困（33.7%）、生产能力贫困（22%）、健康贫困（18.3%），而生活条件贫困的存在程度最浅，仅为 0.3%。该情况说明，甘肃深度贫困县教育资源缺乏状况最为明显；部分贫困家庭缺乏谋生手段，不具备持续脱贫能力；当时“看病贵”“看病难”问题有待进一步解决。

表 5.15　单位相对贫困发生率测度结果

维度	指标	结果
生产能力	生产技能情况	0.220
教育	受教育程度	0.948
健康	身体健康情况	0.183
房屋	危房户	0.337
生活条件	生活饮水情况	0.003

（2）多维性对贫困测度

利用 AlKire-Foster 模型测算 H、A、MPI 数值对多维相对贫困状况进行测度，设定剥夺临界值 K 分别为 1/5、2/5、3/5、4/5、5/5，得出的结果如表 5.16 所示。

表 5.16　多维相对贫困测度

剥夺临界值 K	相对贫困发生率 H	平均剥夺份额 A	多维相对贫困指数 MPI
1/5	0.977	0.577	0.564

续表

剥夺临界值 K	相对贫困发生率 H	平均剥夺份额 A	多维相对贫困指数 MPI
2/5	0.520	0.308	0.160
3/5	0.166	0.098	0.016
4/5	0.029	0.017	0.001
5/5	0.000	0.000	0.000

如表5.16所示，当剥夺临界值K为1/5时，相对贫困发生率H最高，为97.7%，几乎所有测算群体均属于相对贫困状态。另外，此时平均剥夺份额A为0.577，多维相对贫困指数MPI为0.564，农户生活状况不容乐观。随着K值提高，甘肃省相对贫困发生率开始逐步下降，当K值提高至4/5及以上时，相对贫困发生率和多维贫困相对指数下降至较低水平，说明测算群体中处于极端贫困的人数较少。

（三）相对贫困分解

为了进一步细化研究劳动力流动人口的多维相对贫困现状，了解不同维度对临夏州农民多维相对贫困的贡献率，此处对多维相对贫困指数进行分解。考虑到K值大于4/5时，相对贫困发生率较低且可忽略不计，因此此处K值只取到4/5，具体计算结果如表5.17所示。

表5.17 多维相对贫困指数的维度分解

维度	1/5	2/5	3/5	4/5
生产能力	0.016	0.055	0.542	0.175
教育	0.067	0.024	2.340	0.755
健康	0.013	0.046	0.451	0.146
房屋	0.024	0.084	0.833	0.269
生活条件	0.000	0.001	0.008	0.265

可以看出，不论在何种剥夺K值下，教育维度的多维相对贫困贡献率均为最高，反映出临夏州深度贫困县域教育资源欠缺、发展水平落后的现状，进一步表明了精准扶贫中教育扶贫的重要性；其次，生产能力、房屋、健康维度的多维相对贫困贡献率处于较高水平，表明缺乏谋生能力、缺乏住房安全保障、不能及时

就医等问题依然存在；生活条件维度的多维贫困贡献率较低，农户较少存在饮水困难等问题。

第三节　深度贫困人口返贫影响因素

2018 年 12 月底，东乡县剩余未脱贫 9731 户 49 317 人（含 1511 人返贫人口），贫困发生率为 16.84%，是全国平均水平的 28 倍。本节采用东乡县“全国扶贫开发信息系统”49 317 名贫困人口样本数据，分析东乡县返贫人口的特征与影响因素进行描述性分析。

一、东乡县贫困人口特征分析

如表 5.18 所示，2019 年 8 月东乡县共有贫困人口 49 317 人，从脱贫属性等 11 个维度分析可知：

表 5.18　东乡县贫困人口的基本特征与变量赋值

类型	分类指标	频率（人）	百分比（%）
脱贫属性	返贫人口	1 511	3.1
	未脱贫人口	47 806	96.9
民族	汉族	882	1.8
	东乡族	48 209	97.8
	其他少数民族	226	0.5
文化程度	本科及以上	121	0.2
	高中初中	3 965	8.0
	小学	26 865	54.5
	文盲或半文盲	18 366	37.2
健康状况	健康	44 954	91.2
	残疾	2 366	4.8
	长期大病或慢性病	1 996	4.0
劳动技能	技能劳动力	84	0.2
	普通劳动力	25 094	50.9
	无劳动力或弱劳动力	24 137	48.9

续表

类型	分类指标	频率（人）	百分比（%）
务工状况	没有务工	40 872	82.9
	省外务工	1 562	3.2
	县外省外务工	5 621	11.4
	县内务工	1 262	2.6
参加大病医疗	否	2 823	5.7
	是	46 494	94.3
贫困户属性	一般贫困户	24 357	49.4
	低保贫困户	24 161	49.0
	特困供养贫困户	799	1.6
致贫原因	缺资金	25 545	51.8
	缺技术	9712	19.7
	缺劳力	3 985	8.1
	自身发展动力不足	2 704	5.5
	交通条件落后	2 419	4.9
	因病因残	3 851	7.8
	缺土地	606	1.2
	其他原因（因学、因灾、因婚、因丧、缺水等）	495	1.0
危房户	否	33 051	67.0
	是	16 266	33.0
是否解决安全饮用水	是	49 317	100.0

注：“健康状况”缺失 1 人，“劳动技能”缺失 2 人

资料来源：《东乡县 2018 年脱贫攻坚工作总结和 2019 年工作要点》

1）从脱贫属性来看，未脱贫人口人数为 47 806 人，占比高达 96.9%。返贫人口 1511 人，返贫人口占全部贫困人口的比例为 3.1%，返贫率较高，远远高出同期全国平均水平。从 1511 名返贫人口来看，2014 年、2015 年、2016 年、2017 年返贫的人口数量人口分别为 962 人、394 人、151 人、4 人，占比分别为 63.7%、26.1%、10%、0.2%。由此可见脱贫时间越早越容易返贫，2014～2017 年返贫人口逐渐减少。

2）从贫困人口的民族身份来看，占比最大的是东乡族 97.8%（48 209 人），远高于 2015 年东乡族占全部人口的比例。其次为汉族（1.8%），回族、撒拉族

等其他少数民族占比很低。

3）从文化程度来看，贫困人口的文化水平较低，占比排名前两位的分别是小学（54.5%）、文盲或半文盲（37.2%），两者合计高达91.7%，这说明较低的文化水平加大了脱贫的难度。

4）从健康水平来看，91.2%的人口为“健康”水平，说明贫困人口的健康扶贫取得了较大成效；“残疾人口”数量居第二位，为2366人；“长期大病或慢性病”人口为1996人，占比为4.0%。

5）从劳动技能来看，无劳动力或弱劳动力的贫困人口有24 137人，占贫困人口总数的48.9%；普通劳动力的贫困人口为25 094人，占贫困人口总数的50.9%；仅有84人有技能劳动力，占比为0.2%，可见贫困人口劳动力普遍无技能或仅能从事一般技术水平的劳动。

6）从务工状况来看，没有务工的比例高达82.9%，这与东乡县是一个传统农业大县（2014年，东乡县第一产业产值占GDP比例达18.93%）有一定的关系，说明贫困人口的生计仍然依靠传统的种养殖业。外出务工主要以本地（县）为主，县外省内务工比例为11.4%，到省外务工的比例仅3.2%。

7）从参加大病医疗来看，贫困人口中46 494人已参加大病医疗，占比为94.3%。可见东乡县大病医疗政策得到有效落实。

8）从贫困户属性来看，贫困人口中低保贫困户为24 611人，占贫困人口的比例为49.0%；特困供养贫困户为799人，占贫困人口的比例为1.6%；一般贫困户为24 357人，占贫困人口的比例为49.4%。可见深度贫困县低保和特困供养的压力依然较大。

9）从致贫原因来看，“缺资金”占比高达51.8%，贫困人口缺发展资金对产业扶贫的开展有较大影响，其次为“缺技术”（19.7%）、“缺劳力”（8.1%）。此外，因病因残（7.8%）、自身发展能力不足（5.5%）、交通条件落后（4.9%）等因素占比低，但对脱贫影响更重要。因学、因灾、因婚、因丧、缺水等致贫原因合计的比例为1%，已不是致贫的主要成因（耿新，2020）。

10）从是否属于危房户来看，高达33%的贫困户属于危房户。

11）从是否解决安全饮用水来看，100%已解决安全饮用水。

二、东乡县返贫人口特征分析

建档立卡人口致贫的原因，也是后期返贫风险的重要来源（汪三贵和周园翔，2022）。下面主要分析1511名返贫人口的特征，具体如表5.19所示。

1）从民族成分来看，返贫人口中汉族人口占比为11.1%，东乡族人口占比为87.3%，相比汉族人口而言东乡族人口更容易返贫；同时东乡族人口在返贫人口中的占比略低于东乡族人口占全县总人口的比例（88.2%）。

表5.19 东乡县返贫人口的基本特征与变量赋值

类型与变量	指标与赋值	频率（人）	百分比（%）
民族	汉族=0	167	11.1
	东乡族=1	1319	87.3
	其他少数民族=2	25	1.7
文化程度	大专及以上=0	12	0.8
	中学=1	178	11.8
	小学=2	838	55.5
	文盲或半文盲=3	483	32
健康状况	健康=0	1244	82.3
	残疾=1	94	6.2
	长期大病或慢性病=2	173	11.4
劳动技能	技能劳动力=0	2	0.1
	普通劳动力=1	759	50.2
	无劳动力或弱劳动力=2	750	49.6
务工状况	没有务工=0	1260	83.4
	省外务工=1	33	2.2
	县外省外务工=2	181	12
	县内务工=3	37	2.4
参加大病医疗	是=0	1491	98.7
	否=1	20	1.3
贫困户属性	一般贫困户=0	546	36.1
	低保贫困户=1	912	63
	特困供养贫困户=2	13	0.9

续表

类型与变量	指标与赋值	频率（人）	百分比（%）
致贫原因	缺资金=0	645	42.7
	缺技术=1	283	18.7
	缺劳力=2	117	7.7
	自身发展动力不足=3	166	11
	交通条件落后=4	71	4.7
	因病因残=5	174	11.5
	缺土地=6	17	1.1
	其他原因=7	38	2.5
危房户	否=0	1328	87.9
	是=1	183	12.1

注：表中“健康状况”缺失1人，“劳动技能”缺失2人

资料来源：《东乡县2018年脱贫攻坚工作总结和2019年工作要点》

2）从文化程度来看，在1511名返贫人口中，占比最大的是小学文化程度（55.5%）、其次为文盲或半文盲文化程度（32.0%），说明文化程度在返贫影响因素中至关重要。在1511名返贫人口中，在校生人数为416人，占比为27.5%。

3）从健康状况来看，在1511名返贫人口中，残疾人口有94人，占比为6.2%，患长期大病或慢性病的人口有173人，占比为11.4%，说明因病因残返贫问题十分突出。

4）从贫困人口的劳动技能来看，在1511名返贫人口中，无技能劳动力或弱劳动力占比为49.6%，普通劳动力占比为50.2%，而有技能劳动力占比降至0.1%。可见，东乡县贫困人口普遍技能较差，无一技之长的贫困人口较为普遍。

5）从务工状况来看，在1511名返贫人口中，没有务工的比例高达83.4%，省外务工的比例为2.2%，这说明是否务工以及务工地点和距离的远近对返贫有一定影响。

6）从参加大病医疗来看，在1511名返贫人口中，98.7%已参加了大病医疗，这说明国家的大病医疗政策在返贫户中得到了有效实施。

7）从贫困户属性来看，在1511名返贫人口中，低保贫困户的比例升至63%，可见低保贫困户更容易返贫。

8）从致贫原因来看，与表5.18相比，因缺资金而返贫的比例降至42.7%，自身发展能力不足而返贫的比例升至11%，因病因残而返贫的比例升至11.5%，说明应格外重视自身发展动力不足、因病因残等因素对返贫的影响。

9）从是否属于危房户来看，在1511名返贫人口中，危房户的比例降至12.1%。

10）从是否解决安全饮用水来看，已100%解决安全饮用水。

上述东乡县的数据与我国省级监测数据中统计的返贫原因基本吻合：大病、因残、缺劳力是监测户的主要特征，因病返贫占到70%。2021年，家有大病住院病人的监测户占28.37%，7.28%的监测户家庭住院医疗支出超过当年收入一半，其中43%来自于突发严重困难户。无劳动力家庭占比和家有重度残疾人占比分别为36.17%和20.17%（汪三贵和周园翔，2022）。

三、东乡县返贫人口影响因素

本研究采用logit回归分析方法，将东乡县未脱贫人口（已享受扶贫政策）作为对象来分析贫困人口返贫的影响因素。

（一）研究方法

反映脱贫人口返贫的主要是离散数据，对该类型数据采用logit模型来分析离散数据是统计学中常用的理想分析方法。由于因变量涉及两类变量，因此常采用二值logit模型。

以Y_i表示在（0，1）上的取值，关于Y_i的logit模型的两点分布概率为：

$$P(y=1|x)=F(x,\beta)$$
$$P(y=0|x)=1-F(x,\beta)$$

它的累积分布函数为：

$$P(y=1|x)=F(x,\beta)=\wedge(x,\beta)=\frac{\exp(x'\beta)}{1-\exp(x'\beta)}$$

显然，这个函数是一个非线性函数，可使用最大似然法作估计。那么这个观测值的概率密度为：

$$F(y_i|x_i,\beta)=y_i\ln[\wedge(x_i'\beta]+(1-y_i)\ln[1-\wedge(x_i'\beta)]$$

如果样本中的个体是独立的，整个样本的对数似然函数则写成：

$$\ln L(\beta|y,x)=\sum_{i=1}^{n}y_i\ln[\wedge(x_i'\beta)]+\sum_{i=1}^{n}(1-y_i)\ln[1-\wedge(x_i'\beta)]$$

logit回归系数经过logit变换而来，即

$$\beta=\ln\frac{P}{1-P}$$

$$\frac{P}{1-P}=\text{odds}$$

式中，odds 的比值称为比值比（odds ratio），即 OR。

（二）实证分析

根据贫困人口的脱贫属性特征，将其分为返贫人口和未脱贫人口作为因变量。研究采用 SPSS 工具进行线性回归分析，将返贫人口的人均纯收入的对数值作为因变量，将民族、文化程度、健康状况、劳动技能、务工状况、参加大病医疗、贫困户属性、致贫原因、危房户作为自变量。对各自变量间的多重共线性分析，发现 VIF 值均小于 10，自变量之间不存在高度相关关系，回归结果稳健准确。表 5.20 是影响返贫人口的显著性检验结果，模型的 P 值远小于临界值 0.01，模型总体上显著（耿新，2020）。

表 5.20　东乡县返贫人口的影响因素分析结果

变量	非标准化系数		标准化系数	t	显著性	共线性统计量	
	B	标准误	Beta			容差	VIF
(常量)	8.342	0.042		198.595	0		
民族	−0.316	0.024	−0.325	−13.131	0	0.854	1.171
文化程度	−0.043	0.012	−0.084	−3.455	0.001	0.892	1.121
健康状况	−0.009	0.012	−0.017	−0.712	0.476	0.899	1.113
劳动技能	−0.014	0.017	−0.021	−0.806	0.421	0.775	1.29
务工状况	0.008	0.011	0.018	0.699	0.485	0.818	1.223
参加大病医疗	−0.039	0.068	−0.013	−0.583	0.56	0.981	1.019
贫困户属性	0.113	0.016	0.167	7.029	0	0.924	1.083
致贫原因	0.021	0.004	0.125	5.263	0	0.923	1.083
危房户	0.025	0.024	0.025	1.066	0.287	0.974	1.026

注：$F=45.797$（$p<0.001$），$R^2=21.6\%$，adj$R^2=21.1\%$，$D\text{-}W=1.182$

1）民族成分对脱贫人口返贫有显著影响，东乡族返贫人口的占比是汉族的 7.86 倍。而在东乡县贫困人口中，东乡族贫困人口占比高达 97.8%，贫困发生率远高于其他民族。

2）文化程度对脱贫人口返贫的影响显著。样本中的小学文化程度、文盲或半文盲文化程度占比很高，说明实现脱贫并不需要很高的文化水平，只要贫困户提高一定的文化水平后返贫风险将会大幅降低。

3）健康状况对返贫具有显著影响。身患残疾、长期大病或慢性病的人群是长期的特困户，国家已将因残致贫、大病或慢性病致贫纳入了农村低保救助政策对象，这部分群体的兜底保障程度较高。另外，也说明国家要针对健康的贫困人口出台促进就业与收入增长的长效措施，提高其内生发展动力，巩固脱贫成效。临夏州地理位置相对偏远，海拔高，容易产生大骨节病、克汀病等地方性疾病。如2016年、2019年临夏州的返贫户数中，因病因残返贫的比率均高达50%以上。综上，重大生活变故会产生返贫，有的边缘户和突发困难户存在因病致贫、因病返贫风险，就医费用无法纳入社会保障范围，易导致家庭出现支出性贫困。同时，疾病导致脱贫户收入减少和支出大幅度增加，低收入的脆弱人口在保险费补贴减少以后参与基础医疗保险的意愿降低，导致其在生病以后无法获得及时救助而返贫。

4）劳动技能和务工对返贫影响不显著。在其他条件不变时，技能劳动力、普通劳动力、无劳动力或弱劳动力对返贫没有显著影响。可能存在两个原因：第一，“技能劳动力”人数占比仅为0.2%，“务工”的占比为17.7%，两者的比例都偏低，方差小。第二，一定的劳动技能或外出务工是偶发因素，影响返贫更重要的因素是受教育程度等内在因素，贫困劳动力非农就业渠道比较窄，因此要加强对贫困人口的职业技术培训。

5）参加大病医疗对返贫有显著影响。这与李文亮（2019）研究结论不同，这可能与东乡县98.7%的返贫人口参加大病医疗保险有关。东乡县脱贫攻坚到人到户惠民政策规定：贫困人口个人负担合规医疗费用经基本医保、大病报销后，合规医疗费用年累计超过3000元部分，通过医疗救助政策全部兜底解决。

6）贫困户属性对返贫有显著影响。低保贫困户、特困供养贫困户缺乏发展基础和条件，发展能力较差，脱贫的脆弱性和稳定性相应较低，受到返贫风险冲击时返贫概率会增大。

7）致贫原因对返贫有显著影响。模型估计结果显示：扶贫政策应着力在发展产业扶贫的资金、技术、劳动力上给予重点保障，而自身发展动力不足也是需引起关注的地方，应注重扶贫扶志相结合。

8）危房户对返贫有显著影响。但是，危房经过一次性改造合格验收后就不会再因此而返贫。

四、东乡县“两类户”特征分析

不同农户脱贫能力不同，存在的返贫风险亦不同，要预防和有效阻止返贫。

如表 5.21 所示，东乡县同样存在返贫人口和边缘人口，其中返贫人口在 2017 年达到最高值（1511 人），随后呈现下降趋势；随着国家对边缘贫困人口的重视，东乡县 2019 年边缘人口为 10 556 人，2020 年为 10 749 人。

表 5.21　东乡县返贫人口和边缘人口统计表（2015～2020 年）（单位：人）

时间	2015 年	2016 年	2017 年	2018 年	2019 年	2020 年
返贫人口	110	143	1511	133	0	0
边缘人口	0	0	0	0	10 556	10 749

根据 2021 年课题组调研数据，东乡县共有“两类户”（脱贫不稳定户和边缘易致贫户）共 3335 户，17 360 人，目前 14 295 人风险已消除，占“两类户”人数的 82.34%。其中，在 2020 年“两类户”中，“脱贫不稳定户”为 872 户、4706 人，“边缘易致贫户”为 2463 户、12654 人（表 5.22）。2021 年以来，东乡县新认定易返贫致贫户 600 户 3065 人，落实帮扶措施 862 项，户均落实帮扶措施 1.43 项。预警监测出“三保障”问题 55 条，其中 44 名失学辍学生全部劝返；11 户因灾导致房屋危险的对象全部纳入危房改造；865 户收入不稳定户已通过对接就业、落实创业贷款、扶持发展产业、兜底保障等措施，分类施策，精准对接解决。共推送群入需求数据 16 019 条，核实确认 10 773 条，其中贷款扶持需求 4400 户，已落实 1172 户；公益性岗位 364 人，已落实 84 人；就近就业 1027 人，涉及县内施工单位认领、扶贫车间吸纳等方式解决 895 人；技能培训 4507 人，已落实 1830 人；兜底保障 475 户，已落实 449 户。

表 5.22　东乡县脱贫不稳定户和边缘易致贫户统计表

两类户合计						脱贫不稳定户						边缘易致贫户					
风险已消除		风险未消除		合计		风险已消除		风险未消除		小计		风险已消除		风险未消除		小计	
户	人	户	人	户	人	户	人	户	人	户	人	户	人	户	人	户	人
2732	14295	603	3065	3335	17360	636	3538	236	1168	872	4706	2096	10757	367	1897	2463	12654

资料来源：2021 年 5 月 25 日临夏州乡村振兴局统计数据

第四节　本章小结

第一，东乡县曾经是我国最贫困的地区，在这片贫瘠的黄土地上，贫困像难以摆脱的梦魇，沉重地压在陇原人民的心头。党的十八大以来，一场以深度贫困地区和特殊困难群体为重点，以实施“一户一策”精准脱贫计划为抓手，通过在组织领导和作风转变上持续强化，在产业扶贫和示范带动上创新模式，在结对帮扶和激发动力上全力推动，经过不懈努力和奋斗，东乡县如期打赢脱贫攻坚战。

第二，通过调查问卷显示，深度贫困县受访对象对政府扶贫工作的认可度较高，98.55%的农户认为政府很重视扶贫工作，65.22%的农户认为政府在扶贫层面非常重视。同时，农户对政策扶贫政策实施的满意度认可度很高，97.83%的被调研农户对政府实施的扶贫政策持满意态度，其中59.42%的农户对政策实施持“非常满意”态度，表明了农户在政府实施扶贫政策后能够享受到政策所带的好处和福利。

第三，从理论和实证上分析返贫人口的影响因素十分必要。结合“全国扶贫开发信息系统”贫困人口和返贫人口数据，运用SPSS统计数据分析可知贫困人口的民族成分、文化程度、健康状况及参加大病医疗、贫困户属性、致贫原因、危房户等因素对返贫有显著影响。

第六章 “三区三州”防返贫长效机制

“三区三州”历史性成功解决绝对贫困问题，只要存在收入差距就会存在低收入群体。当前“三区三州”存在脱贫后再返贫的风险，警惕贫困陷阱的产生必须加强返贫风险与特征的分析，通过健全防返贫监测和帮扶机制，构建稳定脱贫长效机制。

第一节 “三区三州”返贫风险类型

2020年，“已脱贫的地区和人口中，有的产业基础比较薄弱，有的产业项目同质化严重，有的就业不够稳定，有的政策性收入占比高”，“存在返贫风险的近200万和存在致贫风险的近300万人群”①。从发生学看，返贫涉及脆弱人口、生命周期和风险等理论，返贫问题的反复是多种因素共同作用的结果，脱贫对象的脆弱性及能力和主动性不足是主要成因，还有政策短视导致的轻视脱贫长期目标，以及因病、因灾与自然环境恶劣等因素（左停和苏青松，2021）。王萍萍和闫芳（2010）发现每年贫困人口中约三分之一在次年脱贫；同时，次年脱贫人口约三分之二是新增返贫人口。某年度的贫困人口在3年后仍是贫困人口的比例不近五分之一（范小建，2010），贫困人口的大进大出说明了贫困的脆弱性和致贫因素的复杂性。2001～2009年我国脱贫率处于67.6%左右，而脱贫人口返贫率为64.6%左右，两者基本一致。这表明评价扶贫绩效不能仅考核贫困发生率的下降，还必须分析其减贫中长期绩效，要考察贫困深度和贫困强度的跨期响应。左停和赵梦媛（2021）将致贫风险分为传统风险和非传统风险，其中传统风险包括自然风险（自然灾害）、市场风险（小区域性的价格波动）、健康风险（传染病、医疗技术不足）、老年（寿命较短）、失业（因劳动生产率低导致的隐性失业）等。社会转型将增加如自然风险中土壤、水源、空气污染等各类环境污染的风险；不掌握信息技术会导致“买难”“卖难”，也会面临全球竞争市场竞争；因

① http：//dangjian. people. com. cn/n1/2020/0309/c117092-31622831. html.

医疗水平的提高带来的人均寿命提高会带来老年人失能、精神空虚等；以及非农就业人员的失业风险。本书根据贫困脆弱性的冲击来源，“三区三州”返贫风险主要分为四种类型（郑瑞强和曹国庆，2016）：能力缺失型返贫风险、环境型返贫风险、发展型返贫风险和政策型返贫风险。

一、能力缺失型返贫风险

阿玛蒂亚·森在《以自由看待发展》一书中基于能力的视角，提出贫困是缺少获取和享有正常生活的可行能力。该理论为研究贫困问题提供了一种全新方法，并对稳定脱贫长效机制具有较强的解释力和适用性：脱贫是逐渐实现实质性自由的过程，而非一种状态。该理论强调个人能力对塑造可行能力的基础性作用，又强调政府和社会对完善可行能力的主导作用，两者互动，相互促进（万厚利和于姝婷，2020）。因此，对靠外部支持来脱贫及自我发展能力不强的脱贫人口，可能面临返贫风险。应努力提高贫困人口多种可行能力（阿玛蒂亚·森，2009），包括劳动收入的能力、配置资产和资源再生产的能力、生产生活能力、面对顺境或逆境时的定力等。

在外部政策支持力度较强的前提下，贫困人口按可行能力划分为四个递进层次：一是没有劳动能力，导致“无业可扶、无力脱贫”。二是有劳动能力但没有脱贫意愿，或有脱贫意愿但缺乏脱贫的勇气和行动，如贫困户以“穷开心”“知足常乐”等思想自我安慰。三是有劳动能力和脱贫愿望，但缺乏谋生技能的能力制约型贫困。贫困人群由于受教育程度低，缺乏知识更新和获取能力；或没有接受相应的职业技能培训，缺乏专门知识、人力资本差，无法在市场经济中获取收益。四是有劳动能力、意愿和技能，但深受环境条件制约的资源匮乏型贫困（周立，2018）。

依据能力贫困理论，主体能力缺失型返贫主要表现为因病返贫、市场风险应对能力缺乏、就业技能不高等导致的“贫困—主体素质低—自身抵御风险能力低—贫困”的贫困陷阱。人力资本孱弱影响脱贫人口后续生计生活，并产生返贫风险。本书将主体能力型返贫风险分为如下类型：因病返贫风险、市场能力风险、失业返贫风险。

（一）因病返贫风险

健康风险的发生是诱发健康贫困的逻辑起点。“三区三州”群众健康水平较低，医疗资源有限进一步制约了疾病的及时治疗，群众面临健康风险时脆弱，因病致贫返贫问题突出。“三区三州”是我国地方病主要重点地区，碘缺乏病、大骨节病、地方性克汀病、氟中毒、克山病等地方病流行县占全国比例高，威胁人口多、作用时间久、危害程度深（表6.1）；同时“三区三州”也是我国传染病高发区，是艾滋病、结核病、肝炎等疾病流行区域（耿新，2020）。随着贫困人口的减少，因病致贫因病返贫的比例由2015年的42%上升至2017年的44%，呈现不降反升的趋势（周宇，2017），其主要原因是高昂医疗费用支付所致。

表6.1　2018年“三区三州”地方病和寄生虫病流行县个数　（单位：个）

地区	碘缺乏病	大骨节病	饮水型氟中毒	克山病	包虫病
西藏	74	54	7	1	74
四省涉藏州县	63	24	51	4	99
南疆四地州	94	0	22	0	21
凉山州	17	1	6	15	—
怒江州	4	0	0	1	—
临夏州	8	2	3	0	9
全国	2800	379	1040	330	360

数据来源：《地方病防治专项三年攻坚行动方案（2018～2020年）》，“—”表示数据缺失

2018年，新疆、青海、西藏每10万人口中甲类及乙类法定报告传染病发病率分别为659.75、433.29和358.09，新疆、四川、云南每10万人口中甲类及乙类传染病法定报告死亡率分别为6.31、4.98和4.9，均高于全国平均水平（表6.2）。全国发生食源性疾病暴发事件共5142件，说明我国的食品性安全存在一定隐患，云南的食品问题相较于其他地区突出，占全国比例约为13.77%。应更加关注“三区三州”的食品安全问题，提倡群众减少使用农药等各类产品，加强对农产品的监管力度，提高农产品质量。

表6.2　2018年“三区三州”所在省区传染性疾病流行情况

地区	甲乙类传染病发病率（1/10万）	甲乙类传染病死亡率（1/10万）	食源性疾病暴发事件数（件）
西藏	358.09	0.65	0
云南	197.37	4.90	708
青海	433.29	0.87	5

续表

地区	甲乙类传染病发病率（1/10万）	甲乙类传染病死亡率（1/10万）	食源性疾病暴发事件数（件）
新疆	659.75	6.31	18
甘肃	179.82	0.62	96
四川	188.98	4.98	60
全国	220.51	1.67	5142

资料来源：国家卫生健康委员会，2019

2016～2018年，泸水市因病返贫人数分别为208人、91人和17人，分别占当年返贫人数的11.4%、18.5%和30.1%，可见虽然每年因病返贫的绝对人数在减少，但因病返贫所占比例却逐年增加，成为不可忽视的重要因素。截至2019年底，泸水市有贫困人口4507户16 753人，贫困发生率达12.01%。其中60岁以上的老人占12.74%，大病和慢性病患者占5.81%，持证残疾人占3.99%，老人、病人、残疾人占比超过22.49%（表6.3）。

表6.3 泸水市返贫人口数据

年份	返贫户数	返贫人数	返贫原因（人）			
			因病返贫	因学返贫	因灾返贫	其他原因返贫
2016	502	1 827	208	113	59	1 447
2017	117	493	91	21	24	357
2018	16	56	17	11	3	25
合计	569	2 376	316	145	86	1 829

数据来源：2020年7月课题组实地调研数据整理得到

（二）市场能力风险

市场机制下，经济成果的分配并不利于贫困人口，而贫困人口自身不具备市场风险预知力和应对规避风险的能力，同等条件下因缺乏竞争多以失败告终，出现脆弱型返贫。生产经营活动主要通过产业纳入市场体系从而提高其收入水平，贫困人口自身素质水平低、经营意识弱，脱贫后可能因缺乏市场风险能力而导致返贫。因此，要防止产业经营失败导致的收入锐减带来的返贫风险。

（1）生产环节风险

“三区三州”与市场联系弱，产业化水平不高，以家庭为单位的小农生产为主。扶贫产业的确定往往未经过充分调研分析，就仓促上马，未经过充分调研分析，存在对特色资源挖掘不够、产业布局同质化、难以满足市场需求等问题。部分产业项目规划不合理，小而散、多而弱、同质化问题突出；一些扶贫项目产业链短、附加值低，规模化生产水平差（闫宁宁，2020）。

（2）销售环节风险

“三区三州”有的农产品品种或品质难以满足市场需求，以销售初级农产品为主；农超对接基本上依赖第三方物流，物流成本高，有的因冷链物流技术不达标而在运输时损失惨重，导致竞争力减弱，使得农户农超对接的意愿下降（耿新，2020）。

（3）联农带农机制的脆弱性

农业合作组织能有效解决小农户与大市场有效衔接问题，但合作社的管理和运行不完善，联农带农惠农机制不健全，影响了各方主体的积极性。当市场供给和需求平衡被打破、价格出现剧烈波动时，将难以承受农产品滞销或价格骤降的损失。南疆四地州的阿克陶县，每4户家庭就有一户加入农业合作社，通过合作社托养扶贫牲畜参与分红。托养扶贫牲畜合作内部分工时，因签订的合同不规范，当遇到市场的多变性、农民太多短视利益考量、合同约束各方成本高和经营风险时，合约常缺乏实质性的约束。合同面临失效的可能，并动摇合作组织存在的价值，联农带农惠农的机制十分脆弱（郭言歌，2020）。

（三）失业返贫风险

就业扶贫是一项重要的民生工程，但在经济下行和新型冠状病毒疫情等不确定性风险冲击的大环境下，“三区三州”脱贫人口的就业形势不容乐观。加之脱贫人口受机会有限、缺乏岗位所需的劳动技能等因素制约，脱贫人口在市场竞争中容易处于劣势地位，使得就业扶贫更是难上加难。

（1）经济波动影响就业的稳定性

“三区三州”劳动人口的市场意识弱、就业技能低，有的嫌岗位劳动强度大、工作环境差，多从事餐饮、建筑、物流等劳动力密集型的临时性岗位。当国家宏观经济不稳定或疫情反复发生时，受影响最大的就是劳动力密集的基建行业和服务业。受“就业扶贫车间”季节性歇业、企业去产能、环保等因素影响，贫困劳动力易失去就业岗位。例如，2020年泸水市剩余贫困人口中，无劳动力或劳动力弱者占46.26%，而技能劳动力仅占2.41%；转移性收入占家庭纯收入比例超过40%的，仍占全部未脱贫人口的40.0%。

（2）就业的可替代性差

脱贫人口的就业大多集中在劳动技能要求较低的行业，这些行业受市场的影响往往较大，且可替代性较强。以往，贫困人口主要靠公益性岗位、扶贫车间等政策照顾性的低门槛就业，受扶贫政策和资金投入影响大。临夏州易地搬迁农户后续就业产业的类型主要以第一产业为主，除了在易地搬迁后续产业园扶贫车间就业的搬迁农户之外，大部分搬迁农户主要在水果基地、蔬菜大棚、花卉基地、养殖场等相对低端的岗位工作。

（3）技能缺乏导致就业难

现代农业科学技术的变革为农业发展带来翻天覆地的变化，而“三区三州”群众运用科技的意识和能力不足，农业生产习惯于沿袭原有一家一户的小农生产经营方式，耕种机械化、作物栽培科技含量不高，难以形成长效脱贫的门路。因此，脱贫后，家庭收入不稳定，生计方式有限，遇到挫折易返贫。近年来，“三区三州”将贫困人口作为职业技能培训的重点，开展大规模贫困劳动力职业技能培训；但存在针对贫困人口的职业技能培训存在实用性差、贫困人口参培率低、参培积极性不高、技能培训供需脱节等问题（耿新，2020）。

（4）职业培训靶向性不强

“有文化、懂技术、善经营、会管理”是新型职业农民的共性要求，但不同的农业产业对劳动者的要求也不一样。因此，“三区三州”的职业技能培训的针对性、有效性有待进一步加强，如有的只是通过简单再培训来满足剩余劳动力就业，有的虽开展系统的职业技能培训但课程内容过时、教学手段不能与时俱进。

例如，怒江州泸水市2014～2018年建档立卡脱贫人口为27 558人。从劳动技能来看，普通劳动力占比最高（59%），其他依次为无劳动力（占34.9%）、丧失劳动力（4.2%）、弱劳动力或半劳动力（1.7%），技能劳动力占比最低（0.3%），这说明技能劳动力偏低仍是脱贫人口返贫的主要影响因素。从7201名务工人员来看，占比最高的是在本乡（镇）内务工（58.67%），说明脱贫户就近就地就业有了较大提升；其次为乡（镇）外县内务工（20.51%）、省外务工（14.05%）、县外省内务工（6.75%）、国外务工（0.01%），外出务工的距离较往年有了较大减少。从年务工时间看，占比最高的是“小于或等于2个月”（73%），“4～9个月”的占比为11%，“9～12个月”的占比为11%。从泸水市2016～2018年2376名返贫人员来看，劳动技能弱仍是返贫的主要因素；其中“普通劳动力”占比为53.67%，有一技之长的“技能劳动力”占比仅为0.34%，“弱劳动力或半劳动力”占比为2.44%，“丧失劳动力”占比为4.55%，“无劳动力”占比高达39.02%。

二、环境型返贫风险

农业的劳动对象是有生命的动植物有机体，本质上是经济再生产与自然再生产的有机结合，面临的是双重风险。其本质上不同于工业经济等只面临市场风险，农业经济还需要面对自然风险等各类环境风险。

环境型返贫在自然环境领域与社会环境领域均有体现。“三区三州”生态环境脆弱，恶劣的自然生态环境易使脱贫人口陷入“贫困—生态环境破坏—自然灾害—返贫”的陷阱（耿新，2020）。“三区三州”涉及三江源草原草甸湿地生态功能区等8个国家重点生态功能区及大量的国家禁止开发区域（表6.4），中央实施的生态保护政策限制了当地招商引资和经济发展。生态环境性风险成为脱贫人口面临的客观外部风险，如果和社会、经济、疫情等因素结合起来，会增加贫困脆弱性，从而引发返贫风险。

表6.4 “三区三州”地区涉及的国家重点生态功能区

序号	区域	范围
1	三江源草原草甸湿地生态功能区	青海省：同德县、兴海县、泽库县、河南蒙古族自治县、玛沁县、班玛县、甘德县、达日县、久治县、玛多县、玉树县、杂多县、称多县、治多县、囊谦县、曲麻莱县、格尔木市唐古拉山镇
2	若尔盖草原湿地生态功能区	四川省：阿坝县、若尔盖县、红原县
3	甘南黄河重要水源补给生态功能区	甘肃省：合作市、临潭县、卓尼县、玛曲县、碌曲县、夏河县、临夏县、和政县、康乐县、积石山保安族东乡族撒拉族自治县
4	祁连山冰川与水源涵养生态功能区	甘肃省：天祝藏族自治县青海省：天峻县、祁连县、刚察县、门源回族自治县
5	塔里木河荒漠化防治生态功能区	新疆维吾尔自治区：岳普湖县、伽师县、巴楚县、阿瓦提县、英吉沙县、泽普县、莎车县、麦盖提县、阿克陶县、阿合奇县、乌恰县、图木舒克市、叶城县、塔什库尔干塔吉克自治县、墨玉县、皮山县、洛浦县、策勒县、于田县、民丰县（含新疆生产建设兵团所属团场）

续表

序号	区域	范围
6	川滇森林及生物多样性生态功能区	四川省：天全县、宝兴县、小金县、康定县、泸定县、丹巴县、雅江县、道孚县、稻城县、得荣县、盐源县、木里藏族自治县、汶川县、北川县、茂县、理县、平武县、九龙县、炉霍县、甘孜县、新龙县、德格县、白玉县、石渠县、色达县、理塘县、巴塘县、乡城县、马尔康县、壤塘县、金川县、黑水县、松潘县、九寨沟县 云南省：香格里拉（不包括建塘镇）、玉龙纳西族自治县、福贡县、贡山独龙族怒族自治县、兰坪白族普米族自治县、维西傈僳族自治县、德钦县、泸水县（不包括六库镇）

资料来源：《国务院关于印发全国主体功能区规划的通知》（国发〔2010〕46 号）

（一）灾害型返贫风险

灾害型返贫风险主要指因干旱、洪涝、气候失调等引发的返贫风险。“三区三州”气候复杂多变、地质构造特殊、自然灾害频发，是致贫返贫的重要因素。“三区三州”特殊的地理禀赋和孱弱的环境承载力，以及全球气候变暖等多种因素综合影响，生态环境较为脆弱，气候复杂多变，自然灾害多发频发（黄承伟，2014）。在 160 个国家乡村振兴重点帮扶县中，有 73 个县在地质灾害高发区，自然灾害多发频发。“三区三州”农村生计方式仍以传统种养殖业为主，抵御自然灾害的能力弱（王延中和丁赛，2018）。西藏和四省涉藏州县暴雨、泥石流、地震、山体滑坡等自然灾害较多；新疆南疆四地州受暴雨洪涝、大风沙尘等灾害影响较为严重；临夏州及凉山州、怒江州等地受泥石流、山洪灾害影响较重；滇西边境地区、四川凉山州和阿坝州、六盘山区等地区地质灾害活动强烈。尤其是“5・12”汶川大地震、“8・8”九寨沟地震等地质灾害的叠加破坏，造成山体和岩石松动，泥石流、塌方等次生灾害发生率较高。汶川地震、玉树地震表明，灾害发生后贫困群体的受影响程度更大，其脆弱性大幅度增强，地震及其地质灾害对巩固脱贫成果有较大影响。2016～2018 年，“三区三州”发生三级以上有灾地震 13 次，共损失 258.37 亿元，约占全国的 46.40%；共发生严重水旱灾害 20 多次，损失 65.65 亿元，约占全国百分之一。灾害频发对农牧民脱贫影响较大，2016 年西藏因暴雨洪涝造成 28.8 万人受灾，农作物受灾面积 1.3 万公顷，绝收面积 6000 多公顷，直接经济损失达 14.2 亿元（表 6.5）（耿新，2020）。

表 6.5　2016～2018 年“三区三州”自然灾害发生情况

灾害类别	年份	损失（亿元）	占全国比例（%）	灾害发生地点及级别或范围
三级以上有灾地震	2016	35.93	54.85	新疆诺羌县（5 级）、新疆阿克陶县（6.7 级）、青海门源县（6.4 级）、西藏丁青县（5.5 级）、云南云龙县（5 级）、青海杂多县（6.2 级）、四川理塘县（5.1 级）
	2017	217.38	47.17	新疆喀什地区（5.5 级）、四川阿坝县（7 级）、西藏林芝市（6.9 级）
	2018	5.06	16.86	新疆伽师县（7 级）、青海称多县（6 级）、四川西昌市（6 级）
重大水旱灾害	2016	36.6	1	西藏仲巴县（农作物受灾 1.34 万公顷）、新疆克州（40.93 万公顷）、青海海南州（0.39 万公顷）
	2017	11.56	0.54	西藏江达（0.84 万公顷），四川小金县、马尔康市（561.07 公顷）、甘孜州巴塘县（433.33 公顷），青海、海北州、海南州、玉树州（1.5 万公顷）
	2018	17.49	1.65	四川会理县、西昌市、冕宁县等地（0.23 万公顷），甘南州临潭县（0.17 万公顷）

怒江州贡山县于 2020 年 5 月中旬宣布脱贫，下旬就受连日大暴雨影响，多地发生泥石流、塌方等，县域内道路交通、通讯通信、电力、房屋、产业等受损严重。这次灾害，贡山县受灾人口 5300 余人，紧急转移安置 1992 人，其中滞留游客 1041 人，多处主干线及绝大多数乡村公路边坡滑塌、路基冲毁，造成各项经济损失约 5.97 亿元（王俊程等，2021）。受灾群众不仅脱贫成果巩固难，还有因灾返贫的风险。

临夏州所在的甘肃省处于青藏高原、黄土高原和西秦岭交汇地带，山大沟深。脱贫人口自身的生计资本十分薄弱，加之受“退耕还林”“退耕还草”“水源区保护”等生态保护政策的约束影响（范和生，2018）。临夏州自古以来就是一个典型的农业地区，农户主要依靠务农收入维持生计。农村的产业发展主要是以种植业、养殖业等较为基础的第一产业为主，大部分农户只能“靠天吃饭”，一旦遇到泥石流、洪涝及雪灾等自然灾害，很可能就会导致种植业颗粒无收，进而影响养殖业。从表 6.6 可以看出，2015～2020 年临夏州农作物受自然灾害影响较大，受灾人口较多。其中，2018 年“7·18”特大暴洪灾害造成农业直接经济损失 5644.52 万元，11.94 万人受灾，农作物受灾面积达 0.49 万公顷（耿新，

2020)，死亡大小畜禽 12 397 头（只），直接影响着农业产业的产值，对农户的收入造成巨大的影响。2018 年 8 月 31 日，广河县又遭遇暴雨灾害，造成庄禾集镇 930 户 5030 名贫困群众受灾，其中农作物受灾面积 1081.3 亩，成灾 423 亩，402 亩颗粒无收；房屋倒塌 223 户 967 间，严重损坏 303 户 1311 间，一般损坏 327 户 1302 间，围墙倒塌 118 户 1473 米，315 户群众家中进水；损失牛 199 头、羊 367 只，牛羊圈舍倒塌 147 户。

表 6.6　临夏州 2015～2020 年农作物受自然灾害影响情况

年份	受灾面积（万亩）	成灾面积（万亩）	受灾人口（人）	发放灾款（万元）
2015	231	161.2	191.1	5 770
2016	79.5	60	77.7	4 641
2017	125.3	84	92.7	4 482
2018	4.5	34.5	75.8	9 837
2019	3.94	2.85	63.74	5 956
2020	14.78	—	—	19 426

数据来源：临夏州政府官方网站整理得到

在种植经济作物过程中，不可避免地会遇到病虫害的影响，尤其是在冬季，温室大棚的温度也极易滋生细菌和病毒。在畜禽养殖过程中，也存在着疫病、面源污染等问题，这都不可避免地增加产业发展的风险。

（二）疫情型返贫风险

“三区三州”农村地区的治理落后风险影响靠旅游和外来顾客消费的农村市场，加上疫情常态化，生态旅游品牌的发展韧性受到挑战，多元风险构成的溢出性规模返贫相当严重。因新型冠状病毒肺炎疫情返贫具有公共性、突发性特点，近年来呈现多点散发的特点。受疫情影响，群众的健康、教育、就业等基本生活经常受到较大冲击，使生活成本增加。疫情影响到人、财、物配置效率，影响到生产、供应、销售的有效衔接。有的地方的疫情对外出务工、农业生产和农产品销售产生了不利影响，不利于稳定脱贫。

（1）外出务工受影响导致返贫

疫情对农民工就业集中的中小微企业冲击较大，延迟企业开工、严控交通和人口流动、限制外出、地方封闭管理等政策，对贫困人群外出务工造成了较大冲击。受疫情冲击，外地的企业开工不足或本地项目开工延期，有的农民怕跨省务工增加感染风险，也不愿外出务工。

（2）生产成本增加导致的返贫风险

由于疫情发生后，各地实行交通管制，只允许部分保证物资的车辆通行，农户的蔬菜、水果等农副产品不能及时运输到销售地，造成大量损坏及挤压。一些地方疫情防控“一刀切”阻碍了春耕生产。春耕春播所需的生产资料供应困难，有时正值春耕时节，若疫情持续，春耕所需的种子、化肥、农业机械等农资产品难以及时供应，或将影响全年收成和农户收入，进而影响劳动力发展农业生产的意愿和能力。以饲养牲畜和家禽为主要来源的贫困户，受封村断路、禁止畜禽交易、限制饲料采购等防疫措施的影响，养殖和售卖无法正常开展，生产活动停滞，承受着成本增加和收入下降的双重压力（严金明，2020）。此外，生产经营困难的企业在及时缴纳养老、失业、工伤等费用时也存在困难。受疫情的冲击，深度贫困地区农户增加了脱贫工作的难度，部分农户濒临返贫。

（3）农产品销售不畅导致的返贫

从事养殖的群体面临饲料的供应得不到保障，常常无法满足基本需求。疫情增加了扶贫产品运输和销售难度，加之“三区三州”电商销售基础较弱，小农户的组织化和社会化服务水平较低，增加了农产品销售的困难。临夏州由于降水量较小，对作物的抗旱能力提出了较高的要求，为此需要引进良种，而在疫情的影响下面临着资金压力、农资购买困难等突出问题，影响着种植业的正常开展。与此同时，由于人员出行、物流运输均存在堵点，对蔬菜、水果等时鲜和时令农产品的销售影响大，返贫的潜在风险增大。

（4）旅游受疫情冲击导致的返贫

“三区三州”农村地区的治理落后，加上疫情常态化，生态旅游品牌的发展韧性受到挑战，多元风险构成的溢出性规模返贫相当严重。以临夏州为例，面对国内外经济形势的影响尤其是疫情的严重冲击，各项经济指标都受到不同程度的影响，尤其是服务业和旅游业。从服务业看，2020 年，临夏州住宿和餐饮业收入同比下降 9.3%，全年旅客运输总量 1687 万人次，同比降低 35.5%；旅客周转量 9.28 亿人公里，同比降低 40.9%。2020 年旅游接待人数为 1198.2 万人次，同比降低 55.8%，综合旅游收入为 59.2 亿元，比上年下降 55.6%。昭觉县阿土列尔村自 2016 年藤梯升级成钢梯后，旅游业发展较好，村民收入不断增加，受疫情影响，2020 年游客数量大幅下降。

三、发展型返贫风险

发展型返贫指脱贫人口追求生计发展，因易地搬迁和信息发展而引发了贫困脆弱性中的返贫。

（一）易迁后返贫风险

我国易地搬迁扶贫已形成多种类型：从搬迁类型分为就地搬迁、易地搬迁、整体搬迁、分散搬迁；从搬迁安置方式分为城镇新社区安置、产业园区安置、旅游服务区安置、农村新社区安置、插花式安置及投亲靠友安置等方式（黄祖辉，2020）。易迁后适应新环境需要较长时间，脱贫户要协调解决经济问题和社会治理问题。

（1）部分搬迁农户适应性较低

易地搬迁将农户从原先生产生活的环境中搬出来，住进了新的社区，改变了农户的生产生活环境，一部分搬迁农户不可避免地出现适应性较低的问题。

第一，生活适应性低。与以易地搬迁前相比，搬迁户的生活方式存在明显的差异。临夏州搬迁农户在搬迁前生火、煮饭等以秸秆、木材杂草为主，易地搬迁后以使用燃气等能源为主，需要花时间去学习如何使用、怎样保证消防安全等技能与知识，一部分的搬迁农户不愿意去学习，从而增加了生活的适应难度。在易地搬迁前，农户从事农业劳动，自己所需要的粮食、蔬菜、肉类主要来源于自己的耕种养殖；搬迁后，生活所需要的食品需要从市场上进行购买。另外，在社区生活所需的水、电、燃气、物业等费用，增加了搬迁农户生活的各种开支，有的农户收入有限，难以承受众多开支。

案例一：生活适应性低

临夏州搬迁农户A：家里人口多，楼房卧室不够住，家里有两位老人，习惯了原先的农村生活，住不惯楼房，老人们学习新的生活技能困难。另外，以前老家房子里的各种家具，能搬到楼房里用少之又少，自己不希望老家的田地被荒废，家里的老人希望能够在老家继续生活居住，安享晚年。

第二，生产方式适应性低。搬迁农户在搬迁前主要以从事农业生产为生计，并形成了一套自己的生产经验和技巧。搬迁后，农户需要改变以前的生产方式，不再以农业生产为主，需要进入易地搬迁后续产业园、城镇服务业进行生产就业。由于搬迁农户没有从事新就业岗位的生产技能，特别是一些年龄较大的搬迁农户，无法通过新的就业岗位获取收入来源，就回到迁出地继续从事进行农业生产活动，以至于出现了部分易地搬迁农户回流的现象。

案例二：生产适应性低

临夏州搬迁农户B：原先家住临夏县漫路乡，家里四辈人都是种地维持生活，文化程度低。易地搬迁后，由于父母年老干不了活，家里双胞胎儿子快上高中，自己在工地上最多挣两千多元，丈夫腰椎间盘突出，干不了工地的重活，又没有技术。为了维持家庭开支，供两个孩子上学，希望让丈夫回到原来老家，通过种庄稼和养猪获取收入。

第三，社会交往适应性低。易地搬迁将农户从传统的熟人社会转移到新的比较陌生的居住环境里，社会交往条件减少，部分搬迁农户出现了社会交往适应低的问题。在搬迁前，农户居住环境宽敞开阔，农户之间都认识，日常交往交流密切，农闲时节常见走家串户的景象；搬迁后，原先农户们分散住进楼层，家与家之间更加封闭化，为交往交流带来了明显阻碍，搬迁农户社会交往频率大大降低。新的居住空间导致社会交往产生的较大变化，这使得部分搬迁农户难以适应。

（2）社会治理问题

第一，社区治理主体的缺失。易地搬迁安置点的社区治理如果不能发挥各易地搬迁主体参与社区治理的积极性，不能够将各搬迁主体对社区治理的智慧发挥出来，搬迁农户后续发展进程就会放缓。临夏州易地搬迁社区治理主体主要以社区自治组织、物业、两委干部为主，缺少广大的搬迁农户、社区治理专业人员、社会组织机构等各种主体的加入到社区治理的过程当中。

第二，社区治理方式不顺畅。社区治理的效果受多方面因素的影响，单一的社区治理方式不足以满足搬迁农户后续发展的社区治理需要。从安置人员管理来看，个别地方户籍所在地与实际居住地剥离，人在安置点管理，但医保、民政等事项办理仍由迁出地负责，管理体制不顺。从公共服务保障来看，邻近城镇、产业园区安置的群众户籍转为城镇居民，但相关公共服务资金仍来源于“三农”

领域，标准参照农户，安置群众实现社区融合面临诸多困难。从实现稳定脱贫来看，安置群众就业多在小微企业，有的因疫情等原因出现经营困难，加之多数搬迁群众就业技能不足，稳定就业难度大。安置社区的社会管理和治理存在短板，有的大型搬迁安置社区人口上万，公共服务设施数量不足；有的一个社区容纳多个乡镇、村屯的居民，原有的基层党组织、群众自治组织被打散；有的社区没有配置足够的公务员编制，基本的警务力量也难以保障①。临夏州易地搬迁社区以满足易地搬迁农户基本的生活需要为主，采取的方式也是以社区自治组织和物业单方面提供服务和管理为主。社区治理不是社区管理，易地搬迁农户的对美好生活的向往、搬迁农户在生产生活中所遇到的各类问题，以及搬迁农户所发挥的社区治理作用等都是多方面的，仅仅依靠社区组织和物业单向提供的管理和服务是远远不够的。

（二）精神返贫风险

精神返贫风险表现为自我发展意识低、主体素质差、抵御风险能力脆弱的脱贫人口，极易再次落入贫困（耿新，2020）。我国扶贫工作以往对贫困人口的思想观念、精神扶贫等关注较少，其在长期生活中易形成的固化心智模式，贫困文化有一定稳定性。如果不能改善脱贫人口的精神状态，遇到返贫风险极易返贫。由于根深蒂固的小农经济存在，脱贫人口“安贫乐道”，认为有吃、有穿、有补贴就够了，其他别无所求。这导致其容易思想上严重滑坡，参与扶贫政策和项目的主动性不强。即使参加与经济收益紧密相关的产业扶贫、小额信贷和资产收益扶贫等项目时，很多脱贫人口根本不知道这些项目与自身利益的联系，而仅仅按照帮扶干部的要求办理相关手续而已。

传统扶贫模式的影响，让脱贫人口仍然认为只要“坐、等、靠”，扶持资金就能轮到自己，有的习惯于低保类政府救助方式。但脱贫主体的参与性较弱、脱贫致富的愿望不强烈、思想上严重惰性、依靠国家政府、等着政府干部给予一切，没有形成造血式扶贫。总的来看，微观层面没有充分利用公众力量等其他社会团体力量多方协助帮扶。宏观上未充分发挥周边地区、公益性事业以及外界个人团体力量多方协调带动作用，帮扶力量较弱，仅只是将贫困人口“扶上马”，暂时摆脱贫困。个别脱贫户存在“等、要、靠”懒惰思想、“坐着门口晒太阳，等着政府送小康”“烂泥巴扶不上墙”。群体的不良精神面貌对个体产生了不良

① http：//www.npc.gov.cn/npc/c30834/202207/70cdc42cc1f54234837f3898df08114e.shtml.

影响，这又会反过来加大歪风邪气的助长。有的农户甘当困难户，完全没有想过通过自身发展来摆脱贫困的束缚。从唯物辩证法来看，巩固拓展脱贫攻坚成果必须更加重视精神贫困和强化内生动力工作（郝永平和蒲实，2020）。

（三）信息返贫风险

信息社会，信息资源是群众获得可行能力的重要媒介，不同群体在信息资源占有与信息技术能力上的差距日益扩大，由此造成收入差距的逐步扩大。脱贫人口往往因缺少可靠、准确的信息来源而对风险的判断出现较大错误，从而做出决策没有效率或失败，并丧失了福利改善的可能性（阿比吉特·班纳吉和埃斯特·迪弗洛，2018）。信息贫困与经济贫困的互动，导致不同区域、不同群体间的收入差距不断扩大，形成“数字鸿沟”（黄金辉和姚顺雨，2021）。目前，国家大力提倡数字经济，“三区三州”群众具有生理、心理及社会经济引导等导致其在智能产品的使用上处于弱势地位，更习惯于传统的现金交易、排队挂号、窗口购物、人工办事等生活方式。有的虽使用智能手机，但手机主要以聊天、看视频为主，数字信息技能的缺失与信息化社会的构建使得农民难以获得与享受全面的社会服务，农民无法从容应对日新月异的现代科技产品或服务，因而出现新的社会排斥和不平等（林宝，2020）。随着互联网智能技术持续发展，在融入数字化生活中会带来返贫问题。

四、政策型返贫风险

政策型返贫主要是指政策调整或取消等变动所引发的返贫现象。扶贫政策具有倾斜性，扶贫资金等资源往往倾注在这些贫困人口身上，从而帮助其致富增收（范和生，2018）。由于脱贫人口自我发展能力相对较弱，当对脱贫人口撤出帮扶政策和举措，不再继续享受之前的扶贫项目、资金等时，其生计将难以为继，因此存在政策型返贫风险。

扶贫政策具有较强的针对性，脱贫攻坚中对产业、基础建设和生活方面往往有较大投入，使得已脱贫人口的内生动力不足，缺乏切实有效的方法和策略。贫困人员“等、靠、要”思想严重，“输血”机制不能有效转化为“造血”机制时，容易陷入“福利陷阱”而产生返贫风险。全面建成小康社会以后，绝对贫困治理转化为防止返贫发生和相对贫困治理，原有工作方式与模式均会发生较大变化。相对贫困的识别标准、管理方式、帮扶模式等均没有现成的经验可以借鉴，增加了防返贫的工作难度。

（一）数字脱贫后的返贫风险

脱贫攻坚及其绩效是基层政府重要的“政绩工程”，是与职务晋升高度相关的政治任务。有的地方刻意模糊统计口径、玩弄数字游戏，甚至弄虚作假、把贫困群众当作“群众演员”，脱贫成果变成了亮丽的数字游戏（范和生，2018）。调研发现，有的省区承诺在2020年之前完成脱贫任务，然后（市、州）、县（旗）层层加码，不断将脱贫时间提前，成为“数字脱贫”。

（二）补贴式返贫风险

据报道：2016年，某地8个贫困户已脱贫，收入都超过当时的脱贫标准。但每户都获得3万～4万元国家财政资金，财政补贴收入比例均超过60%，其中财政补贴收入占比最高的户达82%；而8户中的其他收入（如工资性的劳务报酬收入和家庭经营收入）占比均低于40%（王姝，2017）。这是典型的政府补贴式脱贫，光靠国家补助扶持来实现脱贫是不牢靠、不可持续，不稳定的。

课题组2019年调研青海涉藏州县贫困户收入时发现："计划生育金”“低保金”“退耕还林补贴”等补贴收入在农牧民收入中占比超过30%，缓解贫困效果明显。这充分说明，“三区三州”内生脱贫机制没有生成，一旦减少财政补贴就会增加返贫风险。

（三）政策调整引发返贫

医疗保险缴费帮扶政策各地差异较大，部分地区存在规模性脱保风险。不同地区医保政策的“进退去留”有所不同，各地综合考虑政府财力和脱贫人口、监测对象确定了不同的缴费政策。政府在财力雄厚的地区仍然为脱贫不稳定户和边缘易致贫户全额代缴医保。政府财力相对较弱的地区则是分人群类型，提供不同数额的医保缴费补助。政府财力更弱的地区就只能为农村低收入人口代缴基本医疗保险。随着各地农村的医保费用从人均280元升至2022年的320元，如果脱贫户的家庭人数较多的话，医保费每年需要支出过千元，这对于刚脱贫的家庭来说负担较重，可能出现较为严重的“退保”“脱保”现象，一旦出现大病重病等健康变故而没有医保报销的话，刚脱贫的家庭就会重新返贫。

有的地方减少公益岗位，导致“三类户”就近就业困难；有的地方减弱对脱贫地区的消费帮扶力度，成为“甩手掌柜”。目前，我国社会救助制度主要通过增收、减支两个维度来解决兜底对象“贫”的问题，兜底保障的贫困人口只能在政策红利下增加转移性收入实现脱贫，但群体贫困的“弱”“困”属性未彻底改变，一旦政策抽离或效应减弱，其境况将恶化（左停和李世雄，2020）。如果国家政策变化或调整，有的补贴项目取消或减少了补贴金额，脱贫人口可能出现返贫。

（四）帮扶政策精准性

（1）存在“应帮未帮”现象

某省调研发现1.70%的三类监测户未享受任何帮扶措施的情况（汪三贵和周园翔，2022）。住院医疗支出占比较高且因病纳入的监测户中没有享受健康帮扶的比例为28.28%。此外，能力提升为导向的帮扶措施覆盖率不高，有劳动能力的脱贫不稳定户享受产业或就业帮扶的占比仅64.37%，而边缘易致贫户和突发严重困难户这一比例更低至36.70%和36.00%。

（2）帮扶措施存在错配

相当部分监测户享受了与其家庭特征不匹配的帮扶措施，例如7.68%无劳力的监测户享受了就业帮扶，主要是公益岗位，然而实际上这部分群体不上岗也能拿到工资，存在福利泛化现象（汪三贵和周园翔，2022）。

（3）个别地区帮扶措施和脱贫成果拓展力度仍显不足

在监测和稳定脱贫相关举措时仍延续的驻村工作队和定点帮扶等脱贫攻坚期的工作方法，缺乏创新改革意识。在对“三类户”实施动态监测时，未考虑到产业振兴过程中扩大帮扶选择对象范围，特别是驻村帮扶和产业帮扶的对象范围并未在原基础上进行拓展。如何将精准识别对象从农户拓展到村庄或更大的范围是巩固拓展工作亟待解决的问题。

第二节　健全防返贫监测机制

乡村振兴应将防止返贫、稳定脱贫内嵌于制度运行体制中，作为一项长期性的制度安排。2020年以来，中央政府和相关部门相继出台一系列文件，试图构建一套行之有效的防返贫监测帮扶体系。2020年3月，国务院扶贫开发领导小组《关于建立防止返贫监测和帮扶机制的指导意见》要求建立防返贫监测和帮扶机制，并对监测原则、监测方法和帮扶措施提出了初步要求。同年12月，中共中央、国务院发布《关于实现巩固拓展脱贫攻坚成果同乡村振兴有效衔接的意见》

明确要求健全防止返贫动态监测和帮扶机制，并对监测对象、监测标准、识别机制和帮扶措施进行了总体部署。2021 年 5 月，中央农村工作领导小组发布《关于健全防止返贫动态监测和帮扶机制的指导意见》，对监测对象和范围、责任主体提出了要求。

根据中央部署安排，“三区三州”相继建立了防返贫监测实施机制，“早发现、早干预、早帮扶”的防返贫监测帮扶体系基本形成，实际监测体系运行中还存在以下突出问题。①存在一定的“应纳未纳”风险。部分基层干部认识不足，排查出有返贫风险预警户只帮扶不监测。有的基层干部认为采取了帮扶措施就无需纳入监测，有的认为纳入监测人数过多可能被认定为规模性返贫或在考核评估时利益受损。这些误解和顾虑造成了防返贫监测没有涵盖所有有返贫风险的农户，有一定的遗漏问题，也不利于动态清零。调研发现，一些村两委和驻村工作队对政策范围、纳入标准、监测户家庭情况均不了解，纳入和帮扶工作进展缓慢。截至 2021 年底，某原省深度贫困县 2013 年底贫困发生率为 39.5%，脱贫人口数量超过 20 万人，在全省排在前列，但监测人口仅占脱贫人口 4.8%，低于全省 5.3% 的平均水平（汪三贵和周园翔，2022）。②“风险消除”的规范性有待加强。根据政策要求，对收入持续稳定、“两不愁三保障”及饮水安全持续巩固、返贫致贫风险已经稳定消除的，可以不再按“监测对象”进行监测帮扶。对整户无劳动力且需要长期落实兜底保障政策的，过渡期内原则上不再标注“风险消除”。但实际上，部分户存在纳入监测以后不享受任何帮扶也被标注“风险消除”，还有少数监测户在风险未完全消除时便被标注了“风险消除”。究其原因是要腾出监测名额给更情况更差的农户，影响了帮扶工作的正常开展。有的地方，约 60% 无劳动力且需要长期落实兜底保障的户被标注了“风险消除”。当前，“三区三州”防返贫监测机制应从以下方面进行优化。

一、精准确定监测对象

监测机制首先要确定监测对象，即以家庭为单位，将有返贫致贫风险的农户纳入监测范围。具体包括以下类型：一是脱贫不稳定户。主要是脱贫人口年人均纯收入低于 6000 元的家庭，也包括部分收入超过 6000 元，但“两不愁三保障”有明显风险的家庭。二是边缘易致贫户，主要是人均可支配收入低于国家扶贫标准 1.5 倍（6000 元）左右的家庭。三是突发严重困难户，主要指家庭人均收入尽管远高于 6000 元，是因病因灾因意外事故等刚性支出较大或收入大幅缩减导致基本生活出现严重困难[①]。脱贫户和非脱贫户中都存在突发严重困难户，都需要纳入监测。截至2021年底，全国防返贫监测户约560万人，其中脱贫不稳定户近200万人，边缘易致贫户约260万人，突发严重困难户近100万人（汪三贵和周园翔，2022）。

2020年，新疆建立防返贫防致贫监测预警和动态帮扶机制，对贫困监测采取“红橙黄绿”四色信号灯分级预警，确保脱贫户不返贫、一般户不致贫[②]。临夏州建立了防返贫监测系统，2021年监测到的脱贫不稳定户为22 226人，占“两类户”比例为33.7%；边缘易致贫户为43 736人，占“两类户”比例为66.3%（表6.7）。从“两类户”人数来看，排名前3位的分别是东乡县（17 360人）、临夏县（13 542人）和积石山县（11 105人），这与3个县均是乡村振兴重点帮扶县有一定关系。分区域来看，东乡县在临夏州“两类户”“脱贫不稳定户”“边缘易致贫户”的人数在全州的占比最高，分别为26.32%、21.17%和28.93%。这说明东乡县在解决绝对贫困问题后仍是区域发展的难点，建立防返贫监测机制对摸清相对贫困底数至关重要。

表6.7 临夏州2021年脱贫不稳定户和边缘易致贫户情况统计表

	两类户合计		脱贫不稳定户		边缘易致贫户		国家/省级乡村振兴重点帮扶县
	户	人	户	人	户	人	
临夏州	14 199	65 962	4 680	22 226	9 519	43 736	
临夏市	287	1 281	189	848	98	433	—
临夏县	3 140	13 542	795	3 341	2 345	10 201	省级
康乐县	1 326	5 823	429	1 985	897	3 838	—
永靖县	1 009	4 170	677	3 008	332	1 162	国家级
广河县	1 125	5 848	390	2 112	735	3 736	—
和政县	1 528	6 833	520	2 426	1 008	4 407	—
东乡县	3 335	17 360	872	4 706	2 463	12 654	国家级
积石山县	2 449	11 105	808	3 800	1 641	7 305	国家级

数据来源：临夏州乡村振兴局2021年5月25日统计数据

① https://www.thepaper.cn/newsDetail_forward_6308918.

② http://szb.gansudaily.com.cn/gsrb/202103/10/c239968.html.

二、优化防返贫监测程序

返贫监测程序包括四条信息申报渠道：农户自主申报、基层干部排查、部门筛查预警和社会监督相结合，及时判处发现致贫返贫风险点、风险因素和风险群体。

一是农户自主申报。自主申报指农户通过线下填写纸质表或 APP 填写家庭信息来申报。这种监测方法优点是农户最了解自身情况，相关部门只需对信息进行核查，节省了识别成本；缺陷是如果农户对政策知晓度不高会导致纰漏的风险。

二是基层干部排查。基层干部排查是指乡镇、村两委和驻村工作队干部通过日常走访或定期排查方式发现存在返贫风险的农户。实践中，干部排查方式占 70.61%，是最主要的监测方式。各地在村级维度形成了严密的防返贫排查管理体系。例如，甘肃临夏州永靖县积极组织乡村干部和驻村帮扶工作队，逐户逐人多轮次、全方位“过筛子”式摸底排查走访脱贫人口、一般农户存在的致贫返贫风险，及时将符合条件人口纳入管理，做到了应纳尽纳、应扶尽扶。

三是部门筛查预警。部门筛查预警指在联席会议制度下，乡村振兴局联合其他行业部门开展信息比对，并将比对结果反馈给乡镇，乡、村两级再结合家庭基本情况、返贫致贫风险等进行综合研判。例如，医保系统将当年医疗支出较高的户信息、住建系统将危改户信息、教育系统将学籍信息和上学情况推动给乡村振兴部门，乡村振兴部门再推送给乡镇进行核实。部门筛查是较为科学的方式，能有效应对贫困动态性的特征，同时对部门间的配合提出了较高的要求。实践中，也出现人为推送不及时问题，亟需建立多部门数据联网平台而不是人为在部门间推送，这样才能及时有效共享信息（汪三贵和周园翔，2022）。

四是社会监督。2020 年 6 月开始，在用好大数据监测系统基础上，阿坝州纪检监察机关联合扶贫开发、民政等相关部门组成联合督查组，对 13 个县（市）、174 个乡镇、1100 余个村开展拉网式督查，重点围绕解决因灾返贫问题、对脱贫户返贫风险点监测及后续精准帮扶措施落实等方面开展监督，及时督促相关部门建立返贫致贫风险防控、防范返贫致贫预警、致贫风险帮扶、致贫风险支撑四项机制，将因灾致贫、返贫等特殊原因新增贫困户纳入帮扶范围。

西藏林芝市工布江达县构建三级帮扶机制，织密兜底保障网络。2019 年，工布江达县制定《防止返贫和新增贫困人口监测预警处置办法》，动态识别出脱贫监测户 46 户 176 人，边缘户 16 户 62 人，建立红、橙、蓝三色等级预警处置机制，重点监测收入在贫困线上徘徊、存在健康问题的群体。村干部经常性走访群众，了解家庭收入状况，一旦发现存在返贫风险的群众，在 3 天内上报乡镇，并因地制宜地帮扶。如果问题无法解决，则需上报县一级脱贫攻坚指挥部，由上级单位安排民政等部门进行对口的帮扶。特别是因突发意外事故或遭受自然灾害等致贫的群众，县一级政府将及时启动临时救助措施，先保障基本生活，再补办相关手续，确保帮扶措施有效落实。通过村级发现处理、乡镇审核上报，县级定点帮助，用三级返贫帮扶机制，确保贫困户不掉队（杨文明等，2021）。

三、规范监测内容和标准

（1）监测收入情况

主要监测家庭收入来源的稳定持续性和收入变化情况。甘肃省临夏县以 2020 年国家扶贫标准的 1.5 倍（6000 元）为底线，作为 2021 年度全县最低收入监测标准。2022 年起，综合物价指数、农民人均可支配收入增幅和农村低保标准等因素也纳入动态监测。

（2）监测支出情况

主要监测家庭较大刚性支出情况。甘肃临夏州临夏县以家庭成员因病、因残、因学等刚性支出导致基本生活出现严重困难，作为“刚性支出较大”的衡量标准。刚性支出的内容、认定标准等，按照《甘肃省防止返贫监测对象家庭经济状况评估核查办法（试行）》执行。

（3）监测“三保障”和饮水安全的稳定实现情况

通过监测排查，确定返贫致贫风险，分析研判帮扶需求，定期采集基础信息，及时落实帮扶措施，实行动态管理。因家庭经济困难或办学条件不到位而造成适龄儿童失学辍学的农户，按照义务教育有保障标准进行衡量；因政策宣传和落实不到位，造成基本医保、大病保险、医疗救助等倾斜保障政策未落实的农户，按照基本医疗有保障标准进行衡量；主要住房是唯一自住且安全等级为 C、D 级的农户，按照住房安全有保障标准进行衡量；因自然灾害、水源变化等原因，饮水安全受到严重影响的农户，按照饮水安全有保障标准进行衡量。

案例三：东乡县持续健全防止返贫动态监测机制

东乡县健全完善防止返贫监测和帮扶机制，坚持责任网络化、监测常态化、帮扶精细化、机制长效化，构建了以“三类户”为重点、覆盖全县所有农户的信息化监测帮扶机制①。

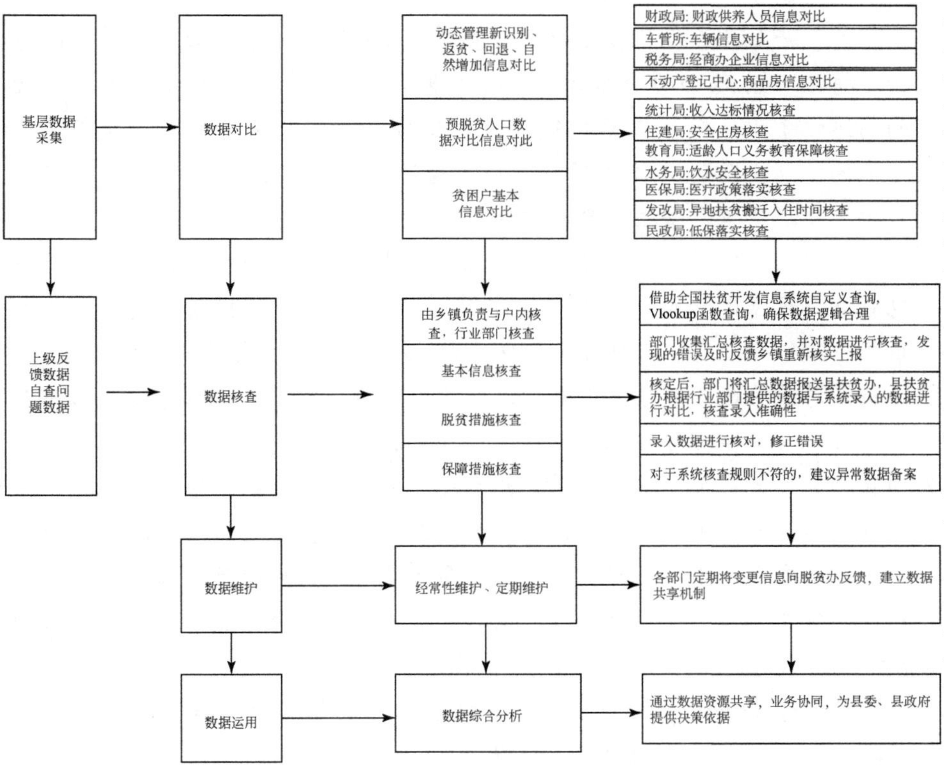

甘肃省东乡县脱贫攻坚数据对比

一是全覆盖包抓落实落细责任，织牢社会保障网络全覆盖包抓不撤摊子。严格落实“四个不摘”的要求，继续保持和调整优化“三长制”“双线责任制”、周调度的脱贫攻坚原责任体系。2900 名干部全覆盖包抓 215 个村，

① http：//www. dxzzzx. gov. cn/Article/Content？ItemID=fc91e059-27a7-4200-989b-a6105f5140c5.

网格化、人盯人开展日常监测、动态管理、跟进帮扶，第一时间发现和解决可能的风险。研究制定了《东乡县关于建立防止返贫致贫监测和帮扶机制的实施办法》等文件，全力推进“三保障”巩固提升、集体经济健康发展、驻村帮扶常态化等措施，不断完善“日通报”“周调度”“月推进”等有效做法，压实了责任，倒逼了任务落实，确保政策不留空白。

二是信息化建立户情台账，大数据识别自动预警。2021 年起，按家庭成员信息、产业就业现状、生产生活条件、技能培训需求、教育医疗保障等要素，将原有 6.38 万户户情台账升级为电子化信息系统。充分利用快速便捷的网络化手段，对“三类户”及时发现预警、及时跟进帮扶，建成了高效智能的信息化防返贫监测帮扶系统。通过增设“民情通”子系统，农户在线申报需求清单和帮扶项目，拓展放大了系统预警监测作用。

三是联动式比对推送数据，动态化防控风险。由县委统筹，乡镇组织驻村包社联户干部进行入户监测，每月 25 日对信息系统数据动态清零。由县大数据中心组织教育、卫健等部门常态化比对数据，对发现的易返贫信息，经分析汇总后推送至乡镇，由驻村工作队等核实，按“村评议—乡审核—县审定—标注录入”程序纳入监测对象。同时，由县纪委等部门组织对各乡上传的数据和各行业部门落实的措施开展检查核验，对数据不实、系统运转率低和政策措施落实不到位的单位和个人，在周调度会上通报。通过自下而上采集数据、自上而下推动问题清单，双向互动消除风险隐患，形成了家庭常态监测、行业部门主动预警、数据中心分析推送、乡镇重点跟进的动态监测和闭环运转体系。

四是立体化跟进帮扶措施，全力拓展工作成效。注重监测结果转化运用，按照“发现一户、监测一户、帮扶一户、动态清零”的要求，因人因户分类施策，及时销号清零。对有劳动能力的群众，拓宽收入来源；对丧失劳动能力且无法通过产业就业获得稳定收入的人口，按照扶持和兜底并重的原则落实帮扶措施，及时给予救助。2021 年以来，东乡县新识别易返贫致贫户 600 户 3062 人，户均落实帮扶措施 1.4 项。预警监测出“三保障”问题 55 条，其中，失辍学生 44 人；因灾新增危房 11 户。监测发现收入不稳定户 865 户，通过对接就业、落实创业贷款、扶持发展产业、兜底保障等措施，精准对接解决。共推送群入需求数据 16019 条，核实确认 13738 条。

(4)重点加强灾害环境监测

“三区三州”是“天灾”频发地区，其危害程度范围较广。国家应急管理部门信息显示，仅2021年我国发生5级以上地震共20次，主要集中在新疆、西藏、青海、云南、四川等“三区三州”地区。3月19日西藏比如县发生6.1级地震，造成2万余间房屋损坏，直接经济损失4.8亿元。3月24日新疆拜城5.4级地震造成3人死亡。5月22日青海省果洛州玛多县7.4级地震造成11.3万人受灾，部分道路、桥梁等基础设施损毁。不论是从自然灾害的受灾范围还是从受灾后的损失情况来看，民族地区都占据绝大比例。自然灾害的危害并不是小范围小规模的个体返贫，而是具有区域性特征的规模性。一是加强防灾减灾教育。加强对“三区三州”防灾减灾科普知识宣传，加强普及型减灾演练，完善避灾场地，提高群众减灾意识和社会参与程度。二是加强与部门的协调。加强与农业、水利、气象、国土等结构的横向沟通与协调，灾害来临做好应急预案，有效降低气象灾害、洪涝灾害等的破坏强度。三是加强防灾减灾的技术指导。加强高科技防灾减灾设备的普及，协调防灾、疫情防控、环保、农业等对农民的技术推广，加强畜禽动物疫病、干旱、低温冷冻、高温、洪涝等灾害防控重要技术的研发力度，提高防灾减灾物质保障水平力度。四是加大资金和技术支持力度。建立财政专项资金，加大对防灾抗灾资金投入力度。五是健全以提高灾害应对能力的科技支持体系。

第三节　健全防返贫帮扶机制

从防返贫政策体系来看，针对监测户的政策覆盖面不够。全国边缘易致贫户约占全国监测户的46%，但是边缘易致贫户享受的政策较少。很多政策对象是脱贫户或家庭困难户，部分监测户能享受到政策主要是凭借脱贫户或家庭经济困难的身份。如果大幅调整或撤销脱贫户政策，监测户享受的政策范围非常有限，这成为当前亟需重视的问题。从政策执行来看，因病是监测户中最主要的纳入原因，大规模抽样数据显示监测户中非脱贫户中“大病住院病人家庭”占25.30%，其中9%左右的家庭医疗支出超过当年家庭纯收入的一半，大病医疗负担仍然是最主要的返贫风险。特惠的医疗保障政策是目前监测户最需要，尤其是监测户中的非脱贫户，否则有规模性返贫的风险。此外，兜底解决安全住房尚未覆盖监测户中的非脱贫户，这部分群体中的无劳力户在住房安全保障上有一定隐患。目前因厌学而辍学问题得到有效控制，但个别地方因厌学而辍学问题又有抬头趋势。其中有家长不重视的原因，也有学校分班管理和留级的问题，学生跟不上课堂，学习兴趣不高。从稳定增收政策来看，边缘易致贫户和脱贫不稳定户生活水平差别不大，人均纯收入均低于6000元，理应得到相同的产业或就业激励。就业培训和务工交通补贴的政策设计不利于监测户中非脱贫户生计策略的选择，可能存在产生新的“悬崖效应”(汪三贵和周园翔，2022)。

对已脱贫的人口，要把存在返贫风险的人、边缘户中可能致贫的人找出来，事前帮扶，不能等返贫后和发生新的贫困再帮扶，应从产业、就业、易地搬迁后续扶持、多元参与等方面建立系统的帮扶机制。

一、产业帮扶机制

发展产业是巩固拓展脱贫成果的治本之策。“三区三州”存在丰富和独特的人文与自然资源，发展条件和潜力巨大。“三区三州”的扶贫产业大多是技术含量较低的特色种养产业、劳动密集型非农产业和一些短平快项目，与现代农业体系的要求不完全匹配；一些特色农产品在扩大种植过程中出现品质下降、竞争力弱化；一些地方物流基础设施薄弱，冷链运输体系不完善，应围绕构建乡村振兴产业体系，推动扶贫产业向特色产业、优势产业、致富产业转变①。应按照市场机制配置资源和产品价格，促进“小农户”对接“大市场”，促进新型经营主体在示范带动小农户，提升劳动生产率和资源配置水平。应围绕构建乡村振兴产业体系，推动扶贫产业向特色产业、优势产业、致富产业转变。

(1) 培育有特色的支柱产业

禀赋结构是动态变化的，禀赋结构的改变会带来要素价格的相对变化，进而产生比较优势的变化和产业结构、产品结构、收入结构及经济绩效的变化。研究表明：当人均收入超过800美元时，国内旅游呈爆发式增长，以山地环境为主的“三区三州”旅游潜在价值上升；当人均收入达3000美元时，营养和康养需求加速增长，“三区三州”环境资源的潜在康养价值上升；当人均收入达3000~5000美元时，国民的文化素养提高，多民族文化价值上升。随着人均收入的台阶式提升，对环境质量的需求提升加快，“三区三州”茂密的森林和草原环境生态价值和潜在的碳汇价值上升，同时脆弱的生态带来国土空间开发格局的变化。大规模骨干基础设施建设加强了“三区三州”与内地和经济中心的区际联系，与区外

---

① http://www.npc.gov.cn/npc/c30834/202207/70cdc42cc1f54234837f3898df08114e.shtml.

的通达性大大改进，使得因外部禀赋变化而带来的内部资源潜在价值得以实现，这将推动产业结构升级和居民收入增加。

“三区三州”应立足农业资源禀赋丰富多元的特点，发挥比较优势，以市场为导向，挖掘潜力，找准定位，发展特色产业。采取园区带动、企业带动、大户带动和贫困户自主发展产业。南疆四地州是特色手工艺品、地方特色产品的“富矿区”。近年来，通过不断加大原创产品的创造性保护，促进传统工艺的现代化转换，走规模化和市场化道路，铜器、乐器、皮具、玉雕、土陶、艾德莱丝绸等精美的传统工艺品卖出国门，核桃、红枣、苹果、果脯、黑枸杞、无花果、色买提杏、诺比西羊等特色产品远销海外。通过延长产业链、提升价值链、打通供应链、完善利益链，将资源优势转化为发展优势。

（2）形成利益联结机制

一是发挥好产业的基础作用，确保利益联结“联得实”。实践证明，选准建立农民利益联结主导产业是促进增收的关键所在。二是发挥好市场主体的纽带作用，确保利益联结“联得紧”。三是发挥好新型经营主体作用，确保利益联结“联得好”。四是发挥好机制的保障作用，确保利益联结“联得长”。五是发挥好党支部的引领作用，确保利益联结“联得牢”①。

（3）提档升级消费扶贫

市场机制可以有效防止产业扶贫的失败，政府要注意工作的边界（朱海波和聂凤英，2020）。应提高消费扶贫水平，推进抖音直博带货等新媒体平台建设。对扶贫产品滞销和“卖难”问题，开展明星代言、明星带货等方式及时予以协调。

为了加快乡村产业发展，国家通过深入实施脱贫地区特色种养业提升行动，推动将中央财政衔接资金用于产业发展比重提高到55%，支持脱贫地区建设标准化生产基地、农产品加工和仓储保鲜冷链物流设施；启动向国家乡村振兴重点帮扶县选派科技特派团工作，按照“一县一团”原则，围绕特色产业精准开展科技服务和人才培养帮带。如今，乡村产业蓬勃发展，累计创建140个优势特色产业集群、250个国家现代农业产业园、1300多个农业产业强镇、3600多个“一村一品”示范村镇；脱贫地区特色产业稳步发展，832个脱贫县每个县已初步培育2～3个优势突出、带动能力强的主导产业②。从只卖农产品本身到不断增

① http：//yangzc. top/api/index. php/share/index？vid=56779.

② http：//www. nrra. gov. cn/art/2022/8/29/art_624_196412. html.

加附加值，我国农产品加工转化率达到了70.6%。越来越丰富的农产品通过网络卖到千家万户，农产品网络零售额超过4200亿元①。

二、稳岗就业帮扶机制

截至2022年6月底，中西部22个省（自治区、直辖市）共有就业帮扶车间3.4万个，吸纳脱贫人口达到43.3万人，为脱贫人口稳定就业、巩固拓展脱贫攻坚成果提供了有力支撑②。目前，我国贫困人口中，90%以上实施产业扶贫和就业扶贫，三分之二以上靠外出务工和就业脱贫，工资性收入（公益性岗位和有组织劳务输出）和生产经营性收入占比上升（金正波和杨文明，2020）。应把脱贫人口稳岗稳岗就业作为重要政治任务，积极开展促就业、稳就业行动。对因特殊原因不能外出就业的群众，拓宽就地就近就业渠道，坚持办好帮扶车间，多渠道促进返乡劳动力就业。

（1）加强劳动技能培训

人力资本理论认为教育和培训是提高劳动者人力资本水平的主要途径，但对于监测户的劳动力而言，不可能再重新返回校园接受正规学校教育，就业培训就成为提高其就业质量的有效途径。要扩大就业容量，有效提升就业质量，把脱贫人口作为实施就业服务质量提升工程的着力点，开展技能提升工程，保障好脱贫人口合法劳动权益。根据脱贫人口需求开展差异化的就业技能技术培训，开展靶向性精准培训，因地制宜地开展实用技术培训。开展职业教育东西协作行动计划和技能脱贫“千校行动”，组织引导贫困户子女到沿海地区的职校、技校接受职业教育和职业培训③。

（2）深化劳务协作

疫情防控期间，要摸清劳务派出地区的劳动力底数、因人因需提供就业指导服务，有效促进劳务跨省转移。对符合条件的务工人员要优先办理落户手续，有序实现市民化。“三区三州”千方百计创造就业岗位，鼓励群众就地就近就业。

（3）开发公益性就业岗位

加强规范管理，保证公益性岗位聘用脱贫人口数量要稳中有增。挖掘乡村建

---

① http：//politics.people.com.cn/n1/2022/0911/c1001-32524121.html.

② https：//www.china-cba.net/Index/show/catid/170/id/41122.html.

③ 《关于进一步加强东西部扶贫协作工作的指导意见》（中办发〔2016〕69号）。

设行动的项目用工潜力，统筹利用生态护林员、生态管护员等公益岗位。

(4) “以工代赈”促增收

2021 年，国家发展和改革委员会印发《全国“十四五”以工代赈工作方案》指出，“十四五”期间以工代赈范围将由贫困地区拓展至以脱贫地区为重点的欠发达地区，并重点向“三区三州”地区、国家乡村振兴重点帮扶县、易地扶贫搬迁后续扶持任务较重地区及受自然灾害影响较重地区倾斜。应扩大涉农项目建设、管护以工代赈实施范围。例如，“十三五”期间，怒江州泸水市因地制宜实施以农村道路、水利、林下产业和文旅等为内容的 25 个“以工代赈”项目，争取到中央资金 10 894 万元，发放务工报酬 1634. 1 万元，1250 余名农村群众和搬迁居民参与项目建设获得直接收益，掌握了新型劳动技能，走上了致富路，推动了边远村寨特色产业提档升级，集体经济发展壮大，农村劳动力就地就近就业增收①。

截至 2022 年 6 月底，全国脱贫劳动力务工规模达到 3223 万人，比 2021 年底增加 78 万人，超额完成全年目标任务；上半年脱贫县农村居民人均可支配收入增速仍将继续高于全国平均水平②。

三、易地搬迁后续帮扶机制

易地扶贫搬迁是针对生存条件恶劣、资源环境承载力较低的群众采取的扶贫举措。截至 2020 年 6 月底，超过 60% 的搬迁监测对象消除了返贫风险，易地扶贫搬迁安置点和搬迁群众没有出现规模性返贫；搬迁脱贫群众就业规模达 459. 4 万人，超过 2021 年底水平③。搬迁群众是防止规模型返贫的特殊群体，易地搬迁后续扶持是巩固脱贫成果的关键。持续加强易迁集中安置区脱贫户后续帮扶，实现稳得住、有就业、逐步能致富。

(1) 重视经济社会融入

经济社会融入是易地搬迁户稳得住、能致富的关键：①整体搬迁主要涉及搬迁人口中贫困人口和非贫困人口的相融性，要协调两类人口的利益。②在搬迁人口与原住人口的在经济和社会融入方面。一是通过产业组织化和服务体系构建，

---

① https：//baijiahao. baidu. com/s？ id = 1738270995820957894&wfr = spider&for = pc.

② http：//www. nrra. gov. cn/art/2022/8/29/art_624_196412. html.

③ https：//www. china-cba. net/Index/show/catid/170/id/41122. html.

增加搬迁人口的就业岗位和就业技能。二是搬迁人口的心理调适和多元共享文化的营造，使其适应新社区制度环境（黄祖辉，2020）。

（2）提高公共服务效率

搬迁户的主要诉求是就业、子女教育、养老和医疗等，因此政府应高度重视基本公共服务的提供质量和水平，科学有效配置公共资源，促进公共服务效率有效提升。

（3）构建开放融合的安置社区

完善社区治理，重视人文关怀，丰富精神文化生活，促进搬迁群众与所在地居民融合交往，提高搬迁群众对新社区、新居住点有归属感、认同感和幸福感，促进安置点邻里和睦、人心相通、开放融合。

四、兜底保障帮扶机制

做好农村困难群众基本生活保障工作，应保持农村社会救助兜底保障政策总体稳定的基础上，加强低收入人口动态监测，完善分层分类的社会救助体系，适度拓展社会救助范围，创新服务方式，提升服务水平，切实做到应保尽保、应救尽救、应兜尽兜，不断增强困难群众获得感、幸福感、安全感。

（1）社会救助兜底保障

目前，过渡期社会救助政策稳定有序，并将符合条件的困难人口纳入社会救助范围，及时关注因灾因疫返贫的群众。实行低保渐退政策，对家庭人均收入超过当地低保标准的，实现逐渐过渡适应。

（2）加强低收入人口救助力度

推动社会救助向梯度化、多层次延伸，不断加大低收入人口救助力度。对重残、重病低收入人口，可参照“单人户”纳入低保对象围；符合教育、医疗、住房、就业等专项救助条件的，要及时救助。对刚性支出大，基本生活严重困难的低收入人口，应实施专项救助或必要救助①。

（3）加大服务类社会救助

适应困难群众多样化救助需求，推动社会救助服务多元化。通过政府购买服务，为社会救助家庭成员中生活不能自理的人群提供访视和照料服务，形成“物

① 《关于巩固拓展脱贫攻坚兜底保障成果进一步做好困难群众基本生活保障工作的指导意见》（民发〔2021〕49号）。

质+服务”的救助方式。鼓励、引导社工组织为低收入人口提供心理疏导、资源链接、能力提升、社会融入等服务。

五、多元参与帮扶机制

“三区三州”深度贫困往往靠贫困人口自身力量难以打破，必须借助外部力量的帮扶。防返贫仅靠政府资源是不可行的，应整合各类社会资源。各类帮扶力量应围绕促进脱贫地区发展特别是产业振兴进行调整优化，从体制上打通多方对欠发达地区的支持保障。

为巩固拓展脱贫攻坚成果，中央调整优化了新一轮定点帮扶和东西部协作关系，赋予了定点帮扶和东西部协作关系新任务和新使命，拓展了帮扶领域，从聚焦于扶贫转向全面提升教育、医疗、人才的发展水平，从单向帮扶向产业合作、资源互补、劳务对接、人才交流的互惠互利转变，实现帮扶常态化。

（1）合力谱写东西合作新篇章

东西协作有助于我国区域协调发展、共同发展，加强区域合作可以拓展对内对外开放新空间，实现先富带后富，促进共同富裕（车海刚等，2004）。根据东西协作结对关系的调整，云南省主动加强与上海、广东对接，实现“广东有序退、上海全力接、云南努力干”的良好机制。为实施“云品入沪”工程，云南加强21个蔬菜供应基地建设，为上海“菜篮子”提供稳定供应，元阳红米、德宏茭白、镇沅瓢鸡、会泽小龙虾、昭通苹果、保山咖啡等云南农特产品成为黄浦滩上的抢手货。2021年，上海累计销售云南农产品和手工艺品53.7亿元（王淑娟和李莎，2022）。当前，要重点做到“三抓三促”，即抓帮扶、促巩固脱贫成果；抓示范、促乡村振兴；抓合作、促区域发展，促进东西部协作谱新篇。

（2）常态化驻村帮扶机制

驻村帮扶是打通扶贫“最后一公里”的重要力量。2022年上半年，18万多名驻村第一书记深入乡村振兴第一线，新老交接有序推进，巩固了党在农村的执政基础。在“摘帽不摘帮扶”政策下，应认识到驻村帮扶在巩固拓展脱贫成果的重要作用，打造永不离开的工作队。

（3）持续深化中央单位定点帮扶

持续深化中央单位定点帮扶重点是保持帮扶力度不减，不断拓展帮扶领域，调整完善结对关系，根据乡村振兴的重点任务，围绕派出单位的优势条件，更好发挥中央单位定点帮扶“国家队”的作用。

（4）加强社会帮扶

发挥好各民主党派、工商联、无党派人士的资源和优势，推动需求对接，打造社会品牌。大力实施“万企兴万村”行动，积极举办“回报家乡”行动，引导民营企业到“三区三州”投资兴业，举办社会事业，引导民营企业开展消费帮扶，拓宽农产品销售渠道。

案例四　积石山县防返贫监测帮扶

基本情况：甘肃临夏州积石山县关家川乡杓家村吴家山社某户，家庭人口4人，户主A现年57岁，大部分时间在家务农，妻子60岁，肢体残疾，丧失劳动能力，长子24岁，就近打临工，次子在县城上初中。2013年识别纳入到建档立卡，2017年实现脱贫，2019年底，因就业不稳定、因残等原因，存在返贫风险，纳入到脱贫不稳定户中。

监测帮扶过程：

1）2021年初，杓家村监测员在入户摸排时发现该户，因疫情影响，整户无劳动力就业，加之妻子肢体残疾，产业发展能力较弱，收入骤减，返贫风险较大。

2）村里召开会议研究后，将该户返贫风险情况及时上报关家川乡人民政府。

3）乡里组织复查员，立即深入该户家中实地进行了复查，认定情况属实，针对存在的返贫风险点认真进行了研究，在落实残疾人补贴的同时，着手开展下一步帮扶工作。第一，针对产业发展能力弱的问题由乡上解决。①通过产业奖补项目，鼓励发展中药材种植，提升经济效益。②推广旱作农业、膜侧油菜，提高亩均产量。③纳入光伏扶贫受益户，落实受益资金。

第二，针对受疫情影响无法就业的问题上报县上。县上研究审核后，将该户存在问题反馈至县扶贫办、县劳务办。县扶贫办及时衔接县劳务办，通过东西部扶贫协作，将该户长子于2021年3月组织输转到接厦门海沧区务工，从事厂区作业员工作。

4）通过落实就业、产业帮扶措施，该户就业稳定，务工收入每月达4000元左右，产业发展能力有了较大的提升，消除了返贫风险，并在大数据平台进行了标注。

截至2021年，全国共纳入易返贫致贫人口约525.6万人，其中超过70%的监测对象已经消除了返贫致贫风险，防止返贫监测和帮扶工作取得了一定成效。各地结合自身实际情况，探索出许多经验做法。一是在重点监测户范围上，绝大多数省（自治区）集中在6000～6500元。防返贫监测对象识别纳入除了有予以认定的条件，也规定了不予认定的“负面清单”。二是构建了规范化和常态化的防返贫致贫工作机制。全国省市县三级都建立了防止返贫动态监测的专班或专门机构，各地都投入了大量的人力精力去做好防返贫监测及帮扶工作。三是建立了科学合理的工作流程，监测方式和程序不断优化。形成了“自下而上”和“自上而下”全覆盖，多样化的监测对象识别方式。各地都开发了动态监测预警系统，提升了智慧管理水平。四是建立了防止返贫分类帮扶机制，能精准阻断返贫的路径。“两不愁三保障”基本延续原有政策措施，产业帮扶开始重视规避市场风险和利益联结“断链”风险，就业帮扶主要集中在稳岗就业和提高劳动技能上。各地普遍把易地扶贫搬迁集中安置区作为防止规模性返贫的重点区域，开展后续扶持。五是建立了多样化的防返贫保险机制，防患于未然。各地针对防返贫监测过程中出现的无劳动能力群体和因病、因灾、因意外事故生活困难的群体，长短效机制相结合，搭建多重保险，构筑了易返贫群体的牢固防线。

第四节　本章小结

本章从构建防返贫长效机制出发，从返贫风险的类型划分和科学构建防返贫长效机制等方面开展研究，得到以下结论：

第一，“三区三州”已成功摆脱绝对贫困，当前“贫困陷阱”的表现是小规模的返贫风险，我国已建立健全了有效的相对贫困治理机制，不会发生大规模返贫。

第二，根据贫困脆弱性的冲击来源，“三区三州”的返贫风险的表象与类型可以分为四种：能力缺失型返贫风险、环境型返贫风险、发展型返贫风险和政策型返贫风险。

第三，当前，“三区三州”各地已建立了防返贫监测与动态监测帮扶机制，机制在实践运行中主要存在监测体系有待完善、帮扶政策向监测户倾斜不够、帮助措施精准性有待加强等突出问题，亟须从脱贫成果巩固与提高视角来夯实防返贫动态监测，强化防返贫帮扶。

第四，应强化工作机制，把防止返贫动态监测作为巩固脱贫攻坚成果的重要抓手，优化工作程序，简化工作流程，切实做到早发现、早干预、早帮扶，确保帮得实、消得准、稳得住。具体应建立和完善产业帮扶、稳岗就业帮扶、易地搬迁后续帮扶、兜底保障帮扶、多元参与帮扶等机制。甘肃临夏州尤其是东乡县在防返贫监测系统上走在全面前列，本章重点介绍了东乡县防返贫监测系统的内容与特点。

第七章 “三区三州”巩固拓展脱贫成果同乡村振兴有效衔接

实现各族群众的共同富裕既是中国共产党初心和使命的彰显，也是不懈奋斗的目标。脱贫攻坚战的全面胜利，标志着党在团结带领人民创造美好生活、实现共同富裕的道路上迈出了坚实的一大步。“三区三州”已经全面消除绝对贫困，但处在并将长期处于社会主义初级阶段的基本国情没有变，区域发展不平衡不充分的主要矛盾没有变。

目前，实现共同富裕依然面临着发展不平衡不充分等问题，而脱贫基础不稳定、脱贫成效不持续及城乡差距显著，是影响实现共同富裕的重要因素。为此，国家高度重视巩固拓展脱贫攻坚成果同乡村振兴的有效衔接（蒋永穆和祝林林，2021）。这是在脱贫攻坚全面胜利后，党和国家对“三农”工作作出的重大转变。厘清巩固脱贫攻坚成果与乡村振兴有效衔接的逻辑，明确有效衔接的目标，是推进有效衔接的前提，也是提升有效衔接质量的方法和路径。

第一节 巩固拓展脱贫成果同乡村振兴有效衔接的逻辑

巩固拓展脱贫攻坚成果同乡村振兴有效衔接，是习近平总书记关于“三农”工作重要论述的理论归宿和实践选择，是构建新发展格局的新要求。巩固拓展脱贫攻坚成果与乡村振兴目标一致、任务相接、时间相继，是共同富裕目标在不同时间段的具体任务，实现二者的有效衔接具有理论基础和现实必然。同时，脱贫攻坚战与乡村振兴战略存在差异和不同。脱贫攻坚与乡村振兴的不同点在于脱贫攻坚具有特殊性、局部性、紧迫性和突击性的特点；而乡村振兴则具有综合性、整体性、渐进性和持久性的特点。“三区三州”脱贫地区在乡村振兴中实现稳定脱贫和在脱贫成果的巩固拓展中推进乡村振兴，两者是一脉相承的。从脱贫攻坚全面胜利后的现实任务和中央关于乡村振兴规划的实施要点出发，新发展阶段巩固拓展脱贫攻坚成果同乡村振兴有效衔接，有其历史逻辑、现实逻辑和实践逻辑。

一、理论逻辑

消除贫困，实现共同富裕，既体现了马克思主义的根本立场和社会主义的本质要求，也凝结着中国共产党人的初心和使命。因此，从本质上看，巩固拓展脱贫攻坚成果与乡村振兴具有价值和目标任务上的内在统一性。

（一）价值取向的统一性

巩固拓展脱贫攻坚成果与乡村振兴有效衔接的理论逻辑上统一于实现共同富裕（白永秀等，2022）。实现共同富裕是马克思主义理论的实践目标，也是巩固拓展脱贫攻坚成果与乡村振兴有效衔接的基本理论诉求。马克思指出，批判资本主义生产“在一极是财富的积累，同时在另一极，即在把自己的产品作为资本来生产的阶级方面，是贫困、劳动折磨、受奴役、无知、粗野和道德堕落的积累”，而未来社会的生产力发展，让“所有人共同享受大家创造出来的福利”，并“以所有的人富裕为目的”（中共中央马克思恩格斯列宁斯大林著作编译局，2009a，2009b，2009c）。中国共产党在坚持马克思主义基本立场的基础上，始终强调社会主义要以实现共同富裕为目标。习近平总书记2012年在河北阜平县考察时指出：“消除贫困、改善民生、逐步实现共同富裕，是社会主义的本质要求，是我们党的重要使命”（习近平，2021）。从当前我国国情和农情来看，实现共同富裕的重点与难点都在“三区三州”等原深度贫困地区（蒋永穆和祝林林，2021）。

（二）目标任务的统一性

两者的目标任务是接续奋斗的过程。从目标衔接来看，脱贫攻坚的任务目标是解决现行标准下的区域性整体贫困，消灭绝对贫困，贫困县全体摘帽，有效实现“两不愁三保障”，有效解决困扰几千年来的绝对贫困问题，实现第一个百年奋斗目标。乡村振兴的任务目标是全国农村地区实现乡村产业兴旺、生态宜居、乡风文明、治理有效、生活富裕，实现农村美、农业强、农民富，使农民加快步伐迈向共同富裕目标。从工作任务衔接来看，要从集中资源支持脱贫攻坚转向巩固拓展脱贫攻坚成果和全面推进乡村振兴，即任务由绝对贫困治理转向通过有效衔接和乡村振兴解决相对贫困治理问题，但主要内容仍围绕产业、生态、文化、组织、教育、消费等方面（白永秀等，2022）。

虽然“三区三州”完成了消除绝对贫困的艰巨任务，但解决发展不平衡不充分问题、缩小城乡区域发展差距、实现共同富裕仍然任重道远。脱贫攻坚取得胜利后，全面推进乡村振兴是“三农”工作重心的历史性转移。巩固拓展脱贫攻坚成果是实现共同富裕的重要组成部分，是我国“十四五”时期的重要任务，应抓好巩固拓展、转型转变、建设发展，实现为民、惠民、富民、利民，向共同富裕继续攀登。党的十九届六中全会将共同富裕作为全面建设社会主义现代化国家的努力方向。持续提升低收入人口的生活水平，建立长效的减贫机制是实现共同富裕的重要手段；既要防止规模性返贫，又要积极探索建立防返贫长效机制。然而，如何解决和防止脱贫后又返贫等问题，是巩固拓展脱贫攻坚成果、全面实施乡村振兴中未雨绸缪的一项系统工程。为此要变“短期扶贫”为“长效扶贫”，从根本上遏制返贫现象的出现，实现脱贫机制的可持续发展。

二、历史逻辑

中国共产党百年贫困治理的接续探索是有效衔接的历史逻辑。消除贫困、解决人民的温饱问题，始终是党在革命、建设和改革各个时期的重要工作内容。有效衔接正是对中国共产党贫困治理理论的吸收借鉴，实践经验的总结继承基础上作出的正确决策，有着深刻的历史渊源。

新民主主义革命时期，贫困治理以“保障农民的生存权利”为目标。以毛泽东为代表的中国共产党人提出，要彻底消除贫困，必须推翻旧制度、建立新制度，关键是解决农民的土地问题。通过颁发《中国土地法大纲》《关于土地问题决议案》等一系列土地规章和法规，减轻农民负担、通过发展生产消除贫困。社会主义革命和建设时期，贫困治理的重点是解决农民温饱问题，以“改变农村的落后面貌”为目标。中华人民共和国成立后，为迅速改变农民的生活仍然贫困不堪的情况，我国开展社会主义改造，确定了“农业集体化”道路，推行农村合作社，大力发展互助合作运动，为摆脱贫困打下了坚实基础。改革开放和社会主义现代化建设时期，贫困治理的重点是增强农村生产活力，以“实现共同富裕”为目标。党的十一届三中全会召开后，社会生产力整体水平得到有效提升，农村逐步由贫困向富裕转变。受自然条件、发展基础、资源禀赋等影响，区域发展出现不均衡的问题，“老少边穷”地区的扶贫开发问题开始受到党和政府重点关注，并开始鼓励“先富”带动“后富”，大规模、有计划、有组织地扶贫开发，加快实现共同富裕步伐。进入新时代，贫困治理的重点是消除绝对贫困问题，全面建成小康社会，逐步实现社会主义现代化为目标。十八大以来，党和国家把全面摆脱贫困放在治国理政的重要位置，实施精准扶贫战略，确定“三区三州”深度贫困地区，聚焦打赢脱贫攻坚战。2020 年，我国脱贫攻坚目标任务如期全面完成，成功消除了区域性整体贫困（王凤臣等，2022）。

从政治高度看，巩固拓展脱贫成果是巩固党的执政根基的必然要求。从发展维度看，巩固拓展脱贫成果是脱贫成效能经得起历史检验的关键。对“三区三州”脱贫地区和脱贫人口，仍存在自然、市场等多重风险冲击，返贫风险无时不在，这就客观上要求过渡期内保持政策的延续性，提振乡村振兴成果。脱贫人口中还有不少存在返贫风险，脱贫基础还很脆弱；边缘户的发展基础很不稳定，有的边缘人口中存在致贫风险。有的脱贫地区，产业基础薄弱，可持续性发展亟待增强；有的脱贫人口自我发展的能力依然较弱，就业不稳定，难以保持收入的持续稳定增长。总之，“三区三州”从脱贫摘帽到共同富裕，巩固拓展脱贫攻坚成果同乡村振兴有效衔接，实现全面振兴是一项复杂的系统工程，必须要经历一个长期的历史过程。

需要辩证看待两者的关系，脱贫攻坚为乡村振兴打下了良好基础。贫困户退出，贫困县摘帽不是终点，不能“刀剑入鞘”。要求在巩固拓展脱贫攻坚成果的基础上，认真总结借鉴摆脱贫困积累的宝贵的制度成果和精神财富，完善乡村振兴政策体系、制度体系和工作体系，接续推进“三区三州”经济社会发展和群众生活改善（黄承伟，2022b）。考虑到“三区三州”脱贫质量，其乡村振兴战略应该梯度推进，先把重心放在脱贫成果巩固和防止返贫层面，再寻求产业兴旺、生态宜居、乡风文明、治理有效、生活富裕。

巩固、拓展是有机整体，“巩固”的方向是“拓展”，脱贫成果的巩固必然要在脱贫攻坚形成的物质成果、制度成果和精神成果的继承中才能实现，要用发展的办法来巩固脱贫成果。一要坚持系统思维。不仅要巩固住“两不愁三保障”目标，更要逐步提高标准，拓展内涵，才能满足脱贫群众对美好生活向往的要求。二要坚持精准思维。因为区域不同，发展水平不同，提振脱贫成果的政策需求必然差异，只有精准施策才能提高巩固成果的有效性。要把提振脱贫成果融入乡村治理现代化进程。

三、实践逻辑

巩固拓展脱贫攻坚成果是基于强烈现实需求和未来发展长远需要。脱贫攻坚成果是在“总体动员+强力攻坚”模式下取得的成果，无论是减贫成果、制度成果还是精神与价值成果，都是在国家制度优势主导引领下实现的，这实际上反映了我国社会主义制度优势和政治优势。“十四五”期间，“三区三州”如何制定最优的策略，保持巩固拓展脱贫攻坚成果任务与实现农业农村现代化总目标相结合，是实践中的关键环节。

（一）有效衔接的持续性

从脱贫攻坚到乡村振兴是历史性转移。“历史性”即不是短期目标任务，需要保持历史耐心。有效衔接不是脱贫攻坚战的简单的延伸，是一个涉及领域宽广、涵盖内容众多的系统工程，是全方位的全面转移，需要系统加强系统谋划。

（1）工作内容衔接的持续性

工作内容上要实现“四个转变”：从产业来看，脱贫攻坚阶段主要关注贫困地区的扶贫产业发展，有效衔接阶段重点是发展乡村富民产业发展。从易地搬迁群众来看，脱贫攻坚阶段政策内容是搬得出、稳得住，确保搬迁计划和方式可行，移民点基础设施和公共服务跟得上，有效衔接阶段关注搬迁群众的就业和致富能力培养。从文化来看，在脱贫攻坚阶段重点是文化扶贫，推动贫困地区艺术创作和生产，有效衔接阶段重点是文旅融合。从生态来看，脱贫攻坚阶段重点是生态扶贫，大力发展生态产业，有效衔接阶段关注乡村振兴的生态宜居，加快美丽乡村建设（白永秀等，2022b）。“四个转变”顺应了目标和任务的转向，因为工作目标和工作任务的转向要求有工作内容的转变相适应。

（2）政策衔接的持续性

政策衔接首要就是区分脱贫攻坚时期的政策是否适用于乡村振兴阶段。在脱贫攻坚期，国家出台了易地搬迁扶贫等超常规的扶贫政策显然不能直接运用到乡村振兴。所以，要坚持“普惠性”原则，对客观分析要取消或延续的政策，确保政策衔接的延续性与持续性。

（3）资源衔接的持续性

在脱贫攻坚中，国家治理贫困的资源主要是专项扶贫资源，如人才资源、资金资源等，将各类资源有效应用于绝对贫困治理是脱贫攻坚期资源帮扶的一般模式。在乡村振兴时期，既要整合和利用脱贫攻坚时期的有效资源，又“需要充分调动乡村的经济资源、治理资源和文化资源等要素，进而充分激发资源活力来改善乡村建设发展局面”（毛磊和翟坤周，2022）。

（二）有效衔接的复杂性

（1）衔接环境的复杂性

站在世界百年未有之大变局进入新发展阶段，脱贫攻坚同乡村振兴有效衔接的内外部环境变得更加扑朔迷离，复杂且不确定。从外部环境看，疫情、战争导致的大宗商品高位波动带来的影响还将持续。从国内环境看看，消费和投资恢复迟缓，稳出口难度增大；中小微企业、个体工商户经营困难，地方财政收支矛盾增大，经济金融领域风险隐患增多。同时，各地农村地区发展差异较大，乡村振兴的难度和重点也千差万别，导致脱贫攻坚与乡村振兴有效衔接不能高效地整体推进。“三区三州”农村地区农业现代化水平较低，导致农业发展存在结构性难题，诸多因素都制约了衔接的高效运行。

（2）城乡融合的复杂性

脱贫攻坚与乡村振兴目标上都是为了减贫，促进农民增收致富，但要实现农村地区与全国各地一道迈向共同富裕，根本是要破除城乡“二元体制”、减少城乡发展差距，实现城乡融合发展。长期以来，城乡发展不平衡是制约实现共同富裕的最大瓶颈，“三区三州”等欠发达地区城乡差距日益扩大已对乡村振兴造成巨大冲击，对脱贫攻坚与乡村振兴有效衔接产生阻碍。当前，我国城乡关系正在发生显著变化，已经进入城乡融合发展的新阶段。为此，必须理顺乡村发展与城乡融合的关系，打破分割，形成城乡统一生产要素市场，以县城为载体实现城乡融合发展（毛磊和翟坤周，2022）。

（三）有效衔接的有机性

巩固拓展、有效衔接、乡村振兴是一个有机联系的整体。巩固拓展的方向是有效衔接，在巩固拓展的同时推进有效衔接。有效衔接的方向是乡村振兴。仅就巩固脱贫攻坚成果而言，目标很明确，因为“两不愁三保障”、饮水安全等，通过兜底保障、动态清零完全可以实现。但是，如果不是用发展的办法实现有效衔接乡村振兴、促进乡村发展水平整体提升，那么巩固拓展脱贫成果仍处于低水平，脱贫成果的稳定性和抗逆性难以持续提高，规模性返贫的“阈值”就会维持在较低值。这些都决定了推进有效衔接必须用系统观念去设计和谋划。

实现巩固拓展脱贫攻坚成果同乡村振兴有效衔接，事关第二个百年奋斗目标的实现和社会主义现代化国家建设全局。巩固拓展脱贫成果是过渡期内脱贫地区的重要工作，也是“十四五”期间农村工作重点任务。自党的十九大提出实施乡村振兴战略伊始，中央就同步对脱贫攻坚与乡村振兴的衔接工作进行谋划。2018 年，《中共中央 国务院关于打赢脱贫攻坚战三年行动的指导意见》提出要“统筹推进脱贫攻坚与乡村振兴”。2019 年、2020 年和 2021 年中央“一号文件”分别提出“做好脱贫攻坚与乡村振兴的衔接”“抓紧研究制定脱贫攻坚与实施乡村振兴战略有机衔接的意见”“实现巩固拓展脱贫攻坚成果同乡村振兴有效衔接”等具体要求。2020 年中央农村工作会议明确了从脱贫之日起设定 5 年过渡期，用于巩固脱贫成果，实现由脱贫攻坚向全面推进乡村振兴平稳过渡。2020 年 12 月，《中共中央 国务院关于实现巩固拓展脱贫攻坚成果同乡村振兴有效衔接的意见》对两大战略有效衔接问题作出系统而全面的部署。2021 年中央农村工作会议召开前夕，中共中央政治局召开常委会会议专题研究“三农”工作，强调“乡村振兴的前提是巩固脱贫攻坚成果，要持续抓紧抓好，让脱贫群众生活更上一层楼。要持续推动同乡村振兴战略有机衔接，确保不发生规模性返贫，切实维护和巩固脱贫攻坚战的伟大成就”。随后，2021 年中央农村工作会议提出将“巩固脱贫成果确保不发生规模性返贫”作为来年“三农”工作的“两条底线”之一。2022 年中央“一号文件”从防止发生规模性返贫的底线角度，再次对巩固拓展脱贫攻坚成果同乡村振兴有效衔接提出明确要求。

“十四五”期间，中央 29 个单位和部门出台一系列政策支持巩固脱贫攻坚成果同乡村振兴的政策（表 7.1）。例如，2021 年，教育部等部门出台《关于实现巩固拓展教育脱贫攻坚成果同乡村振兴有效衔接的意见》提出重点发展职业教育和学前教育，提升乡村教育水平；交通运输部印发的《关于巩固拓展交通运输脱贫攻坚成果全面推进乡村振兴的实施意见》强调在不断改善乡村交通建设、服务乡村振兴的同时，强化乡村交通环境治理，通过交通建设提供就业机会。除统筹整合使用财政涉农资金、东西部协作、中央单位定点帮扶、建设用地增减挂钩节余指标跨省域调剂使用政策适用特定区域外，支持国家乡村振兴重点帮扶县的政策，对西藏、新疆同样适用。

表 7.1 国家层面出台的巩固拓展脱贫攻坚成果同乡村振兴有效衔接的政策

序号	发文单位	文件名
1	中共中央、国务院	《中共中央 国务院关于实现巩固脱贫攻坚成果同乡村振兴有效衔接的意见》（中发〔2021〕1 号）
2	中共中央办公厅、国务院办公厅	《关于确定国家乡村振兴重点帮扶县的意见》《关于坚持和完善东西部协作机制的意见》《关于坚持做好中央单位定点帮扶工作的意见》（厅字〔2021〕10 号）

续表

序号	发文单位	文件名
3	中共中央办公厅	《关于向重点乡村持续选派驻村第一书记和工作队的意见》（中办发〔2021〕27 号）
4	中央农村工作领导小组	《关于健全防止返贫动态监测和帮扶机制的指导意见》（中农组发〔2021〕7 号）
5	国家卫生健康委员会等十三部门	《关于印发巩固拓展健康扶贫成果同乡村振兴有效衔接实施意见的通知》（国卫扶贫发〔2021〕6 号）
6	国家医疗保障局等七部门	《关于巩固拓展医疗保障脱贫攻坚成果有效衔接乡村振兴战略的实施意见》（国保发〔2021〕10 号）
7	国家卫生健康委员会办公厅等四部门	《关于进一步扩大农村贫困人口大病专项救治范围的通知》（国卫办医函发〔2021〕338 号）
8	教育部等四部门	《关于实现巩固拓展教育脱贫攻坚成果同乡村振兴有效衔接的意见》（教发〔2021〕4 号）
9	人力资源和社会保障部等五部门	《关于切实加强就业帮扶巩固脱贫攻坚成果助力乡村振兴的指导意见》（人社部发〔2021〕26 号）
10	国家发展和改革委员会等二十部门	《关于切实做好易地扶贫搬迁后续扶持工作巩固拓展脱贫攻坚成果的指导意见》（发改振兴〔2021〕524 号）
11	财政部等六部门	《中央财政衔接推进乡村振兴补助资金管理办法》（财发〔2021〕19 号）
12	财政部等四部门	《关于深入开展政府采购脱贫地区农副产品工作推进乡村产业振兴的实施意见》（财库〔2021〕20 号）
13	中国人民银行等六部门	《关于金融支持巩固拓展脱贫攻坚成果全面推进你乡村振兴的意见》（银发〔2021〕171 号）
14	中国银行保险监督管理委员会等四部门	《关于深入扎实做好过渡期脱贫人口小额信贷工作的通知》（银保监发〔2021〕6 号）
15	民政部等三部门	《关于巩固拓展脱贫攻坚兜底保障成果进一步做好困难群众基本生活保障工作的指导意见》（民发〔2021〕49 号）
16	农业农村部等十部门	《关于推动脱贫地区特色产业可持续发展的指导意见》（农规发〔2021〕3 号）
17	交通运输部	《关于巩固拓展交通运输脱贫攻坚成果全面推进乡村振兴的实施意见》（交规划发〔2021〕51 号）
18	农业农村部等十二部门	《关于支持国家乡村振兴重点帮扶县的实施意见》（国乡振发〔2021〕5 号）

第二节 巩固拓展脱贫成果同乡村振兴有效衔接的目标任务

巩固拓展脱贫攻坚成果源于强烈的现实需求，巩固是为了让首次实现农村消除绝对贫困的伟大成就经得起历史的检验，拓展是为了让脱贫攻坚成果更好地服务国家治理的长远需求目标，为第二个一百年奋斗目标开好局起好步，为农业农村现代化和乡村全面振兴奠定坚实的基础。“巩固拓展脱贫攻坚成果”，涉及“巩固”和“拓展”两个层面。“巩固”要求不出现规模性返贫，“拓展”要求在稳定脱贫基础上继续前进，解决多维贫困、相对贫困问题，推动共同富裕取得更为明显的实质性进展（李迎生，2021）。具体来看，巩固拓展脱贫攻坚成果策略的总体目标和基本要求主要体现在以下几个方面（图 7.1）。

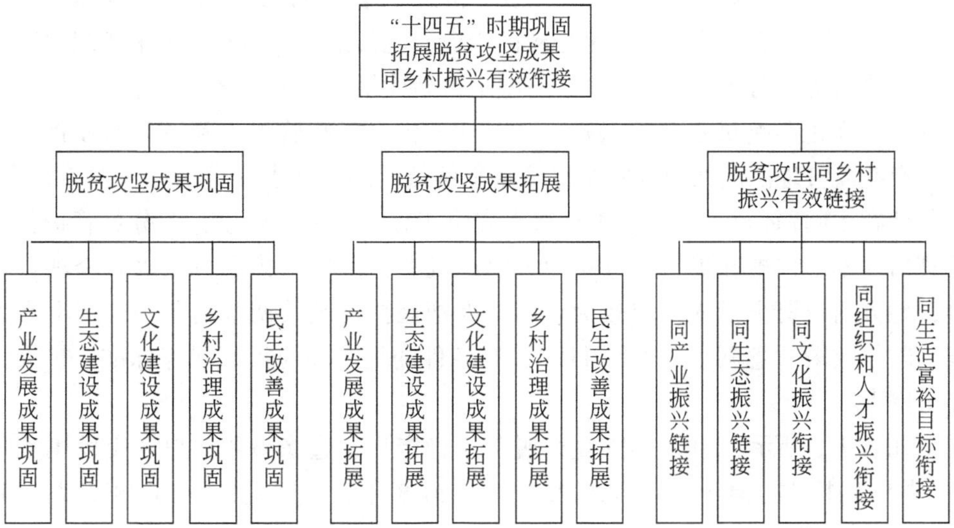

图 7.1 巩固拓展脱贫攻坚成果同乡村振兴有效衔接评价内容框架

一、不发生规模性返贫是有效衔接的前提和基础

尽管“三区三州”贫困人口达到了全部脱贫目标，但还存在不少脱贫户发展基础脆弱，收入增长的可持续性不强，就业不稳定等因素返贫的可能性风险仍然存在。一些边缘户、突发严重困难户，因病因灾因意外事故返贫的可能性大。

需要以这三类户为重点人群，以守住不发生规模性返贫为底线目标，以经得起历史检验的重大使命感持续巩固减贫成效，这是考验脱贫攻坚成果是否能经得起历史性检验的关键。

检验脱贫攻坚的成绩合格不合格，关键要查验“两个确保”完成的成色足不足。其中，贫困人口脱贫是基础，人的脱贫不稳定，县的摘帽就不牢固。因此，贫困县摘帽，答卷只完成了一半，不仅不能松口气、歇歇脚，还得加把劲、出新招，不断巩固拓展脱贫成果（陈发明，2019）。巩固脱贫成果是一项长期任务，意味着脱贫人口收入水平能够保持稳定、“两不愁三保障”成果能够稳固、脱贫人口返贫和新生贫困现象得到有效控制。必须巩固和加强物质基础、社会基础和制度基础，这包括支撑脱贫户收入的产业、就业等及相应的创收能力，支撑“三保障”的基本公共服务。乡村振兴对高质量乡村产业发展提出了更高要求，要深入促进城乡融合和产业融合发展。

“三区三州”脱贫人口的交通、住房和饮水等生活设施已得到了保障，但这些基础设施存在人为或自然灾害导致的损毁，尤其是住房和安全饮水等问题不是一次解决就能一劳永逸的。例如，一些地方新建供水设施资金难以保障，一些地方受气候变化影响供水缺乏保障，一些地方供水工程管护不到位、保障程度不高。有些脱贫地区的饮用水安全保障水平偏低，部分饮水安全工程水源不稳定，季节性缺水问题仍然存在[①]。农村饮水安全工程，三分靠建设，七分靠管护，这些都需要不断维护和提升，近年中央财政没有再单独安排农村饮水安全项目资金，地方财政资金投入缺口较大。应精准把握扶持政策调整的范围、节奏和力度，防止政策“急刹车”“一刀切”，有条件的地方还应提高保障标准、扩大保障范围[②]。

如表 7. 2 所示，2021 年临夏州脱贫不稳定户、边缘易致贫户和突发困难户“三类户”共 14 164 户、65 729 人，介于 2018 年底贫困人口（16. 38 万人）和 2019 年底贫困人口（3. 25 万人）之间，其中“风险未消除”人数为 10 674 人，占比为 16. 2%。这说明临夏州防止返贫、巩固脱贫成果的压力依然较大。

① http：//www. npc. gov. cn/npc/c30834/202207/70cdc42cc1f54234837f3898df08114e. shtml.

② 同①。

表 7.2 2021 年临夏州“三类户”基本情况统计表

县市	累计		风险已消除		风险未消除	
	“三类户”（户）	人数（人）	“三类户”（户）	人数（人）	“三类户”（户）	人数（人）
临夏州	14 164	65 729	11 936	55 010	2 217	10 674
临夏市	296	1 320	242	1 096	49	201
临夏县	3 137	13 543	2 708	11 676	429	1 867
康乐县	1 323	5 802	1 195	5 268	128	534
永靖县	1 007	4 139	979	4 020	26	113
广河县	1 124	5 843	822	4 240	302	1 603
和政县	1 528	6 828	1 256	5 559	270	1 262
东乡县	3 329	17 337	2 729	14 279	600	3 058
积石山县	2 420	10 917	2 005	8 872	413	2 036

数据来源：2021 年 7 月临夏州调研得到

二、持续缩小收入差距是有效衔接的关键点

杜鹰（2021）指出，脱贫人口特别是较低收入的脱贫人口持续增收的压力大，收入差距逐渐分化。从全国来看，农村居民收入差距严重，且呈现扩大趋势。例如，人均纯收入最低 5% 和 10% 的脱贫户政策性收入占比高，返贫风险大，在脱贫农户中间产生明显分化（林万龙等，2022）。我国农村居民可支配收入五等分的数据表明：农村居民 20% 收入最低组占 20% 最高收入组的比例持续下降（檀学文和谭清香，2021）。这种趋势不利于降低收入差距，加剧了不平衡不充分，也不利于促进共同富裕。

从巩固角度看，需要巩固脱贫人口特别是低收入人口的稳定增收机制，确保他们收入持续增加并与其他群体收入逐渐缩小。从拓展角度看，需要拓展增收到更大的范围和群体对象，促进落后地区经济可持续发展和低收入人口的收入持续增长，以实现共同富裕。当然，更重要的是脱贫攻坚期间形成的持续增收机制是产业、就业、集体经济、扶贫资产、社会保障、转移支付等综合手段作用的结果，在新发展阶段和新发展格局下尚面临着不少挑战。从产业发展来看，有市场化不充分、同质化严重、经营效益不高、经营主体和人才不足等问题。从就业来

看，有就业机会不稳定、就业层次偏低、劳动保障水平不足、就业培训效果不明显、公益性岗位福利化倾向严重等问题。集体经济对收入增长贡献小。扶贫资产管理、权属、运营、效益、分配等各环节还存在较多问题。转移支付和社会保障手段对收入增加有一定贡献，但财政压力越来越大，福利化倾向、可持续性不足等问题依然存在，这都是新时期尤其是以持续缩小居民收入差距、推动实现共同富裕的目标下需要重点考虑的关键点（张琦和万君，2022）。

三、实现公共服务均等化是有效衔接的基本保障

目前，脱贫地区的基础设施实现了长足进步，但重建设轻管护、建设水平较低等问题依然存在。从公共服务来看，脱贫地区与其他地区存在系统性差距，提升公共服务均等化水平任重道远、道阻且长。城镇化造成人才流失和乡村留守问题等，也给脱贫地区巩固拓展公共服务带来新的挑战。根据全国人口变动情况抽样调查，乡村的文盲、半文盲占比近年不降反升（魏后凯，2020），青壮年、有知识、有能力自主使用公共服务的群体大多在外打工，公共服务的可得性和可及性不断面临新挑战，由此带来缺乏社会支持、公共服务、社会保障的老年人更易返贫等一系列社会问题。从农村教育来看，“三区三州”等脱贫地区教育质量整体较差，尚没有从根本消除代际的不平等，并且在一些地区和群体之间面临扩大趋势。因病返贫的问题，过渡期内医疗补贴政策的变动，给脱贫户参保带来的变化，是否产生大规模的因病返贫，都亟待评估和研究预案。从贫困空间转移看，进城务工人员的子女教育、医疗、社会保障等公共服务方面问题如果不能得到及时解决，贫困就会由农村转向城市（张琦和万君，2022）。

从巩固角度来看，需要持续加强对脱贫攻坚期间形成的基础设施的管理和维护，逐步提升公共服务水平、质量，防止出现新的贫困、防止返贫，阻断贫困代际、群体、空间的传递和转移。从拓展角度来看，需要建立城乡统一的公共服务体系，不断提升公共服务均等化水平。

四、接续推进乡村振兴是有效衔接的驱动力

从巩固拓展脱贫攻坚工作来看，脱贫攻坚期间的工作机制在调整后应继续发挥作用，如精准管理机制、驻村帮扶机制、责任机制、东西部协作机制，这些机制基本延续了脱贫攻坚期间的内核，它们既服务于巩固拓展脱贫攻坚成果也服务

于乡村振兴的推进，并且需要加强和继续巩固。从拓展看，这些良性工作机制是提升基层治理水平乃至县域经济发展的抓手，相关机制可以拓展到乡村振兴和基层治理的其他领域。

当前，“三区三州”按照《中华人民共和国乡村振兴促进法》和党中央、国务院印发的《关于实现巩固拓展脱贫攻坚成果同乡村振兴有效衔接的意见》的要求，扎实有序推进各项工作，实现了巩固拓展脱贫攻坚成果同乡村振兴有效衔接的重要机制、重大政策、重点工作平稳过渡。目前工作重心平稳转换，工作力量保持稳定，工作机制不断健全，工作取得阶段性成效，特别是乡村建设和乡村治理有效推进，促进脱贫人口增收和脱贫地区发展，让脱贫基础更巩固，成效更持续，推动乡村振兴迈出了新步伐。巩固拓展脱贫攻坚成果同乡村振兴有效衔接考核评估第三方评估数据显示，我国脱贫地区群众对巩固拓展脱贫攻坚成果的认可度达94.9%（王岭和孙梦爽，2022）。

第三节　巩固拓展脱贫成果同乡村振兴有效衔接的困境

“三区三州”减贫任务具有长期性和持久性，成功解决绝对贫困问题不是一劳永逸的，相对贫困将长期存在。新时期，“三区三州”脱贫攻坚与乡村振兴两大战略在目标理念、体制机制与面临的现实基础等方面存在较大差异，巩固拓展脱贫攻坚成果，实现同现乡村振兴有效衔接上依然面临不少困难和挑战。姜正君（2020）认为脱贫攻坚与乡村振兴尽管具有统一性、兼容性，但在目标、任务、对象、实施策略等有诸多差异。脱贫攻坚具有特殊性、局部性、紧迫性和突击性特点，而乡村振兴具有综合性、整体性、渐进性和持久性特点；实现两者无缝对接、有效贯通，面临着诸多的困难和挑战。高强和曾恒源（2022）指出，推进两大战略有效衔接要解决顶层设计难落实、工作体系难转型、政策体系难调整、考核机制难优化等问题。新时期，“三区三州”脱贫攻坚与乡村振兴两大战略在目标理念、体制机制与面临的现实基础等方面存在较大差异，实现有效衔接上依然面临不少困难和挑战。

一、形成共识难：从底线保障到共同富裕

从实践维度看，实现巩固拓展脱贫攻坚成果同乡村振兴有效衔接已形成广泛

共识。巩固拓展脱贫攻坚成果的必要性紧迫性是由摆脱绝对贫困后的脱贫人口基础脆弱、边缘户基础不稳定、脱贫地区发展基础薄弱等特征所决定的，而实现共同富裕、贯彻新发展理念、构建新发展格局、实现高质量发展、践行党的初心使命，都要求扎实推进巩固拓展脱贫攻坚成果同乡村振兴有效衔接，稳步推动共同富裕的历史进程。文献研究和基层调研发现，对照习近平总书记关于巩固拓展脱贫攻坚成果同乡村振兴有效衔接决策部署的要求，基层干部群众对为什么要实现有效衔接、如何实现有效衔接的认识还存在一定误区，集中体现在缺乏全面认识、缺乏理论支撑、缺乏战略谋划、缺乏系统观念等方面。

（一）缺乏全面认识

数据显示，进入全面实施乡村振兴战略的新发展阶段，我国 30 多项过渡期衔接政策已经出台实施①。目前，对巩固拓展有效衔接政策理解认识还存在不够全面、还不够到位。例如，从地方政策设计、调研分析来看，部分干部对“拓展”缺乏足够认知，对“巩固”理解片面，对“振兴”缺乏充分认识，更多的是仅仅停留满足于实现脱贫攻坚“两不愁三保障”和饮水安全等底线性目标，有的还存在盲目乐观倾向。此外，从脱贫攻坚到乡村振兴的历史必然、脱贫攻坚成果对乡村振兴的基础性作用等也缺乏足够的认识。部分基层政府和部门在有效衔接、推进乡村振兴过程中，寄希望于上级的转移支付和政策倾斜，政策思维和工作思路有待进一步改变。

（二）缺乏理论支撑

表现为对于习近平总书记关于“三农”工作重要论述的思想体系学习不够深入、透彻，对于中央关于乡村振兴的顶层设计背后的理论逻辑缺乏系统认识，对推动共同富裕整体性没有完全呈现，大局观尚未根据实际需要得到凸显。落实巩固拓展脱贫成果存在固守思维，缺乏巩固拓展脱贫攻坚成果最根本还是要靠发展的理念等。

（三）缺乏战略谋划

实践上存在为规划而规划的问题，规划中对现阶段及未来发展中诸多变量因素，如“三新一高”战略要求和科技水平、疫情影响、生活方式、思想变化等

① http：//www. nrra. gov. cn/art/2022/8/29/art_624_196412. html.

因素考虑不足。部分干部认为巩固脱贫成果难度不大、没有准确把握有效衔接的艰巨性、长期性、战略性，也就难以完全做到立足当前、面向长远来思考工作，缺乏足够的历史耐心。

（四）缺乏系统观念

实现脱贫攻坚到乡村振兴的历史性转移需要充分运用脱贫攻坚形成的物质成果、理论成果，需要弘扬伟大脱贫攻坚精神。乡村振兴是一项复杂的系统工程，需要统筹振兴与发展安全、风险防范，需要从“五位一体”推进五大振兴，需要城乡融合发展。实践中，不少地方在政策设计、战略规划、工作推进中系统观念大多没有得到很好的坚持和呈现，工作开展片面化（黄承伟，2022）。鉴于脱贫攻坚与乡村振兴的协同关联，考虑脱贫攻坚工作的“单向度目标指向”与乡村振兴的“综合发展愿景”的阶段性疏离，部分村庄出现片面追求乡村振兴的“指标业绩”运动式、片面化现象，致使多规并行、业务部门横向联系困难等问题出现，缺乏乡村发展的系统思维，缺乏长远规划和统筹谋划。部分地区习惯于“突击行动”和“典型示范”的工作范式，导致乡村发展方向、发展道路和发展举措等缺乏科学、系统的谋划与行动的协同支撑，如忽略新型城乡关系的时代背景，重城轻乡的思路尚未转变，阻碍资本、技术、人才等要素下乡的规划、政策制度等各种障碍依然存在（郑瑞强等，2022a）；有的地方短期内集聚大量资源旨在实现乡村振兴某一指标的达标，没有清晰理顺“五大振兴”要素间的主次关系和前后次序，乡村发展生计的可持续能力培育被忽略，存在发展短视现象（郑瑞强等，2022b）。

没有理论上的清醒，就没有政治上的坚定，就没有行动上的自觉。贯彻落实全面推进乡村振兴战略部署，首要和基础的是解决好理论认识问题，尤其要准确理解和把握实现巩固拓展脱贫攻坚成果同乡村振兴有效衔接的关系。

二、完成目标跨越难：从绝对贫困到相对贫困

摆脱绝对贫困是举全党全国之力的系统性工程，体现的是一种特惠性贫困治理的理念与目标，具有突击性、短期性、战役性和强推性等“硬脱贫”特点，是在规定时间必须完成的硬任务和政治工程。而乡村振兴是面向农业农村现代化进程的系统性工程，具有战略性、长期性、规划性和内生性等“软振兴”的特点（徐勇，2022），是治理相对贫困问题，旨在实现农村的可持续、均衡化发展

以及农业农村现代化建设，体现的是普惠性贫困治理的理念与目标。乡村振兴战略的目标理念在两大战略相衔接的过渡阶段与乡村振兴战略的持续推进阶段，如果继续秉承特惠扶贫理念，过度推行特惠性政策会产生“悬崖效应”“福利陷阱”等一系列消极影响。因此，基于战略目标理念的不同，需要对两个战略阶段中贫困治理的顶层设计、政策内容以及工作体制机制等进行调整（于静波和匡亚林，2022）。“三区三州”如期解决绝对贫困问题后，贫困特征和减贫战略也随着发生变化：一是由解决绝对贫困问题转向重点解决相对贫困问题，从“扶贫”转向“防贫”和“助贫”。二是致贫因素由温饱型贫困转为发展型贫困，生产性致贫转为天灾人祸致贫。

（一）贫困识别标准不断提高

脱贫攻坚的贫困标准是按2300元人均可支配收入计算，这个标准高于世界银行每人每天1.9美元的极端贫困标准；但仍然低于一般贫困标准，与中高收入国家的贫困线尚有一定距离，脱贫户可能因风险冲击的资源和条件不足而导致返贫（徐进和李小云，2021）。虽然脱贫户平均收入水平比较高，因为存在一定的收入差距，脱贫不稳定户收入超过脱贫标准不多，容易返贫。2016～2019年全国返贫人口分别为68.4万、20.8万、5.8万和5400人（左停和苏青松，2021），返贫比例虽呈现下降趋势，但返贫人口仍然客观存在。

不断提高的贫困识别标准给原深度贫困地区巩固脱贫攻坚成果带来极大挑战。我国贫困识别线每隔几年会往上调，2016年和2017年贫困识别线是人均纯收入2952元/年，2018年是2995元/年，2019年是3747元/年，2020年为4000元/年（表7.3）。这表明我国政府高度负责的态度和脱真贫的决心，但也会导致一批之前收入处于边界或是主要靠转移性收入达标的脱贫户或非建档立卡边缘户再次陷入贫困，进而加大了巩固和发展脱贫攻坚成果的难度。建筑业、金融行业、高科技行业、旅游服务业等物价上涨快，但传统种养殖业利润低，且物价上涨慢，于是收入处于临界值，来源单一且收入主要靠传统种养殖业的农户，其收入的增长很难达到社会平均水平。在这种背景下，贫困识别线一旦上调就会有部分人再次陷入贫困。事实上，每次上调贫困识别线均会导致贫困人口增加。如，2008年，我国将贫困识别线从785元调整到1067元，贫困人口增加了近4000万人；2011年，将贫困识别线从1274元调整为2300元，贫困人口数量由2010年的2688万人扩大至1.28亿人（毕晓哲，2011）。

如表7.3所示，2013年，我国农民最高收入组与最低收入组人均可支配收入之比是7.41倍，2016～2018年，两者的差距稳定在9倍以上，最高与最低收入组的人均可支配收入差距呈扩大趋势（左停等，2019）。发展和分配不平衡造成的收入差距过大和相对不平衡需引起格外关注。

表7.3　2013～2020年我国农村居民人均可支配收入一览表

年份	低收入组（元）	高收入组（元）	高低组收入比	国家扶贫标准（元）
2013	2 877.9	21 323.7	7.41	2 736
2014	2 768.1	23 947.4	8.65	2 800
2015	3 085.6	26 013.9	8.43	2 855
2016	3 006.5	28 448.0	9.46	2 952
2017	3 309.1	31 299.3	9.46	2 952
2018	3 666.2	34 042.6	9.29	2 995
2019	4 262.6	36 049.4	8.46	3 747
2020	4 681.5	38 520.3	8.23	4 000

数据来源：根据2020年《中国统计年鉴》整理所得

（二）从单维贫困到多维贫困

贫困包括收入、健康、教育、养老等多个维度，稳定脱贫也体现在不同维度上。消除绝对贫困本身包含着医疗、教育、住房等非收入维度的多维贫困目标。贫困人口实现“两不愁三保障”目标，不意味着已彻底解决了多维贫困问题，消除多维贫困的任务要比解决绝对贫困更艰巨、更复杂。多维贫困既包括收入分配，也包括公平和效率问题。根治多维贫困会涉及现有利益分配，关系到现有收入分配制度的改革。目前，我国健康、教育和生活条件等3个维度对多维贫困的贡献率分别为35.2%、39.2%和25.5%，可见巩固健康、教育、民生等领域的脱贫成果的难度和任务更大（徐进和李小云，2021）。

（三）阶层收入差距逐渐拉大

现阶段，我国仍是一个低收入为主体的国家，正处于跨过中等收入陷阱的关键期。绝对贫困消除后，我国富裕程度仍然不高，当前低收入群体比例较高，低收入人群规模较大，2021年我国低收入人群为9.36亿人。从区域分布来看，其中低收入人群中，52%分布在农村地区，8%是流动人口，40%分布在城镇地区；

低收入人群中29%分布在西部地区、34%分布在中部地区。从城乡分布来看，农村地区的低收入人群高达95%（表7.4）。

表7.4　2018年和2021年我国低收入人口数　（单位：亿人）

家庭人均年收入（当年价格）	2018年		2021年	
	人数	累计人数	人数	累计人数
小于0.6万元	1.43	1.43	0.98	0.98
0.6万~1.2万元	2.49	3.92	2	2.98
1.2万~1.8万元	3.34	6.25	1.94	4.92
1.8万~2.4万元	1.87	8.12	1.82	6.74
2.4万~3.6万元	2.46	10.58	2.63	9.36

数据来源：李实，2022

例如，2018年我国低收入人群占比为72.12%，中等收入人群占比为27.47%。2021年我国低收入人群占比为65.67%，中等收入人群占比为33.67%。2020年，我国农村居民按收入五等分分组的人均可支配收入中，处于最低20%的低收入组的收入仅为4681.5元（表7.5），略高于脱贫标准（4000元），该群体受波动冲击易返贫。

表7.5　我国相对贫困人数

项目	相对贫困人口	中等收入群体
家庭规模（亿人）	4.91	3.18
14岁及以下占比（%）	19.28	12.29
15岁~64岁占比（%）	67.24	74.96
65岁以上占比（%）	13.48	12.75

数据来源：李实，2022

（四）收入结构有变化

从脱贫地区农民收入结构看，近年来连片特困地区[①]农民工资性收入和经营性收入增长率放缓且占比未明显增加，而转移性收入保持高速增长，财产性收入占比无明显变化。这是在各种扶贫措施的强力推行下产生的，这一系列举措并不

① 因国家未统计“三区三州”农村常住居民收入消费结构，这里使用连片特困地区统计口径。

一定体现为收入增加，但说明一定程度上我国农民收入增长的减贫动力的影响在减弱，这为脱贫稳定性带来新挑战。如表 7.6 所示，2016~2019 年，包括“三区三州”在内的连片特困地区农民收入构成发生新变化，其背后隐含了减贫措施下减贫业绩的变化。

表 7.6 连片特困地区农村常住居民可支配收入构成

分类	2016 年			2017 年			2018 年			2019 年		
	水平（元）	占比（%）	增长率（%）	水平（元）	占比（%）	增长率（%）	水平（元）	占比（%）	增长率（%）	水平（元）	占比（%）	增长率（%）
可支配收入	8 348	100	10.9	9 264	100	11	10 260	100	10.8	11 443	100	11.5
工资性收入	2 846	34.1	13.7	3 163	34.1	11.1	3 550	34.6	12.2	3 990	34.9	12.4
经营净收入	3 429	41.1	5.1	3 715	40.1	8.3	3 915	38.2	5.4	4 226	36.9	7.9
财产净收入	97	1.2	15.4	111	1.2	14.4	128	1.3	15.3	152	1.3	18.8
转移净收入	1 976	23.7	18.0	2274	24.6	15.1	2 666	26	17.2	3 076	26.9	15.4

数据来源：《人间奇迹》编写组，2021

（1）工资性收入占比平稳，增速缓慢

2016~2019 年，连片特困地区工资性收入占比稳定在 34.5% 的水平左右。随着我国城镇化速度放缓，经济增长益贫特点的打工收入的增长开始遭遇瓶颈。2010 年以来，全国农民工的绝对量在增加，但增速呈下降趋势，增量主要来自“离土不离乡”的本地农民工。随着新型冠状病毒疫情防控常态化和引导群众就地就近就业，通过劳动力转移来增加收入的有效性将大打折扣①。从短期看，工资性收入高是好事，但作为农业大国，农民增收从长远看应靠发展农业来解决。目前通过大批转移就业的方式会带来农村人才流失、空壳等问题，老人、妇女、儿童成了农村的主力军。在这种背景下，乡村振兴将面临人才流失的瓶颈（王俊程等，2021）。

（2）经营性收入增速上升，占比下降

2016 年和 2019 年，连片特困地区农民第一产业的经营性收入同比增加 3.2%、7.9%，来自第二、第三产业经营收入增长 11.9%、8.0%，经营性收入整体增速仍呈上升态势。经营性收入在可支配收入中占比最高，由 2016 年的

① http：//finance. china. com. cn/news/special/jj2019jjsj/20200124/5181031. shtml.

41.1%下降至2019年的34.9%。经营性收入占比下降，表明产业促增收的边际效应逐年下降，说明了产业扶贫项目的减贫效益递减。

（3）转移性收入占比较高，处于稳定增长趋势

2016~2019年，转移性收入的增收贡献率达35.5%，接近工资性收入（37.0%）的增收贡献率。转移性收入的增长与政府在社保、低保、医疗等民生领域大量投入有关，转移性收入成为减贫的新动力。我国脱贫攻坚具有较强的“政策脱贫”特点，2019年，贫困地区农民人均可支配收入中，工资性收入（占38%）和转移性收入（占37.1%）的贡献率合计高达75.1%（魏后凯等，2021），这显然是不稳定和不可持续的。调研发现，主要依赖政策性收入的脱贫户或非建档立卡边缘户可能再度陷入困难。有的地区对“无力脱贫、无业可帮”的贫困户或非建档立卡边缘户采用加大低保、民政救助、安排公益性岗位等措施脱贫，个别农户有的是“给米不会做，送菜不会吃”的残障人员，对这类家庭，政策性收入一停可能又陷入困难（王俊程等，2021）。

（4）财产性收入的绝对值和占比均最小

2016~2019年，绝对值处于97~152元，占比稳定在1.2%~1.3%的水平，增长幅度不大，这与2001~2010年贫困县农民纯收入中财产性收入占比（1.0%~2.3%）不高基本吻合。

三、治理方式转变难：从集中资源支持到常态化治理

脱贫攻坚是一场战役，讲求集中作战。针对“三区三州”，党和国家采取超常规举措，以前所未有的力度推进脱贫攻坚，从扶贫干部选派、扶贫资金管理、中央各项举措等方面都表明脱贫攻坚战在力度、广度、深度和精准度上都达到了历史新水平。乡村振兴战略讲求常态推进，乡村振兴战略周期长、任务复杂、目标宏大，涉及产业振兴、土地流转、生态保护、产业融合、基层治理等多方面内容，这在干部的专业性、政策的可持续性、制度的现代化、策略的稳定性等问题上有更高更严格的要求。

从脱贫成果巩固现状来看，“三区三州”因为发展条件和历史遗留问题，脱贫的质量较低，返贫可能性极大，这是其区别于其他脱贫地区的主要特征。尽管超常规脱贫攻坚措施使“三区三州”面貌发生了根本性改变，但由于“三区三州”贫困的顽固性与持久性，贫困人口的生计仍较为脆弱。这就要求在巩固拓展脱贫攻坚成果同乡村振兴的衔接过程中，要充分考虑“三区三州”的特殊性，

首要任务是巩固脱贫的成效、确保已脱贫的人口不返贫，从而提升脱贫质量。“三区三州”巩固拓展脱贫攻坚成果同乡村振兴之间存在一定的梯度，这也给“三区三州”乡村振兴提出了新要求，这种梯度推进的方式主要体现在循序推进乡村各项事业的发展，做好不同发展模式的接续和有效衔接。“三区三州”巩固脱贫成果与乡村振兴两者之间张力较大，所以在实现两者的衔接过程中需要在政策上考虑，从而将在地域方面所产生的障碍消除。在“三区三州”等一些欠发达地区，必须考虑这些地方发展的特殊性。从某种程度上来说，“三区三州”较弱的发展基础、较多的脱贫人口、复杂的民族社会关系与丰富的民族文化使其贫困问题根深蒂固。与其他地方相比，这些地区的发展在脱贫之后最重要的是提升脱贫的质量和防止返贫，主要对象是已脱贫人口和边缘人口，在此过程中需要有序地开展各种以巩固成果为核心的发展方式，要避免立即或者跳跃式地将工作的重心转移到乡村振兴中（李博和苏武峥，2021）。

（一）聚焦空间延伸难

脱贫攻坚任务结束后，“三区三州”自然条件差，历史欠账多，自我发展能力弱，仍然是全国区域发展中的突出短板。中央集中支持160个国家乡村振兴重点帮扶县，既是脱贫地区的所需所盼，也是巩固拓展脱贫成果的战略考量。中央综合考虑人均GDP、人均一般公共预算收入、农民人均可支配收入等指标，考虑脱贫摘帽时序、返贫风险等因素，2021年确定的西部10省（自治区、直辖市）的160个国家乡村振兴重点帮扶县与原深度贫困县高度重合，基本都在民族地区，都是经过多轮攻坚最后才啃下来的“硬骨头”。

（1）防止返贫的任务特别重

160个国家乡村振兴重点帮扶县仅占全国县级单位的6%左右，但累计脱贫人口却占全国的20%左右，2020年脱贫人口收入仅为全国平均水平的90%。全国易返贫致贫人口约438万，重点帮扶县占30%；全国易地搬迁脱贫人口960万，重点帮扶县占了近三分之一；全国有66个万人以上集中安置点，其中43个在重点帮扶县。

（2）持续发展的基础比较弱

重点帮扶县人均GDP仅为全国平均水平的三分之一，一般公共预算收入不到全国平均水平的六分之一，人均耕地灌溉面积不到全国平均水平的十二分之一，农村人均用电量仅为全国平均水平的三分之一，近40%的村集体经济年均收入不足5万元。基础设施和公共服务差距明显，160个国家乡村振兴重点帮扶县中，有106个县不通铁路，69个县不通高速公路，万人医疗床位数仅为全国的一半，农村低保标准均低于本省和全国平均水平。

(3) 区域相对集中，困难交织叠加

160个国家乡村振兴重点帮扶县中，有不少县集地质灾害高发区、革命老区、民族地区于一体。其中，有73个县在地质灾害高发区，114个县在民族地区，44个县在革命老区，这些地方大多地处偏远、生态脆弱、地质灾害频发。有的地方社会文明程度较低，社会发育仍然滞后，不少群众沿袭陈规陋习，自我发展动力和能力仍然不足，这些都给巩固拓展脱贫成果带来风险隐患①。

“三区三州”有国家级乡村振兴重点帮扶县53个，占全国160个乡村振兴重点帮扶县的33.13%；省级乡村振兴重点帮扶县有19个（表7.7）。其中，凉山州（10个）、甘孜州（9个）的国家级乡村振兴重点帮扶县最多。这说明我国区域发展不平衡，因自然环境和发展基础等原因“三区三州”巩固脱贫攻坚成果还存在一定的难度。

表7.7 “三区三州”中分布的国家级和省级乡村振兴重点帮扶县名单

片区	地区	州（县）	分布的国家级乡村振兴重点帮扶县	分布的省级乡村振兴重点帮扶县
“三区”	四川涉藏州县	阿坝藏族羌族自治州（6个国家级，7个省级）	壤塘县、若尔盖县、红原县、阿坝县、金川县、黑水县	小金县、松潘县、理县、九寨沟县、茂县、马尔康市、汶川县
		甘孜藏族自治州（9个国家级，9个省级）	石渠县、色达县、理塘县、德格县、甘孜县、新龙县、白玉县、炉霍县、道孚县	雅江县、得荣县、巴塘县、丹巴县、乡城县、稻城县、九龙县、康定市、泸定县
		凉山彝族自治州（1个省级）	—	木里县
	云南涉藏州县	迪庆藏族自治州（3个国家级）	香格里拉市、德钦县、维西县	—
	甘肃涉藏州县	甘南藏族自治州（2个国家级，1个省级）	舟曲县、临潭县	卓尼县

① http：//nrra. gov. cn/art/2021/7/23/art_4346_191000. html.

续表

片区	地区	州（县）	分布的国家级乡村振兴重点帮扶县	分布的省级乡村振兴重点帮扶县
“三区”	青海涉藏州县	黄南藏族自治州（3 个国家级）	尖扎县、泽库县、同仁县	—
		海南藏族自治州（1 个国家级）	共和县	—
		果洛藏族自治州（6 个国家级）	玛沁县、班玛县、甘德县、达日县、久治县、玛多县	—
		玉树藏族自治州（6 个国家级）	玉树市、称多县、囊谦县、杂多县、治多县、曲麻莱县	—
“三州”	四川	凉山彝族自治州（10 个国家级）	美姑县、布拖县、金阳县、昭觉县、喜德县、普格县、越西县甘洛县、盐源县、雷波县	—
	云南	怒江傈僳族自治州（4 个国家级）	福贡县、泸水县、贡山县、兰坪县	—
	甘肃	临夏回族自治州（3 个国家级，1 个省级）	东乡县、积石山县、永靖县	临夏县
合计			53	19

注：四川凉山州的木里藏族自治县，因其已纳入四省涉藏州县进行统计，为避免重复统计，故未纳入“三区三州”统计口径

考虑到我国区域发展不平衡，不同地区的乡村处于不同发展阶段，应针对不同发展阶段、不同类型的群体实施分类施策、因地因时制宜。我国由东至西普遍存在梯次性发展差异，必须注重分区域和梯次化衔接。相对发达地区应率先做好工作重点、政策设计和减贫目标同乡村振兴的有效衔接。对“三区三州”等刚脱贫地区，应在过渡期内将工作重点放在巩固脱贫攻坚成果，同时瞄准区域乡村振兴目标，将工作和政策的重点与地区乡村振兴战略目标相衔接；其他地区要以更高标准推进乡村振兴，实现更宽领域、更高层次发展。边疆地区、民族地区等欠发达地区仍需要政府的直接投资和项目干预。例如，新疆南疆四地州位于“一带一路”核心区，应积极参与国家“一带一路”建设，以丝绸之路经济带核心建设为重点，坚持“引进来”和“走出去”并重，不断拓展发展领域，全面提升对内对外开放水平，提升乡村振兴实施的质量（顾华祥，2018）。

（二）工作体系衔接难

（1）工作机制有所松动

脱贫攻坚期间形成良性的工作机制，是巩固拓展脱贫成果、接续推进乡村振兴的宝贵财富。近两年，由于乡村振兴机构调整、人员变动等原因，这些工作机制在基层有所松动，政策落实程度不如脱贫攻坚期间严格。例如，精准识别和管理方面，由于国家没有统一部署的脱贫后建档立卡户相关数据采集，脱贫后的建档立卡数据质量有一定程度下降。基于脱贫攻坚期间的防止返贫工作建立了防止返贫监测系统，近期数据质量远不如脱贫攻坚期间的数据质量，部分基础信息存在大量错误，有的地方甚至从 2020 年后就没有开展过相关工作。

（2）责任机制有一定程度松动

乡村振兴机构调整后，巩固拓展扶贫攻坚成果工作有边缘化倾向，领导体制、考核评价等主要措施也有放松的迹象。有些地方将党委农村工作领导小组办公室列为党委工作机构序列，但实际只在政府农业农村部门设一个秘书处，功能虚化；有些地方的农业农村部门和乡村振兴部门为同级政府工作部门，相关“三定”方案尚未明确，部门间协调配合存在问题；有些地方党委同时设有农村工作领导小组和乡村振兴领导小组。当前，乡村振兴局由扶贫办改组，是过渡期特殊管理的部门，难以充分发挥组织协调各行业部门的作用。与群众密切相关的医疗优惠政策来自多部门，从上到下隶属卫健、医保、医院等多个部门，政策和资源分割，帮扶资金分散，帮扶效率降低，影响了帮扶政策效用的发挥（董光华，2020）。

（三）资金投向面临转型

（1）资金规模被压缩

“三区三州”乡村振兴不可能再依靠财政资金的大规模、超常规的投入。据基层反映：扶贫资金转为有效衔接资金口径后，其规模没有减少，但增量下降明显。2021 年，某县衔接资金 3.4 亿元，比上年口径（扶贫专项资金）增长 3.7%，其中中央和省级衔接资金预算分别为 1.8 亿元和 1.1 亿元，比上年口径分别增长 2.3% 和 0.2%，较脱贫攻坚期的资金增长幅度大量减少。

（2）资金规模被摊薄

衔接资金不仅用于脱贫村和脱贫人口，县域其他地区基础设施等都要使用衔接资金，这实际上带来脱贫村和脱贫人口平均投入的资金力度明显下降。2021

年，某县涉农整合资金 3.5 亿元，比 2020 年减少了 8000 万元。脱贫攻坚历史性转移到乡村振兴，县域涉农整合资金由原来全部用于贫困村改变为其中的 30% 可用于脱贫村外的其他村。有的地方，结束了脱贫攻坚期的对口帮扶关系，原来每年 1000 多万元的资金形成新的缺口（张琦，2022）。

（3）财政扶贫资金的投向结构需调整

脱贫攻坚战中，财政扶贫资金中主要用于改善生活条件、基础设施的比例较高，对贫困生产和再生产敏感的教育、医疗等领域投入较少。消除绝对贫困后，缩小收入差距和社会公共服务差异将主要依托常规的政策保障。原来用于瞄准性和排他性的大量的财政扶贫资金需要转向普惠性、长效性等领域，防止产生排斥或加剧不平等。

四、产业发展衔接难：从着眼当前到放眼未来

产业扶贫作为脱贫攻坚阶段的重点举措，已经形成了成功模式与发展经验，推动了农村经济发展与贫困治理的进程。产业兴旺是乡村振兴的重点内容与首要目标，可以为乡村发展提供经济支撑与持久动力。“三区三州”产业的发展壮大，本身是系统性工程，必须遵循自身规律。当前，产业扶贫与产业振兴的有效衔接上还有以下障碍。

（一）产业发展基础依旧薄弱

“三区三州”产业扶贫时，虽然提出了产业短期增收与长期培育兼顾的“长短结合”的发展思路，但囿于产业扶贫投入资源的有限性和精准性，主要是通过发展短期见效的产业为主，以快速实现增收脱贫目标。从长远谋划乡村产业发展往往只能附带兼顾或者点状支持。绝大多数县的产业发展尚处于起步阶段，产业组织化水平依然低下，脱贫户的产业发展内生能力依然不强，集体产业经济依然薄弱，市场竞争能力依然弱小，需要不断培育成长。特别是“三区三州”地区，基于社会发展的历史滞后性，很多内源性问题在脱贫攻坚期内难以彻底解决，一旦没有持续性政策措施的支持，很容易引起规模性返贫（朱海波和毕洁颖，2021）。从长远效益谋划乡村产业发展往往只能附带兼顾或者点状支持。乡村振兴则必须从整体上构建促进乡村产业振兴的长效机制。

目前，对乡村产业发展还存在一些误区，如认为有产品就有市场、有投入就有产出、有科技就有效益。当前，“三区三州”特色产业以定点帮扶和当地政府

扶持下的政策性产业为主，发展潜力好、韧性足，有效促进了群众的稳定就业与长期增收。但总体来看，这些产业发展还处于初期阶段，产业特色不明显、产业同质化突出、组织化水平低、规模和质量效益有较大差距。“三区三州”企业数量特别是规模以上企业数量较少。“三区三州”所在的六省（自治区）每100平方公里平均企业数分别为西藏4家、青海14家、新疆16家、甘肃62家、云南147家、四川177家，远低于全国262家的平均水平（张劲英和陈嵩，2021）。

“三区三州”一些生产生活性设施、落后的生态防护设施、农产品流通设施的缺失，基础设施制约了特色产业发展潜力的释放，影响了脱贫人口增收和改善生活条件。同时，随着当前特色优势产业发展目标、支持政策等变化，发展特色主导产业在基础设施建设及基础能力方面仍存在短板（韩广富和叶光宇，2021）。在交通公路建设方面存在不足，城市道路规划等级低，无法满足人们更多的需求；农村道路较为狭窄，无法延伸到农田，降低了标准农田化及现代机械化设备使用的可能性，也不利于农产品向外销售渠道的延伸与拓展；农田使用中也还存在水源供给不方便等问题。

（二）集体经济薄弱

发展壮大农村集体经济是实现乡村全面振兴的必由之路，集体经济的壮大不仅可以提高产业规模化经营和科学化经营的步伐，还能加快实现农村资源的优化配置，从多维度全面推进乡村振兴。全国67%的脱贫人口主要靠产业帮扶“摘穷帽”（乔金亮，2019）。2020年中央财政安排资金75亿元，扶持2.1万个村发展集体经济①。现实中农村集体经济薄弱与其应承担的重要地位成为当前突出矛盾，产业发展是壮大集体经济的内在驱动力，也是农民实现脱贫致富的根本动力。目前，“三区三州”集体产业经济依然薄弱，存在“短平快”“来得急”“去得快”问题。黄季焜和陈丘（2019）研究发现经济相对落后地区近30%的村没有任何集体资产，即使是在同一地区，因为区位、交通、人口、产业等因素的差异，村集体资产也不均衡。

（三）产业同质化严重

乡土特色源于特色农业和特有的文化风貌，部分乡村忽视本身的农业特色和自身的文化资源，盲目生搬硬套其他地区的产业模式，导致产业的地域特色不明

① http：//zixun. mushroommarket. net/202110/20/198549. html.

显、市场竞争力不足、产业发展效果较差。例如，在农产品项目层面，大部分地区选择的产品都集中在茶叶、苹果、猕猴桃、大棚蔬菜等，产业项目相似度较高；在旅游项目上，未能充分挖掘各地乡村的特色旅游资源，大多地方开发的旅游项目呈现严重同质化倾向，乡村旅游千篇一律。

“三区三州”扶贫产业大多集中在种植业、养殖业等，区域产业结构较为单一，抗风险能力较弱，一旦市场供需关系发生变化，会导致“连片遭殃”。例如，2017 年全国洋葱市场行情较好，四川、甘肃、云南等地农户随之扩大种植规模，导致 2018 年洋葱供过于求，大量洋葱滞销。四川凉山州洋葱农户种植洋葱 100 亩、产量约 700 吨，2018 年洋葱销量仅占产量的 60%，亏损二三十万元。当地农户求助信中写到“洋葱丰收，却无人收购。眼看雨季来临，再不销售就全部坏在田里了。辛辛苦苦一年的劳作，换来的却是这种结果，不能收回成本不说，还要亏本”。2020 年凉山州洋葱地头收购价格持续降低，当地农户反映价格不断下跌，农民收入减少①。

（四）产业发展内生动力不足

“三区三州”的产业扶贫主要是以吸引劳动力参与到农业合作社、扶贫车间等，以增加其经济收入，进而脱贫致富。但实际产业发展中，刚脱贫地区存在产业技术落后、技能劳动力短缺等问题，限制了产业的可持续发展。

（1）产业发展面临资金和技术短板

如表 7.8 所示，2015 ~ 2019 年，临夏县因病因残、缺技术、缺资金及自身发展动力不足这四类原因致使大部分人陷入贫困，每年缺资金的人数占比分别为 50.2%、48.8%、31%、28.8%、21.5%，缺技术的人数占比分别为 29%、34.5%、40%、38.3%、26.6%。其中 2015 年、2016 年主要表现为资金短缺，2017 ~ 2019 年转变为缺技术，这些产业发展的关键因素短缺，无疑会在巩固拓展产业扶贫成果产生阻碍。

表 7.8　2015 ~ 2019 年临夏县贫困人口及致贫原因　　（单位：人）

年份	贫困人口	缺资金	缺技术	缺劳力	缺土地	交通条件落后	因病因残	自身发展动力不足	其他原因
2015	63 540	31 896	18 690	1 022	123	1 567	5 246	4 438	558

① https://www.ls666.com/html/2020-04/22/content_6687.html.

续表

年份	贫困人口	缺资金	缺技术	缺劳力	缺土地	交通条件落后	因病因残	自身发展动力不足	其他原因
2016	54 962	26 815	18 940	1 217	98	365	5 091	2 058	378
2017	49 082	15 180	19 574	2 832	146	188	8 639	1 618	905
2018	29 223	8 421	11 193	2 297	97	78	6 240	194	703
2019	8 011	1 718	2 132	1 171	—	—	2 661	63	266

数据来源：2021 年 7 月临夏县调研数据整理得到

（2）产业发展所需人才不足

为了保证产品质量，提高产业质量和效益，迫切需要高素质的技术人才和管理人才。临夏州临夏县在农业种植业上需要不断提升作物的抗旱水平，在牛羊养殖上需要不断提升良种率，在特色产业经营上需要具备经济头脑的能人。但目前依旧存在乡村产业发展人才匮乏，专业人才引进少、人才流失多的困境。已有的劳动力适应不了乡村产业的发展需求，乡村人才匮乏成为巩固产业发展成果的制约因素。

（3）产业发展对扶贫资金依赖性较强

脱贫攻坚时期，无论是财政扶贫资金还是社会帮扶资金，都为脱贫地区产业发展注入了动力。如表 7.9 所示，2015 ~ 2020 年，甘肃省临夏县累计投入财政扶贫资金 207 724.82 万元，其中中央扶贫资金、省级扶贫资金、州级扶贫资金占比分别为 72.53%、26.92% 和 0.55%，中央财政扶贫资金占比高达近四分之三。该时期，投入产业扶贫的资金量和资金占比逐年递增，到 2020 年时产业扶贫资金达 39587.69 万元，占比达 60.88%。如果扶贫资金一旦减少，在产业结构调整或产业升级中就会面临各类问题。

表 7.9　2015 ~ 2020 年临夏县各级财政扶贫资金情况

年份	中央扶贫资金（万元）	省级扶贫资金（万元）	州级扶贫资金（万元）	用于产业扶贫（万元）	占比（%）
2015	7 211	1 379.18	0	112.8	1.31
2016	12 302.52	2 627.92	0	762.3	5.11
2017	17 218	3 433	490	439.6	2.08
2018	29 648	12 919.2	0	33 052.2	77.65
2019	39 118	16 202	150	26 485.64	47.75

续表

年份	中央扶贫资金（万元）	省级扶贫资金（万元）	州级扶贫资金（万元）	用于产业扶贫（万元）	占比（%）
2020	45 163	19 363	500	39 587. 69	60. 88
合计	150 660. 52	55 924. 3	1 140	100 440. 23	48. 35

数据来源：2021 年 7 月临夏县调研数据整理得到

（五）产业结构调整存在难度

产业结构理论认为影响产业结构变动的影响因素有很多，包括技术的创新能力、供给的变动能力、市场需求的变动、对外贸易的发展、经济政策的实施及生态环境的变化等。同时，产业结构调整受生态环境、经营思维、利益分配机制、市场需求等因素的影响。

（1）产业结构调整受特殊地形影响

临夏州临夏县地处陇中黄土高原西部，处于祁连山与秦岭两个褶皱带，在大规模地推进现代化设备时，存在一定的阻碍。如果改变原先的产业结构，开始规模化、标准化的生产，农户在购买专用性较强的农用机具上存在顾虑，还表现在农户要为产业结构的调整投入更多的时间和精力，农户的主动性不强。

（2）产业结构调整受传统经营思维的影响

临夏州自古以来就是自古以来是牧区与农区经济贸易、文化交流的重要通道，各族群众素有走出去闯天下、善经商、敢创业的传统①，这种传统生产生活方式及行为习性在促进增收的同时，也存在一定的弊端。调研中临夏州乡村振兴局的工作人员反映，当地农户普遍受教育水平不高的原因之一就是受到这种经商思维的影响，很小年纪的时候就外出务工，对知识的获取需求不强，而由此导致的发展路径难免会影响人的认知能力、选择能力，进而制约当地产业的结构调整。

（3）产业结构调整受利益分配的影响

临夏州的养殖业收入向来是农户家庭收入的重要组成部分。在调研中，几乎每家每户都有养殖牛羊，既受传统习俗的影响，也得益于政府对养殖业的大力补贴。当地村党支部书记反映当地的村集体产业大都规模较小，相比农户与公司在种养殖过程中利益分配所产生的成本而言，农户更愿意自己养殖。

---

① http：//xxgk. linxiaxian. gov. cn/Article/Content？ItemID=fa9241f5-31d6-43b0-829f-8857176bc709.

（4）产业结构调整受外部市场不确定性的影响

农户在面对市场需求的变动、对外贸易的发展及生态环境的变化等多因素的影响时，会产生较多不确定性。例如，新冠疫情冲击时，农产品销售渠道受阻；自然灾害时作物的减产，市场需求与自身供给不相匹配时的偏差，都会让农户对产业结构的调整产生怀疑。

（六）产业融合发展水平不高

农村一二三产业融合是以农业为依托，将生产要素在产业之间与产业内部进行合理配置，进而使三次产业的内涵与外延实现有机整合（钟真等，2020）。当前产业融合发展尚处在初级阶段，农业产业链较短，旅游产业融合度不高，家庭经营仍然是农业生产的主要经营方式。其他经营主体投资进入农业产业的难度大，因而农业产业链仍停留在提供初级农产品的供应链底端。对产品进行深加工与销售的地区少，并未形成“生产、加工、物流、销售”为一体的产业融合式发展；旅游业也主要集中在民俗村、农家乐古镇古寨、生态观光等项目，形式单一且新元素、新产品和新业态引入不足，在文化传承、生态科普和健康养老上的价值功能开发不足，尚未形成“生活—生态—文化”一体的体验型旅游模式。

（1）产业技术含量低，产业融合需求不强

临夏州临夏县立足区域特色资源发展主导产业，但产品技术水平较低，主要提供农业初级产品，从事劳动密集型产业。例如，蔬菜种植业、牛羊养殖业等产业链条不够完整，仅停留在最简单的清捡、捆扎、养殖或原料销售的阶段，而深加工企业的产业规模相对较小，加工技术落后。基础设施不健全，成本较高，特色农业的优势未能很好地转化为竞争优势。

（2）产业组织化水平比较低，规模效应不明显

临夏州临夏县遵循“集中经营为主导，分散经营并存”的发展模式，形成了以牛羊养殖为主导的产业结构，但是在调研过程中村集体经济产业较少，牛羊养殖主要是分散的农户家庭生产，以“一家一户”为基础，难以发挥规模化效应，主体间联系也较为松散。

（3）主导产业带动效应不强，产业融合乏力

经过多年产业调整，临夏县的产业层级逐渐凸显，但与东部沿海地区相比，产业经营水平、产业质量和效益依然较低，规模偏小。企业与农户之间的利益联结机制不强，双方之间难以形成良好的互动。以百益集团为代表的中荷国际鲜花港为例，在带动产业结构调整方面具有巨大的示范作用，但实际对当地产业的带动效应不强，对农户的吸纳能力也不强，最终造成农业产业链的提档升级缺乏后劲。

（七）小农的分散性导致碎片化

从调研发现，不管是贫困户、返贫户还是低收入群体，基本都是小农户的家庭成员。其面临的四重困境阻碍了小农户持续增收。

（1）综合成本控制难

一是农贸和物流成本难以降低。农业生产资料的渠道和价格绝大部分受控于营利性商贸机构，而且具有明显的垄断倾向，小农户通常只能被动承担成本上升；“三区三州”存在冷链物流普及率低，农产品在物流环节中的损失大、物流成本偏高和效率不足等问题，小农户产销对接成本壁垒也难以逾越。二是涉农金融与保险支持难以获取。低收入小农户认证资产较少，缺乏抵押物或足够的信用支撑，难以从金融机构获得生产性贷款，制约生产经营的升级和扩大，农产品单位成本难以降低。

（2）质量保障难

一是农业技术的服务和督导难以获得。小农户通常各自为政、经营分散，尤其是果蔬类经济作物种植缺乏协调性，难以形成连片服务的服务需求，因而县乡基层的公益性或商业性农技服务机构很难提供有效服务和督导。二是农户人力资本难以提升。这导致小农户尤其是老龄化小农户人力资本在自然衰退之时，难以得到生产经验等新知识能力提升的相对弥补，间接影响农产品种植质量提高。

（3）增值渠道实现难

一是区域公共品牌和地理标志认证难以授权。小农户生产的分散经营和农技滞后，导致生产过程无法获得有效监管，因而地方政府或行业组织很难将区域公共品牌、地理标志有效地认证或授权给小农户使用。二是市场信息和销路的多层中间商垄断难以破解。小农户群体主粮以外的农产品，除了就场贩卖和朋友圈少量零售之外，通过收购进入批发交易市场体系几乎没有销售渠道。但当前大量农产品批发市场的私有化或私营化倾向日趋明显，商业性突出，公益性却持续弱化。这导致由田间收购、大区集中、各地多层级中间商群体裹挟着批发市场，一起成为中国水果蔬菜等农产品市场垄断利益群体。分散的小农户及其经济合作组织，长期处于信息链和价值链的劣势地位。

（4）农民合作社规模偏小、效益偏低，自立自强能力十分有限

总体而言，当前大部分种植业专业合作社更像是“大了几圈”的小农户而已，难以同产业链上其他主体有机衔接。主要源自农户群体外部的农业龙头企业、供销合作社受体制机制约束，带动小农户与合作社发展的效能有限。领衔产业化联合体的龙头企业，其总体营收、盈利和研发实力偏弱。联合体属于非独立法人的松散机构，即使勉强将分散的小农户、治理偏弱的合作社纳入其产业链，其为之创造新价值增量的能力也明显不足。即便龙头企业通过产业化联合体向部分农民提供生产订单、农资配套、技术指导、品牌输出、在地收购等系列服务，其带动增收的事实效果也主要局限于部分家庭农场、专业大户等规模化经营的精英农户，而小农户与种养环节的生产性合作社通常被排斥在外。

五、主体活力激发难：从“等靠要”到“能自强”

与脱贫攻坚阶段的社会动员不同，乡村振兴战略需要常规、稳定的动员机制作为支撑，农民与政府作为乡村治理的两大主体，需要不断提高发展能力与内生动力，进而激发农业农村现代化长久活力。但是，当前“三区三州”顺利实现有效衔接面临主体发展动力不足与发展能力欠缺的问题。

一是，贫困人口这一主体长期享受着国家政策扶持下的福利照顾，因为其文化水平有限，科学技能和劳动技能欠缺，短期内依靠自身提高收入较为困难，由此产生“等靠要”等思想，自我发展的内生动力不足。二是，在乡村基层治理体系中，部分领导对巩固拓展脱贫攻坚成果与乡村振兴顺利衔接认识不充分，尚未意识到其对于农业农村现代化的重要性，工作积极性不高，并且在一些地方实践中，部分领导干部忽视人民群众的真实意愿，农户诉求得不到真正解决，滋生和加剧了贫困人口“等靠要”思想。乡村振兴阶段的任务依旧艰巨，需要多元主体积极参与乡村治理，及时转变消极思想（于静波和匡亚林，2022）。

第四节　本 章 小 结

当前，我国正处于巩固拓展脱贫攻坚成果同乡村振兴有效衔接的历史交汇期。打赢脱贫攻坚战为乡村振兴战略奠定了良好基础，而乡村振兴是脱贫攻坚基础上的巩固、提升和拓展。两大战略的衔接工作是战略目标有序推进的保障，它关系到我国“三农”工作重点的稳步承接和调整，更能体现中国共产党造福人民和实现共同富裕的不懈追求，彰显接续奋斗、久久为功的境界。

第一，巩固拓展脱贫攻坚成果，接续乡村全面振兴，是当前“三区三州”

工作的重点任务。乡村振兴不是另起炉灶，而是脱贫攻坚的延续和拓展。在巩固拓展脱贫攻坚成果的基础上实现与乡村振兴有效衔接是保证乡村振兴战略有效实施的基础，防止规模性返贫又是巩固拓展脱贫攻坚成果的首要任务。

第二，巩固拓展脱贫成果与乡村振兴有效衔接有内在统一的逻辑。从历史逻辑看，巩固拓展脱贫成果是推进乡村振兴的必要之举；从理论逻辑看，巩固拓展脱贫成果是推进乡村振兴的必要之举是实现共同富裕的必然选择；从历史逻辑看，巩固拓展脱贫成果同乡村振兴有效衔接面临着持续性、复杂性和有机性，需绵绵用力、久久为功。

第三，新时期，“三区三州”脱贫攻坚与乡村振兴两大战略在目标理念、体制机制与面临的现实基础等方面存在很大差异，存在形成共识难、完成目标跨越难、治理方式转变难、产业发展衔接难、主体活力激发难等突出问题。

第四，“三区三州”发展基础薄弱、区位偏远的地区，交通、物流、农业科技等支撑产业发展的准公共品供给明显不足。同时，由于地处民族地区和直过区，社会发育明显滞后，人力资本条件极其薄弱，这是特殊且必须正视的现实状况，也是“三区三州”脱贫地区促进乡村振兴的逻辑起点。

第八章　在新征程中持续推进“三区三州”乡村全面振兴

习近平总书记在2020年中央农村工作会议上的讲话指出，从中华民族伟大复兴战略全局看，民族要复兴，乡村必振兴。从脱贫攻坚转向全面推进乡村振兴，工作对象更广了，工作领域更大了，工作要求更高了，全面实施乡村振兴战略的深度、广度和难度都不亚于脱贫攻坚。在全面建设社会主义现代化国家新征程中接续推进“三区三州”等脱贫地区乡村全面振兴，应从条件保障和工作着力点两个方面来开展。

第一节　“三区三州”乡村全面振兴的条件保障

一、从脱贫攻坚精神中汲取奋进力量

在脱贫攻坚伟大斗争中，形成了“上下同心、尽锐出战、精准务实、开拓创新、攻坚克难、不负人民”的脱贫攻坚精神。对“三区三州”脱贫地区来说，脱贫攻坚战所形成的中国特色反贫困理论及其精神成果——脱贫攻坚精神，必然会作用于乡村振兴，如何从脱贫攻坚精神中汲取奋力力量，是当前“三区三州”地区全面推进乡村振兴面临的重要问题（黄承伟，2022）。

（一）在乡村振兴中广泛动员和上下同心

我国发挥社会主义集中力量办大事的政治优势，广泛动员各族人民和社会各方面力量共同向绝对贫困宣战，举国同心，合力攻坚，党政军民学劲往一处使，东西南北中拧成一股绳。始终坚持党对脱贫攻坚的全面领导，强化中央统筹、省负总责、市县抓落实的工作机制，构建五级书记抓扶贫、全党动员促攻坚的局面。强化东西部扶贫协作，推动省市县各层面结对帮扶，促进人才、资金、技术向“三区三州”流动。组织开展定点扶贫，各行各业发挥专业优势，民营企业、

社会组织和公民个人热情参与。在脱贫攻坚中构建了专项扶贫、行业扶贫、社会扶贫互为补充的大扶贫格局，形成了跨地区、跨部门、跨单位、全社会共同参与的社会扶贫体系。

“三区三州”全面推进乡村振兴，要继续坚持和加强党对乡村振兴的全面领导，继续发挥社会主义集中力量办大事的政治优势，举全党全社会之力推动乡村全面振兴，五级书记抓乡村振兴，强化乡村振兴投入保障，确保财政投入与全面推进乡村振兴任务相适应，把土地增值收益更多用于“三农”，继续坚持东西部协作、对口支援、社会力量参与帮扶等机制，坚持农业农村优先发展，持续缩小城乡区域发展差距，让“三区三州”各族群众共享发展成果，同步实现现代化。

（二）在乡村振兴中锻造过硬队伍和尽锐出战

我们党把最精锐力量派到脱贫攻坚主战场，脱贫攻坚期内贫困县党委政府正职保持稳定。300多万名第一书记和驻村干部，同近200万名乡镇干部和数百万村干部一道倾力奉献、苦干实干，同贫困群众想在一起、过在一起、干在一起，困难面前豁得出，关键时候顶得上，将最美的年华无私奉献给了脱贫事业，在脱贫攻坚这个没有硝烟的战场上呕心沥血、建功立业。

“三区三州”全面推进乡村振兴，要继续调集精锐力量、调配精兵强将，强化五级书记抓乡村振兴工作机制，特别是县委书记要当好乡村振兴的“一线总指挥”，选优配强乡镇领导班子、村“两委”成员特别是村党组织书记，坚持和完善向重点乡村选派驻村第一书记和工作队制度，吸引各类人才在乡村振兴中建功立业，把乡村振兴作为培养锻炼干部的广阔舞台，建设一支政治过硬、本领过硬、作风过硬的乡村振兴干部队伍。

（三）在全面推进乡村振兴中坚持科学方法和精准务实

精准务实是解决绝对贫困的重要方法论，也是科学的思维方式和有效的工作方法。“攻坚战就要用攻坚战的办法打，关键在准、实两个字。只有打得准，发出的力才能到位；只有干得实，打得准才能有力有效。”习近平总书记创新性提出并推动实施精准扶贫方略，各级党委政府对扶贫对象实行精细化管理、对扶贫资源实行精确化配置、对扶贫对象实行精准化扶持，做到扶持对象、项目安排、资金使用、措施到户、因村派人、脱贫成效“六个精准”。突出“实”的导向、“严”的规矩，不搞花拳绣腿，不搞繁文缛节，不做表面文章，坚决反对大而化之、“撒胡椒面”，坚决反对搞不符合实际的“面子工程”，坚决反对形式主义、官僚主义，把一切工作都落实到为贫困群众解决实际问题上。正是这种精准施策的绣花功夫、求真务实的科学精神，确保了全面小康路上一个不掉队，让脱贫成效能够真正得到各族群众认可，并能经得起实践和历史的检验。

“三区三州”全面推进乡村振兴的新征程中，各地经济社会发展水平各异，资源禀赋条件不同，人文传统风俗差异很大，不同地域、不同乡村、不同群体之间依然千差万别，必须坚持精准务实的科学方法，因地制宜、分区分类，不一刀切、搞运动，不干超越发展阶段的事。要充分尊重乡村发展规律和群众现实所需，从各地实际出发，强化分类指导，加强分层推进，在精准施策上出实招、在精准推进上下实功、在精准落地上见实效。要保持历史耐心，循序渐进、久久为功，真抓实干，化大规划为小目标，扎实有效做好乡村全面振兴这篇大文章。

（四）在乡村振兴中深化改革和开拓创新

我国立足国情，充分把握减贫规律，针对性开展了“三西”专项扶贫计划、人口较少民族整族脱贫、决战决胜“三区三州”深度脱贫堡垒等制度创新和实践创新，继承和发展马克思主义反贫困理论，形成了中国特色反贫困理论。推进扶贫手段、方法创新，推出农村“三变”改革、涉农资金整合、扶贫小额信贷等新政策新举措，探索了包括生态扶贫、资产收益扶贫、电商扶贫、光伏扶贫等扶贫新模式。不断创新扶贫体制机制，逐步构建了以责任体系、工作体系、政策体系、投入体系、帮扶体系、社会动员体系、全方位监督体系、考核评估体系等为内容的中国特色脱贫攻坚制度体系。这一系列具有原创性、独特性的重大举措，破解了许多深层次矛盾和问题，加速了脱贫攻坚进程。

“三区三州”全面推进乡村振兴，形势更复杂、矛盾更集中、任务更艰巨，更需要解放思想、开拓进取。必须发扬开拓创新精神，用好改革法宝，不断创新思路理念，创新政策举措，创新机制模式，建立健全城乡融合发展的体制机制和政策体系，加快推进农村重点领域和关键环节改革，坚守农村土地集体所有制不改变、耕地不减少、粮食生产能力不减弱、农民利益不受损的改革底线，激发农村资源要素活力，为全面推进乡村振兴注入强劲动力。要健全脱贫攻坚建立的这一套行之有效、上下衔接、系统完备的责任、政策、投入、动员、监督、考评机制，并与时俱进，调整优化，适应全面推进乡村振兴的形势和要求。

（五）在乡村振兴中鼓足勇气和攻坚克难

面对脱贫攻坚这场硬仗，“三区三州”各族群众拿出“敢教日月换新天”的气概，保持“咬定青山不放松”的韧劲，坚定“不破楼兰终不还”的决心，发扬钉钉子精神，敢于啃硬骨头，迎难而上、攻坚拔寨，逐一攻克了贫中之贫、坚中之坚，在实现共同富裕的道路上迈出了坚实的一大步。同时，要清醒地认识到，解决发展中不平衡不充分等问题、缩小城乡区域发展差距、实现人的全面发展和全体人民共同富裕仍然任重道远。城乡发展不平衡、农村发展不充分仍是亟待解决的主要问题。

“三区三州”全面推进乡村振兴征途漫漫，必须乘势而上、再接再厉、接续奋斗，还将遭遇更多险关硬仗。要不断追求“我将无我，不负人民”的精神境界，事不避难、义不逃责，大胆地干、坚决地干，以更坚定的决心、更旺盛的斗志、更昂扬的姿态，把乡村振兴的宏伟蓝图一步步变为现实。

（六）在乡村振兴中坚守为民情怀和不负人民

《人类减贫的中国实践》白皮书指出：“贫困问题本质上是对人民的根本态度问题。”脱贫攻坚中，我国强调群众的主体地位，坚持扶贫和扶志扶智相结合，提升贫困群众自我发展能力，注重把人民群众对美好生活的向往转化成摆脱贫困的强大动能。把群众满意度作为衡量脱贫成效的重要尺度，集中力量解决群众基本民生需求。要大力弘扬脱贫攻坚精神，不折不扣地坚持人民立场、坚持农民的主体地位，获得人民的理解和支持。一方面要充分尊重农民意愿，保障农民在乡村振兴中的主体权利和利益。坚持乡村建设是为农民而建，因地制宜、稳扎稳打，把好事办好、把实事办实；创新农户与新型经营主体的利益联结机制，让农民更多分享产业增值收益，提高农民获得感、幸福感、安全感。另一方面要充分调动农民的积极性、主动性、创造性，借助信息化、智能化时代发展机遇，着力培育高素质农民，同时吸引各类人才下乡、返乡，到农村创业创新，参与乡村振兴和现代农业建设，努力实现促进农业高质高效、乡村宜居宜业、农民富裕富足的目标（中共国家乡村振兴局党组，2021）。

“三区三州”全面推进乡村振兴与脱贫攻坚是一脉相承的系统性发展过程。实现两者的有机统一，重要的着力点是在全面推进乡村振兴中延续好脱贫攻坚的成功经验，赓续好脱贫攻坚的精神血脉。

从巩固来看，脱贫攻坚精神、数字化治理、资源持续向乡村振兴重点帮扶县倾斜、绿色发展等发展导向还需要继续巩固和加强，让这些价值取向继续助力农村发展。从拓展来看，要将这些价值取向拓展到农村发展和国家治理的其他领域，以脱贫攻坚精神为引领，鼓励创新，特别是围绕农村改革、乡村治理等核心领域开展创新。

二、发挥政策衔接的引领作用

在脱贫攻坚结束后，给予脱贫地区和脱贫人口政策稳定期和过渡期，保持政策的稳定。

（一）一般脱贫户与脱贫不稳定户间的政策衔接

总的原则是坚持新政策不出、老政策不退，一般脱贫户特惠政策逐步优化退出，脱贫不稳定户在坚持“四个不摘”前提下，确保政策持续发力，不好高骛远，不吊高胃口，不踩急刹车，多做雪中送炭，少搞锦上添花，确保各项工作不偏向、不变通、不走样。例如，完善医保三重制度综合保障政策，纳入防止返贫致贫监测对象的农村低收入人口，由医保救助给予定额资助参保。其他未纳入防止返贫致贫监测对象的脱贫户，资助参保标准逐年下调，至 2025 年不再享受医疗救助资助参保政策。脱贫攻坚期内，基本医保倾斜政策即日起过渡为公平普惠的保障政策，县域内基本医保政策范围内住院医疗费用的支付费用总体稳定在 70%。大病保险、医疗救助托底倾斜政策也逐步调整。再如，过渡期内，每年评审一次确认当年受助资格，不再执行“一次评审在校期间连续享受资助”的政策。这些政策衔接要进退有据，基层干部应当向群众广为宣传，以赢得政策落实上的主动。

（二）做好“三类户”间的政策衔接

总的原则是一视同仁，同等对待，不留空白，重点聚焦控辍保学、住房安全、饮水安全、医疗保障、兜底保障、项目推进等方面，对标对表查缺项、补漏项、强弱项，确保各项政策落实到人口、兑现在末端。落实好已明确的小额信贷、教育医疗、最低生活保障、临时救助等政策措施外，在公益岗位安排、交通补贴发放等帮扶政策上尽快具体明确向脱贫不稳定户、边缘易致贫户、突发严重困难户等“三类监测对象”全覆盖的政策措施。只要是“三类监测对象”，均可根据风险原因分类享受针对脱贫不稳定户的“两不愁三保障”特惠政策。对无劳动能力或部分丧失劳动能力且无法通过产业就业获得稳定收入的，要依规纳入农村低保或特困人员救助供养范围，做好兜底保障，做好低收入人口基本生活保障工作。对有劳动能力的，要开发式帮扶，通过技能培训、发展产业、稳定就业等措施，提升能力，促进稳定增收。这样才能防止“三类监测对象”上的帮扶政策出现模棱两可、顾此失彼的情况，也避免基层干部无所适从、缩手缩脚、有心无力，既担心政策执行出现偏差经不起审计甚至问责，又担心资金用不出去经不起绩效评估而扣减基数甚至影响年度考核。

（三）已消除风险与未消除风险边缘易致贫户间的政策衔接

总的原则是即使风险消除，也要扶上马、送一程，监测对象不搞即进即退，帮扶政策也严禁即进即退，让基层干部打消顾虑、放手工作，也避免帮扶措施过于简单化、同质化，摆脱更多局限于低保兜底和临时救助等权宜之计。要全面建立起农民专业合作社绑定农户、龙头企业绑定专业合作社的利益联结机制，不断扩大“双绑”机制对有产业发展条件及意愿的所有农村低收入群体的覆盖面。要落实各种“惠民贷”“富民贷”政策，特别要深入扎实做好过渡期脱贫人口小额信贷工作，并用于边缘易致贫户，支持“三类监测对象”人口发展生产、消除风险。

对群众中涌现出来的“勤劳致富之家”，县市政府可以探索实践颁发“新型职业农民”资格证书，并进一步与金融机构联合制定取得“新型职业农民”资格证书的免抵押贷款政策措施，从而把“勤劳致富之家”的表彰作为持续激发群众内生动力的抓手，作为培养新型职业农民的平台，作为政府与金融机构联手打造的一个融资渠道。

（四）“三类监测对象”与一般农户间的政策衔接

总的原则是把保障和改善民生建立在经济发展和财力可持续的基础之上，该调整的调整、该优化的优化、该加强的加强、该退出的退出，保证政策平稳过渡的节奏、时效和力度。审慎调减帮扶政策和措施，对调减政策，组织开展政策调减压力测试，全面评估不同地区、不同收入水平脱贫人口对于政策调减的反响和态度，研究制定脱贫户阶梯式缴费资助措施（张琦，2022）。

行业部门要加强对基层的指导，帮助基层干部不断提高政策上的理解力和执行力，对执行过程中发现的问题要及时给予纠偏，拿出指导性意见来解决普遍性的问题。具体讲，要把重点转向数量更多、范围更大的低收入人口群体，放在以村为基本单元的由点到面的乡村发展、乡村建设、乡村治理上，加强基础性、普惠性、兜底性民生保障建设，完善基本公共服务政策制度体系，实现政策措施由到村到户为主向到乡到村带户为主的转变，由资金到户向效益到户的转变，由一次性帮扶向可持续发展和稳定增收的转变，同步推进农村居民收入增长和共同富裕，促进人的全面发展，推动区域整体提升。特别是要善于把农民组织起来，下决心建立好自下而上、村民自治、农民参加的机制，树立“谁干支持谁，大干大支持，小干小支持，不干动员干”的政策导向，坚持“按劳取酬、优劳优酬、多干多酬”，杜绝简单给钱给物或无条件送股分红的帮扶方式，防止“政策养懒汉”和泛福利化。

近年来，农村改革已进入了深水期；但是农村是中国社会的压舱石和稳定器，因此大多数农村改革都以试点形式开展，并一直停留在试点状态，而且一些农村改革的结果也并不如人意。为如期打赢脱贫攻坚战，中央到一些地方都开展了大量创新探索，其中不乏制度突破。例如，土地增减挂钩机制跨省交易是从原国土资源部牵头的片区和帮扶县试点脱贫，最终拓展到全国，这是农地利用制度上非常好的改革创新。

国家每年为重点帮扶县安排建设用地计划指标600亩，明确建设用地增减挂钩调剂使用、规划审批、土地利用、耕地保护等政策延续实施并予以倾斜。稳慎推进农村宅基地制度改革，探索建立宅基地所有权、使用权分置实现形式，适度放活宅基地和农民房屋使用权。稳妥有序推进农村集体经营性建设用地入市，农村集体依法有偿把收回的闲置宅基地、废弃的集体公益性建设用地转为集体经营性建设用地。

三、扎实稳妥推进乡村建设行动

实施乡村建设行动是党的十九届五中全会作出的重大部署，乡村建设是乡村振兴的重要任务，也是国家现代化的重要内容。习近平总书记始终从现代化建设全局出发，从正确处理工农城乡关系的角度，谋划和部署乡村建设，强调要以实施乡村建设行动为抓手，改善农村人居环境，建设宜居宜业美丽乡村。乡村建设是乡村振兴的重要任务，也是国家现代化的重要内容。要坚持共治共建共享，建设宜居宜业美丽乡村，推进美好环境与幸福生活共同缔造。

（一）加强乡村规划建设管理

我国乡村演变分化趋势明显，一是乡镇数量减少，辖区面积增大；二是大部分地区农村人口净流出，乡镇工业企业数量减少。应根据乡村人口的变化和产业发展情况，因地制宜，分类进行乡村振兴、乡村建设规划；同时，根据乡村建设辖区的面积、人口、产业发展、土地利用结构、房屋等量化指标，探索建立乡村发展指数，用以衡量乡村发展和建设水平，为乡村建设提供科学依据①。有序推进乡村建设要树立可持续发展的理念，从人口、居住、产业、基础设施建设和社会公共服务上进行科学规划。乡村建设规划不能搞成城市建设规划，要综合考虑农村居住、生产和生活等不同需求，更重要的是要保护传统村落和文化遗产等。

（二）着力改善农村基础设施建设

农村的“水、电、路、讯、网”及能源供应、卫生设施和垃圾污水的处理等，都是农村现代文明生活所必需的基本要件，是乡村建设的主要着力点。

（1）强化供水保障

根据《农村人居环境整治提升五年行动方案（2021—2025年）》，健全农村人居环境设施管护机制方面，统筹农村改厕和污水、黑臭水体的治理，切实加强农村供水工程的建设和管护。建设上，要强化全程质量管控，严把产品质量关、施工质量关、竣工验收关，确保质量过硬。管护上，要用好衔接资金，建立健全农村供水工程长效管护机制。要充分发挥村级组织和农民主体作用，开发护水员等公益岗位，加强日常巡检和设备维修，确保工程持续发挥作用。针对饮水安全风险问题，要积极推进城乡供水一体化，健全农村居民饮人工程管护机制，全面落实水费收缴制度，探索实行农村饮水阶梯水价和节水激励机制，引导农户饮用安全的自来水；要根据农村产业发展现状，疏浚完善农业灌溉系统，引导农户合理分流生产、生活用水，避免“多龙管水”导致水质下降。

（2）提升农房质量安全

第一，针对农村住房安全隐患问题，要全面仔细排查、评估与等级，落实“一户一宅”建房要求，分类处置农村危旧房：对符合“一户一宅”且长期使用的，通过“旧房整治提升”或“院落制”改造提升补助项目消除风险隐患，已经实施过农村危房改造但由于自然灾害等原因又变成危房且农户符合条件的，可再次纳入危房改造支持范围；对纳入“文物保护点”的农村危旧房，由文物保护部门申报专项资金并组织专业机构进行修缮维修；对“一户多宅”或长期闲置的农村合法产权房屋，动员实施复垦或由村级集体经济组织收储，及时消除安全隐患；对长期在外稳定就业农户退出农村宅基地的，恢复办理农转城社保；对建新未拆旧、违法搭建的建（构）筑物，要由村集体和相关农户及时予以拆除，

---

① http：//www. npc. gov. cn/npc/c30834/202207/70cdc42cc1f54234837f3898df08114e. shtml.

彻底消除风险隐患。第二，组织制定并推广与“三区三州”地域需求相契合的房屋设计水平与建造质量标准，通过房屋建设体现地域文化特色。加大房屋建设质量的立法与监管力度，着力保障居民新建房屋的安全性与实用性。第三，加强居民居住区域的配套设施，尤其是水电资源条件建设，提高居民生活必需资源的可得性和对外联系的通达性，着力保障贫困地区居民居住环境的宜居性与便利性。

（三）加强数字乡村建设

2022 年，中共中央网络安全和信息化委员会办公室等十部门联合颁布《数字乡村发展行动计划（2022—2025 年）》，以“数字乡村”助力乡村振兴。当前，数字乡村建设还存在不少瓶颈，如数字乡村建设的基础设施薄弱、农民对数字化的接受程度和应用程度偏弱、技术创新缺乏专业指导、支持数字乡村建设的顶层设计不健全、风险防控技术不完善等（李博和刘佳璇，2022）。调研发现，目前“三区三州”农村电商大部分没有形成完整的产业链条，除了阿里巴巴等大型电商企业覆盖的区域，其余地区基本停留在种养殖环节，农网改造升级的成效还未完全释放。

应加快弥补“三区三州”地区的数字技术鸿沟。从技术本体论看，数字技术下乡包括硬件和软件两方面：一是加强乡村信息基础设施建设，弥补“数字硬鸿沟”。推动互联网普及率提升和使用成本下降。突破农机导航及自动作业、精准作业等关键装备技术，实现生产的智能感知和高效运转，同时关注政务、生活服务、医疗教育等领域的数字应用基础设施提档升级，让“数据多跑路、让群众少跑腿”（李博，2020）。二是群众对数字技术的获取和应用能力，弥补“数字软鸿沟”。通过传帮带，吸引更多群众感知机械服务对生产高效性、电子商务对接市场的经济性、公共服务信息化的便捷性等技术优势，激发群众提升信息能力的行动意愿。通过培训、数字下乡活动等，提升农民运用数字乡村发展的水平。

未来，随着“三区三州”电商发展，种植、养殖电气化、智能化水平的提高，农产品加工规模不断扩大，冷链仓储需求的提高以及物流产业园区等特色产业集群的出现，势必对数字乡村建设提出更高的要求。

四、坚持走共同富裕道路

习近平总书记在 2021 年 2 月 25 日全国脱贫攻坚总结表彰大会上指出，脱贫攻坚战的全面胜利，标志着我们党在团结带领人民创造美好生活、实现共同富裕的道路上迈出了坚实的一大步。脱贫攻坚的伟大成就奠定了共同富裕的坚实基础，实现巩固拓展脱贫攻坚成果同乡村振兴有效衔接、推进高质量乡村振兴促进共同富裕是建设社会主义现代化国家的历史性任务。深刻理解和准确把握乡村振兴与共同富裕的内在逻辑关系，对“三区三州”推进乡村全面振兴具有重要的理论意义。

（一）目标—过程互构

乡村振兴作为实现共同富裕的必由之路，同时也接续脱贫的战略性成果，而共同富裕又给予乡村振兴以新的意义。在共同富裕的目标指引下，乡村振兴战略在对脱贫攻坚成果的基础上进一步发展，是实现农业农村现代化的更加行之有效的方式。而实现共同富裕是中国共产党人的初心，必然要求久久为功，它需要的是一种有充足历史经验的战略路径，因此接续了脱贫攻坚的乡村振兴适合于共同富裕的路径标准。由此，在共同富裕远景目标下探讨乡村振兴具有重要的现实意义，在乡村振兴的前提下眺望共同富裕也更具有实践意义。

（二）内涵—旨义互构

共同富裕作为一种未来的理想，其所内涵的价值目标在当前来看，内生出两种基本内涵：首先是农村要实现经济长期、稳定、快速地发展；其次要通过这种发展，达到城乡经济协调发展，缩小城乡群众收入差距。对乡村振兴而言，农业农村的现代化进程并不意味着要“剑走偏锋”“另起炉灶”，而是要同步于社会的整体发展，与城市发展统筹与协调，因而共同富裕是乡村振兴的旨义所向。

（三）前提—结论互构

共同富裕是描绘全体社会成员通过自我发展共享社会财富的状态，是全面共富、全民共富、共建共富，通过共享发展成果最终实现中长期的逐步共富。这意味着特定人群、特定地区、特定职业、特定阶段的富裕都不能称之为“共同富裕”。而乡村振兴所要达到的正是消除人群、区域、职业、阶段的差异从而达成共同富裕的条件。因此，离开乡村振兴讨论共同富裕是空中楼阁，而离开共同富裕讲乡村振兴又会踟蹰不前。即只有真正实现乡村振兴这一前提，才能实现共同富裕的这一宏远目标，共同富裕必须是极大满足了物质层面和精神层面需求的全面富裕，并且要涵盖所有民族、全部地区、所有群体的全体富裕。实现脱贫攻坚同乡村振兴的有效衔接是促进共同富裕的客观要求。尽管完成了消除绝对贫困的艰巨任务，但是解决发展中不平衡不充分等问题、缩小城乡区域发展差距、实现人的全面发展和全体人民共同富裕仍然任重道远。脱贫攻坚与乡村振兴衔接的重点由从消除绝对贫困到巩固拓展脱贫攻坚成果的战略转型、从攻坚期的超常规举措向常态帮扶转变，需要积极探索建立实现巩固拓展脱贫攻坚成果同乡村振兴有效衔接的实现路径。构建包括衔接理论研究、衔接路径研究、衔接体系研究、衔接政策研究在内的巩固拓展脱贫攻坚成果同乡村振兴有效衔接的研究内容体系（黄承伟，2021d）。

共同富裕是高质量实施乡村振兴战略的行动指引。在乡村振兴的总要求中生活富裕是出发点，也是落脚点，是亿万农民对美好生活的期盼。中国特色社会主义乡村振兴道路必须坚持共同富不变初心，也是现实要求。共同富裕必然成为高质量实施乡村振兴的目标指引和行动指南。一方面，要探索共同富裕的实现基础和实现机制，不断推进农业农村现代化；探索更有效的发展行动、发展干预，让市场运转起来，让市场有益于社会共同体福祉。共同富裕成为发展的有效方法。另一方面，共同富裕是乡村振兴质量和成色的重要衡量标准。考量乡村振兴成果，不仅要看在活跃乡村产业、促进环境改善诸方面的成果，更为重要的落脚点是共同富裕。而且，共同富裕绝不是通过扭曲市场机制来实现超越发展阶段的公平，更不是回到吃大锅饭的状态，而是善用市场机制，用好政府有形之手和市场无形之手，实现有为政府结合有效市场辅之以友善社会（黄承伟，2021d）。

坚持走共同富裕道路，聚焦产业促进乡村发展，让农民在乡村振兴中有更多获得感、幸福感、安全感。要把增加农民收入作为“三农”工作的中心任务，拓展农业多种功能，挖掘乡村多元价值，推进农村一二三产业融合发展，加快发展壮大县域经济，多渠道促进农民就地就近就业增收，把产业链延伸环节更多留在乡村，把产业发展的增值收益更多留给农民，着力缩小城乡差距、区域差距、收入差距（胡春华，2022）。因此，共同富裕的是在较为发达的经济基础之上的“美好生活”和较高水准的“生活品质”“共富社会”是党带领人民逐渐强起来的新发展阶段。全面建设现代化强国的新阶段，“共同富裕社会”成为与“小康社会”相衔接的新奋斗目标，实现“共富社会”成为中国不懈奋斗的伟大中国梦。

五、构建新型城乡关系

新型城镇化可以缩小城乡之间的差距，能在一定程度上打通城乡循环的堵点，促进资源要素的加速流动。乡村虽搭上城镇化建设的快车，但整体水平较低、对经济的辐射力有限（赵俊亚，2021）。主要表现在：一是公共服务供给与需求不匹配。相对优质的公共服务是人口聚集和增长的引擎，新型城镇化要求公共服务均等化。目前“三区三州”公共服务设施供给不足与结构性失衡问题并存，表现在有的地区公共服务设施不足，有的地区公共服务设施闲置。二是基础设施建设水平滞后。农村基础建设可分为生产、生活、生态三类，与以农田水利设施代表的“生产”基础设施相比，“生活和生态”类基础设施建设相对滞后，交通、电力、网络、生活配套等设施不完善，水污染和垃圾处理等治理难度大。农业农村部政策与改革司 2021 年调研发现：当前我国农村村庄通硬化路比例仅为40%，互联网普及率为 55.9%，生活污水、生活垃圾无害化处理率分别仅为22%、60%，30%以上的农户没有使用卫生厕所①。原因是农村基础设施建设缺乏科学规划，财政资金投入存在较大缺口。三是组织管理不健全。新型城镇化要求管理更加科学、有序、高效，相关法律法规更加健全。当前新型城镇管理规范化、信息化和智能化程度有待全面提升。

（一）以城乡融合推进新型城镇化

传统的城市化模式往往通过汲取乡村资源实现城市扩张，而新型城镇化是以促进人的城镇化为核心、以提高质量为导向。以人为核心的城镇化把进城农民的市民化作为突破口，让城乡居民共享公共服务，弱化户籍制度带来的城乡不平等。随着《关于推进以县城为重要载体的城镇化建设的意见》加快落实，大量脱贫户、监测户到县城、工业园区等城市规划区务工就业的进程加快，要改进现有衔接资金补助方式，对城镇规划区内带动能力强、示范效应好的农产品加工企业、帮扶车间等给予政策资金支持。

在“三区三州”，通过新型城镇化来巩固易地扶贫成果，让易地搬迁群众更好融入城市生活；加快城乡资源的双向流动，在鼓励农民进城的同时也鼓励人才和资本进入乡村，以城乡资源互动减少城乡间的界限，促进了城乡融合。发展小城镇的公共服务功能，将城镇的功能向乡村延伸拓展。一些边远地区人口少，受人口规模限制，农村公共服务设施建设水平难以获得大幅度提升，要通过提升小城镇的功能来服务乡村。

---

① http：//www. zcggs. moa. gov. cn/zcygggw/202112/t20211223_6385380. htm.

（二）破除增收上的要素制约

应推进城乡融合发展，加快补齐乡村建设短板，增加乡村振兴的制度供给，促进包括土地、人才、资金等生产要素的自由流动，真正让农业成为有奔头的产业，让农民成为有吸引力的身份，让农村成为安居乐业的美丽家园，实现城乡共同繁荣。加快推进户籍制度和土地流转制度改革，促进投资向农村和农业转移。完善乡村发展投融资机制，健全农村金融服务体系，扩大农村资产抵押担保融资范围，有效推动“资源变资产、资金变股金、农民变股东”。善于发挥农业信贷担保机构作用，发展农业保险，将农业保险打造成为农业支持保护政策的重要支柱。坚持把乡村人力资本开发放在首要位置，大力实施“万名人才兴万村”行动，建立人才下乡激励机制，凝聚振兴活力，培养造就一支懂农业、爱农村、爱农民的“三农”工作队伍。

六、坚持党对“三农”工作的全面领导

习近平总书记的重要论述，继承和发扬党管农村工作的优良传统，深刻阐述了党在农业农村发展中的领导地位，为加强党对农村工作的领导指明了前进方向、提出了明确要求。“三区三州”全面实现乡村振兴，要健全党委全面统一领导、政府负责、党委农村工作部门统筹协调的农村工作领导体制，落实五级书记抓乡村振兴要求，进一步健全党领导农村工作的组织体系、制度体系、工作机制。要发挥好各级党委农村工作领导小组牵头抓总、统筹协调作用，把涉及多个部门、多个领域、多个环节的农村工作统筹起来，形成齐抓共管的工作合力。

第二节 “三区三州”乡村全面振兴的着力点

“三区三州”要按照产业兴旺、生态宜居、乡风文明、治理有效、生活富裕的总要求和实现产业振兴、人才振兴、文化振兴、生态振兴、组织振兴的目标，充分考虑各地实际、因地制宜，探索创新深度贫困地区推进乡村振兴的体制机制，努力打造“三区三州”乡村振兴样板。

一、推动乡村产业振兴，构建现代产业新体系

乡村要振兴，产业必振兴。产业兴旺，是解决农村一切问题的前提。《国务

院关于促进乡村产业振兴的指导意见》（国发〔2019〕12 号）指出“产业兴旺是乡村振兴的重要基础，是解决农村一切问题的前提”，要求“充分挖掘乡村多种功能和价值，聚焦重点产业，聚集资源要素，培育发展新动能，加快构建现代农业产业体系、生产体系和经营体系”。《全国乡村产业发展规划（2020—2025年)》指出“乡村产业发展目标是到 2025 年，乡村产业体系健全完备，乡村产业质量效益明显提升，乡村就业结构更加优化，产业融合发展水平显著提高，农民增收渠道持续拓宽，乡村产业发展内生动力持续增强”。

产业发展的逻辑是充分利用本地资源禀赋，因势利导培育产业，政府倾斜性的资源支持，助推产业升级；引入新技术，用先进适用的技术改造传统低效产业；外引内培市场主体，延伸产业链，提升价值链；通过推广门槛低、可操作、易学会的实用技术，为农民提供实用性的技术培训，将培训开在田间地头，提高农户采用新技术的能力和意愿；构建多种有效的联农带农的组织模式，提高农民参与产业发展的主动性。应站在全面建设社会主义现代化国家的高度，围绕构建新发展格局来谋划农村产业发展，发挥农村的资源优势、生态优势，科学谋划重点产业、特色农业发展，持续优化农业生产力布局，促进乡村产业深度融合，在有效保障粮食安全、提高农产品质量的基础上推动农村产业高质量发展①。

发展产业要实现三个转变：气候土壤等自然资源转变成产品，技术优势转变为产品竞争力，人文优势转变成品牌价值，同时保证尊重科学规律，在技术上可行；尊重经济规律，在经济上可行；遵循绿色发展理念，环保上可行。

（一）加快发展现代产业

产业发展既是巩固拓展脱贫攻坚成果的基础，又是实现有效衔接的前提。应继续加大对脱贫地区的产业扶持，补上技术、设施、营销等短板，培育产业集群，实行产业联动，促进产业提档升级。要大力发展特色产业，推进“一村一品”“一县一业”，形成稳定的产业链和供应链。要积极培养新型农业经营主体，扶持家庭农场和合作社，推广规模化、专业化农业生产模式，提升农业经济效益。此外，还需大力支持龙头企业发展，带动形成产业化、集约化效应，真正发挥产业在巩固拓展脱贫攻坚成果和乡村振兴中的基础作用。要以市场为导向创新产业经营发展模式，提升市场竞争力；要提高脱贫户以增收致富为导向的产业发展与市场发展规律的适应度，实现从产业扶贫到产业振兴的过

---

① http：//www. npc. gov. cn/npc/c30834/202207/70cdc42cc1f54234837f3898df08114e. shtml.

渡和转变。

推进产业振兴，应遵循诱致性制度变迁理论，重新思考政府、市场、技术与人在产业发展中的作用与制度安排。政府从产业发展的执行者转向服务者、引导者，政府公共资源应增加对脱贫户内生发展能力的支持，并提升人力资本投资。根据本地的资源禀赋条件，在原有技术和制度基础上，加强对农业的公共支持，引入更先进的技术和更有效的制度安排，如龙头企业、电商新业态，进而推进“市场逻辑”主导下的产业发展，形成“低附加值产业—人力资本投资—新技术新制度的采纳—推动产业向更高价值链升级”的“阶梯式上升”发展路径，实现产业的价值提升（李小云和苑军军，2020）。

要在激发内生动力上下功夫，使已经脱贫的“三区三州”地区不断增强自我发展的能力。推动扶贫产业向特色产业转变，将推动产业发展与推动产业振兴相结合，持续壮大产业，增强经济实力和活力，提供更多更稳定就业（刘昂，2020）。坚持质量兴农、绿色兴农，以农业供给侧结构改革为主线，以加快构建现代农业产业体系、生产体系、经营体系，提高农业创新力、竞争力和全要素生产率。

倾斜支持建设优势特色产业集群、农业产业园、龙头企业，优先支持品牌培育、冷链设施，对认证绿色食品、有机农产品实行费用减免。支持打造优质乡村旅游品牌，支持乡村旅游重点村镇名录建设。

（二）电商助力产业振兴

“互联网+”作为新的经济形态，颠覆了传统社会经济系统发展的产品观、时空观等，传统资源要素与发展整体展开了“碎片化”分解基础上的“重构”。结合“三区三州”特色资源丰裕程度与基础设施条件约束等典型特征，实施“数商兴农”工程，扩大电子商务在农村的覆盖面，完善物流等电子商务基础设施，支持电子商务平台与农村新型农业经营主体开展合作，实现电商就业与创业。

（三）壮大农村集体经济

壮大农村集体经济，大力发展产业带动型、资产租赁型、异地发展型、抱团取暖型、股份合作型、农旅融合型、招商合作型、服务创收型、物业管理型、资源盘活型等模式，深入推进村集体经济强村工程。要深化“三变”改革和财政投资股权量化改革，健全完善联农带农机制，不断扶持壮大村级集体经济，让广大农户更多参与和分享产业增值收益。

借助外部力量，一体化补齐合作社自身难以解决的治理偏弱、规模偏小短板，促成小农户群体内部互助、外部带动两种合作方式的迭代升级、各司其职和优势互补，实现环节简并、链条浓缩、成本低廉的产业链新格局。重点支持“三区三州”农民合作社、家庭农场、农业企业等新型经营主体的带贫作用，进一步延伸农业产业链和提升产业的发展质量。

（四）加强扶贫项目资产后续管理

扶贫项目资产后续管理是构建防止返贫长效机制的重要突破口，也是促进乡村振兴的有效载体。截至 2022 年 7 月，全国已摸清扶贫项目资产 2.77 万亿元，已确权 2.7 万亿元。精准扶贫以来，“三区三州”形成了大量的、集体所有的以固定资产形式存在的基础设施、公共服务设施及扶贫车间、扶贫基地等扶贫资产。一方面，扶贫项目资产数量庞大、来源广、类型杂，不少项目盈利能力弱；另一方面，缺乏成熟有效的管理机制和人才，不同地区扶贫资金来源构成不同、项目资产存在形态差异较大，缺少有针对性、差异化、科学的扶贫资产管理方案，村两委作为扶贫项目资产管理的重要主体，其管理能力严重不足①；有的资产在运营过程中存在项目规划不精细、收益分配不精准、主体选择缺乏市场化等问题，有的地方扶贫资产管理出现“无人管”“多头管”“管不好”等窘境（白永秀和陈煦，2022）。全国 75% 以上的农村集体资产集中在 14% 的村，不少村缺乏集体经济收入来源，不仅影响村级事务开展，也影响基层治理能力的提升。

2021 年 5 月，《国务院办公厅转发国家乡村振兴局中央农办财政部关于加强扶贫项目资产后续管理的指导意见的通知》（国办函〔2021〕51 号）提出摸清扶贫项目资产底数、有序推进确权登记、规范后续管护运营、规范收益分配使用、严格项目资产处置等做出明确规定。要加强对扶贫项目资金预警和管理，对经营性扶贫资产，要加强运营管理，做好风险防控；对到户类资产加强指导帮扶，推动扶贫项目资产持续。因此，加强扶贫项目资产后续管理应着重从以下几个方面着手。

（1）做好资产管理的有效衔接

扶贫项目资产后续管理要坚持在现有资产管理体制框架下，做好与乡村公共

① http：//www.npc.gov.cn/npc/c30834/202207/70cdc42cc1f54234837f3898df08114e.shtml.

基础设施管护机制相衔接，与相关行业领域的管理制度相衔接。

（2）完善项目资产管理

把项目资产后续管理作为项目全过程全周期管理的必要内容。坚持先建机制、后建工程，项目入库和实施前应明确项目后续运行管护机制。

（3）优化资金管护保障机制

坚持按产权归属落实后续管护责任，统筹考虑政府事权、资金来源、受益群体等因素，保障管护经费。统筹用好现有财政资金渠道，积极拓宽管护经费来源渠道。

（4）强化监督监管

各地要结合实际组织开展扶贫项目资产管理“回头看”，发现问题及时解决。配合有关部门强化纪律监督、审计监督、行业监督和社会监督，严格落实公告公示制度①。

（五）创设乡村外部平台经济

将一定区域内的众多合作社并联接入，带动合作社群体以低成本实现与产业链上隶属不同、职能有别的多种涉农机构有机衔接，同时对接和服务好大量绿色有机农产品的潜在消费群体。作为平台型的农业经济实体，其生存法则是使农产品产销流量形成大量集聚，以及获取由此产生的小比例佣金和适量服务费等收益，其根本商业逻辑是以自身为基点向产业链两侧农村生产者、城市消费者提供服务的“双边型”价值对接和传递。大力发展与农产品商品化相关的服务业，比如仓储、冷藏、包装、运输、电商等现代化的服务业，提高服务业对农村经济发展的贡献力。

总而言之，就是要深化农村改革，正确处理农民与土地的关系、经营与收益的关系、生产与市场的关系，让农村沉睡的资源活起来，分散的要素聚起来，增收的渠道多起来，农民的收入高起来。只有将三产融合发展，才能提高农产品的附加值、大幅增加群众收入，有利于农民就近就地就业，实现农村劳动力向第二产业和第三产业转移，同时加快“三区三州”城镇化发展，真正实现城乡一体化。

---

① https：//www. 163. com/dy/article/HDL0UK9O0519D9DS. html.

二、推动乡村人才振兴，激活乡村发展新动能

乡村振兴，人才为先，人才振兴是乡村振兴的关键要素和重要支撑。2021年2月，中共中央办公厅、国务院办公厅印发了《关于加快推进乡村人才振兴的意见》，为促进各类人才投身乡村建设作出了明确部署。因此，要牢固树立人才为先的理念，以人才振兴助力乡村全面振兴。

乡村振兴中最关键的是如何激活人的要素，学者对此也有所探讨。魏后凯（2021）提出，走内生型乡村振兴之路，不仅要激活内生动力，更需要培育和增强内生发展能力，做好农村干部、经营主体、农民的技能和素质培训。李小云（2020）提出，脱贫地区的乡村振兴离不开农民的主体性，要支持广大农民提升自身能力并在市场机制推动下展开。陈恩（2009）提出，产业扶贫需要培育贫困户的自我发展能力，过度依赖政府和企业带动往往会偏离预期目标。梁辰和余成龙（2020）指出，政府在产业发展决策过程中出现基于市场“效率逻辑”与基于扶贫“公平逻辑”的“钟摆”现象，导致产业扶贫成效偏离。夏柱智（2020）认为以组织化的专业村为主体发展特色农业推动产业振兴是有效路径，政策上要注重村庄内生动力的培育，避免严苛考核造成产业发展内卷化困境。

（一）加快培养农业生产经营人才

创新农业发展模式，盘活农业生产要素，增强农村农业生产经营对人才的吸引力，为专业技术人才提供施展能力的机会和空间。加大农业培训力度，提升农业人口技术素养，增强其适应农业农村现代化发展的能力。按照“一县一业”模式，选派科技特派团助力特色产业发展。试行农业技术推广人员“县管乡用、下沉到村”新机制，完善产业技术顾问制度，倾斜支持实施高素质农民培育计划。

（二）鼓励支持人才下乡返乡

推动乡村人才振兴只靠内部培养显然不够，还需外部引入。返乡人才基本都来自多领域，有官员、技术员、艺术家、企业家、打工者等，他们带回来的不仅有资金还有经验。首先，通过设立奖励机制增强对各类人才特别是对青年大学生下乡的吸引力。其次，组织动员城市医务人员、教师等人才下乡，做好大学生村

官、“三支一扶”等工作，不断为乡村发展注入新鲜血液。适当放宽人员招录条件，在待遇职称、“三支一扶”计划等予以倾斜支持，实施“中西部欠发达地区优秀教师定向培养计划”（张鹏和刘承，2021）。三是鼓励外出务工人员回乡。指导各地建立外出务工人员联络机制，以配套公共服务吸引人才回乡创业就业。基层组织应将返乡人才组织起来，鼓励和支持发挥所长为本村发展贡献力量。中华儿女身上皆有浓浓的乡土情怀，事业成功后都愿意反馈家乡，为家乡发展贡献力量（张鹏和刘承，2021）。

（三）加强乡村教师队伍建设

加强教师编制配备倾斜和政府购买岗位力度。加大跨区域、跨行业的编制调整力度，向教师队伍倾斜。同时，加大政府购买教师岗位力度，并建立质量保障体系。2021 年，中央“特岗计划”重点向“三区三州”等地区倾斜，为乡村学校补充特岗教师，加强思想政治、体音美、外语、信息技术等紧缺薄弱学科教师的补充①。边远艰苦贫困地区和急需紧缺专业的特岗教师招聘，降低开考比例或不设开考比例，采取面试、直接考察方式公开招聘，划定成绩合格线。对于特别边远艰苦、教师流失较严重的地区可向本地生源倾斜。

三、推动乡村文化振兴，引领乡村文明新风尚

文化振兴是乡村振兴的“魂”，乡村振兴关键是要提振、激发农民的信心和力量。只有加强乡村文化的振兴，才能帮助农民树立发展信心、振奋精神、生发激情，为乡村振兴注入强大的精神动力（和平，2021）。

（一）加强农村精神文明建设

文化建设是乡村建设的重要方面，一些农村居民收入增长、闲暇时间增加，但生活品质、精神风貌没有同步提升，高价彩礼、人情攀比、薄养厚葬等现象还比较普遍。革除陈规陋习的实质是倡导精神文明建设，从根本上让人民群众从落后的思维观念中解放出来。文化熏陶的方式和途径多种多样，本质是要做到春风化雨、润物无声。大力弘扬中华民族优良传统，不铺张浪费，不大操大办。从日

---

① 教育部办公厅、财政部办公厅印发《关于做好 2021 年农村义务教育阶段学校教师特设岗位计划实施工作的通知》。

常文化活动中润物无声，推出一批有乡土特色、贴近农民生活、积极向上的文化活动，持续开展“听党话、感党恩、跟党走”宣传教育，统筹推进城乡精神文明融合发展，逐步培养广大农村居民高尚的道德情操和价值追求。应充分发挥社会主义核心价值观的引领作用，以法律法规为依据，加强村规民约建设，推进移风易俗，培育文明乡风、良好家风、淳朴民风①。

（二）传承发展优秀传统文化

“三区三州”横跨青藏高原、帕米尔高原、云贵高原、黄土高原，拥有丰富的农耕文化和游牧文化。要善于从当地优秀传统文化中汲取智慧，传承、保护乡村传统文化和自然遗产，深入挖掘文化价值，促进乡村文化繁荣发展。

（三）提升乡村公共文化服务水平

服务均等是乡村发展的主要目标，是乡村振兴的落脚点；福祉共享是乡村发展的价值所在，也是共同富裕的本质内涵。应大力实施文化惠民工程，促进县、乡、村、户四级文化体系和网络的建设，按照标准化和均等化要求，使“三区三州”群众共享精神文化生活。凉山州昭觉县三岔河乡三河村，152 户 816 名贫困人口全面脱贫后，建起了村史馆，兴办了旅游综合体，幼儿园、文化室、民俗活动坝子等公共服务设施一应俱全，百姓安居乐业（《人间奇迹》编写组，2022）。

四、推动乡村生态振兴，塑造美丽乡村新风貌

乡村宜居是乡村发展的前提要素。“三区三州”农村的发展必须是生态、经济和社会的共同发展，实现乡村振兴必须要建设适宜的人居环境。

（一）持续推进农村人居环境整治

推动乡村环境从基础整治向品质提升迈进，建设美丽乡村生态环境。要加强农村污水、垃圾等突出环境问题综合治理，改善农村人居环境，推进农村“厕所革命”，完善农村生活设施，补齐农村生态环境建设短板，让乡村成为生态涵养的主体区。例如，怒江州坚持示范引领、以点带面、有序铺开，实施乡村振兴“百千万”示范工程建设，以独龙江乡实现率先振兴为目标，全面启动实施 5 个

① http：//www.npc.gov.cn/npc/c30834/202207/70cdc42cc1f54234837f3898df08114e.shtml.

乡村振兴示范乡（镇），82 个精品示范村，173 个美丽村庄和 5 万户美丽庭院示范建设，让村庄更加美丽、产业更加兴旺、百姓生活更加幸福。2021 年，怒江州农村常住居民人均可支配收入 8602 元，全州共创建美丽庭院 1.16 万户，打造 10 个精品示范村，27 个村入选云南省美丽村庄。

（二）生态优化助力乡村发展

改善自然环境，为发展绿色农业培育资基础。充分挖掘生态资源、开发生态产品，理清资源的存量和种类，实现有序和规范性开发和使用。建立健全生态资源的市场对接机制，加快自然资源向生产要素的转变，将生态优势转化经济优势。

（三）发展壮大生态产业

乡村生态振兴是一个大系统，环节繁多、内容复杂，涉及农业农村生产和农村居民生活的方方面面。在生态资源环境与经济社会发展的相互协调中，充分耦合“绿水青山”和“金山银山”的内在关系。

（1）加大农村生态产品开发力度

生态环境是最普惠的民生福祉，生态产品是最富价值的高档产品，尤其是在生态资源日益短缺和人们不断追逐环境福利的情况下更是如此，推动农业农村绿色发展，促进产业生态化、生态产业化。例如，利用“三区三州”幽静的自然环境、清新的田园风光、多样的地容地貌、洁清的水气土壤等一系列良好的生态资源，加快生态元素与农业旅游、乡村休闲、健身康养等产业的有机融合，大力发展休闲采摘、旅游观光等生态产业，不断强化生态服务、开发生态产品和实现价值转化，切实拓展农村生态产业发展空间。

（2）扎实推进农业碳汇产业发展

生态功能是农业多功能属性的重要组成部分。市场经济条件下，农业的生态功能亦可以物化成生态产品，通过市场机制来实现其经济价值。尤其是在全球气候变暖和应对全球气候挑战的背景下，更应关注农业的生态功能属性，服务于我国实现“双碳”目标。应充分利用市场机制等各种方式，加快发展农业碳汇产业，不断增强农业生态功能，助推农业生态功能价值。

五、推动乡村组织振兴，实现乡村治理新格局

习近平总书记始终从夯实党的执政基础的高度，重视加强和改进乡村治理，

强调乡村是我们党执政大厦的地基，治理有效是乡村振兴的重要保障，健全自治、法治、德治相结合的乡村治理体系，推动礼仪之邦、优秀传统文化和法治社会建设相辅相成。习近平总书记的重要论述，指明了乡村治理和农村精神文明建设的主攻方向，体现了鲜明的问题导向和目标导向。中央农村工作会议把“加强和改进乡村治理”作为重要内容，明确提出创新乡村治理方式，提高乡村善治水平。当前，要把“三区三州”乡村治理作为乡村振兴的有力抓手，以有效的乡村治理助力实现乡村振兴。

（一）提升乡村治理水平

要以保障和改善农村民生为优先方向，树立系统治理、依法治理、综合治理、源头治理的理念，加强农村基层党组织建设及其对各类组织的领导，健全县乡村三级治理体系功能，推动把矛盾纠纷解决在基层、化解在源头，确保农民安居乐业、农村安定有序。

村民的民主参与、民主决策是实现有效治理的基础。要将精准扶贫时期所形成的群众参与、民主决策的机制制度化，成为中国乡村治理的有效经验。乡村治理的实践经验表明，加强党的领导和培育农民基层组织是实现“三治融合”的重要途径。要进一步加强党组织的凝聚力和战斗力，发挥党员的模范带头作用，同时提升村民的自治能力，将党的领导与村民自治融为一体，形成发展的合力。

（二）加强基层党组织建设

充分发挥农村基层党组织的战斗堡垒作用，配合做好抓党建促乡村振兴工作，推动选优配强村党组织书记，选好村两委班子，促进退伍军人、返乡大学生等更多本土人才充实村“两委”力量，组织和开展党员干部结对帮扶工作，积极投身乡村振兴。

要理清驻村帮扶工作思路，细化驻村帮扶任务，重点抓好乡村产业发展、乡村建设、乡村治理、社会事业发展及党建等工作。不断创新驻村工作机制与第一书记工作机制，加强驻村干部管理考核和激励保障，推动驻村干部沉在村里、干在一线，运用他们各自资源来推动乡村发展，带领强村富民。有针对性开展驻村干部专业化能力培训，持续提高发展经济、群众工作和基层党建等能力。

（三）推动协同共治

通过宣传教育活动，赋能农民参与。在基层民主自治的框架中搭建起政府引领、多元参与、产业赋能、协同治理的基层治理格局。保证乡村之发展是村民希望之发展，发展之利好为村民享有之利好。

第三节 本章小结

第一，从脱贫攻坚转向全面推进乡村振兴，工作对象更广了，工作领域更大了，工作要求更高了，全面实施乡村振兴战略的深度、广度和难度都不亚于脱贫攻坚。在全面建设社会主义现代化国家新征程中，应接续推进“三区三州”等脱贫地区乡村全面振兴。

第二，“三区三州”乡村全面振兴要做好条件保障，主要包括从脱贫攻坚精神中汲取奋进力量，发挥政策衔接的引领作用，扎实稳妥推进乡村建设行动，坚持走共同富裕道路，构建新型城乡关系，坚持党对“三农”工作的全面领导。

第三，“三区三州”充分考虑脱贫攻坚与乡村振兴有机结合，探索创新深度贫困地区推进乡村振兴的体制机制，打造“三区三州”乡村振兴样板。一是推动乡村产业振兴，构建现代产业新体系。二是推动乡村人才振兴，激发乡村发展新动能。三是推动乡村文化振兴，引领乡村文明新风尚。四是推动乡村生态振兴，塑造美丽乡村新风貌。五是推动乡村组织振兴，实现乡村治理新格局。

第九章　研究结论与展望

一、研究结论

第一，“三区三州”深度贫困地区因地处边疆、省际结合部等区位特征，地理环境呈现高山、高寒特点，农业生产条件差，经济发展水平处于全国末端，公共服务水平不足，具有区域性、整体性、集中性特征。同时，因贫困范围的规模性、贫困程度的纵深性、致贫原因的多维性、减贫过程的持续性等原因，曾是打赢脱贫攻坚战、摆脱绝对贫困最难啃的硬骨头；也是减贫的难中之难、坚中之坚。

第二，“三区三州”成功摆脱深度贫困，成功体现了国家治理和贫困治理中集中力量打赢歼灭战，体现了治理方式的科学性。中华人民共和国成立以来特别是改革开放以来，始终将扶贫工作置于各级政府的“一线工作。“三区三州”从中华人民共和国成立之初的一穷二白，历经即广义救济式扶贫阶段、经济体制改革推动减贫阶段、大规模开发式扶贫阶段、区域综合扶贫攻坚阶段、整村推进参与式减贫阶段、精准扶贫方略阶段、巩固拓展脱贫成果阶段，扶贫瞄准经历了农村、贫困县、贫困村、贫困户、深度贫困地区和深度贫困人口等单元的变化。“三区三州”减贫历程既有与国家减贫历程的内在一致性，又因其特殊的区位、地理、历史等原因而呈现国家专项扶贫的特点。

第三，“三区三州”深度贫困地区取得了摆脱绝对贫困的伟大成就，历史性跨越了贫困陷阱。其中，既有国家和社会各界的大力支持和帮扶，又有“三区三州”干部群众首创“两户见面会”等创新举措，以敢教日月换新天的豪迈攻坚克难。“三区三州”在脱贫攻坚伟大斗争中，形成了宝贵的脱贫经验，其中最主要的是中国特色的制度优势，是“脱贫、全面小康、现代化，一个民族都不能少”的庄严承诺与初心使命，在于坚持各民族共同繁荣发展。无论脱贫攻坚还是乡村振兴，“三区三州”的发展都离不开党的领导、有效的制度设计和全国人民的帮助。

第四，根据贫困脆弱性的冲击来源，“三区三州”返贫风险主要分为能力缺失型返贫风险、环境型返贫风险、发展型返贫风险和政策型返贫风险。“三区三州”已成功摆脱绝对贫困，当前贫困陷阱的表现是个别性的返贫风险，我国已建立健全了有效的相对贫困治理机制，不会发生规模性返贫问题。

第五，导致脱贫人口返贫的影响因素与致贫的因素存在共性。完善和优化防返贫监测和帮扶机制，可有效解决“三区三州”地区脱贫时间短、脱贫基础脆弱、边缘户不稳定、区域发展基础薄弱等问题，实现巩固拓展脱贫攻坚成果与乡村振兴的有效衔接。构建防返贫长效机制是后扶贫时代贫困治理的重要内容，可以从根本上遏制返贫现象的发生。防返贫长效机制包括动态监测机制和帮扶机制等方面。防返贫动态监测机制包括精准确定监测对象、明确返贫监测主体、规范监测内容和标准。防返贫帮扶机制主要包括产业帮扶、稳岗就业帮扶、易地搬迁后续帮扶、多元参与帮扶等。

第六，脱贫摘帽不是终点，各民族群众接力拼搏，巩固拓展脱贫成果与乡村振兴有效衔接，为同心共筑中国梦而努力奋斗。不发生规模性返贫是有效衔接的前提和基础，持续缩小收入差距是有效衔接的关键点，实现公共服务均等化是有效衔接的基本保障，接续推进乡村振兴是有效衔接的长期驱动力。

第七，作为我国的欠发达地区，“三区三州”从脱贫攻坚转向全面推进乡村振兴，工作对象更广了，工作领域更大了，工作要求更高了，全面实施乡村振兴战略的深度、广度和难度都不亚于脱贫攻坚。新时期，“三区三州”脱贫攻坚与乡村振兴两大战略在目标理念、体制机制与面临的现实基础等方面存在很大差异，存在形成共识难、完成目标跨越难、治理方式转变难、产业发展衔接难、主体活力激发难等突出问题。“三区三州”如期脱贫主要依靠的是国家的特殊支持，在乡村振兴中同样需要国家和社会各界的帮扶。

第八，在全面建设社会主义现代化国家新征程中，“三区三州”持续推进乡村全面振兴的难度更大、任务更艰巨。“三区三州”乡村全面振兴要做好条件保障，主要包括从脱贫攻坚精神中汲取奋进力量，发挥政策衔接的引领作用，扎实稳妥推进乡村建设行动，坚持走共同富裕道路，构建新型城乡关系，坚持党对“三农”工作的全面领导。“三区三州”充分考虑脱贫攻坚与乡村振兴的有机结合，探索创新深度贫困地区推进乡村振兴的体制机制，打造“三区三州”乡村振兴样板。一是推动乡村产业振兴，构建现代农业产业体系。二是推动乡村人才振兴，激发乡村发展新动能。三是推动乡村文化振兴，为乡村发展铸魂育心。四是推动乡村生态振兴，塑造美丽乡村新风貌。五是推动乡村组织振兴，实现乡村治理有效。

二、不足与展望

第一，数据运用和实证分析的不足。返贫数据和资料因工作的保密性难以获取，更难以对长时间的截面数据进行分析。本书对预防返贫问题的实证分析有待进一步深化，理论分析有待进一步提升。

第二，研究成果的前瞻性和战略性有待检验。随着脱贫攻坚的全面胜利，“三区三州”正处于巩固拓展脱贫攻坚成果同乡村振兴有效衔接的关键时期。这意味着研究的时态、政策语态与表述都发生了较大的变化，这给本书的研究带来了很大的工作量和不确定性。

“三区三州”的概念因深度贫困而产生并被划为国家专项扶贫地区，“三区三州”不会因绝对贫困问题的解决而失去持续研究、跟踪研究的意义。为此，今后笔者将根据国家对共同富裕和乡村振兴战略的最新精神开展跟踪研究，以使研究成果更具前瞻性和战略性。

参 考 文 献

阿班・毛力提汗，曹兹纲 . 2020. 脱贫攻坚战，新疆一定打得赢——2019 年新疆脱贫攻坚报告. 新西部，(Z1)：18-26.

阿比吉特・班纳吉，埃斯特・迪弗洛 . 2018. 贫穷的本质——我们为什么摆脱不了贫穷 . 景芳，译 . 北京：中信出版集团 .

阿玛蒂亚・森 . 2009. 以自由看待发展 . 任赜，于真，译 . 北京：中国人民大学出版社 .

安格斯・迪顿 . 2014. 逃离不平等：健康、财富及不平等的起源 . 崔传刚，译 . 北京：中信出版社 .

奥卡斯・刘易斯 . 2006. 贫困文化：墨西哥五个家庭一日生活的实录 . 丘廷亮，译 . 台北：巨流图书有限公司 .

白永秀，陈煦 . 2022. 有效衔接时期乡村振兴对脱贫攻坚资产的赋能路径 . 陕西师范大学学报（哲学社会科学版），(3)：35-44.

白永秀，宁启 . 2021. 巩固拓展脱贫攻坚成果同乡村有效衔接的提出、研究进展及深化研究的重点 . 西北大学学报（哲学社会科学版），(5)：5-14.

白永秀，黄海昕，宋丽婷 . 2022a. 巩固拓展脱贫攻坚成果同乡村振兴有效衔接的政策演进及逻辑 . 西北大学学报（哲学社会科学版），(6)：4-11.

白永秀，苏小庆，王颂吉 . 2022b. 巩固拓展脱贫攻坚成果同乡村振兴衔接的理论与实践逻辑 . 人文杂志，(4)：50-104.

白增博，汪三贵，周园翔 . 2020. 相对贫困视域下农村老年贫困治理 . 南京农业大学学报（社会科学版），(4)：68-77.

包国宪，杨瑚 . 2018. 我国返贫问题及其预警机制研究 . 兰州大学学报（社会科学版），(6)：123-130.

鲍芳修，方雷 . 2013. 省级政府间应急管理协作的进展与制度创新 . 领导科学，(5)：16-20.

毕晓哲 . 2011. 上提扶贫线标准不能满足于"提" . http：//opinion. people. com. cn/GB/159301/16451531. html［2020-04-23］.

别振宇 . 2009. 关于少数民族地区扶贫政策的思考 . 湖北民族学院学报（哲学社会科学版），(4)：35-40.

曹立 . 2021. 中国共产党扶贫历程、伟大成就及宝贵经验 . 南京农业大学学报（社会科学版），(6)：1-8，156.

曹松. 2020. 新产业 新日子 新跨越——云南省怒江州泸水市、兰坪县、福贡县脱贫攻坚一线见闻. http：//www. ce. cn/xwzx/gnsz/gdxw/202009/22/t20200922_35787667. shtml［2022-06-21］.

曹煦 . 2016. 新疆克州记事：边疆少数民族地区如何脱贫 . 中国经济周刊，(35)：38-42.

常莉 . 2018. 防返贫机制研究——以河南省 A 县为例 . 郑州：郑州大学硕士学位论文 .

常齐杰. 2019. 河北省Z县脱贫人口返贫问题研究. 石家庄：河北师范大学硕士学位论文.
畅华仪，何可，张俊飚. 2020. 挣扎与妥协：农村家庭缘何陷入能源贫困"陷阱". 中国人口·资源与环境，(2)：11-20.
车海刚，江宜航，杜悦英，等. 2004. 精准扶贫的中国实践. 中国发展观察，(S1)：10-14.
陈恩. 2019. 产业扶贫为什么容易失败？——基于贫困户增能的结构性困境分析. 西北农林科技大学学报（社会科学版），(4)：87-95.
陈二厚，谭飞，姜伟超，等. 2019-09-08. 以冲刺的状态跑出决胜的姿态——"三区三州"甘肃深贫区脱贫攻坚报告. http：//m. xinhuanet. com/gs/2019-09/02/c_1124947267. htm［2022-06-14］.
陈发明. 2019-08-20. 统筹推进脱贫攻坚与成果巩固. 经济日报，(13).
陈坤秋，龙花楼. 2020. 土地整治与乡村发展转型——互馈机理与区域调控. 中国土地科学，(6)：1-9.
陈培勇，陈风波. 2011. 土地细碎化的起因及其影响的研究综述. 中国土地科学，(9)：90-96.
程曼祺. 2015-11-15. 四川民族地区将实施15年免费教育. 中国青年报，(1).
崔俊富，刘瑞，苗建军. 2009. 人力资本与经济增长——兼论经济增长贫困陷阱. 商业经济与管理，(10)：89-96.
邓磊，罗欣. 2018. 习近平铸牢中华民族共同体意识理路探析. 社会主义研究，(6)：24-30.
邓倩. 2012. 基于CHNS的中国农村贫困动态研究. 杭州：浙江工商大学硕士学位论文.
丁建军，金宁波，王璋. 2019. 深度贫困生成逻辑与贫困陷阱跨越路径——习近平关于深度贫困问题重要论述的启示. 吉首大学学报（社会科学版），(3)：114-121.
丁军，陈标平. 2010. 构建可持续扶贫模式 治理农村返贫顽疾. 社会科学，(1)：52-57，188.
丁士军. 2019. 深度贫困地区的贫困特征与脱贫道路思考. 人民论坛·学术前沿，(19)：48-54.
董光华. 2020. 农村贫困人口稳定脱贫长效机制构建研究——以山东省为例. 济南：山东师范大学硕士学位论文.
董小坤. 2018. 交通运输部："三区三州"是脱贫硬骨头 新增资金将重点倾斜. http：//news. china. com. cn/txt/2018-10/18/content_66821054. htm［2022-07-09］.
杜鹰. 2021. 认真总结脱贫攻坚实践经验 切实巩固拓展脱贫攻坚成果. 宏观经济管理，(6)：4-9.
杜志雄，崔超. 2022. 衔接过渡期扶贫资产差异化治理研究. 农业经济问题，(1)：40-51.
范和生. 2018. 返贫预警机制构建探究. 中国特色社会主义研究，(1)：57-63.
范小建. 2010. "减贫与发展高层论坛"在京举行. http：//www. chinadaily. com. cn/dfpd/2010-10/17/content_11420541. htm［2022-02-18］.
范小建. 2012. 中国农村扶贫开发纲要（2011-2020年）干部辅导读本. 北京：中国财政经济出版社.
方迎风. 2012. 中国贫困的多维测度. 当代经济科学，(4)：7-15.

方迎风，邹薇．2013．能力投资、健康冲击与贫困脆弱性．经济学动态，(7)：36-50.
方迎风，童光荣，邹薇．2015．公共资本、私人投资与区域性贫困陷阱．经济评论，(5)：70-83.
费孝通．2008．乡土中国．北京：人民出版社．
封进，余央央．2007．中国农村的收入差距与健康．经济研究，(1)：79-88.
冯丹萌，陈洁．2019．深度贫困地区农业产业扶贫的几个问题．开发研究，(2)：83-88.
尕玛多吉．2020．从海拔五千米到三千六百米 搬迁户迎来新生活．https：//m. sohu. com/a/439084745_120877946［2022-07-31］.
高焕清．2020．户籍制、个体化与脱嵌——农民工脆弱性贫困机理．中国矿业大学学报（社会科学版），(5)：48-58.
高杰，郭晓鸣．2020．深度贫困地区贫困治理的多重挑战与政策选择．中南民族大学学报（人文社会科学版），(1)：131-134.
高敬，于文静，安蓓．2020．收官在即，如何巩固脱贫攻坚成果——三部门“解码”稳定脱贫发力点．http：//m. xinhuanet. com/gd/2020-10/15/c_1126612383. htm［2021-07-01］.
高静，武彤，王志章．2020．深度贫困地区脱贫攻坚与乡村振兴统筹衔接路径研究——凉山彝族自治州的数据．农业经济问题，(3)：125-135.
高明．2018．结构性贫困：基于收入、消费与社会网络的分析．北京：中国农业大学博士论文．
高强，曾恒源．2022．巩固拓展脱贫攻坚成果同乡村振兴有效衔接：进展、问题与建议．改革，(4)：99-109.
耿新．2019．差别化政策的理论与实践研究．北京：中国社会科学出版社．
耿新．2019．扶持人口较少民族发展政策的演变、特点与启示．中南民族大学学报（人文社会科学版），(1)：28-33.
耿新．2020．民族地区返贫风险与返贫人口的影响因素分析．云南民族大学学报（哲学社会科学版），(5)：68-75.
耿新，汪芩羽．2019．相对贫困阶段巩固脱贫攻坚成果的困难与对策——以原深度贫困地区四川省阿坝县为例．决策与信息，(8)：57-66.
耿新，熊彬孜．2021．改革开放以来我国人口较少民族的人口结构变化与政策启示，中南民族大学学报（人文社会科学版），(8)：94-102.
龚维进，覃成林，徐海东．2019．交通扶贫破解空间贫困陷阱的效果及机制分析——以滇桂黔石漠化区为例．中国人口科学，(6)：111-123，128.
巩蓉蓉，何定泽，吴本健．2021．乡村振兴背景下脱贫韧性治理——机理与路径．世界农业，(11)：35-45，55.
谷彩兰．2010．试论甘南州开发式扶贫存在的问题及其对策．北京：中央民族大学硕士学位论文：21.
顾华祥．2018-03-02．南疆深度贫困地区实施乡村振兴战略应做到五个“立足”．中国民族报，

（6）.
关付新 . 2005. 山区贫困陷阱的构造及其突破 . 青海师范大学学报（哲学社会科学版），（4）：21-25.
郭健斌，刘天平，宋连久 . 2015. 西藏农村土地流转的问题与对策 . 贵州农业科学，（12）：198-201.
郭景福，夏米斯亚・艾尼瓦尔 . 2020. “三区三州”减贫与发展的多维路径与对策探析 . 民族学刊，（6）：9-16，151.
郭利华 . 2017-11-07. 赋予深度贫困人口可持续脱贫的能力 . 光明日报，（14）.
郭利华，葛宇航，李佳珉 . 2018. 民族地区深度贫困问题的金融破解：政策与方向 . 中央民族大学学报（哲学社会科学版），（6）：118-125.
郭晓娜 . 2017. 教育阻隔代际贫困传递的价值和机制研究——基于可行能力理论的分析框架 . 西南民族大学学报（人文社会科学版），（2）：3-12.
郭言歌 . 2020. “三区三州”农业特色产业发展困境与对策 . 北方民族大学学报 .（5）：13-19.
郭远智，周扬，刘彦随 . 2019. 贫困地区的精准扶贫与乡村振兴：内在逻辑与实现机制 . 地理研究，（11）：2819-2832.
郭志杰，方兴来，杨世枚，等 . 1990. 对返贫现象的社会学考察 . 中国农村经济，（4）：54-58.
国家统计局《中国城镇居民贫困问题研究》课题组 . 1991. 中国城镇居民贫困问题研究 . 统计研究，（6）：12-18.
国家统计局农村社会经济调查总队 . 2000. 贫困状况：规模与特征 . 北京：统计出版社 .
国家统计局住户调查办公室 . 2016. 中国农村贫困监测报告 2016. 北京：中国统计出版社 .
国家统计局住户调查办公室 . 2017. 中国农村贫困监测报告 2017. 北京：中国统计出版社 .
国家统计局住户调查办公室 . 2018. 中国农村贫困监测报告 2018. 北京：中国统计出版社 .
国家统计局住户调查办公室 . 2019. 中国农村贫困监测报告 2019. 北京：中国统计出版社 .
国家统计局住户调查办公室 . 2020. 中国农村贫困监测报告 2020. 北京：中国统计出版社 .
国家统计局住户调查办公室 . 2021. 中国农村贫困监测报告 2021. 北京：中国统计出版社 .
国家卫生健康委员会 . 2019. 中国卫生健康统计年鉴 2019. 北京：中国协和大学出版社 .
韩广富，叶光宇 . 2021. 从脱贫攻坚到乡村振兴：乡村特色优势产业的战略思考 . 西南民族大学学报（人文社会科学版），（10）：136-143.
韩沁 . 2020-03-11. 喀什地区集中力量拔“穷根”. 新疆日报，（A02）.
韩彦东 . 2008. 基于可持续发展的人口较少民族地区扶贫开发政策研究 . 北京：中国人民大学博士论文 .
郝璐 . 2015. 多维贫困视角下我国城镇贫困标准研究 . 北京：北京化工大学硕士学位论文 .
郝永平，蒲实 . 2020-10-22. 多措并举巩固拓展脱贫攻坚成果 . 经济日报，（11）.
何华征，盛德荣 . 2017. 论农村返贫模式及其阻断机制 . 现代经济探讨，（7）：95-102.
何瑾 . 2021. 易地扶贫搬迁移民可持续生计研究 . 武汉：武汉大学硕士学位论文 .

何雄浪，魏月姣．2020-01-21. 健全稳定脱贫长效机制 巩固民族地区脱贫成果．中国民族报，（6）．
和平．2021-03-03. 文化振兴是乡村振兴的“魂”．吉林日报，（7）．
贺雪峰．2013. 新乡土中国（修订版）．北京：北京大学出版社．
贺雪峰．2020a. 大国之基：中国乡村振兴诸问题．北京：东方出版社．
贺雪峰．2020b. 乡村治理的社会基础．北京：中国社会科学出版社．
洪江．1999. 我国扶贫攻坚中返贫原因探析．宁夏社会科学，（1）：36-39.
侯光明，李存金．2002. 现代管理激励与约束机制．北京：高等教育出版社．
侯军岐，杨艳丹．2021. 改革开放以来政府推动扶贫减贫政策分析．西北农林科技大学学报（社会科学版），（5）：39-47.
侯晓艳．2020. 中国农村扶贫：实践逻辑、误区与未来发展．农业经济，（1）：77-79.
胡春华．2022-07-27. 以习近平总书记关于“三农”工作的重要论述为指引奋力开创全面推进乡村振兴新局面．人民日报，（6）．
胡颂杰．1995. 西藏农业概论．成都：四川科学技术出版社．
胡薇．2009. 累积的异质性 生命历程视角下的老年人分化．社会，（2）：112-130，225-226.
胡原，曾维忠．2019. 稳定脱贫的科学内涵、现实困境与机制重构——基于可持续生计—脆弱性—社会排斥分析框架．四川师范大学学报（社会科学版），（5）：121-128.
黄承伟．2004. 中国农村反贫困的实践与思考．北京：中国财政经济出版社．
黄承伟．2014. 灾害管理与长期扶贫战略整合的对策与路径——基于汶川地震灾后贫困村重建的分析．开发研究，（1）：8-12.
黄承伟．2016a. 与中国农村减贫同行（上）．武汉，华中科技大学出版社．
黄承伟．2016b. 与中国农村减贫同行（下）．武汉：华中科技大学出版社．
黄承伟．2016c. 中国扶贫开发道路研究：评述与展望．中国农业大学学报（社会科学版），（5）：5-17.
黄承伟．2019a. 新中国扶贫 70 年：战略演变、伟大成就与基本经验．南京农业大学学报（社会科学版），（6）：1-8，156.
黄承伟．2019b. 一诺千金——新时代中国脱贫攻坚的理论思考．南宁：广西人民出版社．
黄承伟．2020. 中国特色减贫道路论纲．求索，（4）：91-98.
黄承伟．2021a. 从脱贫攻坚到乡村振兴的历史性转移——基于理论视野和大历史观的认识与思考．华中农业大学学报：社会科学版，（4）：5-10，176-177.
黄承伟．2021b. 党的领导在脱贫攻坚中的作用及体现．中国领导科学，（3）：72-77.
黄承伟．2021c. 中国共产党百年反贫困历程的基本经验与时代昭示．当代中国与世界，（3）：99-110.
黄承伟．2021d. 论乡村振兴与共同富裕的内在逻辑及理论议题．南京农业大学学报（社会科学版），（6）：1-9.
黄承伟．2022a. 巩固拓展脱贫攻坚成果同乡村振兴有效衔接的战略演进逻辑．农业经济问题，

(6)：4-11.

黄承伟 . 2022b. 让脱贫群众生活更上一层楼 . 红旗文稿，(7)：39-42.

黄承伟，覃志敏 . 2015a. 论精准扶贫与国家扶贫治理体系建构 . 中国延安干部学院学报，(1)：131-136.

黄承伟，覃志敏 . 2015b. 我国农村贫困治理体系演进与精准扶贫 . 开发研究，(2)：56-59.

黄承伟，杨进福 . 2021. 中国共产党百年反贫困的历史经验 . 西安交通大学学报（社会科学版），(4)：39-48.

黄季焜，陈丘 . 2019. 农村发展的国际经验及其对我国乡村振兴的启示 . 农林经济管理学报，(6)：709-716.

黄金辉，姚顺雨 . 2021. 论印度的信息扶贫及其对我国缩小数字鸿沟的借鉴意义 . 理论月刊，(12)：89-99.

黄康生 . 2017. 加大力度推进“三区三州”深度贫困地区脱贫攻坚 . http：//www. rmzxb. com. cn/c/2017-08-29/1755433. shtml［2020-10-11］.

黄征学，高国力，滕飞等 . 2019. 中国长期减贫，路在何方？——2020 年脱贫攻坚完成后的减贫战略前瞻 . 中国农村经济，(11)：2-14.

黄祖辉 . 2020. 新阶段中国“易地搬迁”扶贫战略：新定位与五大关键 . 学术月刊，(9)：48-53.

贾海彦 . 2020. “健康贫困”陷阱的自我强化与减贫的内生动力——基于中国家庭追踪调查（CFPS）的实证分析 . 经济社会体制比较，(4)：52-61，146.

贾元洪 . 2020-03-18. 克州挂牌督战，确保如期实现脱贫攻坚目标任务 . 克孜勒苏日报，(2).

江凌 . 2018. 聚焦“四个好”走出幸福路 四川省凉山彝族自治州纪行 . 中国民族，(9)：88-93.

江文，肖军 . 2017. 空心化背景下基层党建问题与原因分析——以四川贫困农村地区为例 . 劳动保障世界，(29)：55-57.

姜正君 . 2020. 脱贫攻坚与乡村振兴的衔接贯通：逻辑、难题与路径 . 西南民族大学学报（人文社会科学版），(12)：107-113.

蒋南平，郑万军 . 2017. 中国农民工多维返贫测度问题 . 中国农村经济，(6)：58-69.

蒋永穆，祝林林 . 2021. 扎实推动巩固拓展脱贫攻坚成果同乡村振兴有效衔接 . 马克思主义现实，(5)：98-104.

揭子平 . 2019. 中国边境地区农村可持续多维减贫研究——以滇桂边境地区为例 . 北京：科学出版社 .

金正波，杨文明 . 2020. 扶贫产业怎样实现可持续发展 . 决策探索，(8)：72-73.

孔祥智，张琛，张效榕 . 2018. 要素禀赋变化与农业资本有机构成提高——对 1978 年以来中国农业发展路径的解释 . 管理世界，(10)：147-160.

拉格纳・纳克斯 . 1966. 不发达国家的资本形成问题 . 谨斋，译 . 北京：商务印书馆 .

蓝红星 . 2011. 新时期西藏扶贫开发的探索 . 安徽农业科学，(9)：5616-5618.

蓝红星，庄天慧 . 2019. 中国深度贫困地区跨越贫困陷阱研究，北京：经济管理出版社 .
雷明，邹培 . 2021. 消除贫困：中国共产党人的世纪长征 . 决策与信息，(7)：17-23.
李波，苏晨晨 . 2021. 深度贫困地区相对贫困的空间差异与影响因素——基于西藏和四省涉藏县域的实证研究 . 中南民族大学学报（人文社会科学版），(4)：37-44.
李波，张春燕，刘丽娜 . 2021. “三区三州”深度贫困地区扶贫政策效应与作用机制研究 . 中央民族大学学报（哲学社会科学版），(2)：118-131.
李博 . 2020a. 后扶贫时代深度贫困地区脱贫成果巩固中的韧性治理 . 南京农业大学学报（社会科学版），(4)：172-180.
李博 . 2020b. 乡村振兴中的人才振兴及其推进路径——基于不同人才与乡村振兴之间的内在逻辑 . 云南社会科学，(4)：137-143.
李博，刘佳璇 . 2022. 数字乡村建设助力脱贫攻坚成果巩固的逻辑：作用机理与实现路径 . 杭州师范大学学报（社会科学版），(1)：112-120.
李博，苏武峥 . 2021. 欠发达地区巩固拓展脱贫攻坚成果同乡村振兴有效衔接的治理逻辑与政策优化 . 南京农业大学学报（社会科学版），(6)：71-79.
李长亮 . 2019. 深度贫困地区贫困人口返贫因素研究 . 西北民族研究，(3)：109-115.
李芳 . 2021. 职业教育固脱防返的内在逻辑与政策框架——基于“三区三州”的调研 . 教育发展研究，(11)：9-15，46.
李海金，陈文华 . 2019. 稳定脱贫长效机制的构建策略与路径 . 中州学刊，(12)：77-82.
李慧 . 2020-03-28. 产业扶贫，如何提质增效 . 光明日报，(3) .
李慧 . 2022. 后扶贫阶段相对贫困治理的逻辑遵循与行动路向 . 领导科学，(1)：143-147.
李建民 . 1998. 人力资本通论 . 上海：上海三联出版社 .
李静 . 2018-11-21. 全国公共文化巡讲聚焦深度贫困地区发展 . 中国文化报，(6) .
李隽 . 2019. 青海省海北州率先在全省实现电商进农村全覆盖 . http：//www. sctv. com/wczq/dt/201903/t20190304_4109478. shtml［2021-10-11］.
李俊杰 . 2019. 民族地区特殊类型贫困与反贫困研究 . 北京：经济科学出版社 .
李俊杰，耿新 . 2018. 民族地区深度贫困现状及治理路径研究——以“三区三州”为例 . 民族研究，(1)：47-57，124.
李俊杰，宋来胜 . 2020. 教育助推“三区三州”跨越贫困陷阱的对策研究 . 民族教育研究，(1)：30-36.
李升发，李秀彬 . 2016. 耕地撂荒研究进展与展望 . 地理学报，(3)：370-389.
李天华 . 2018. 中国民族地区对口支援的政策演变及展望 . 现代经济信息，(23)：53-54.
李廷洲，郅庭瑾 . 2018-11-04. 大力加强“三区三州”教师队伍建设 . 人民日报，(5) .
李小林 . 2018. 最深沉的牵挂 最坚韧的执着 写在《决胜脱贫攻坚 走进“三区三州”特刊出版之际》. 中国民族，(7)：1.
李小云 . 2018. 冲破“贫困陷阱”：深度贫困地区的脱贫攻坚 . 人民论坛，(14)：6-13.
李小云 . 2018-08-26. 脱贫摘帽重在不返贫 . 人民日报，(5) .

李小云，苑军军 . 2020. 脱离“贫困陷阱”——以西南 H 村产业扶贫为例 . 华中农业大学学报（社会科学版），（2）：8-14，161.
李小云，左停 . 2018-11-23. 深度贫困地区脱贫攻坚——挑战与对策 . 中国社会科学报，（A08）.
李晓东，周洪双，靳晓燕，等 . 2020-09-14. 四川凉山走出一条“非遗+扶贫”致富路 . 光明日报，（4）.
李晓晴 . 2022-03-27. 去年脱贫地区农民人均可支配收入同比增长 11.6%. 人民日报，（1）.
李晓园，钟伟 . 2020. 中国治贫 70 年：历史变迁、政策特征、典型制度与发展趋势——基于各时期典型扶贫政策文本的 NVivo 分析 . 青海社会科学，（1）：95-108.
李学军 . 2016. 新疆南疆三地州精准扶贫与精准脱贫问题研究 . 新疆社科论坛，（6）：32-40.
李学军 . 2020. 南疆四地州脱贫攻坚成效分析 . 兵团党校学报，（4）：74-79.
李雪萍，王蒙 . 2015. 多维贫困“行动—结构”分析框架的建构——基于可持续生计、脆弱性、社会排斥三种分析框架的融合 . 江汉大学学报（社会科学版），（3）：5-12，124.
李迎生 . 2021-03-02. 以高质量发展巩固拓展脱贫攻坚成果 . 光明日报，（16）.
李莹 . 2022-06-09. 在扎实推进共同富裕中铸牢中华民族共同体意识 . 光明日报，（6）.
李月玲，何增平 . 2018. 多维视角下深度贫困地区返贫风险——以定西市深度贫困地区为例 . 天水行政学院学报，（3）：112-115.
李忠斌，骆熙 . 2019. 特色村寨建设与深度贫困民族地区反贫困 . 西南民族大学学报（人文社会科学版），（7）：207-214.
李周 . 2016. 社会扶贫的经验、问题与进路 . 求索，（11）：41-45.
梁辰，余成龙 . 2020. 有限理性与不确定性视域下基层产业扶贫的决策过程分析——基于豫南石村的个案研究 . 公共管理学报，（3）：88-99，171.
林宝 . 2020. 老年群体数字贫困治理的难点与重点 . https：//dsj. henan. gov. cn［2021-04-28］.
林闽钢，陶鹏 . 2008. 中国贫困治理三十年回顾与前瞻 . 甘肃行政学院学报，（6）：51-56.
林万龙，梁琼莲，纪晓凯 . 2022. 巩固拓展脱贫成果开局之年的政策调整与政策评价 . 华中师范大学学报（人文社会科学版），（1）：31-39.
林毅夫 . 2014. 新结构经济学：反思经济发展与政策的理论框架（增订版）. 北京：北京大学出版社 .
凌国顺，夏静 . 1999. 返贫成因和反贫困对策探析 . 云南社会科学，（5）：33-38.
刘昂 . 2020-12-03. 实现巩固拓展脱贫攻坚成果同乡村振兴有效衔接 . 经济日报，（11）.
刘晨曦 . 2018. 新时代、新作为、新征程——创造中国特色脱贫攻坚体系 . http：//f. china. com. cn/2018-03/07/content_50677880_2. htm［2022-07-15］.
刘迪生 . 2012. 援疆工作的实践与启示 . 经济研究参考，（31）：77-83.
刘杰，李可可 . 2016. 彼得·汤森的相对贫困理论及其在英国的实践 . 社会保障研究，（1）：1-11.
刘金新 . 2018. 脱贫脆弱户可持续生计研究 . 北京：中共中央党校博士学位论文 .

刘俊浩 . 2006. 农村社区农田水利建设组织动员机制：变迁、绩效及政策涵义 . 农村经济，（6）：6-8.
刘丽娜，李俊杰 . 2015. 基于村级尺度的湖北武陵民族地区贫困现状及影响因素研究 . 华中农业大学学报（社会科学版），（2）：126-132.
刘林 . 2014. 新疆贫困地区扶贫开发机制研究，北京：经济科学出版社 .
刘玲琪 . 2003. 陕西省返贫人口特征分析与对策思考 . 人口学刊，（4）：20-24.
刘隆亨，吴军，周建成 . 2007. 解决国内贫困问题与财政法治 . 北京政法职业学院学报，（1）：20-24.
刘青山，殷丰收 . 2019. 央企探路“后扶贫时代”. 国资报告，（9）：63-69.
刘苏荣 . 2020. 深度贫困地区教育扶贫面临的问题及政策建议——基于云南省怒江州的 565 份调查问卷 . 西南民族大学学报（人文社会科学版），（2）：81-89.
刘巍文 . 2021. 提升“三区三州”农牧民素质与巩固拓展脱贫成果——基于甘南藏族自治州和天祝县 3471 个农牧民样本的实证研究 . 西北民族大学学报（哲学社会科学版），（6）：141-149.
刘小珉 . 2017. 民族地区扶贫开发与全面建成小康社会 . 北京：社会科学文献出版社 .
刘小珉 . 2020-09-08. 破解深度贫困的西藏样本 . 中国民族报，（6）.
刘小鹏，苏胜亮，王亚娟，等 . 2014. 集中连片特殊困难地区村域空间贫困测度指标体系研究. 地理科学，（34）：447-453.
刘晓霞，周凯 . 2013. 我国农村贫困标准的政策演进与立法研究——基于生存权、发展权的视角 . 甘肃理论学刊，（4）：15-165.
刘雅，买买提沙力・买提肉孜 . 2018. 立下愚公志 寻路万重山 新疆南疆四地州纪行之克孜勒苏柯尔克孜自治州 . 中国民族，（9）：84-87.
刘洋 . 2018. 凉山州会东县农村土地流转现状及对策分析——基于调研数据的分析 . 西昌学院学报（社会科学版），（3）：103-107.
刘永富 . 2016. 专访国务院扶贫办主任刘永富“返贫”，是没有根本脱贫 . http：//www. gov. cn/guowuyuan/vom/2016-03/21/content_5055815. htm［2022-06-26］.
刘有军 . 2012. 西部农村贫困问题及减贫对策研究 . 农业部管理干部学院学报，（2）：65-72.
泸水市教育局 . 2018. 泸水市实现“一村一幼”全覆盖 . 云南教育（视界时政版），（2）：36.
陆汉文，黄承伟 . 2018. 中国精准扶贫发展报告（2018）. 北京：社会科学文献出版社 .
陆益龙 . 2018. 乡村振兴中精准扶贫的长效机制 . 甘肃社会科学，（4）：29-34.
吕德文 . 2022. 国家基石：基层社会治理图景与乡村振兴 . 北京：东方出版社 .
吕晓娟，陈虹琴 . 2021. 控辍保学问题的地方经验与改进策略——基于“三区三州”深度贫困地区控辍保学政策的文本分析 . 民族教育研究，（1）：111-121.
罗必良 . 2017. 明确发展思路，实施乡村振兴战略 . 南方经济，（10）：8-11.
罗黎明 . 2019. 民族地区脱贫攻坚至关重要 须注重一二三产业融合发展 . http：//industry. people. com. cn/n1/2019/0310/c413883-30967366. html［2022-06-14］.

罗庆，李小建 . 2014. 国外农村贫困地理研究进展 . 经济地理，(6)：1-8.
罗翔，李崇明，万庆，等 . 2020. 贫困的“物以类聚”：中国的农村空间贫困陷阱及其识别 . 自然资源学报，(10)：2460-2472.
马克・格兰诺维特 . 2006. 经济社会学：一门新兴学科的发展 . 姚伟，译 . 北京：社会科学文献出版社 .
马明，陈绍军，陶思吉 . 2021. 少数民族地区易地扶贫搬迁减贫效应与生计发展研究——以三区三州怒江州地区为例，干旱区资源与环境，(10)：16-23.
马启智 . 2012. 我国的民族政策及其法制保障 . 中国人大，(1)：41-46.
马秋华，牛胜强，张倩 . 2018. 决胜全面小康背景下关于我国贫困标准的思考——基于多种贫困标准的比较分析 . 西华大学学报（哲学社会科学版)，(5)：85-93.
马茹萍 . 2021. 2020 年全州人力资源和社会保障工作综述 . http：//rsj. linxia. gov. cn/bencandy. php？fid=42&id=9928［2021-07-31］.
马绍东，万仁泽 . 2018. 多维贫困视角下民族地区返贫成因及对策研究 . 贵州民族研究，(11)：45-50.
马伟华，顾旭琛 . 2021-11-30. 在实现共同富裕中铸牢中华民族共同体意识 . 中国民族报，(2).
马秀梅，马龙，刘刚林 . 2021. 书写脱贫攻坚临夏答卷——临夏州打赢脱贫攻坚战纪实. http：//lx. gansudaily. com. cn/system/2021/03/01/030284473_01. shtml［2022-07-09］.
毛粉兰，齐欣 . 2020. 乡村振兴与高质量发展研究 . 北京：九州出版社 .
毛磊，翟坤周 . 2022. 巩固拓展脱贫攻坚成果同乡村振兴有效衔接的长效机制构建 . 福建农林大学学报（哲学社会科学版)，(1)：15-23.
莫光辉，皮劭轩 . 2019. 国家治理能力现代化视域下贫困治理体系优化策略——2020 年后中国减贫与发展前瞻探索系列研究之二 . 学习论坛，(4)：38-47.
尼玛次仁，吴春宝 . 2017. 西藏扶贫工作的发展历程及经验启示——以农牧区改革为视角 . 青藏高原论坛，(2)：15-20.
聂兆刚 . 2019. 与时俱进的以工代赈 . 开发研究，(6)：23-25.
牛胜强 . 2017. 多维视角下深度贫困地区脱贫攻坚困境及战略路径选择 . 理论月刊，(12)：146-150，176.
牛志男 . 2018. 怒江峡谷里的美丽蝶变 云南省怒江傈僳族自治州纪行 . 中国民族，(9)：94-101.
潘泽泉，许新 . 2009. 贫困的社会建构、再生产及应对：中国农村发展 30 年 . 学术研究，(11)：44-49.
潘泽泉，岳敏 . 2009. 城市贫困的社会建构与再生产：中国城市发展 30 年 . 学习论坛，(10)：69-72.
彭妮娅 . 2020-09-08. 防止返贫，中国教育扶贫在持续努力 . 光明日报，(15).
平卫英，罗良清，张波 . 2021. 我国就业扶贫的现实基础、理论逻辑与实践经验 . 管理世界，

（7）：32-43，3.
齐义山 . 2020. 江苏农村贫困人口稳定脱贫长效机制研究——基于“四维资本”视域下 . 北方经贸，（8）：46-51.
齐中熙，李兴文，王长山，等 . 2021. 征程正未有穷期——中国脱贫攻坚纪实 . http：//nrra. gov. cn/art/2021/2/18/art_624_186827. html［2021-07-31］.
祁毓，卢洪友 . 2015. 污染、健康与不平等——跨越“环境健康贫困”陷阱，管理世界，（9）：32-51.
乔金亮 . 2019. 乡村振兴不能忽略“关键小事”. 时代邮刊，（19）：17.
秦志希，郭小平 . 2006. 论“风险社会”危机的跨文化传播 . 国际新闻界，（3）：16-19.
全国扶贫宣传教育中心 . 2021. 巩固拓展脱贫攻坚成果典型案例选编 . 北京：党建读物出版社 .
全国学生资助管理中心 . 2021-9-16. 2020 年中国学生资助发展报告 . 人民日报，（14）.
《人间奇迹》编写组 . 2022. 人间奇迹——中国脱贫攻坚统计监测报告 . 北京：中国统计出版社 .
任璨 . 2018. 中国太保启动“三区三州”智力扶贫 . 牡丹晚报，（15）.
任卫东，谭飞，王朋 . 2019. 贫中之贫 决战决胜——来自深度贫困县甘肃东乡的最新报告 . https：//baijiahao. baidu. com/s？id = 1632146572942677520&wfr = spider&for = pc［2020-09-08］.
单信凯，王健 . 2017. 新疆南疆四地州片区贫困现状分析及对策建议 . 实事求是，（1）：87-91.
沈红 . 2002. 穷人主体建构与社区性制度创新 . 社会学研究，（1）：40-54.
沈虹冰，罗布次仁，罗博，等 . 2020. 庄重的承诺 历史的奇迹——西藏自治区决战脱贫攻坚纪实 . http：//www. xinhuanet. com/politics/2020-08/31/c_1126436157. htm［2020-09-08］.
史志乐，张琦 . 2018. 教育何以使脱贫成为可能？——基于家庭贫困陷阱的分析 . 农村经济，（10）：1-8.
世界银行 . 1990. 1990 年世界发展报告 . 北京：中国财政经济出版社 .
世界银行 . 2001. 2000/2001 年世界发展报告 . 北京：中国财政经济出版社 .
司马义，马文霞 . 2021. 临夏州东乡县：多措并举补齐发展短板 为新征程奠定坚实基础 . https：//new. qq. com/omn/20210426/20210426A0BG5D00. html［2022-07-15］.
苏海，向德平 . 2020. 贫困治理现代化：理论特质与建设路径 . 南京农业大学学报（社会科学版），（4）：163-171.
孙才志，陈琳，赵良仕，等 . 2013. 中国农村水贫困和经济贫困的时空耦合关系研究 . 资源科学，（10）：1991-2002.
孙久文，李方方，张静 . 2021. 巩固拓展脱贫攻坚成果 加快落后地区乡村振兴 . 西北师大学报（社会科学版），（3）：5-15.
覃志敏 . 2017. 推进深度贫困地区的精准扶贫治理 . 中国国情国力，（12）：48-50.
檀学文，谭清香 . 2021. 面向 2035 年的中国反贫困战略研究 . 农业经济问题，（12）：126-136.

唐超，罗明忠，张苇锟 . 2019. 70 年来中国扶贫政策演变及其优化路径 . 农林经济管理学报，（3）：283-292.

唐钧 . 2017. 精准扶贫需在“可持续”上狠下功夫 . 人民论坛，（1）：67-69.

唐任伍，孟娜，李楚翘 . 2020. 习近平新时代中国特色社会主义思想中的贫困治理观：理论渊源、逻辑意蕴和当代价值 . 经济与管理研究，（12）：3-10.

唐文浩，张震 . 2022. 共同富裕导向下低收入人口帮扶的长效治理：理论逻辑与实践路径 . 江苏社会科学，（1）：150-158.

童成荣 . 1999. 青海扶贫工作的回顾与展望 . 青海社会科学，（1）：53-55.

童星 . 2018. 贫困的演化、特征与贫困治理创新 . 山东社会科学，（3）：53-57.

万厚利，于姝婷 . 2020. 深度贫困地区稳定脱贫长效机制研究——基于可行能力理论分析框架. 宁夏党校学报，（1）：40-46.

汪超，姚德超 . 2015. 新型城镇化下农村进城务工女性生计脆弱性治理 . 新疆社会科学，（1）：134-139.

汪三贵，周园翔 . 2022. 构建有效的防规模性返贫的机制和政策 . 农业经济问题，（6）：12-22.

汪三贵，郭建兵，胡骏 . 2021. 巩固拓展脱贫攻坚成果的若干思考 . 西北师大学报：社会科学版，（3）：16-25.

汪三贵，黄奕杰，郑丽娟 . 2022. 中国共产党贫困治理的演进历程与未来取向——基于“赋能、赋权—资本积累”的贫困治理分析框架，中国人民大学学报，（2）：40-51.

王博宇 . 2019. 城市低保家庭突破“贫困陷阱”的精准支持研究——基于包头市 C 社区的调查. 南京：南京理工大学硕士学位论文 .

王朝明，申晓梅 . 2005. 中国 21 世纪城市反贫困战略研究 . 北京：中国经济出版社 .

王凤臣，刘鑫，许静波 . 2022. 脱贫攻坚与乡村振兴有效衔接的生成逻辑、价值意蕴及实现路径 . 农业经济与管理，（4）：13-21.

王国敏 . 2005. 农业自然灾害与农村贫困问题研究 . 经济学家，（3）：55-61.

王国勇，赵丽萍 . 2017. 民族贫困地区农村社区治理问题探析 . 贵州社会科学，（2）：92-96.

王俊程，武友德，钟群英 . 2021. 我国原深度贫困地区脱贫成果巩固的难点及其破解 . 西安财经大学学报，（2）：62-74.

王岭，孙梦爽 . 2022. 传好脱贫攻坚乡村振兴“接力棒”——首次听取关于巩固拓展脱贫攻坚成果同乡村振兴有效衔接情况的报告 . 中国人大，（14）：34-36.

王萍萍，闫芳 . 2010. 农村贫困的影响面、持续性和返贫情况 . 调研世界，（3）：5-6，34.

王强 . 2020. 贫困群体脱贫内生动力及影响因素研究——基于全国农村困难家庭 2014～2016 年面板数据的实证分析 . 云南民族大学学报（哲学社会科学版），（1）：90-99.

王瑟 . 2020-09-29. 产品深加工帮助更多农民奔小康 . 光明日报，（3）.

王姝 . 2017. 全国人大常委会委员呼吁：扶贫攻坚要提防“政策性返贫” . http：//www.bjnews. com. cn/news/2017/08/31/456356. html［2020-06-15］.

王淑娟，李莎 . 2022-03-27. 为了脱贫群众生活更上一层楼 . 云南日报，（1）.

王思斌 . 2019. 脱贫攻坚中贫困群体经济——社会韧性的建构，重庆工商大学学报（社会科学版），(1)：1-11.
王甜 . 2020-09-18. 扶贫车间，将就业岗位送到村头 . 中国民族报，(4) .
王文长，刘云喜，王玉玲 . 2016. 少数民族地区反贫困：实践与反思 . 北京：中国社会科学出版社 .
王小林，冯贺霞 . 2020. 2020 年后中国多维相对贫困标准：国际经验与政策取向 . 中国农村经济，(3)：2-21.
王晓毅 . 2017. 移民的流动性与贫困治理——宁夏生态移民的再认识 . 中国农业大学学报（社会科学版），(5)：95-102.
王晓毅，罗静 . 2022. 共同富裕，乡村振兴与小农户现代化 . 北京工业大学学报：社会科学版，(3)：64-74.
王晓毅，徐宗阳，阿妮尔 . 2021. 中国特色减贫道路的探索与实践 . http：//ex. cssn. cn/zx/bwyc/202101/t20210121_5246313. shtml［2021-06-21］.
王延中，丁赛 . 2018. 中国民族地区全面小康社会建设研究 . 北京：中国社会科学出版社 .
王艳 . 2018. 中国贫困陷阱的统计测度研究 . 蚌埠：安徽财经大学硕士学位论文 .
王洋 . 2020. 财政视角下的中国烟草消费致贫效应研究 . 北京：对外经济贸易大学博士学位论文 .
王永生，文琦，刘彦随 . 2020. 贫困地区乡村振兴与精准扶贫有效衔接研究 . 地理科学，(11)：1840-1847.
王增文 . 2019. 当前亟需推进应急风险管理常态化——兼论“后扶贫时代”的贫困风险应急管理机制建设 . 人民论坛 · 学术前沿，(5)：44-49，65.
王珍 . 2020-09-18. 西藏白朗是如何靠蔬菜产业脱贫的 . 中国民族报，(4) .
王志章，杨志红 . 2021. 贫而不困：当下中国农村不存在贫困陷阱 . 湖北民族大学学报（哲学社会科学版），(2)：118-131.
威廉 · 朱利叶斯 · 威尔逊 . 2008. 真正的穷人 . 成伯清，鲍磊，张戌凡，译 . 上海：上海人民出版社 .
魏后凯 . 2020. 高质量打好脱贫攻坚收官之战 . 农村工作通讯，(4)：33-34.
魏后凯 . 2021-01-20. “三农”工作重心的历史性转移（新论）——以更大力度推动乡村振兴. 人民日报，(7) .
魏后凯，成艾华，张冬梅 . 2012. 中央扶持民族地区发展政策研究 . 中南民族大学学报（人文社会科学版），(1)：103-110.
魏后凯，姜长云，孔祥智，等 . 2021. 全面推进乡村振兴：权威专家深度解读十九届五中全会精神 . 中国农村经济，(1)：2-14.
吴茂坤，朱建雄，蔺全录 . 2019. 三区三州深度贫困地区农户土地流转策略 . 开发研究，(1)：50-55.
吴奇修 . 2020-10-15. 全力以赴支持打赢脱贫攻坚战 . 光明日报，(12) .

吴晓庆 . 2020. 少数民族聚集区土地利用与贫困动态变化耦合协调度评价 . 西安：西安科技大学硕士学位论文 .

武国友 . 2011. “八七扶贫攻坚计划”的制定、实施及其成效 . 北京党史，(5)：7-10.

西奥多·舒尔茨 . 1981. 对人进行投资：人口质量经济学 . 吴珠华，译 . 北京：首都经济贸易大学出版社 .

西奥多·舒尔茨 . 2006. 改造传统农业 . 梁小民，译 . 北京：商务印书馆 .

习近平 . 2020. 习近平谈治国理政（第三卷）. 北京：外文出版社 .

习近平 . 2021. 在河北省阜平县考察扶贫开发工作时的讲话 . 求是，(4)：4-13.

习明明，郭熙保 . 2012. 贫困陷阱理论研究的最新进展 . 经济学动态，(3)：109-114.

席眠 . 2019. “学普”之花正烂漫，教育扶贫暖人心 . 互联网周刊，(15)：16-17.

夏柱智 . 2020. 中国特色农业产业化的村庄基础分析——以专业村为研究对象 . 贵州社会科学，(10)：163-168.

鲜祖德，王萍萍，吴伟 . 2016. 中国农村贫困标准与贫困监测 . 统计研究，(9)：3-12.

解垩 . 2014. 农村家庭的资产与贫困陷阱 . 中国人口科学，(6)：71-83，127-128.

谢大伟，张诺，苏颖，等 . 2016. 深度贫困地区易地扶贫搬迁产业发展模式及制约因素分析——以新疆南疆三地州为例 . 干旱区地理，(5)：1401-1408.

谢海军 . 2017. 全面建成小康社会中生存型与发展型矛盾的风险叠加性研究 . 中共浙江省委党校学报，(6)：36-43.

邢成举，李小云 . 2019. 相对贫困与新时代贫困治理机制的构建 . 改革，(12)：16-25.

徐富明，黄龙，张慧等 . 2020. 行为贫困陷阱的心理机制与管理对策：基于认知与动机双视角 . 心理科学进展，(5)：681-689.

徐进，李小云 . 2021. 论脱贫的稳定性与减贫动力变化的若干问题 . 南京农业大学学报（社会科学版），(6)：33-42.

徐英梅 . 2013-8-26. 香巴拉不再遥远——我州交通事业发展纪实 . 甘南日报，(6).

徐勇 . 2022. 硬脱贫与软振兴——改善人类状况的社会工程何以成功？中国农业大学学报（社会科学版），(1)：10-11.

徐驭尧 . 2020-02-28. 西藏全力消除因病致贫返贫 . 人民日报，(4).

许汉泽，徐明强 . 2020. 再造新集体经济：从“产业扶贫”到“产业兴旺”的路径探索——对 H 县“三个一”产业扶贫模式的考察 . 南京农业大学学报（社会科学版），(4)：78-90.

荀丽丽，王晓毅 . 2012. 非自愿移民与贫困问题研究综述 . 北京：社会科学文献出版社 .

闫宁宁 . 2020. 产业扶贫背景下的返贫风险及应对措施 . 乡村科技，(23)：43-44.

严金明 . 2020-03-07. 凝心聚力打赢脱贫攻坚战：挑战、路径与未来 . 光明日报，(7).

燕继荣，王禹澔 . 2020. 保障济贫与发展脱贫的主题变奏——中国反贫困发展与展望 . 南京农业大学学报（社会科学版），(4)：22-34.

杨建 . 2019. 基于地理视角的空间贫困陷阱实证研究 . 成都：成都理工大学硕士学位论文 .

杨龙，谢昌凡，李萌 . 2021. 脱贫人口返贫风险管理研究——基于“三区三州”M 县的调查，西北民族研究，(2)：136-149.
杨勤 . 2013. 凉山民族地区扶贫机制研究 . 成都：西南交通大学硕士学位论文 .
杨清丽，李亚奇 . 2021. 金融支持“三区三州”乡村产业振兴逻辑机理与实践路径 . 青海民族研究，(4)：112-116.
杨秋 . 2021. 甘南州迭部县 2019 年“7 · 29”洪涝灾害评估研究 . 甘肃科技纵横，(6)：15.
杨文明，阿尔达克，徐驭尧 . 2021-01-06. 再接再厉，帮扶政策仍延续（决胜全面小康 · 一线故事③）. 人民日报，(13).
杨永伟，陆汉文 . 2019. 贫困人口内生动力缺乏的类型学考察 . 中国农业大学学报（社会科学版），(6)：128-136.
叶超，高洋 . 2019. 新中国 70 年乡村发展与城镇化的政策演变及其态势 . 经济地理，(10)：139-145.
叶初升，张凤华 . 2011. 政府减贫行为的动态效应——中国农村减贫问题的 SVAR 模型实证分析（1990—2008）. 中国 · 人口资源与环境，(9)：123-131.
叶初升，高考，刘亚飞 . 2014. 贫困陷阱：资产匮乏与悲观心理的正反馈 . 上海财经大学学报，(8)：44-53.
叶兴庆，殷浩栋 . 2019. 从消除绝对贫困到缓解相对贫困：中国减贫历程与 2020 年后的减贫战略 . 改革，(12)：5-15.
尹成杰 . 2022. 巩固拓展脱贫攻坚成果同乡村振兴有效衔接的长效机制与政策研究 . 华中师范大学学报（人文社会科学版），(1)：25-30.
于静波，匡亚林 . 2022. 巩固拓展脱贫攻坚成果与乡村振兴有效衔接：文献解读、现实问题与关键举措 . 重庆行政，(1)：26-28.
袁方，史清华 . 2019. 创业能减少农村返贫吗？——基于全国农村固定观察点数据的实证 . 农村经济，(10)：62-69.
袁海霞，次仁片多 . 2019-04-09. 我区扶贫“兜底”让群众更“有底”. 西藏日报，(1).
袁航，时卫平，刘景景 . 2019. 农户贫困陷阱假说在中国的检验：来自面板门槛模型的新证据. 统计与决策，(6)：86-90.
袁红英 . 2021. 中国共产党减贫实践的百年历程与经验 . 马克思主义研究，(10)：22-29，163.
翟绍果，严锦航 . 2018. 健康扶贫的治理逻辑、现实挑战与路径优化 . 西北大学学报（哲学社会科学版），(3)：56-63.
张安平 . 2012. 陕西省农村扶贫开发问题研究 . 西安：长安大学硕士学位论文 .
张翠娥，王杰 . 2017. 弱势的累积：生命历程视角下农村贫困家庭的生成机制 . 华中农业大学学报（社会科学版），(2)：23-30，131.
张帆 . 2009. 现代性语境中的贫困与反贫困 . 北京：人民出版社 .
张红宇 . 2022-07-12. 把巩固拓展脱贫攻坚成果这件大事抓紧抓好 . 光明日报，(6).
张劲英，陈嵩 . 2021. “后脱贫时代”职业教育如何行稳致远——“三区三州”职业教育发展现状与未来展望 . 教育发展研究，(11)：1-8.

张俊飚，张露，何可．2019-05-27. 着力解决“两不愁三保障”突出问题，湖北日报，(11)．
张俊宗，张永丽．2021. 甘肃脱贫攻坚实践经验与成果巩固研究．兰州：读者出版社．
张康喆，吴光于，杨稳玺，等．2019. 疫中战贫再加力．瞭望，(19)：26-29.
张琨明．2020-07-21. “高原牛”变身“脱贫牛”．光明日报，(7)．
张磊．2007. 中国扶贫开发历程（1949~2005 年）．北京：中国财政经济出版社．
张明皓，豆书龙．2018. 深度贫困的再生产逻辑及综合性治理．中国行政管理，(4)：44-50.
张明皓，叶敬忠．2022. 脱贫攻坚与乡村振兴有效衔接的机制构建和政策体系研究．经济学家，(10)：110-118.
张鹏，刘承．2021. 巩固拓展脱贫攻坚成果同乡村振兴有效衔接的逻辑机理与实现路径．改革与战略，(7)：88-97.
张琦．2019. 稳步推进脱贫攻坚与乡村振兴有效衔接．人民论坛，(B08)：84-86.
张琦．2021. 巩固拓展脱贫攻坚成果同乡村振兴有效衔接：基于贫困治理绩效评估的视角．贵州社会科学，(1)：144-151.
张琦，冯丹萌．2016. 我国减贫实践探索及其理论创新：1978~2016 年．改革，(4)：27-42.
张琦，史志乐．2017. 我国贫困家庭的教育脱贫问题研究．甘肃社会科学，(3)：201-206.
张琦，万君．2022. “十四五”期间中国巩固拓展脱贫攻坚成果推进策略．农业经济问题，(6)：23-34.
张婷．2018-03-16. 鼓励国企带头 促进行业企业举办职业教育．中国教育报，(6)．
张文山．2007. 突破传统思维的瓶颈 民族区域自治法配套立法问题研究．北京：法律出版社．
张翔，毛可．2018. 民族地区返贫问题的教育防范机制探究．民族教育研究，(4)：46-51.
张洋，龚仕建，杨文明．2020-07-27. 切实把好脱贫攻坚质量关．人民日报，(7)．
张耀宇，沙勇，周翼虎．2019. 以人口城镇化破解“空间贫困陷阱”——一个城乡联动的减贫新思路与制度创新．云南社会科学，(4)：91-95.
张永丽，高蔚鹏．2021. 脱贫攻坚与乡村振兴有机衔接的基本逻辑与实现路径．西北民族大学学报（哲学社会科学版），(3)：139-147.
张治立，董成忠．2020-08-03. “十城百店”工程：铺就新疆特产全渠道销售网．新疆日报，(A03)．
赵德余．2020. 贫困陷阱的循环反馈机制及反贫困干预路径．上海交通大学学报（哲学社会科学版），(6)：9-15，58.
赵建国，李晓东，殷泓等．2020-03-06. 收官之战——来自大凉山的脱贫攻坚调查．光明日报，(7)．
赵建武．2021. “三区三州”“一村一幼”学前教育发展成效及建议．中国民族教育，(5)：38-41.
赵俊亚．2021. 后脱贫时代农业生态产业可持续发展路径探析．乡村论丛，(5)：80-84.
赵亚奎．2009. 贫困陷阱的生成机制：一个文献综述．东岳论丛，(5)：10-15.
郑长德．2011. 中国少数民族地区包容性发展研究．西南民族大学学报（人文社会科学版），

（6）：120-127.
郑长德 . 2017. “三区”“三州”深度贫困地区脱贫奔康与可持续发展研究 . 民族学刊，（6）：1-8，95-97.
郑长德 . 2020. 深度贫困地区跨越“分形贫困陷阱”的路径与政策支持研究 . 经济研究参考，（12）：18-30.
郑长德，单德朋 . 2017. 减贫与发展（2017）. 北京：中国经济出版社 .
郑瑞强，曹国庆 . 2016. 脱贫人口返贫——影响因素、作用机制与风险控制，农林经济管理学报，（15）：619-624.
郑瑞强，翁贞林，黄季焜 . 2022a. 乡村振兴战略：城乡融合、要素配置与制度安排 . 农林经济管理学报，（1）：1-6.
郑瑞强，赖运生，胡迎燕 . 2022b. 深度贫困地区乡村振兴与精准扶贫协同推进策略优化研究 . 农林经济管理学报，（1）：762-772.
郑双怡，阳维熙，冯琼 . 2021. 深度贫困地区经济作物产业扶贫的思考 . 西南民族大学学报（人文社会科学版），（3）：141-148.
中共国家乡村振兴局党组 . 2021. 弘扬脱贫攻坚精神 全面推进乡村振兴 . 党建，（11）：33-35.
中共农业农村部党组 . 2021-03-18. 接续推进乡村全面振兴 . 人民日报，（9）.
中共中央马克思恩格斯列宁斯大林著作编译局 . 2009a. 马克思恩格斯文集（第五卷）. 北京；人民出版社 .
中共中央马克思恩格斯列宁斯大林著作编译局 . 2009b. 马克思恩格斯文集（第一卷）. 北京；人民出版社 .
中共中央马克思恩格斯列宁斯大林著作编译局 . 2009c. 马克思恩格斯文集（第八卷）. 北京；人民出版社 .
中华人民共和国国务院新闻办公室 . 2021-04-07. 人类减贫的中国实践 . 人民日报，（9）.
钟仁耀 . 2020-01-13. 构建解决相对贫困的长效机制 . 中国社会报，（A2）.
钟真，黄斌，李琦 . 2020. 农村产业融合的“内”与“外”——乡村旅游能带动农业社会化服务吗 . 农业技术经济，（4）：38-50.
周爱华，吕慈仙 . 2021. “三区三州”深度贫困地区教育扶贫成效研究 . 山东高等教育，（1）：17-23.
周迪，王明哲 . 2019. 返贫现象的内在逻辑：脆弱性脱贫理论及验证 . 财经研究，（11）：126-139.
周国华，于雪霞，贺艳华等 . 2021. 湖南省巩固脱贫攻坚成果同乡村振兴有效衔接的思考 . 经济地理，（8）：10-18.
周力，郑旭媛 . 2014. 气候变化与中国农村贫困陷阱 . 财经研究，（1）：62-72.
周立 . 2018. 以“志智制立体扶贫”解决深度贫困 . 人民论坛 · 学术前沿，（14）：14-19.
周宇 . 2017. 国务院扶贫办：2017 年我国贫困县数量将首次减少 . http：//www. sohu. com/a/197308826_161623［2021-05-02］.

朱海波，毕洁颖 . 2021. 巩固拓展脱贫攻坚成果同乡村振兴有效衔接：重点方向与政策调试——针对“三区三州”脱贫地区的探讨 . 南京农业大学学报（社会科学版），（6）：80-90.

朱海波，聂凤英 . 2020. 深度贫困地区脱贫攻坚与乡村振兴有效衔接的逻辑与路径——产业发展的视角 . 南京农业大学学报（社会科学版），(3)：15-25.

朱熙 . 2020. 怒江：努力实现示范创建与脱贫攻坚双融合双推进 . 今日民族，(5)：41-43.

朱晓阳 . 2004. 反贫困的新战略：从“不可能完成的使命”到管理穷人 . 社会学研究，（2）：98-102.

朱玉福 . 2008. 改革开放 30 年来我国民族地区扶贫开发的成就、措施及经验 . 广西民族研究，(4)：25-32.

庄天慧，孙锦杨，杨浩 . 2018. 精准脱贫与乡村振兴的内在逻辑及有机衔接路径研究 . 西南民族大学学报（人文社会科学版），(12)：113-117.

邹海贵，曾长秋 . 2010. 罗尔斯差别原则对弱势群体利益的关注——基于社会救助（保障）制度之道德正当性与政治合法性思考 . 天津大学学报（社会科学版），(5)：448-453.

邹薇，方迎风 . 2012. 中国农村区域性贫困陷阱研究——基于“群体效应”的视角 . 经济学动态，(6)：3-15.

左停 . 2018. 摆脱贫困之“困”：深度贫困地区基本公共服务减贫路径 . 南京农业大学学报(社会科学版)，(3)：35-44.

左停 . 2020. 脱贫攻坚与乡村振兴有效衔接的现实难题与应对策略 . 贵州社会科学，（2）：7-10.

左停，李世雄 . 2020. 2020 年后中国农村贫困的类型、表现与应对路径 . 南京农业大学学报(社会科学版)，(4)：58-67.

左停，苏青松 . 2021. 收入水平与收入波动：过渡期预防返贫的两个干预维度及精准策略——结合中国西南一个脱贫县的建档立卡数据观察 . 南京农业大学学报（社会科学版），（6）：10-22.

左停，赵梦媛 . 2021. 农村致贫风险生成机制与防止返贫管理路径探析——以安徽 Y 县为例 . 西南民族大学学报（人文社会科学版），(7)：32-41.

左停，贺莉，刘文婧 . 2019. 相对贫困治理理论与中国地方实践经验 . 河海大学学报（哲学社会科学版），(6)：1-9，109.

Aazriadis C，Stachurski J. 2004. Poverty Traps//Aghion P，Durlauf S. Handlook of Economic Growth. New York：Elsevier.

Andersen S. 2011. Exiting Unemployment：How do program effects depend on individual coping strategies. Journal of Economic Psychology，32（2）：248-258.

Bird K，Shepherd A. 2003. Livelihoods and chronic poverty in semi-arid Zimbabwe. World Development，31（3）：591-610.

Bowles S，Durlauf S N，Hoff K. 2006. Poverty Traps. Nueva York：Russell Sage Foundation.

Bowley A L, Hogg M H. 1925. Has Poverty Diminished? New York : Garland Pub.

Carr P J, Kefalas M J. 2010. Reimagining education in small towns. School Administrator, 67 (5): 30-33.

Carter M, Barrett C. 2006. The economics of poverty traps and perisitent poverty: An asset-based approach. The Joural of Development Studies, 42 (2): 1634-1646.

Chambers R, Conway G. 1992. Sustainable rural livelihoods: Practical concepts for the 21st century. https://publications. iwmi. org/pdf/H_32821. pdf [2020-11-20].

Cidade E, Mour A J F, Nepomuceno B B, et al. 2016. Poverty and fatalism: Impacts on the community dynamics and on hope in Brazilian resident. Journal of prevention & intervention in the community, 44 (1): 51-62.

Dalton P S, Ghosal S, Mani A. 2014. Poverty and aspirations failure. Economic Journal, 126 (590): 165-188.

Duncan G J, Aber J L. 1997. Neighborhood Poverty: Context and Consequences for Childeren. New York: Russell Sage Foundation.

Durlauf S N. 2006. “Group, Social Influence, and Inequality” In Samuel Bowles, Steven N. Durlauf & Karla Hoff (eds), Poverty Traps. Princeton and Oxford: Princeton University Press.

Epprecht M, Muller D, Minto N, 2011. How remote are Vietnam's ethnic minorities? An analysis of spatial patterns of poverty and inequality. The Annals of Regional Science, 46 (2): 349-368.

Fan S, Zhang L, Zhang X. 2002. Growth and poverty in rural China: The role of public investments. International Food Policy Research Institute Policy Report 125.

Green L. 2001. The concept of fatalism and new labour's role in tackling inequalities. British Journal of Community Nursing, (3): 106-111.

Hulme D, Shepherd A. 2003. Conceptualizing chronic poverty. World Development, 31 (3): 403-423.

Husmann C. 2016. Marginality as a root cause of poverty: Identifying marginality hotspots in Ethiopia. World Development, 78: 420-435.

Jalan J, Ravallion M. 1997. Spatial Poverty Traps? Washington: The World Bank.

Kam S P, Hossain M, Bose M L, et al. 2005. Spatial patterns of rural poverty and their relationship with welfare-influencing factors in Bangladesh. Food Policy, 30 (5): 551-567.

Khan A R. 1998. Poverty in China in the period of globalization: New evidence on trend and pattern. https://citeseerx. ist. psu. edu/viewdoc/download? doi = 10. 1. 1. 614. 3670&rep = rep1 & type=pdf [2020-11-20].

Leibenstein H. 1957. Economic Backwardness and Economic Growth. New York: John Wiley & Sons.

Lewis. 1996. The Culture of poverty. http://www. ignaciodarnaude. com/textos _ diversos/Lewis, Oscar, The%20Culture%20of%20Poverty. pdf [2020-10-11].

Myrdal G. 1957. Economic Theory and Under-Developed Regions. London: Duckworth.

Nelson R. 1956. A theory of the low- level equilibrium trap in underdeveloped economies. American Economic Review, 46 (5): 894-908.

Nurkse R. 1953. Problems of capital formation in lesser-developed areas. Journal of the Royal Statistical Society Series A (General), 116 (4): 467-469.

Peace R. 2001. Social exclusion: A concept in need of definition? Social Policy Journal of New Zealand, (16): 17-36.

Phillips S T. 2007. This land this nation: This land this nation conservation rural. America & the New Deal, 35 (4): 151-153.

Pierskalla J H, Pierskalla J H. 2016. The politics of urban bias: Rural threats and the dual dilemma of political survival. Studiesin Comparative International Development, (3): 286-307.

Ravallion M, Jalan J. 1999. China's lagging poor areas. American Economic Review, (2): 301-305.

Ravallion M, Jalan J. 2001. Growth, inequality and poverty: Looking beyond averages. World Development, (11): 1803-1815.

Review A E, et al. 1999. China's lagging poor areas. American Economic Review, 89 (2): 301-305.

Schotte S, Zizzamia R, Leibbrandt M. 2018. A poverty dynamics approach to social stratification: The South African case. World Development, 110: 88-103.

Wilson W J. 1987. The Truly Disadvantaged: The Inner City, the Underclass, and Public Policy. Chicago : University of Chicago Press.

后　　记

搁笔之时，窗外已是秋意正浓，对于国人而言，金秋是收获的季节：农民们在金色麦浪中挥洒汗水、嘴角上扬丰收的喜悦！工人们在车间厂房开足马力、奋斗一线增产增收！商人们搭载科技快车、电商直播助力经济腾飞和收入提升！学生们在明窗净几的课堂里书声琅琅、为美好未来而努力奋斗！知识分子们在书斋耕耘、在实验室探索、在田野中调研、用智慧和创意聚焦新问题、总结新规律！各族人民在党的坚强领导和各项惠民政策的指引下，信心十足地迈向第二个百年奋斗目标的新征程！是的，所有人都在自己的岗位上认真履职、恪尽职守、兢兢业业，为迎接即将召开的党的二十大，为刚刚过完七十三岁华诞的祖国母亲献上一份厚礼！作为知识分子的一员的我同样如此。

我对贫困问题的学习和认识始于 2013 年攻读博士学位时。当时为了确定博士论文选题，我读博期间几乎调研了所有类型的人口较少民族地区，多次的田野实践逐渐加深了我对贫困问题的感性认知，我认识到扶持人口较少民族发展必须首先要解决好深度贫困问题。2015 年 10 月至 2016 年 12 月，根据湖北省委组织部、省委农办等工作部署，学校安排我到恩施州巴东县野三关镇瓦屋场村担任驻农村工作队（扶贫工作队）队长兼第一书记。利用工作之便，我以一个深度贫困村为缩影来理解和洞察国家的精准扶贫战略，通过深度入户调查，摸清了致贫原因，并静下心来思考和探索当地具体可行的脱贫路径。在学校的大力支持下，在全体驻村队员的努力工作下，工作队相继开展了教育扶贫、产业扶贫、易地扶贫搬迁等举措，助力当地脱贫攻坚。在积累了一定扶贫实践经验基础上，我相继参与到扶贫文献的系统研读、学术调研和课题申报工作中，并陆续发表了与贫困有关的多篇学术文章，这为本书的研究奠定了理论和实践基础。

本书是在我主持国家社会科学基金项目“‘三区三州’深度贫困地区贫困陷阱与稳定脱贫长效机制研究”（项目编号：19BMZ113）的研究成果基础上，历经多次修改和完善而成。获批本课题，首先要感谢党和国家 2017 年提出的“三区三州”深度贫困的概念，让我捕捉到选题的重要研究价值和意义。在课题执行过程中，我接触到甘肃省临夏州乡村振兴局局长张卓（全国脱贫攻坚先进个人)、副局长马宏海，积石山县乡村振兴局局长马占山（全国脱贫攻坚先进个人)，永靖县乡村振兴局局长胥亨前，云南红河州乡村振兴局副局长李熙等一批扶贫干部。我深深地感动于基层扶贫干部们的无怨无悔的辛劳付出、扎实勤恳的工作作风和质朴实用的聪明才智，深深理解了他们为如期帮助乡亲们摆脱深度贫困的艰难历程。广大扶贫干部们身上所折射的脱贫攻坚精神不断激励着我把课题研究透、完成好的信念和决心。在此借着寥寥笔墨表达我浓浓的敬佩和由衷的谢意。

为完成课题研究，我利用2019年和2021年暑假时间，两次前往甘肃省临夏州调研，感谢中南民族大学李生贵教授帮忙协调调研事宜；感谢临夏州扶贫办(乡村振兴局）工作人员陪同调研并提供宝贵资料；感谢一同前行调研的张劲松院长、杨单副教授、罗如芳博士，我们既是志趣相投、学术切磋的同事，更是互相提携、相互启发的战友。此外，我还先后前往西藏自治区拉萨市、青海省海南藏族自治州贵德县调研，委托本科生前往云南怒江州收集资料。为完成本书，我的研究生汪芩羽、谭致材，校友马世华参与了调研工作，研究生陈诺、热汉古丽·图尔迪、谭晓鹏、余舒慧参与了资料收集与整理工作，于他们而言也是一种人生历练和学术锻炼，希望对其未来的学术研究有所裨益。

武汉大学贺雪峰教授和桂华教授，北京师范大学张琦教授，中国农业大学左停教授，中国社会科学院民族学与人类学研究所刘小珉研究员，西南民族大学单德鹏教授，中南民族大学赵晓飞教授、陈祖海教授和李天华教授，贵州凯里学院李军教授等对本书的完善与优化提供了宝贵意见和建议。在此深表谢意！

本书的顺利出版离不开各位领导、同事和家人的支持。感谢中南民族大学覃瑞院长、李波院长为本书的出版提供了调研、资金和资料的帮助。感谢科学出版社为本书选题及出版提供的专业、科学的意见，是他们认真务实的态度保障了本书的出版。

如果说理论研究能利用加班、周末休息时间来完成，那么外出调研的顺利完成则需要协调繁忙的工作和家庭的时间。感谢我的家人，无论是垂垂老母、白发岳丈、顽皮幼儿还是既要搞好自己本职工作又要照料两个孩童的妻子，家人们一直毫无怨言地支持我的选择。当我行走在贫困乡村的路上时，他们送来温暖贴心的鼓励与关怀；当我奋笔疾书、挑灯夜战时，他们主动端上热茶、轻叩房门，给我营造舒心安适的研究环境。感谢我亲爱的家人，你们是我坚实的后盾！

课题立项时正值我国即将打赢脱贫攻坚战、聚焦深度贫困堡垒的关键时期，目前“三区三州”已取得脱贫攻坚的伟大胜利，处于巩固拓展脱贫攻坚成果同乡村振兴有效衔接的过渡期。许多话语表述和研究领域都发生了变化，我总希望能把最新的实践动态和理论成果不断吸收进来，呈现出来，但由于本人水平有限，书中还有很多不足之处，敬请学界同行不吝赐教。

耿　新

2022 年 10 月 7 日于武汉